D1749317

Bernd Kast

Max Stirners Destruktion
der spekulativen Philosophie

VERLAG KARL ALBER

Mit »Der Einzige und sein Eigentum« bemüht sich Stirner um einen radikalen Gegenentwurf zu Hegels Geistphilosophie und Feuerbachs Anthropologie. Die ersten Rezensionen seines Buches zeigten Stirner, wie wenig er sich verständlich machen konnte, zu außergewöhnlich war das Gesagte. Bernd Kast stellt die Philosophie Max Stirners in ihren Grundzügen dar und interpretiert sie aus der Geistesgeschichte des 19. Jahrhunderts heraus. Im Ausgang vom Zentralmotiv des Eigners entfaltet er existenzielle Themen im »Einzigen und sein Eigentum« und in Stirners früheren Schriften.

Der Autor:

Bernd Kast ist einer der führenden Stirner-Forscher. Er war u. a. Vorsitzender der Max Stirner Gesellschaft, Herausgeber des Stirner-Jahrbuchs in Leipzig und Herausgeber der kritischen Studienausgabe von Stirners »Der Einzige und sein Eigentum« im Verlag Karl Alber.

Bernd Kast

Max Stirners Destruktion der spekulativen Philosophie

Das Radikal des Eigners und die Auflösung der Abstrakta Mensch und Menschheit

Verlag Karl Alber Freiburg/München

Originalausgabe

© VERLAG KARL ALBER
in der Verlag Herder GmbH, Freiburg / München 2016
Alle Rechte vorbehalten
www.verlag-alber.de

Satz: SatzWeise GmbH, Trier
Herstellung: CPI books GmbH, Leck

Printed in Germany

ISBN 978-3-495-48839-3

Diese Ausgabe stellt eine völlig überarbeitete und aktualisierte Fassung meiner 1979 im Bouvier Verlag Herbert Grundmann in Bonn erschienenen Dissertation dar.

Die vorliegenden Besprechungen und Kritiken der Dissertation haben mich ermutigt, die dort vertretenen grundsätzlichen Ansichten beizubehalten. Kritische Bemerkungen und Ergänzungs- sowie Änderungsvorschläge habe ich, insofern sie mich überzeugt haben, berücksichtigt.

Inhalt

Siglen 11

Vorbemerkung 13

Einleitung 21

Der Eigner als Zentrum der Philosophie Stirners 31

  A. Das Thema des Eigners in den Arbeiten vor dem »Einzigen« 33
  1. Bildung als Aneignung des Eigenen in Stirners Examensarbeit »Über Schulgesetze« 35
  2. Die Thematisierung des Eignerthemas in den Zeitungskorrespondenzen 43
  3. Die Thematisierung des Eignerthemas in den Frühschriften 56
      3.1. *Die Destruktion des Anderen als Voraussetzung für die Entdeckung des Eigenen. Die Rezension von Theodor Rohmers Buch »Deutschlands Beruf in der Gegenwart und Zukunft«* 57
      3.2. *»Ueber B. Bauer's Posaune des juengsten Gerichts«: die Konkretion des Allgemeinen durch den Einzelnen* 61
      3.3. *»Gegenwort«: ein Wort gegen Knechtschaft und für das »eigene Selbst«* 65
      3.4. *»Das unwahre Princip unserer Erziehung«: von der Willenlosigkeit zum Eigenwillen* 73
      3.5. *»Kunst und Religion« als Entäußerungen des Eigenen* 88
      3.6. *»Einiges Vorläufige vom Liebesstaat«: einiges Vorläufige von der Eigenheit* 95

	3.7. »Die Mysterien von Paris von Eugène Sue« oder: die Aufdeckung des Mysteriösen durch den Eigner .	98
B.	Das Thema des Eigners in »Der Einzige und sein Eigentum«	105
1.	Das Postulat der Zeitwende	111
2.	Die Antizipation der Wirklichkeit des Eigners als Aufhebung der anthropologischen Wendung der Philosophie.	118
	2.1. Die Zäsur in der ontogenetischen und phylogenetischen Entwicklung durch den Eigner	120
	2.2. Hegels durch den Eigner travestierte weltgeschichtliche Konstruktion und die triviale Rezeption dieser Travestie	131
	2.3. Die »Gedankenlosigkeit« des Eigners im Gegensatz zum sich selbst denkenden Denken	140
	2.4. Das ursprüngliche und authentische Leben des Eigners	148
	2.5. Der eigene existenzielle versus den uneigenen unheimischen Menschen	153
3.	Der Eigenwille	162
	3.1. Eigenwille und Freiheitsbestimmung	168
	3.2. Eigenwille versus allgemeiner Wille	172
4.	Die Eigenheit und das Eigentum des Eigners	176
	4.1. Der Eigner	186
	4.2. Das Eigentum des Einzigen	190
	4.3. Die Überwindung der Entzweiung des Menschen in der Eigenheit des Eigners	199
	4.4. Eigenheit als kritisch-krisische Grundbefindlichkeit des Eigners	208
	4.5. Eigenheit und Egoismus	215
5.	Die Verkehrsformen des Eigners	233
	5.1. Die »heilige Liebe« im Gegensatz zur »Eigenliebe« .	236
	5.2. Die integrativen Tendenzen des Eigners im Verein .	239
6.	Stirners Auseinandersetzungen mit der Un-Eigentlichkeit der Philosophie	254
	6.1. Hegels »Wohl der Menschheit« und Stirners Wohl des Eigners	258

	6.2. Feuerbachs *Wesen des Menschen* als »Eigenthum des Seins« und die Überwindung des Seins durch den wesenlosen Eigner	265
	6.3. *Gemeinmensch und Eigner*	278

C.	Das Thema des Eigners in Stirners Veröffentlichungen nach dem »Einzigen«	299
1.	»Recensenten Stirners«	300
2.	»Die Nationalökonomen der Franzosen und Engländer«	302
3.	»Die philosophischen Reaktionäre«	307
4.	Zeitungskorrespondenzen	313
5.	»Die Geschichte der Reaction«	320

Nachwort	328
Literaturnachweise	331

Siglen

EE: Stirner, Max: Der Einzige und sein Eigentum. Ausführlich kommentierte Studienausgabe, hrsg. von Bernd Kast. Karl Alber, Freiburg/München 2016³.

EE-Rezensenten: Rezensenten Stirners, in: EE, p. 405–446.

KS: Max Stirner's Kleinere Schriften und seine Entgegnungen auf die Kritik seines Werkes: »Der Einzige und sein Eigenthum« aus den Jahren 1842–1848. Hrsg. von John Henry Mackay. Zweite, durchgesehene und vermehrte Auflage. Bernhard Zack, Treptow bei Berlin 1914. Ein Faksimile-Neudruck dieser Ausgabe erschien 1976 im Verlag Frommann-Holzboog, Stuttgart-Bad Cannstadt. Eine Mikrofiche-Reproduktion gibt es in der »Bibliothek der deutschen Literatur« (Bd. 11954/11955) K. G. Saur, München 1995.

Vorbemerkung

»Der Einzige und sein Eigentum« von Max Stirner gehört wohl zu den umstrittensten Werken der Philosophie. In der Rezeptions- und Wirkungsgeschichte des »Einzigen« treten unterschiedlichste Auffassungen und Einschätzungen zutage, die zwischen den Extremen maßloser Unter- und Überschätzung, scharfer Verurteilung und unkritischer Hagiographie, völliger Tabuisierung und ausführlicher Berücksichtigung, großem Verständnis und völligem Missverständnis hin- und herpendeln. Die umfangreichen Arbeiten von Hans G. Helms und Alexander Stulpe über die Rezeptionsgeschichte des »Einzigen« (Helms bis 1966, Stulpe bis 2010) geben einen guten Überblick.[1] Seit einigen Jahren liegt im Internet[2] die von mir betreute umfangreichste, z. T. kommentierte Stirner-Bibliographie vor.

Stirner, so heißt es einerseits beispielsweise bei dem Anarchismusdarsteller Günter Bartsch, sei ein vergessener Philosoph, der selbst in neo-anarchistischen Kreisen kaum bekannt sei und der in keinem Nachschlagewerk und in keiner Philosophiegeschichte erwähnt werde.[3] Alexander Stulpe, Wissenschaftlicher Mitarbeiter an der Fakultät für Wirtschafts- und Sozialwissenschaften in Hamburg, behauptet in seiner voluminösen Dissertation: »Spätestens seit den 80er Jahren des 20. Jahrhunderts gerät Stirner … vollends in Verges-

---

[1] H. G. Helms, Die Ideologie der anonymen Gesellschaft. Köln 1966. A. Stulpe, Gesichter des Einzigen. Berlin 2010.
[2] Max Stirner Archiv Leipzig, http://max-stirner-archiv-leipzig.de/max_stirner.html#bibliographien.
[3] G. Bartsch, Der vergessene Philosoph und Karl Marx. Ungedrucktes Manuskript einer Sendung des Senders Freies Berlin, [17.04.1970], p. 1. Diese Behauptung war weder 1970 richtig, noch war sie es davor oder ist sie es heute. Das Gegenteil indes war und ist der Fall. Seit 1854 wird Stirner in fast allen Lexika genannt: 1854 in der Allgemeinen deutschen Realencyklopädie für gebildete Stände. Conversations-Lexikon (Bd. 14, p. 193), 1857 in Herders Conversations-Lexikon (Bd. 5, p. 104), 1862 in Piers Universal-Lexikon (Bd. 15, p. 327), 1878 in Meyers Konversations-Lexikon (Bd. 14, p. 349), 1886 in Brockhaus' Conversations-Lexikon (Bd. 15, p. 247) usw.

senheit.«[4] Stulpe hat dafür auch eine Erklärung parat: »Stirner ist heute vergessen, weil der Einzige selbstverständlich geworden ist.« Er ist wirkungsmächtig »in das semantische Selbstverständnis der modernen Gesellschaft eingegangen, nämlich in Form von Individualitätsangeboten, auf die kommunikativ zugegriffen wird, wenn Individuen in ihrer Individualität thematisiert werden.«[5] Mit anderen Worten: Wo alle Einzige geworden sind, die ihre Einzigkeit zum Thema haben, gerät der Schöpfer dieser Einzigen aus dem Blick. Stirners Buch sei »weitgehend ein Produkt seiner Zeit ... und heute kaum noch von Interesse«, schreibt auch der Politikwissenschaftler David McLellan,[6] als »ein Konglomerat aus geläufigen Klischees seiner Zeit«[7] könne dem Buch lediglich zur Veranschaulichung der Diskussion im Vormärz Bedeutung zukommen. Noch einen Schritt weiter geht der Philosophiehistoriker Kurt Schilling; für ihn ist Stirners Philosophie »ein gewisser Ausdruck des kindischen, undurchdachten Individualismus des Herrn Jedermann, aber im Grunde ohne Bedeutung.«[8]

Andererseits schwärmt der Biograph Stirners, John Henry Mackay, von einem Werk, das »alle Bände aller Bibliotheken der Welt ... nicht ersetzen [könnten], wäre es verloren gegangen. Alles vor und nach ihm Gesagte erscheint demgegenüber so ziemlich überflüssig.«[9] Ludwig Feuerbach schreibt seinem Bruder Fritz (Friedrich) im November 1844, der »Einzige« sei »ein höchst geistvolles und geniales Werk«, Stirner sei »der genialste und freieste Schriftsteller, den ich kennengelernt«.[10] Es gäbe viele Hinweise, die nach Bernd A. Laska die Vermutung stützten, dass Stirners Buch »eine verborgene Schlüsselstellung im neuzeitlichen politisch-philosophischen Denken einnimmt.«[11] Der italienische Philosoph Giorgio Penzo hält Stirner »für einen Propheten unserer Zeit«[12], dessen Thematik »eine neue Weise

---

[4] A. Stulpe, Gesichter des Einzigen. Berlin 2012, p. 28.
[5] a.a.O., p. 55.
[6] D. McLellan, Die Junghegelianer und Karl Marx. München 1974, p. 151.
[7] a.a.O., p. 157.
[8] K. Schilling, Geschichte der sozialen Ideen. Stuttgart 1966 (1957), p. 378.
[9] J. H. Mackay, Abrechnung. Freiburg im Breisgau 1976 (1932), p. 85.
[10] L. Feuerbach, Brief an Friedrich Feuerbach, in: Gesammelte Werke Bd. 18. Berlin 1989, p. 416 f. Genie haben ihm viele bescheinigt, so z. B. Richard M. Meyer, Die deutsche Literatur des 19. Jahrhunderts. Berlin 1912, p. 131.
[11] B. A. Laska, Ein dauerhafter Dissident. Nürnberg 1996, p. 117.
[12] G. Penzo, Die existentielle Empörung. Frankfurt am Main 2006, p. 17.

des Philosophierens ankündigt«[13], nämlich die des existenzialistischen. Bereits 1954 hatte Henri Arvon Stirners Werk als Quelle des Existenzialismus bezeichnet.[14]

Der Autor des »Einzigen« ist »der Weltreformator (von einer Bedeutung *mindestens* wie Luther ...«).[15] Und was seine Aktualität betrifft, so meint Helms, sei Stirner nie »gegenwärtiger, nie zeitgemäßer gewesen als heute«,[16] sein Einfluss erweise sich »als über jedes vorstellbare Maß hinausgehend«.[17]

Merkwürdig sei dieser Stirner und »sein wunderliches Buch« auf alle Fälle. Ob das überhaupt ernst zu nehmen oder ernst gemeint sei? Wilhelm Windelband stellt, wie viele andere vor und nach ihm auch, diese Frage: Man wusste und wisse immer noch nicht recht, »ob diese letzte Paradoxie ganz ernsthaft gemeint war, oder ob sie nur eine parodistische Kritik jener Kritik aller Kritik sein sollte.«[18] Den Satireverdacht hegt John Henry Mackay noch 1898 in seinem Fragebogen, den er in London Stirners »Liebchen Marie Dähnhardt« zur Beantwortung hinterlassen hatte. Die entsprechende Frage lautete: »Hat Stirner je eine Andeutung gemacht, aus der hätte hervorgehen können, daß seine Arbeit eine Satire sei?«[19] Von Stirner stamme »das ärgste Ketzerbuch ..., das eine Menschenhand geschrieben«[20] habe, er sei ein weltfremder Kauz, der sich von der realen Welt abgesondert habe und sein »concept of a ›self-owned Individual‹« wandere wie ein obdachloser Geist umher,[21] man habe es mit »einem

---

[13] a.a.O., p. 31.
[14] H. Arvon, Aux sources de l'existentialisme. Max Stirner. Paris 1954. Inzwischen liegt eine deutsche Übersetzung dieser vor allem in Frankreich einflussreichen Publikation vor: H. Arvon, Max Stirner. An den Quellen des Existenzialismus. Rangsdorf 2012.
[15] A. Martin, Max Stirners Lehre. Leipzig [1906], p. 13f.
[16] Die Ideologie der anonymen Gesellschaft. Köln 1966, p. 199.
[17] a.a.O., p. 4. Allerdings herrsche von diesem Einfluss paradoxerweise »völlige Unkenntnis«, »und sogar Abneigung« sei zu konstatieren (a.a.O., p. 7).
[18] W. Windelband, Die deutsche Philosophie. Tübingen 1909, p. 55. (Gemeint ist die Kritik Bruno Bauers).
[19] B. A. Laska: John Henry Mackays Stirner-Archiv in Moskau, in: Der Einzige. Vierteljahresschrift des Max-Stirner-Archivs Leipzig. Nr. 3 (7), 1999, p. 8. »Nicht ihr gegenüber« war die lakonische Antwort Maries.
[20] K. Joël, Philosophenwege 1901, p. 232. Joël bezeichnet an anderer Stelle Stirner als »Mann des gärenden Drachengifts«, der das »wahrhaft herostratische Buch des krassen Egoismus« auch noch seinem Liebchen gewidmet habe (Wandlungen der Weltanschauung. Bd. 2. Tübingen 1934, p. 637).
[21] A. M. Lewis, Ten Blind Leaders of the Blind. Chicago 1909. Lewis stellt ernsthaft

tollgewordenen Hegelianer« zu tun, wie der Arzt, Schriftsteller und Politiker Max Nordau diagnostiziert.[22]

Vom merkwürdigen Kauz und toll gewordenen Hegelianer zum Verrückten ist es nicht weit: Bereits am 21. Juni 1845 bezichtigte ein anonymer Kritiker, möglicherweise handelt es sich um Karl Grün, Stirner ernsthaft des Wahnsinns.[23] 1903 beschreibt der Psychiater Ernst Schultze in dem Artikel »Stirner'sche Ideen in einem paranoischen Wahnsystem« ausführlich den Fall der Patientin S., deren extremer psychopathischer Egoismus nach Schultze auffällige Parallelen zu Stirners Egoismus und Individualismus aufweise, wodurch auch der Autor Stirner, nicht nur seine Philosophie, einem psychopathischen Verdacht ausgesetzt wird.[24] Auch der Basler Philosophieprofessor Friedrich Heman unterstellt Stirner wenige Jahre später »den schwersten Irrsinn«. Und wie bei allen Irren seien für Stirner »psychische Energielosigkeit, Arbeitsscheu und praktisches Ungeschick« kennzeichnend.[25] Für den Völker- und Staatsrechtler Carl Schmitt ist Stirner in seinem Aufsatz »Weisheit der Zelle« vom April 1947 »scheußlich, lümmelhaft, angeberisch, renommistisch, ein Pennalist, ein verkommener Studiker, ein Knote, ein Ich-Verrückter, offenbar ein schwerer Psychopath«[26]. Wodurch auch immer veranlasst, lässt Isaiah Berlin schließlich Stirner am Ende seines Lebens mit ungezügelter Phantasie und Fabulierlust verrückt werden. »Er beschloss sein Leben ... 1856 in einer Irrenanstalt ... als ein vollkommen friedfertiger und harmloser Wahnsinniger.«[27]

In vielen Fällen eilt das Urteil der Beweisaufnahme voraus. Dem solchermaßen Verurteilten oder Vervorurteilten wird jede Chance genommen, seine Motive und Absichten kundzutun. Der Tatbestand liegt fest, noch ehe die Tat als solche zureichend analysiert ist.

---

die Frage, wie Stirners Einziger an seine Kleider kommt und wie er erfährt, wie spät es ist. Dazu brauche der unabhängige Eigner doch Arbeiter, die die dafür benötigten Produkte herstellen.

[22] M. Nordau, Entartung. Berlin 1893, p. 347.
[23] [Karl Grün?], Deutschland. *†* Vom Rhein, 17. Juni, in: Trier'sche Zeitung. No. 172. 21. Juni 1845, p. 2.
[24] E. Schultze, Stirner'sche Ideen in einem paranoischen Wahnsystem. Berlin 1903.
[25] F. Heman, Der Philosoph des Anarchismus und Nihilismus. Stuttgart 1906, p. 71.
[26] C. Schmitt, Weisheit der Zelle, in: Ex Captivate Salus. Köln 1950, p. 81. Die in diesem Zitat nicht erkennbare komplexe und widersprüchliche Haltung Schmitts gegenüber Stirner hat Bernd A. Laska anschaulich aufgearbeitet in »›Katechon‹ und ›Anarch‹« (Nürnberg 1996, p. 13–49).
[27] I. Berlin, Die Wurzeln der Romantik. Berlin 2004, p. 243.

Das Ziel dieser Arbeit ist es daher, zuerst einmal den Tatbestand festzustellen. Um die Tat, um Stirners »Einzigen«, geht es in erster Instanz; Stirners Philosophie, die Eigner-Thematik, soll zur Sprache gebracht und von ihren eigenen Voraussetzungen und Absichten her analysiert werden. Deshalb werden im Rahmen dieser Arbeit die Rezeptionsbedingungen und -verfahren der jeweiligen Rezeptionsgruppen, wird die Wirkungsgeschichte der Eigner-Thematik weitgehend vernachlässigt und in die Fußnoten verwiesen und nur sporadisch dann ausführlicher berücksichtigt, wenn damit die philosophische Position Stirners verdeutlicht werden kann. Ich werde nur ansatzweise auf die Interaktion von Rezipient und Text, auf das relationale Verhältnis zwischen erkennendem Subjekt und zu erkennendem Objekt zu sprechen kommen, um darzustellen, *welche* philosophischen Aussagen unter *welchen* historischen und ideologischen Bedingungen gesellschaftlich *wie* wirksam werden oder irrelevant bleiben.

Dagegen beabsichtigt diese historisch-kritische Darstellung der Eigner-Thematik – als der zentralen philosophischen Thematik Stirners –, ausgehend von den ersten Arbeiten und Veröffentlichungen Stirners (1834 bzw. 1841/42) über das philosophische Hauptwerk »Der Einzige und sein Eigentum« (1844) bis zu den späten Veröffentlichungen (1852), ausführlich die Radikalisierung der das 19. Jahrhundert beschäftigenden anthropologischen Fragestellung aufzuzeigen, die in der Auflösung der spekulativen Philosophie Hegels im Vormärz virulent wurde. Stirners Philosophie ist in weitem Maße oppositionelle Philosophie, Philosophie in Opposition zu Hegel und zur Hegelschule und zur spekulativen Philosophie schlechthin. Indem der präzise historische Ort der Eigner-Thematik markiert wird, der diese Thematik in all ihren sie konstituierenden Elementen philosophiegeschichtlich festlegt, wird gleichzeitig dargetan, dass Stirners »Einziger«, bei aller Sonderstellung, die ihm beizumessen ist, kein erratischer Block in der philosophischen Landschaft der ersten Hälfte des 19. Jahrhunderts ist, sondern als besonders exponiertes Moment einer Entwicklung in der Nachfolge Hegels zu sehen ist, in der die unabdinglichen Ansprüche des Einzelnen gegenüber der Allgemeinheit thematisiert werden.

Der homo universale der Renaissance als Idee der eigenständigen Persönlichkeit, wie ihn Jacob Burckhardt beschrieben hat,[28] die

---

[28] J. Burckhardt, Die Cultur der Renaissance in Italien. Basel 1860 (vor allem zweiter Abschnitt: »Entwicklung des Individuums«, p. 131–170).

Vorbemerkung

Singularität des Individuums als res cogitans bei Descartes, die Betonung der individuellen Freiheit der Person bei Rousseau, das Gesetz der freien Selbstbestimmung Kants, das Ich Fichtes, der »magische Idealismus« Novalis' und dessen »Verwandlung des *Fremden* in ein *Eignes*«[29], überhaupt Entwicklungen im 18. Jahrhundert mit ihrem Streben nach Lösung des Individuums aus gesellschaftlichen Bindungen:[30] dies alles sind, an dieser Stelle nur skizzenhaft angedeutete Individualisierungstendenzen, die in der ersten Hälfte des 19. Jahrhunderts ihren Höhepunkt finden in der anthropologischen Wendung der Philosophie durch die so genannten Junghegelianer, besonders durch die Anthropologisierung der Theologie (und Philosophie) und »das ›sensualistische‹ Prinzip« Ludwig Feuerbachs,[31] und die bei Stirner, wie der Wiener Schriftsteller und Jurist Max Messer es ausgedrückt hat, »die konsequenteste, aber auch einseitigste und schroffste Fassung der Philosophie der Persönlichkeit« zu Wege gebracht haben.[32]

Bei aller Besonderheit und Radikalität bewegt sich Stirner mit seiner Thematik des Eigners im Kulminationspunkt dieser Tendenzen, deren Inhalte er radikalisiert und radikalisierend destruiert.

Wenn ein Stirner-Interpret feststellt, es komme ihm »nicht auf den historischen Stirner an«, wenn er eine Analyse seiner »Entwicklung« ebenso negiert wie »Philologisches und Soziologisches«, was immer er darunter verstehen mag, dann beschreibt er die für einen Großteil der Stirner-Exegese zutreffende Methode, den »Einzigen und sein Eigentum« von den Auseinandersetzungen im Vormärz in der Nachfolge Hegels zu isolieren und die Denkvoraussetzungen des Rezipienten zum ausschließlichen Beurteilungskriterium zu erheben. Die Folgerung, »auch Stirner verstehen, kann heute nur heißen, über ihn hinausgehen«,[33] stellt sich in unbeabsichtigter Weise als zutreffend heraus: die Abstraktion von allen entwicklungsgeschichtlichen Faktoren führt an Stirner vorbei und über ihn hinaus ins Spekulative und Willkürliche, da die Absicht des Autors völlig, die historischen Implikationen seines Werks und dessen Wirkung fast ganz unberück-

---

[29] Novalis, Fragmente II (Werke/Briefe, Bd. 3). Heidelberg 1957, p. 163.
[30] Vgl. dazu z. B. G. Simmel, Grundfragen der Soziologie. Berlin 1970³.
[31] Vgl. dazu A. Schmidt, Emanzipatorische Sinnlichkeit. München 1973, besonders p. 75–81.
[32] M. Messer, Max Stirner. Berlin 1907, p. 4.
[33] C. A. Emge, Max Stirner. Mainz und Wiesbaden 1964, p. (45) 1275.

sichtigt bleiben; von einer Analyse des relationalen Verhältnisses dieser Faktoren kann dann überhaupt keine Rede mehr sein.

Die Biographie Stirners wird in dieser Arbeit vernachlässigt und nur dort herangezogen, wo sie zum Verständnis des Werkes beiträgt. Verwiesen wird in diesem Zusammenhang auf die bisher einzige Stirner-Biographie, geschrieben von John Henry Mackay,[34] die dem Leser jedoch auf viele Fragen die Antwort verweigert, bei unkritisch-hagiographischer Darstellung oft Sachlichkeit vermissen lässt und wissenschaftlich nur bedingt brauchbar ist, weil Mackay seine Quellen nicht oder nur verklausuliert angibt.[35] Trotzdem gilt: Ohne Mackay wüssten wir kaum etwas über Stirners Leben und wäre es zweifelhaft, dass Stirner den Stellenwert in der Diskussion einnehmen würde, den er nach Erscheinen von Mackays Publikationen einnehmen konnte.

---

[34] J. H. Mackay, Max Stirner. Sein Leben und sein Werk. Freiburg/Br. 1977. Dieser unveränderte Reprint der 3. Auflage von 1914, herausgebracht von der Mackay-Gesellschaft in Freiburg, hat die Bibliographie von H. G. Helms (Ausgaben der Werke Stirners) unverändert übernommen und – allerdings unvollständig – um Neuerscheinungen bis Juni 1977 ergänzt. Inzwischen liegt eine von mir betreute und ständig aktualisierte Bibliographie im Internet unter http://max-stirner-archiv-leipzig.de/max_stirner.html#bibliographien vor.

[35] Für Gustav Mayer, den Historiker der deutschen Arbeiterbewegung, war Mackay »in wissenschaftlichen Dingen ... ein Dilettant« und seine Biographie »ein kümmerliches Machwerk« (G. Mayer, Erinnerungen. Zürich und Wien 1949, p. 199). »Unsubstantiierter als Mackays Stirner-Buch kann ein biographisches Werk nicht verfaßt werden«, kritisiert auch H. G. Helms. Seine Vermutung allerdings, »dass Mackay nicht in seine Konzeption passendes Material entweder verfälscht oder unterschlagen hat« (H. G. Helms, Die Ideologie der anonymen Gesellschaft. Köln 1966, p. 301. Siehe auch p. 302), wird durch Bernd A. Laskas und meine Nachforschungen nur in wenigen und unbedeutenden Punkten bestätigt.

Mackay entgegnet dem Anarchismusdarsteller Max Nettlau offensichtlich auf ähnliche Vorwürfe: »... in meiner Biographie kann *jede* Thatsache belegt werden, und wird es einmal werden ...« (Brief Mackays an Max Nettlau vom 23.12.1923, Nettlau-Nachlass im Internationaal Instituut voor Sociale Geschiedenis, Amsterdam). Eleganter liest sich die Kritik von Karl Joël (Stirner. Berlin 1901, p. 234) an »Mackay als Stirnerbiograph«: »ein Kinderherz an Naivetät, die warme, schöne Seele, die alles hat, nur keinen Tropfen Humor und Kritik ...«. Kritik an Mackays Biographie meldet bereits 1902 E. Zoccoli in seiner Einleitung zur italienischen Ausgabe des »Einzigen« an (M. Stirner, L'Unico. Torino, Roma, Milano 1921[3]), wenn er schreibt: »Il volume da lui scritto sulla vita e l'opera dello Stirner ... divaga anch'esso in amplificazioni retoriche ed apologetiche che non hanno alcun rapporto con quel pensiero.« (p. XIII).

Einleitung

Stirner wird in Nachschlagewerken und Darstellungen seiner Philosophie immer wieder als Links- oder Junghegelianer bezeichnet, wobei beide Bezeichnungen meist synonym gebraucht werden.[1] Schauen wir uns diese Richtungsbestimmung und deren Herkunft in gebotener Kürze an, um dann die Frage zu beantworten, inwieweit sich die Einteilung der Hegelschen Schule in eine linke und rechte Fraktion rechtfertigen lässt und ob Stirner mit der Bezeichnung Links- und Junghegelianer treffend charakterisiert wird.

Wie nach Alexander's Tode dessen Generale sich in die eroberten Provinzen theilten, so theilten nach Hegel's Tode dessen Schüler sich in die große geistige Eroberung seines Systems, und pflanzten, wie Jene, in gesonderten Heerlagern feindliche Banner auf.

Mit diesem historischen Vergleich versucht Rudolf Gottschall, ein Zeitgenosse Stirners, die Spaltung der Hegelschen Schule in zwei Fraktionen und deren Beziehungen zueinander zu veranschaulichen.[2]

Allerdings war bereits am 14. November 1831, als Hegel starb, der Schülerkreis in Fraktionen gespalten, die sich insbesondere bei der Interpretation religionsphilosophischer Fragen heftige Kämpfe lieferten.[3]

---

[1] Zu den Junghegelianern siehe die grundlegende Arbeit von W. Eßbach, Die Junghegelianer. München 1988. Zur Begriffsbildung und zum widersprüchlichen Selbstverständnis des Begriffs bei den Junghegelianern selbst siehe vor allem p. 30–31.

[2] [R. Gottschall], Die deutsche Philosophie seit Hegel's Tode, in: Die Gegenwart, Bd. 6. Leipzig 1851, p. 294. Der Vergleich geht offensichtlich auf die Rede Friedrich Försters am Grabe Hegels zurück, in der es heißt, »den erledigten Thron Alexanders wird kein Nachfolger besteigen, Satrapen werden sich in den verwaisten Provinzen theilen.« (Zitiert nach H. *, Die politische Theorie der hegelschen Rechten, in: Archiv für Philosophie, Bd. 10, Heft 3–4. Stuttgart 1960, p. 186).

[3] Vgl. dazu den Überblick über diese Auseinandersetzungen bei J. E. Erdmann, Grundriß der Geschichte der Philosophie. Bd. II. Halle 1866, § 336.
D. McLellan (Die Junghegelianer und Karl Marx. München 1974) meint zwar, unter

Einleitung

Vor allem durch »Das Leben Jesu« des Theologen David Friedrich Strauß, mit dem die Leben-Jesu-Forschung eine historisch-kritische Richtung nahm, profilierten die Fraktionen ihre jeweiligen Positionen. Je nach Zustimmung oder Ablehnung seines Verständnisses der Evangelien, deren historische Faktizität er leugnete, teilte Strauß die Hegelschule in einen rechten und linken Flügel und ein Zentrum ein:[4]

Auf die Frage, ob und in wie weit mit der Idee der Einheit göttlicher und menschlicher Natur die evangelische Geschichte gegeben sei, sind an und für sich drei Antworten möglich: dass nämlich mit jenem Begriffe entweder die ganze evangelische Geschichte; oder dass blos ein Theil derselben; oder endlich dass sie weder ganz noch theilweise von der Idee aus als historisch zu erhärten sei. Wären diese drei Antworten und Richtungen wirklich jede von einem Zweige der *Hegel*'schen Schule repräsentirt, so könnte man nach der herkömmlichen Vergleichung die erste Richtung, als die einem alten Systeme am nächsten stehende, die rechte, die dritte die linke Seite, die zweite aber das Centrum nennen.[5]

Zum rechten Flügel rechnete Strauß den Philosophen Georg Andreas Gabler, der seit 1835 als Nachfolger Hegels in Berlin lehrte, den Philosophen Karl Friedrich Göschel, der sich darum bemühte, »den religiösen Glauben mit dem philosophischen Wissen ... auszusöhnen«,[6] und Bruno Bauer, der 1835 in den »Jahrbüchern für wissenschaftliche Kritik« (herausgegeben von der Sozietät für wissenschaftliche Kritik zu Berlin) »Das Leben Jesu« rezensiert hatte.[7] »Die linke Seite der *Hegel*'schen Schule« wird durch Strauß alleine repräsentirt,[8] während im Zentrum nur der Königsberger Philosoph Johann Karl Fried-

---

Berufung auf Michelets »Geschichte der letzten Systeme der Philosophie in Deutschland von Kant bis Hegel« (2 Bde. Berlin 1837/38, Bd. 2, p. 636), »in den Jahren unmittelbar nach Hegels Tod 1831 bildeten seine Schüler eine ebenso geschlossene Front wie bereits zu Lebzeiten des Meisters« (p. 9).

[4] Vgl. zu diesen und den folgenden Ausführungen H.-M. Saß, Untersuchungen zur Religionsphilosophie in der Hegelschule. Münster 1963, p. 192 f. und K. Löwith, Von Hegel zu Nietzsche. Stuttgart 1958[4] (1941), p. 65–78.

[5] D. F. Strauß, Verschiedene Richtungen innerhalb der Hegel'schen Schule in Betreff der Christologie, in: Streitschriften zur Vertheidigung meiner Schrift über das Leben Jesu, Heft 3. Tübingen 1841 (1837/38), p. [95]

[6] a.a.O., p. 96.

[7] Vgl. dazu a.a.O., p. 100–120. Zu Bruno Bauers Übergang vom rechten zum linken Flügel vgl. H. Stuke, Philosophie der Tat. Stuttgart 1963, p. 126 f.

[8] D. F. Strauß, a.a.O., p. 126.

rich Rosenkranz steht, der an der Gottessohnschaft Jesu festhielt, ansonsten jedoch die Position Strauß' vertrat.[9]

Die Richtungsbestimmungen, von Strauß aus dem Sprachgebrauch der französischen Kammern übernommen, wo sie die parlamentarische Sitzordnung bezeichneten, wollte Strauß, wie der Titel seiner Schrift hervorhebt, nur »in Betreff der Christologie« verstanden wissen. In der Folgezeit jedoch –, die Unterscheidung wurde … dann von Michelet ausgeführt, um sich seither zu erhalten«, bemerkt Karl Löwith,[10] – gab die Diskussion ihren primär religionsphilosophischen Charakter auf und zog philosophische und politische Themenstellungen mit ein, während gleichzeitig die Ausgangspunkte der Spaltung radikalisiert wurden. Diese Entwicklung dokumentieren anschaulich die im Jahre 1838 von Arnold Ruge und Ernst Theodor Echtermeyer gegründeten »Hallischen Jahrbücher für deutsche Wissenschaft und Kunst«.

Für die Charakteristik der rechten und linken Hegelianer mussten jetzt andere Kriterien herangezogen werden. Nach Löwiths Darstellung unterscheiden sich die Rechten (die Althegelianer) von den Linken (den Junghegelianern)[11] dadurch, dass die Althegelianer »Hegels Philosophie buchstäblich konserviert und in historischen Einzelforschungen weitergeführt« haben und »nicht die Tendenz zu einer radikalen Neuerung hatten«.[12] Bruchlos schließt ihr Denken an das philosophische System Hegels an, während die Linkshegelianer und

---

[9] Vgl. a. a. O., p. 120–126.
[10] K. Löwith, Von Hegel zu Nietzsche. Stuttgart 1958 (1941), p. 65. Zu Michelets Darstellung der Hegelschen Rechten und Linken siehe Löwith, a. a. O., p. 426, Anm. 141.
[11] Die Geschichte beweist, dass der Hegelianismus mit Stirner nicht »an einem Endpunkt angelangt« ist und dass es nicht angeht, Stirner als »letzten Hegelianer« zu bezeichnen, wie D. McLellan es tut (Die Junghegelianer und Karl Marx. München 1974 (1969), p. 138).
[12] K. Löwith, a. a. O., p. 66. »Der Ausdruck ›Junghegelianer‹ ist zunächst nur im Sinne der jüngeren Generation von Hegels Schülern gemeint«, präzisiert Löwith; »in der Bedeutung von ›Linkshegelianern‹ bezeichnet er die im Verhältnis zu Hegel revolutionäre Umsturzpartei.« (a. a. O., p. 78).
Zur Hegelschen Rechten zählt man Eduard Gans, Leopold von Henning, Karl Ludwig Michelet, Heinrich Gustav Hotho, Johann Karl Friedrich Rosenkranz, Johann Eduard Erdmann, Kuno Fischer, Philipp Konrad Marheineke und Bruno Bauer (bis Ende der dreißiger Jahre), um nur einige der bekanntesten Namen aufzuzählen.
Zur Linken rechnet man neben David Friedrich Strauß: Ludwig Feuerbach, Arnold Ruge, Max Stirner, Sören Kierkegaard, Friedrich Engels, Karl Marx, Moses Hess, August Cieszkowski und Bruno Bauer (seit Ende der dreißiger Jahre), um auch hier nur einige bekanntere Namen zu nennen.

ihre Philosophie jenen »revolutionären Bruch im Denken des 19. Jahrhunderts« markieren, von dem Löwith im Untertitel seiner Darstellung des Weges von »Hegel zu Nietzsche« spricht.

Friedrich Engels charakterisiert die Radikalisierung der junghegelianischen Bewegung rückblickend in seinem 1886 erstmals veröffentlichten Aufsatz »Ludwig Feuerbach und der Ausgang der klassischen deutschen Philosophie«:

> Der linke Flügel, die sogenannten Junghegelianer, gaben im Kampf mit pietistischen Orthodoxen und feudalen Reaktionären ein Stück nach dem andern auf von jener philosophisch-vornehmen Zurückhaltung gegenüber den brennenden Tagesfragen, die ihrer Lehre bisher staatliche Duldung und sogar Protektion gesichert hatte; und als gar 1840 die orthodoxe Frömmelei und die feudal-absolutistische Reaktion mit Friedrich Wilhelm IV. den Thron bestiegen, wurde offne Parteinahme unvermeidlich. Der Kampf wurde noch mit philosophischen Waffen geführt, aber nicht mehr um abstrakt-philosophische Ziele; es handelte sich direkt um Vernichtung der überlieferten Religion und des bestehenden Staats.[13]

Engels' Darstellung ist in mehrerer Hinsicht problematisch und zu problematisieren;[14] versuchen wir an ihr das gängige Klischee von rechts und links, die Gleichsetzung des »linken Flügels« der Hegelschule mit den progressiven Junghegelianern und des rechten mit den konservativen und reaktionären Althegelianern, an einigen wenigen Beispielen zu hinterfragen.

Wie unklar die Trennungslinien zwischen dem linken und rechten Flügel der Hegelschule sind, dokumentiert bereits Strauß durch die Notwendigkeit, ein Zentrum mit Rosenkranz, dem Löwith »in bedingter Weise auch Schaller und Erdmann«[15] zuordnet, aufstellen

---

[13] F. Engels, Ludwig Feuerbach und der Ausgang der klassischen deutschen Philosophie, in: MEW 21. Berlin (Ost) 1969 (1886), p. 271. In einem anderen Beitrag wird allerdings versucht, die Radikalisierung der als »reactionair« bezeichneten Rechtshegelianer als »Opposition gegen das Hinausstürmen der Jüngern« zu interpretieren ([R. Gottschall], Die deutsche Philosophie seit Hegel's Tode, in: Die Gegenwart, Bd. 6. Leipzig 1851, p. 293).

[14] Unabhängig von dem hier dargestellten Sachverhalt weist H. Arvon in seiner Studie »An den Quellen des Existenzialismus: Max Stirner« darauf hin, dass Engels die Chronologie manipuliert, wenn er Stirner vor Feuerbach einordnet, um dessen Einfluss auf den Historischen Materialismus zu leugnen, außerdem fälschlicherweise behaupte, Bakunin habe viel von Stirner übernommen, um ihn mit dem (gewalttätigen) Anarchismus in Verbindung und damit in Diskredit zu bringen (2012, p. 193–199).

[15] K. Löwith, Von Hegel zu Nietzsche. Stuttgart 1958 (1941), p. 65.

zu müssen. Rosenkranz ist in Gottschalls Darstellung der »Deutschen Philosophie seit Hegel's Tode« nicht mehr der typische Repräsentant des Zentrums der Hegelschen Schule, sondern wird »deren geistvollster, thätigster und verdienstlichster Vertreter« auf dem rechten Flügel.[16] Gottschall ist ein Schüler von Rosenkranz, dieser rechts oder im Zentrum anzusiedelnde Hegelianer Rosenkranz wiederum wird jedoch von dem angeblich radikalsten und extremsten Vertreter des linken Flügels, Max Stirner, in einer Rezension der »Königsberger Skizzen«, 1842 in der »Rheinischen Zeitung« erschienen, wenn auch mit Vorbehalten gelobt und gepriesen (vgl. dazu KS 78–90; siehe auch KS 59 und KS 141–148), während Rosenkranz in Stirner »die Spitze der einseitig subjectiven Tendenz« sieht, »in welche sich die Junghegel'sche Schule verloren hat.«[17] In der Theorie könne sich »ein solcher Nihilismus ... zu Nichts mehr fortentwickeln; ihm könnte nur noch die Praxis des egoistischen Fanatismus, die Revolution folgen.«[18] Auch Martin Hundt möchte die Freien als »Linksabweichler« nicht mehr zum Junghegelianismus rechnen, sondern ihnen eine eher unbedeutende linke Sonderrolle zuweisen.[19]

Angesichts dieser gegenseitigen Einschätzungen kann Hans G. Helms in den »Termini *links* und *rechts* für die beiden Generationen der Hegel-Adepten« keinen Sinn mehr erkennen und stellt kategorisch fest: »ihre politischen Implikate sind falsch.«[20]

Die Polemik Stirners mit Bruno Bauer, Stirners Auseinandersetzungen mit dem Sozialismus und Moses Heß, die Kontroverse zwischen Marx und Engels einerseits und Feuerbach, Stirner und anderen Junghegelianern andererseits deuten darauf hin, dass von einer einheitlichen linken Fraktion nicht die Rede sein kann, geschweige denn von *einer* Front gegen den so genannten konservativen rechten

---

[16] [R. Gottschall,] Die deutsche Philosophie seit Hegel's Tode, in: Die Gegenwart. Leipzig 1851, p. 293.
[17] K. Rosenkranz, Aus einem Tagebuch. Leipzig 1854, p. 132.
[18] a.a.O., p. 133. Rosenkranz ist der erste, der Stirner Nihilismus vorwirft, viele werden ihm folgen. Ich halte diese Etikettierung für falsch und habe mich ausführlicher in meinem Nachwort zu Stirners »Einzigem« dazu geäußert (B. Kast, Nachwort zu Stirners »Einzigem«. Freiburg 2009, p. 379–382.
[19] M. Hundt, Redaktionsbriefwechsel, Apparat. Berlin 2010, p. 44: »Die ›Freien‹ waren eigentlich nichts ohne Bruno Bauer.«
[20] H. G. Helms, Die Ideologie der anonymen Gesellschaft. Köln 1966, p. 42.

Flügel, innerhalb dessen vergleichbare, wenn auch nicht so heftige Kontroversen ausgetragen wurden.[21]

Angesichts der Sympathien der »Rechten« mit den »Linken«[22] und der »Linken« mit den »Rechten«, angesichts der Differenzen innerhalb der »Linken« und innerhalb der »Rechten« und der Übereinstimmungen zwischen »Rechten« und »Linken«, kann von deutlich voneinander unterscheidbaren Flügeln in der Hegelschule nicht die Rede sein, und das Rechts-Links-Denken erweist sich als eine Pauschalisierung, die die politischen und philosophischen Auseinandersetzungen im Vormärz nicht zureichend erfasst. Richard Wisser hat in seiner »Philosophischen Wegweisung« »die links-rechts-Schablone« im 19. Jahrhundert und in unserer Zeit unter die Lupe genommen und unter dem dadurch ermöglichten größeren Bildwinkel die Polarisierung als eine »Reduzierungsbewegung« erkannt, die die oben dargestellte Unzulänglichkeit der Richtungsbestimmungen nach Hegels Tod gleichsam mit Hilfe einer anderen Optik zu bestätigen und zu verdeutlichen in der Lage ist.[23]

Wisser stellt dar, dass dem Denken Hegels »der Kreis als die Bewegungsfigur des absoluten Geistes« zugrunde liegt. »Der Weg von sich zu sich ist das Werden seiner selbst.«[24]

Der Begriff als die Vollzugsform des Begreifens, als das umgreifende Ganze hat im *Kreis*, der alles umfaßt, sein Symbol. Der Kreis, dessen Bewegung Kreisbewegung ist, veranschaulicht, dass das Absolute, das Eins und Alles,

---

[21] Vgl. dazu H. Lübbe, Die politische Theorie der hegelschen Rechten, in: Archiv für Philosophie, Bd. 10, Heft 3–4. Stuttgart 1960, p. [175]–227.
[22] Ein extremes Beispiel mag diese Sympathien veranschaulichen: der während des »Dritten Reiches« mit dem Nationalsozialismus sympathisierende »Rechtshegelianer« Carl A. Emge (vgl. dazu H. G. Helms, Die Ideologie der anonymen Gesellschaft. Köln 1966, p. 473–475 und H. Kiesewetter, Von Hegel zu Hitler. Hamburg 1974, p. 267–270), der 1931 unter dem Pseudonym Ab Insulis (Geistiger Mensch und Nationalsozialismus. Ein Interview für die Gebildeten unter seinen Gegnern. Berlin 1931) und 1935/36 (Ideen zu einer Philosophie des Führertums, in: Archiv für Rechts- und Sozialphilosophie. Bd. XXIX, Heft 2. Berlin 1935/36, p. 175–194) nationalsozialistische Propagandaschriften veröffentlichte, schrieb zur gleichen Zeit eine nicht weniger begeisterte Lobeshymne auf den »Linkshegelianer« Max Stirner (Das Aktuelle. Ein Dialog zur Hinführung zu seinen Problemen, in: Festschrift für Rudolf Hübner, Jena 1935, p. 154–171).
[23] R. Wisser, Philosophische Wegweisung. Würzburg 1996: Kapitel Grundrichtungen des 19. Jahrhunderts in Abkehr von Hegel, p. 127–184.
[24] a.a.O., p. 133.

Einleitung

wesentlich Resultat ist, d.h. dass es erst am »*Ende* das ist, was es in Wahrheit ist«.[25]

Dieses Kreisdenken wird von Hegel als als »*Grund-bewegung*« aufgedeckt. Die »*Rund-bewegung*, die Kehre, die Wende, die Wendung, die Umwendung des Verkehrten ist originär Hegelsche, zur *Wissenschaft* erhobene Philosophie, ›wirkliches Wissen‹«.[26] Hegels Kreisdenken kennt kein Links und kein Rechts, weil die Richtung des Kreises der Kreis selbst ist und Seitigkeit per definitionem ausgeschlossen ist. Seitigkeit, Seiten, Ein-Seitigkeit gibt es erst von dem Moment an, wo »man nicht mehr den *Kreis* für die Grund-Figur hält, sondern die *Linie*, genauer: erst seitdem der *Kreis zur Linie aufgebogen* worden ist …«.[27]

Dieser Vorgang erst ermöglicht dialektisches und lineares Denken, Denken auf der Linie, und die neue Bewegungsrichtung ist das Vorwärts, das Fortschreiten, Fortschritt. Die neuen Perspektiven liegen jetzt links und rechts.[28] Die Linken »denken die Dialektik nicht mehr kreisförmig geschlossen, aber auch nicht nach oben vertikal überhöhend, aufhebend, hinauf-hebend, sondern radikal in die Immanenz hineingelegt.«[29] »Nachdem der *Kreis* gesprengt ist …, wird die in sich rotierende Bewegung des absoluten Geistes als Ideologie entlarvt.«[30] Den radikalen Kreisbruch vorangtetrieben haben nach Ansicht Wissers »drei Denktäter«: Karl Marx mit seiner Religionskritik, Søren Kierkegaard und dessen existenzielle Kritik und schließlich Friedrich Nietzsche mit dessen Formel vom Tod Gottes.[31]

Wisser geht in seiner Abhandlung nicht auf Stirner ein, nicht zuletzt wohl deshalb, weil Stirner nicht, wie die so genannten Linken, den Kreis gesprengt hat, sondern seine Sprengladung an *der* Ideologie anbringt, die glaubt, die Kreisbewegung »als Ideologie entlarvt« zu haben. Stirner demonstriert, was weiter unten zu zeigen sein wird, dass sich auch die »Linken« und »Freien« letztlich doch noch in dem vermeintlich aufgesprengten Kreis bewegen und bestenfalls mit einem Bein den Bezirk (Umkreis) verlassen haben, den »ein geistiges

---

[25] a.a.O. Wisser zitiert Hegels »Phänomenologie des Geistes«. (Frankfurt 1970 (1807), p. 24).
[26] a.a.O., p. 136.
[27] a.a.O.
[28] a.a.O., p. 141.
[29] a.a.O., p. 143.
[30] a.a.O.
[31] Zu den drei Denktätern siehe a.a.O., p. 143 ff.

Band«, ein »geistiger Bund«, wie Stirner im »Einzigen« schreibt (EE 315), umfasst. Stirner, und auch das wird näher auszuführen sein, ist lineare Dialektik ebenso fremd wie Hegels Kreisdialektik: In »die links-rechts-Schablone«, von der Wisser spricht, lässt sich Stirner nicht pressen.

Was für Stirner gilt, gilt auch, wenn auch unter anderen Gesichtspunkten, für die ältere und die jüngere Hegelschule; weder die eine noch die andere lässt sich eindeutig und zureichend durch die Bezeichnungen rechts und links bestimmen. Horst Stuke kommt in der Zusammenfassung seiner »Philosophie der Tat« zu dem Ergebnis, »dass Junghegelianer in mehr oder weniger entschiedener Form rechtshegelianische Positionen vertreten haben, es sowohl eine Philosophie der Tat ›von rechts‹ wie ›von links‹ gegeben hat.«[32]

Die jeweiligen philosophischen Positionen der einzelnen Vertreter der Hegelschule enthalten bestimmte politische Implikationen, die, und dies ist eine Frage der Wirkungsgeschichte, progressiv *und* reaktionär rezipiert werden konnten. Gerade die Philosophie Stirners hinterließ ihre Wirkung in den disparatesten weltanschaulichen Auffassungen, die sich auf keinen gemeinsamen Nenner bringen lassen.

Der Junghegelianismus, der in der Forschungsliteratur die Zeit von Hegels Tod bis spätestens zur Revolution von 1848, mehrheitlich nur die Zeit bis 1844 umfasst, wird erst in den letzten Jahrzehnten in seiner umfassenden Bedeutung gewürdigt »als zeitgemäße Weiterführung von Reformation und Aufklärung« und als »ein Großereignis ... der Weltgeschichte des Geistes.«[33] Ein Prozess, der nach wie vor andauert, so dass Jürgen Habermas die ebenso kühne wie augenscheinliche Behauptung aufstellen konnte, »daß wir Zeitgenossen der Junghegelianer *geblieben* sind.«[34]

In seiner umfassenden Habilitationsschrift »Die Junghegelianer. Soziologie einer Intellektuellengruppe« untergliedert Wolfgang Eßbach den Junghegelianismus in vier Bereiche: 1. eine philosophische Schule, 2. eine politische Partei, 3. eine journalistische Bohème und 4. eine atheistische Sekte, in denen die jeweiligen Akteure mit unterschiedlicher Intensität aufgetreten sind. Stirner spielt in allen vier

---

[32] H. Stuke, Philosophie der Tat. Stuttgart 1963, p. 247.
[33] M. Hundt, Apparat zum Redaktionsbriefwechsel der Hallischen, Deutschen und Deutsch-Französischen Jahrbücher. Berlin 2010, p. [1]. Hundts generalisierende Behauptung, der Junghegelianismus sei bereits 1844 »von der öffentlichen Bühne verschwunden« (a. a. O., p. 75) ist nicht haltbar.
[34] J. Habermas, Der philosophische Diskurs der Moderne. Frankfurt 1985, p. 67.

Bereichen eine Rolle; ich gehe in umgekehrter Reihenfolge und in gebotener Kürze auf die einzelnen Bereiche ein:

Stirner beschäftigt sich ausführlich mit dem Atheismus, er versteht sich selbst auch als Atheist, wirft aber Anderen, nicht zuletzt Feuerbach, vor, deshalb kein Atheist zu sein, weil sie immer noch an ein höheres Wesen glauben, den Menschen nämlich, der die Stelle Gottes eingenommen habe. Stirner bringt das auf den Nenner: »Unsere Atheisten sind fromme Leute.« (EE 191). Der Mailänder Essayist und Verleger Roberto Calasso, angetan von Stirners virtuosem Umgang mit Paradoxen, hält diese Formulierung für einen »Beweisgang, den niemand bisher zu widerlegen vermocht hat«.[35]

Stirner war ein eifriger Journalist und Mitarbeiter verschiedener Zeitungen und Zeitschriften; besonders vehement opponierte er gegen die Pressezensur, die er ständig mit einem oft raffiniert inszenierten Katz-und-Maus-Spiel auszutricksen versuchte.

Eine im Juni 1842 in der »Königsberger Zeitung« erschienene Korrespondenz informierte über die (angebliche) Gründung eines Vereins der »Freien« in Berlin. Die Reaktionen waren in allen politischen Lagern heftig. »Die aktuelle parteipolitische Brisanz« der Diskussion um die Vereinsgründung, in der Stirner eine prominente Rolle spielte, wurde von den einen heruntergespielt bzw. nicht erkannt, von anderen aufgebauscht,[36] von allen aber mit großer Neugier verfolgt.[37] Im Hintergrund äußerte sich eine zunehmende Skepsis der Philosophie gegenüber dem Staat, die vor allem von Stirner radikalisiert wurde, indem er den Eigner zum Todfeind des Staates erklärte. Martin Hundt bilanziert tendenziös: Eine konstruktive Beziehung zwischen Hegels »preußischer Staatsphilosophie« und dem Junghegelianismus sei unmöglich geworden. Maßgeblich hätten dazu »die Eskapaden Bauers und der ›Freien‹ sowie Stirners Maßlosigkeit« beigetragen.[38]

---

[35] R. Calasso, Der Untergang von Kasch. Frankfurt/Main 1997, p. 321. Als »*Gegenstand des Textes*« sorgten sie für vermeintliche Unstimmigkeiten und seien Hindernisse für einen ungehinderten glatten Leseprozess (a.a.O., p. 323).
[36] Siehe W. Eßbach, Die Junghegelianer. 1985, p. 215–219 (Zitat p. 217).
[37] In den »Deutschen Jahrbüchern« wird die Vereinsgründung u.a. in Briefen von Arnold Ruge (p. 1155, 1157f., p. 1172, 1175/1176, 1179/1180, 1181) und Karl Marx (p. 1163) angesprochen. Siehe M. Hundt, Der Redaktionsbriefwechsel. Bd. 2. Berlin 2010.
[38] M. Hundt, Der Redaktionsbriefwechsel. Apparat. Berlin 2010, p. 52f. Dass Bauer und Stirner solchermaßen abgestraft werden, verwundert nicht bei Hundts einseitigen Marxschen Sympathiebekundungen.

Viele Junghegelianer waren Lehrer an Schulen, so auch Stirner, oder an Universitäten, wenn ihnen nicht, wie Bruno Bauer, die Lehrerlaubnis entzogen wurde. Wegen der Entlassungen aus dem Schuldienst, der vergeblichen Bewerbungen für eine Hochschullaufbahn (Feuerbach) und des Entzugs der venia legendi (Bruno Bauer), wegen allgemeiner Unzufriedenheit mit dem Universitätssystem reifte bei Ruge und weiteren Junghegelianern der Plan einer alternativen Akademie. In einem Brief an Feuerbach vom 4. Dezember 1839 konkretisiert Ruge diesen Plan einer »Academie der freien philos. Richtung in Dresden«:

Vorerst wäre nur soviel interessant, daß, mit etwa 10 Stellen, ... die verschiedenen Fächer ganz von der Philosophie aus vorgenommen werden könnten. Die Orthodoxie u Unfreiheit jeder Art, ebenso den Positivismus müßte man ausschließen ... die Jahrb. zum Organ der Acad. zu machen; u so eine Basis für die wirkliche Bildung der gegenwärtigen Wissenschaft zu gewinnen.[39]

Der Plan scheiterte nach mehreren Anläufen definitiv, so dass die philosophische Schule der Junghegelianer aus mehreren Gruppenbildungen bestand, unter denen die Berliner Freien die lauteste und öffentlichkeitswirksamste Gruppe war.

---

[39] M. Hundt, Der Redaktionsbriefwechsel, Bd. 1, p. 467.

Der Eigner als Zentrum der Philosophie Stirners

In diesem Teil der Arbeit geht es um den Versuch, die Entwicklung von Stirners Denken von den ersten Arbeiten und Veröffentlichungen über das philosophische Hauptwerk »Der Einzige und sein Eigentum« bis zu den späten Veröffentlichungen systematisch unter dem Aspekt der Eignerthematik zu beschreiben. Diese Entwicklung beschreibt gleichzeitig den Weg der Radikalisierung seiner eigenen Philosophie und der Philosophie insgesamt in der ersten Hälfte des 19. Jahrhunderts.

Der Bezugsrahmen, an dem sich diese Darstellung orientiert, ist der Eigner und die semantische Reflexion des Eignerbegriffs. Dreierlei ist beabsichtigt:
1. eine systematische Gesamtdarstellung der radikalisierenden Tendenzen der Philosophie Max Stirners,[1]

---

[1] Unter den verschiedensten Gesichtspunkten und mit den unterschiedlichsten Resultaten wurde der Versuch einer Systematisierung von Stirners Philosophie mehrfach unternommen.
G. Beck (Die Stellung des Menschen zu Staat und Recht bei Max Stirner. Köln 1965, p. 2) weist auf die Arbeiten hin, die sich mit der Frage der Systematisierung des Stirnerschen Denkens beschäftigen: J. C. Kreibig (Geschichte und Kritik des ethischen Skeptizismus. Wien 1896, p. 109f.), J. H. Mackay (Max Stirner. Freiburg/Br. 1977³ (1898, p. 132)). Strugurescu (Max Stirner. München 1911, p. 19). H. G. Helms (Die Ideologie der anonymen Gesellschaft. Köln 1966, p. 206) übernimmt diese Darstellung Becks. Siehe auch K. A. Mautz (Die Philosophie Max Stirners. Berlin 1936, p. 5 und 79) und H. Sveistrup (Die Weltanschauung Max Stirners. Berlin 1920, p. 2). Dagegen spricht M. Kronenberg (Max Stirner. München 1899) von »einer genialen Theorie von systematischer Einheit« (p. 188) und B. Lachmann (Protagoras, Nietzsche, Stirner. Freiburg/Br. 1978³ (1914)) von einer »in klarer, prägnanter Form und Sprache« geschriebenen Weltauffassung (p. 38).
Stirner ist sich bewusst, nicht systematisch vorzugehen. So schreibt er an einer Stelle: »Doch nach dieser Ausschweifung, die Wir Uns, gedächten Wir überhaupt nach dem Schnürchen zu gehen, auf spätere Blätter hätten versparen müssen, um eine Wiederholung zu vermeiden, kehren wir zur ersten Schöpfung des Geistes, dem Geiste selbst, zurück.« (EE 43).

2. die Erarbeitung der »Eigner«-Thematik als Zentrum seiner Philosophie und die damit einhergehende Genese des Eigners,
3. die Würdigung der positiven philosophischen Leistung Stirners, nämlich die Herausbildung eines über den Individualismus hinausgreifenden »Egoismus« als Ausdruck der Bedürfnisse des konkreten Einzelnen und die Gegenwendung zu Hegel und Feuerbach.

Es soll schließlich dargetan werden, dass Stirner und die Linkshegelianer Philosophie herausgelöst wissen wollten aus einer geisteswissenschaftlichen Esoterik zugunsten einer gesellschaftlichen und philosophischen Konkretheit, die jener »revolutionäre Bruch im Denken des neunzehnten Jahrhunderts«[2] signalisiert und den Marx mit seiner 11. These über Feuerbach treffend postuliert: »Die Philosophen haben die Welt nur verschieden *interpretiert;* es kommt aber darauf an, sie zu *verändern.*«[3] Stirner formuliert dieses Programm einer Verwirklichung der Philosophie im Anschluss an seine Kritik am dogmatischen Denken, der »Gedankenwelt«, der er die existenzielle Konkretheit des Eigners entgegensetzt, folgendermaßen:

Diese Umkehrung der gewöhnlichen Betrachtungsweise könnte einem leeren Spiel mit Abstraktionen so ähnlich sehen, dass selbst diejenigen, gegen welche sie gerichtet ist, ihrer harmlosen Wendung sich ergäben, wenn nicht praktische Folgen sich daran knüpften (EE 355).

Angesichts der angedeuteten Unsicherheit und weitgehenden Hilflosigkeit der Rezeption Stirners, zumal der philosophischen, konstatiert Hans G. Helms lakonisch, dass Stirner »philosophisch nicht zu ›bewältigen‹ ist. Eduard von Hartmann, einer der ersten kategorialen Bewältiger, hat Stirner ins Reich der Träume verbannt.[4] Ein Alptraum ist er der Philosophie bis heute geblieben.«[5]

Betrachten wir uns, um der Philosophie ein schreckhaftes Erwachen zu ersparen, diesen angeblichen Alptraum etwas genauer. Womöglich, so könnte man vermuten, erweist sich der vermeintliche Alp als Spuk und der Traum als Sparren. Stirner jedenfalls ermutigt zu einem solchen Schritt: »Mensch, es spukt in Deinem Kopfe; Du hast einen Sparren zu viel!« (EE 53).

---

[2] K. Löwith, Von Hegel zu Nietzsche. Stuttgart 1958[4] (1941).
[3] K. Marx, Thesen über Feuerbach, in: MEW 3. Berlin (Ost) 1969 (1888), p. 535.
[4] E. v. Hartmann, Stirners Verherrlichung des Egoismus. Leipzig 1898, p. 89f.
[5] H. G. Helms, Die Ideologie der anonymen Gesellschaft. Köln 1966, p. 196.

A. Das Thema des Eigners in den Arbeiten vor dem »Einzigen«

Stirners Arbeiten vor dem Erscheinen seines philosophischen Hauptwerkes bleiben in der sich mit Stirner beschäftigenden Literatur weitgehend unberücksichtigt; das ist dadurch zu erklären, dass man, von Ausnahmen abgesehen, nicht die Bedeutung dieser Arbeiten als Vorstufen und Vorarbeiten zum »Einzigen« und als informative Dokumente von Stirners Entwicklung erkannt hat. Es ist deswegen auch verfehlt, Stirners Aufsätze vor dem »Einzigen« mit der Bemerkung abtun zu wollen, sie seien »ohne eigenartige literarische Physiognomie«[1] und beschäftigten »sich nur mit aktuellen Problemen«,[2] denn die Problematik und »Physiognomie« der Veröffentlichungen vor dem »Einzigen« ist weitgehend die Problematik und »Physiognomie« des philosophischen Hauptwerkes selbst.

Mit dieser These widersprechen wir gleichzeitig Versuchen, die Stirners Philosophie in verschiedene, voneinander unterscheidbare Entwicklungsstufen einteilen wollen. So glaubt der Stirnerianer Hans Sveistrup zwischen 1841 und 1844 drei »ziemlich scharf« voneinander unterscheidbare »Entwicklungsabschnitte« anhand des Gebrauchs des Wortes Egoismus nachweisen zu können[3] und tut so, als hätte Stirner die Arbeit am »Einzigen« nach Abschluss der vor 1844 geschriebenen »Kleineren Schriften« begonnen. Da Stirner mit Sicherheit bereits 1842 am »Einzigen« arbeitete, sind die meisten Veröffentlichungen entweder kurz vor seiner Beschäftigung mit dem »Einzigen« oder zum Teil sogar parallel dazu entstanden.[4] Für eine Konzentration auf die Arbeit am »Einzigen« 1843 spricht, dass in diesem Jahr höchstens drei kleinere Arbeiten von Stirner erschienen

---

[1] M. Kronenberg, Max Stirner. München 1899, p. 189.
[2] J. Cattepoel, Anarchismus. München 1973, p. 29.
[3] H. Sveistrup, Stirners drei Egoismen. Lauf bei Nürnberg, Bern und Leipzig 1932, p. 44 f.; vgl. auch a. a. O., p. 51.
[4] Vgl. dazu A. Ruest, Max Stirner. Berlin und Leipzig [1906]², p. 46.

Das Thema des Eigners in den Arbeiten vor dem »Einzigen«

sind (»Betrachtungen über Liberalismus und Zensur«, »Einiges Vorläufige vom Liebesstaat« und »Die Mysterien von Paris von Eugène Sue«).[5]

Wenn im Folgenden auf Stirners Examensarbeit und die »Kleineren Schriften« vor 1845 eingegangen wird, verknüpfen wir damit zwei Absichten, nämlich
- seine Entwicklung hin zum »Einzigen« und die Genese des Eigners und damit die Radikalisierung seiner Gedanklichkeit zu dokumentieren,
- die oben formulierte These zu bestätigen, dass Stirner im »Einzigen«, in Fortsetzung und Konkretisierung seiner publizistischen Arbeiten, realpolitische Absichten verfolgte.

---

[5] Mehrere Bemerkungen im »Einzigen« erlauben eine genauere Eingrenzung der Arbeit an diesem Manuskript: So heißt es an einer Stelle: »Horch, eben da Ich dies schreibe, fangen die Glocken an zu läuten, um für den morgenden Tag die Feier des tausendjährigen Bestandes unseres lieben Deutschlands einzuklingeln« (EE 221), eine Anspielung auf den Vertrag von Verdun vom 11.8.1843. An anderer Stelle teilt Stirner mit: »Vorstehende Beurteilung der ›freien menschlichen Kritik‹ war, wie auch dasjenige, was anderwärts noch sich auf Schriften dieser Richtung bezieht, unmittelbar nach dem Erscheinen der betreffenden Bücher bruchstückweise niedergeschrieben worden, und Ich tat wenig mehr, als dass Ich die Fragmente zusammentrug« (EE 151). Gemeint ist u.a. ein Aufsatz Bruno Bauers aus dessen *Allgemeiner Literatur-Zeitung* vom Juli 1844. Siehe auch EE 250.

1. Bildung als Aneignung des Eigenen in Stirners Examensarbeit »Über Schulgesetze«

Stirner meldet sich unter seinem bürgerlichen Namen Johann Caspar Schmidt am 2. Juni 1834 bei der Königlich Wissenschaftlichen Prüfungs-Kommission zum Examen »pro facultate docendi« an. Dieses Examen, ein Vorläufer des heutigen Staatsexamens, wurde im Gründungsjahr der Berliner Universität 1810 in Preußen für Kandidaten des Lehramts an höheren Schulen nach Plänen Wilhelm von Humboldts eingeführt. Es sollte die »Tauglichkeit der Subjekte für die verschiedenen Arten und Grade des Unterrichts im Allgemeinen«[1] prüfen.

Neben Prüfungen in fünf Fächern und Probelektionen musste Stirner zwei schriftliche Arbeiten einreichen, u.a. eine »Über Schulgesetze«. Sie ist die früheste, zu Lebzeiten allerdings nicht veröffentlichte, Arbeit Max Stirners. Am 29.11.1834 konnte er sie vorlegen. Friedrich Adolph Trendelenburg, seit 1833 außerordentlicher Professor an der Berliner Universität, beurteilt die Arbeit durchaus wohlwollend:

Der Verfasser versucht eine Deduction aus dem Begriffe, worin der Einfluß der neusten Philosophie nicht zu verkennen ist. Der Vf. hat sich sichtlich an eine stufenweise Entwicklung und strenge Ableitung der Gedanken gewöhnt, wenn auch die Begriffe durch die oft etwas gezwungene Ableitung einseitig sollten gefaßt sein. – Dem Ausdruck ist hie u. da eine größere Ründung in der Form zu wünschen; denn das Borstige u. Abgerissene in neuern dialektischen Darstellungen dürfte nicht als Muster gelten können.[2]

Schon diese Schrift ist unterschiedlich bewertet und interpretiert worden – wie alles, was Stirner noch publizieren sollte. So hat Rolf

---

[1] Zitiert nach Klaus Peter Horn und Heidemarie Kemnitz (Hrsg.) Pädagogik als Unterrichtsfach an der Berliner Universität. Stuttgart 2002, p. 9.
[2] Trendelenburg, Friedrich Adolph, [Beurteilung von Stirners deutscher Probearbeit] Über Schulgesetze, in: Rolf Engert, Stirner-Dokumente (in Faksimilewiedergabe). Dresden 1923, p. 5.

Bildung als Aneignung des Eigenen in Stirners Examensarbeit

Engert, der 1920 die erste vollständige Veröffentlichung dieser Schrift nach dem Manuskript besorgte,[3] die Meinung vertreten, sie sei für die Entwicklung der Stirnerschen Philosophie »von grundlegender Bedeutung: sie zeige den kühnsten Denker bereits in voller Entschiedenheit vorgebildet ...«[4] und erweise sich als »Grundstein seines ganzen künftigen Denkens«.[5]

Im Gegensatz dazu bezeichnet der Philosoph Karl Joël das Thema als »ganz Anti-Stirner« und deutet die Arbeit »als einziges Dokument seiner [Stirners] Entwicklung« als Umschlag von Hegelscher Dialektik »ins Stirnerische«: »Darin gerade liegt das Interessante, wie hier aus Stirner noch Hegel und doch wieder schon aus Hegel Stirner spricht ...«.[6] Etwas schulmeisterlich, um beim Thema zu bleiben, kritisiert Wolfgang H. Pleger: »Stirners Ausführungen zeigen ein dürftiges Verständnis der Hegelschen Philosophie«.[7]

Zu den wenigen Ausnahmen der Sekundärliteratur, die Stirners Examensarbeit überhaupt berücksichtigen, gehört die Dissertation des Juristen Gerhard Beck; sie betont mit Recht einen entscheidenden Unterschied zu Stirners späteren Arbeiten, nämlich die grundsätzlich positive Haltung dieses Aufsatzes gegenüber Recht und Gesetz[8] und, wie ergänzt werden müsste, gegenüber dem Staat.

Ich vertrete, im Gegensatz zu Engert, die Auffassung, dass die Arbeit lediglich insofern Interesse verdient, als Stirner hier zum erstenmal eigenständige Ansichten entwickelt, die erkennen lassen, dass

---

[3] R. Engert, Neue Beiträge zur Stirnerforschung. Heft 1. Dresden 1920, p. 5. Eine leicht zugängliche Druckversion der Examensarbeit findet sich in Max Stirner, Parerga. Kritiken und Repliken, hrsg. von Bernd A. Laska (LSR-Quellen Band 5). LSR-Verlag, Nürnberg 1986. Die im Verlag Klaus Guhl 2005 erschienene Ausgabe steckt voller Fehler und Ungereimtheiten und kann nicht empfohlen werden.
[4] a.a.O., p. 5.
[5] a.a.O., p. 6. Engert übernimmt offensichtlich die Ansicht Mackays, der die Arbeit »als ersten Grundstein« betrachtet, »auf dem der Denker später den Bau seines Werkes errichtete ...« (J. H. Mackay, Max Stirner. Freiburg/Br. 1977³ (1898), p. 43).
[6] K. Joël, Stirner. Berlin 1901, p. 231. Ähnlich, wahrscheinlich von K. Joël beeinflusst, interpretiert auch A. Ruest, Max Stirner. Berlin und Leipzig [1906]² p. 106 f. und 108 (ähnlich: A. Ruest, Einleitung zu: Stirnerbrevier. Die Stärke des Einsamen. Berlin [1906]², p. [111]).
[7] Pleger, Wolfgang H.: Linkshegelianismus, Existenzphilosophie, in: Ferdinand Fellmann (Hrsg.): Geschichte der Philosophie im 19. Jahrhundert. Reinbek bei Hamburg 1996, p. 130.
[8] G. Beck, Die Stellung des Menschen zu Staat und Recht bei Max Stirner. Köln 1965, p. 24.

Bildung als Aneignung des Eigenen in Stirners Examensarbeit

ihn die Thematik des Eigners bereits zehn Jahre vor Erscheinen des »Einzigen« beschäftigt, wenn auch unter ganz anderen Vorzeichen.

Die in Ansätzen vorhandene Thematisierung des Eigner-Motivs erkennen die Arbeiten von Joël, Ruest und Beck wohl deshalb nicht, weil hier Stirner noch eine positive Haltung gegenüber Recht, Staat und Religion einnimmt und als Kandidat, der das Examen bestehen will, einnehmen muss.

Stirner geht von der These aus, dass jedes Gesetz »der Natur des Gegenstandes, für welchen es ist«, inhärent sei.[9] In negativer Umschreibung bekräftigt Stirner: »Kein Gesetz ... ist seinem Gegenstande von außen her gegeben ...«.[10] Ohne den Beweis für seine These anzutreten, stellt Stirner die ihm wichtig erscheinende, bezeichnende Frage, wie diese den Gegenständen inhärente Gesetzlichkeit »zu Gesetzen *für* Jemanden« werden könne. Stirner argumentiert: Der Gegenstand als Ziel unseres Strebens wird in seine Bestandteile zerlegt; dieses analytische Verfahren bringt gleichzeitig den Inhalt des Gesetzes als einen Bestandteil des Gegenstandes zum Vorschein. Da die Aneignung des Gegenstandes nur über die Aneignung des ihm innewohnenden Gesetzes möglich ist, erweist sich die einem Gegenstand inhärente Gesetzlichkeit als Gesetzlichkeit für den Aneignenden.[11] In Stirners Terminologie stellt sich dieser Sachverhalt folgendermaßen dar:

Wenn wir einen Gegenstand, oder deutlicher, einen Begriff zum Ziele unseres Strebens machen, wenn wir ihn uns als Zweck vorsetzen, so legen wir uns, was in ihm liegt, zuvor auseinander, und gewinnen durch solche Auseinandersetzung des Inhalts die Gesetze, nach welchen jener besteht. Zugleich, da die Verwirklichung jenes Zweckes nur durch die Ausführung seines Inhaltes möglich und diese selber ist, sind jene Gesetze Forderungen an den, der den Zweck zu erfüllen trachtet. Was also der Zweck als sein eigenes Gesetz in sich trägt, das legt er auch dem, der sich ihn zur

---

[9] Stirner, Über Schulgesetze, p. 11.
[10] a.a.O., p. 12.
[11] Weder Joël (a.a.O., p. 231) noch Beck (a.a.O., p. 26) durchschauen die Sophistik dieser Argumentation (die darin besteht, dass ein angeblich zwingender Schluss, der jedoch nur ein scheinbarer ist, zwischen der Gesetzlichkeit der Objekte und der Gesetzlichkeit des aneignenden Subjekts konstruiert wird) und interpretieren daher die Stelle falsch. Joël meint, Stirner weise das Gesetz als außenbürtige Gegebenheit ab, indem er es aus dem Subjekt ableite und dadurch aufhebe; Beck kritisiert Joël und vertritt die Ansicht, Stirners Ableitung des Gesetzes aus der Natur des Gegenstandes ziele auf den Zweck.

Bildung als Aneignung des Eigenen in Stirners Examensarbeit

Aufgabe gemacht, durch die Enthüllung seines Inhaltes als Gesetz vor und auf ...[12]

Dieses nomothetische Verfahren, das von einer allgemeinen Gesetzgebung ausgeht – während Stirner im »Einzigen« ideographisch verfährt, d.h. von einer Beschreibung der Gesetzes-Setzung durch den Eigner selbst –, wird von Beck[13] rechtsgeschichtlich einerseits in Bezug gebracht mit der historischen Rechtsschule und ihrem Begründer Friedrich Carl von Savigny, der den Ursprung des Rechts aus dem Volksgeist herleitete[14] – Beck beruft sich dabei auf den einen Satz in Stirners Arbeit, in dem davon gesprochen wird, dass die Gesetze des jüdischen Volkes »aus dem Volksgeiste entnommen« worden seien[15] –, andererseits mit den Rechtslehren des Juristen Rudolf von Jhering – auf dessen Stirner vergleichbare Problemstellung 1892 bereits Paul Lauterbach in seinem Vorwort zur Reclam-Ausgabe hingewiesen hatte[16] –, in denen Recht kausalgesetzlich aus der Gesellschaft erklärt und als durch die Zwecke begründet angesehen wird.[17]

Auch wenn Beck die Beziehungen zu Rudolf von Jhering überstrapaziert, indem er die Unterschiede in den Definitionen des Begriffes Zweck und seine Funktionen in der Rechtsentstehung vernachlässigt, kann man Berührungspunkte in Stirners Arbeit mit den ein halbes Jahrhundert später veröffentlichten Arbeiten Rudolf von Jherings konstatieren. Weniger überzeugen die Parallelen zu Friedrich Carl von Savigny und dem Historismus. Hegel hat mit von Savigny und der Historischen Rechtsschule den Begriff des Volksgeistes gemeinsam, ein Begriff, der schon bei Herder an Bedeutung gewinnt;

---

[12] Über Schulgesetze, p. 12.
[13] G. Beck, a.a.O., p. 118–121.
[14] Fr. C. von Savigny, System des heutigen Römischen Rechts. 8 Bde. Berlin 1840–49 (Nachdruck 1971).
[15] Stirner, Über Schulgesetze, p. 12. Siehe G. Beck, a.a.O., p. 119. Im »Einzigen« distanziert sich Stirner entschieden vom Volksgeist als »ein in den Einzelnen spukender Geist« und setzt sich ab von Hegels Auffassungen (ohne Hegel beim Namen zu nennen) (EE 52), z.B. dass der »Volksgeist selbst nur *ein* Individuum ist im Gange der Weltgeschichte« (G. W. F. Hegel, Vorlesungen zur Philosophie der Geschichte. 1970 (1837), p. 73).
[16] P. Lauterbach, Kurze Einführung zum »Einzigen und sein Eigentum«, Leipzig o.J., p. 5–7; vgl. auch P. Eltzbacher, Der Anarchismus. Berlin 1977 (1900), p. 266f. Zu den Beziehungen zwischen Stirner und R. von Jhering äußern sich auch V. Basch, L'individualisme anarchiste. Max Stirner. Paris 1904, p. 139f. und C. A. Emge, Max Stirner. Wiesbaden 1964, p. 1277 (47f.).
[17] R. von Jhering, Der Zweck im Recht. 2 Bde. Leipzig 1923^8 (1877–83).

Bildung als Aneignung des Eigenen in Stirners Examensarbeit

allerdings betont die Hegelforschung wiederholt die Unterschiede zwischen dem Volksgeist bei Hegel und der Historischen Rechtsschule, ja erkennt sogar im Gebrauch des Begriffs einen diametralen Gegensatz zu ihr.

Hegel dient der Begriff des Volksgeistes dazu, dem vernünftigen Staatswillen einen konkreten Inhalt zu geben; aber die letzte Quelle des Rechts ist doch immer das Gesetz als höchste Äußerung der Rechtsordnung; Savigny ... diene er im Gegenteil dazu, den Vorrang der Gesellschaft vor dem Staat und folglich die Suprematie des Rechts nachzuweisen, das im Gegensatz zu dem künstlichen von den gesetzgebenden Organen erzeugten Recht spontan aus dem Volk hervorgeht (das Gewohnheitsrecht).[18]

Hegel beantwortet die Frage nach Legalität und Moralität dahingehend, dass der Mensch nur als Glied einer gegebenen Gesellschaft ein moralisches Wesen sein kann; legal sind dann entsprechend alle Handlungen, die dem allgemeinen Willen dieser Gemeinschaft gehorchen. Die Gemeinschaft, in der ein allgemeiner Wille und der die einzelnen Glieder verpflichtende Wille übereinstimmen, ist für Hegel die Familie und das Volk. »Die sittliche Substanz als das für sich seiende Selbstbewußtsein mit seinem Begriffe geeint enthaltend, ist der wirkliche Geist einer Familie und eines Volkes«.[19]

Berücksichtigt man außerdem Stirners Ausführungen in Bezug auf die Entwicklung des Menschen, die nach Stirner nicht sprunghaft, sondern als »eine notwendige Entfaltung der früheren Form des Bewußtseins« verläuft,[20] eine deutliche Anspielung auf Hegels ontogenetischen und phylogenetischen Entwicklungsgedanken, das heißt, dass alles ein »Fortschritt im Bewußtsein der Freiheit«[21] ist, dann scheint es mir wahrscheinlich, dass sich Stirners Gesetzesdefinition und die aus ihr abgeleiteten Gedanken in Abhängigkeit von Hegels Rechtsauffassungen und Hegels Philosophie überhaupt bewegen, eine Abhängigkeit, die auch Karl Joël glaubt konstatieren zu können.[22] Der bereits erwähnte Friedrich Adolph Trendelenburg schließ-

---

[18] N. Bobbio, Hegel und die Naturrechtslehre. Frankfurt 1975 (1967), p. 85. Vgl. dazu auch S. Brie, Der Volksgeist bei Hegel und in der historischen Rechtsschule. Berlin und Leipzig 1909.
[19] G. W. F. Hegel, Grundlinien der Philosophie des Rechts. Frankfurt 1970 (1821), § 156, p. 305.
[20] Stirner, Über Schulgesetze, p. 13.
[21] G. W. F. Hegel, Vorlesungen über die Philosophie der Geschichte. Frankfurt 1970 (1837), p. 32.
[22] K. Joël, Stirner. Berlin 1901, p. 231.

Bildung als Aneignung des Eigenen in Stirners Examensarbeit

lich spielt offensichtlich schon in seiner Beurteilung der Examensarbeit Stirners auf Hegel an, wenn er der Arbeit »eine Deduction aus dem Begriffe, worin der Einfluß der neuesten Philosophie nicht zu verkennen ist«, bescheinigt.[23]

Nachdem Stirner die Verbindlichkeit eines Gesetzes aus dem Begriff als der allgemeinen Bedingung für das einzelne Subjekt hergeleitet hat, ist die Basis für seine weitere, durch Beispiele konkretisierte Argumentation geschaffen:

Schulgesetze, so lautet die zu begründende Ausgangsthese Stirners, »sind der auseinandergesetzte Inhalt des Begriffes *Schüler*«.[24] Da die Schulgesetze Stirner jedoch nur marginal interessieren, konzentriert sich Stirner auf den »Inhalt des Begriffes *Schüler*«, den er zu beschreiben und dessen Herkunft er zu bestimmen versucht.

Der Einzelne also, sich selbst entwickelnd, eignet sich zugleich (und beides ist ein und derselbe Akt) den Inhalt der Menschheit, das rein Menschliche an, ein Aneignen, das, wie es ein Hineinbilden des bereits von jener Errungenen ist, so als ein Herausbilden des im Einzelnen noch unvermittelt ruhenden rein Menschlichen zur allgemeinen Verständigung zeigt. Diese Einheit des Hinein- wie des Herausbildens ist die Bildung.

In diesem Spannungsfeld von vis centrifuga und vis centripeta, in dieser systolischen und diastolischen Bewegung bildet der Einzelne die in ihm liegende Potenzialität (»ein Mögliches oder wozu er das Vermögen besitzt«) aus und verwirklicht sie. Es ist ein Prozess hin »zu einem Wirklichen und Vermochten«.[25]

In seinen »Monologen« entwickelt der Theologe und Philosoph Friedrich Schleiermacher, bei dem Stirner im Wintersemester 1826/27 und im Sommersemester 1827 Vorlesungen über Ethik hörte,[26] Stirner vergleichbare Gedanken, wenn er die Beziehungen zwischen

---

[23] R. Engert, Stirner-Dokumente. Dresden im Jahre 79 nach Stirners Einzigem [1923], p. 5.
[24] Stirner, Über Schulgesetze, p. 13.
[25] a. a. O., p. 15.
[26] Am 08.08.1828 heißt es im »Zeugnis der Dozenten über den Besuch der Vorlesungen«: »Den fleißigen Besuch bezeuge ich. Schleiermacher« – (Anmeldebogen der Friedrich-Wilhelms-Universität Berlin: »Der Studiosus Philosophiae Joh. Casp. Schmidt«; zitiert wird eine maschinenschriftliche Abschrift des Anmeldebogens aus der so genannten Darmstaedter Sammlung, abgedruckt in: [Festschrift für] Ludwig Darmstaedter, dargebracht von Hermann Degering, Karl Christ und Julius Schuster. Berlin 1922. p. 175. Vgl. auch J. H. Mackay, Max Stirner. Freiburg/Br. 1977, 3. Aufl. (1898), p. 37; eine Beeinflussung Stirners durch Schleiermacher ist – zumal zu Beginn der dreißiger Jahre – demnach nicht auszuschließen.

Bildung als Aneignung des Eigenen in Stirners Examensarbeit

der Außenwelt und dem einzelnen Menschen als einen wechselseitigen Prozess beschreibt. Niemals wirkt nur die Außenwelt auf mich ein,

nein immer geht auch Wirkung von mir aus auf sie; ... Doch was ich wahrhaft mir dem einzelnen entgegenseze, was mir zunächst Welt ist, Allgegenwart und Allmacht in sich schließend, das ist die ewige Gemeinschaft der Geister, ihr Einfluß auf einander, ihr gegenseitig Bilden ...[27]

Durch dieses »Aneignen des fremden« und Weggeben des Eigenen, durch das stete »Geben und Empfangen« erst lässt sich »das eigne Wesen ... bestimmen«.[28]

Auf den Schüler bezogen bedeutet dieser Gedanke des Herausbildens des Allgemein-Menschlichen: Der Schüler entwickelt die in ihm ruhenden Möglichkeiten in einer ständigen Konfrontation mit sich und der Welt; so eignet er sich die gegenständliche Welt schrittweise an. Für den Schüler, und nur von ihm spricht jetzt Stirner, ist der Lehrer jener Gegenstand, den anzueignen er gehalten ist.[29] In diesem Bemühen, »sich aneignen zu wollen, was er so ansieht, als sei es das Besitzthum seines Lehrers«, vollzieht sich die »Aneignung dessen, was als das Seinige erscheint« und was sich schließlich als »ein eigenes«, von jenem Gebundensein an den Lehrer emanzipierbares Dasein herausstellt.[30]

Die dem Lehrer inhärente Gesetzlichkeit, so lässt sich Stirners Gedankengang zusammenfassen, ist die Gesetzlichkeit des Gegenstands Mensch, das »rein Menschliche«, das der Lernende in einem Prozess des Mensch-Werdens unter dialektischen Bedingungen als sein Eigenes erfährt und sich aneignet.

Stirner geht also in dieser Schrift, ihre Funktion und den Adressatenkreis nicht aus den Augen verlierend, von einer den Gegenständen innewohnenden objektiven Wahrheit aus, die das erkennende Subjekt als verbindlich erfahren muss,[31] während das Subjekt später,

---

[27] F. Schleiermacher, Monologen, in: Sämmtliche Werke, Bd. 1, dritte Abteilung: Zur Philosophie. Berlin 1846 (1800), p. 356 f.
[28] a.a.O., p. 371; vgl. auch a.a.O., p. 372: Nur dann, wenn sich der Mensch »seiner Eigenheit bewußt ist, ... wenn er von sich beständig fordert die ganze Menschheit anzuschaun« und sich ihr gegenübersteht, »kann er das Bewußtsein seiner Selbstheit erhalten: denn nur durch Entgegensezung wird das einzelne erkannt.«
[29] Stirner, Über Schulgesetze, p. 16.
[30] a.a.O., p. 15.
[31] Der Stirnerianer A. Ruest meint in der Einleitung zu Stirners »Einzigem« von dieser Schrift, schon sie stelle »das Problem des Ich und die Grenzen seiner Freiheit,

im »Einzigen und sein Eigentum«, gegen alle objektiven Werte polemisiert und selbst einziges Kriterium der Wahrheit wird, sich und Welt, die Wahrheit, erst setzt. Der Aneigner, der hier seinen Besitz in einem Erkenntnisprozess objektiven Gegebenheiten, zu denen er selbst zählt, entnimmt, wird dort zu einem Eigner, der als Endphase dieses Erkenntnisprozesses sich als einziges Objekt schafft. Insofern sind die philosophischen Reflexionen in »Über Schulgesetze« mehr als nur »kennzeichnend für eine bestimmte Phase des geistigen Werdegangs des späteren Philosophen«[32]; trotz ihres affirmativen Charakters in Bezug auf bestehende Gesetze, Staat und Religion,[33] berühren sie die Thematik des Eigners, die in den literarischen Arbeiten vor dem »Einzigen« radikalisiert dann wieder aufgegriffen wird.

---

seiner Bestimmung« ins Zentrum ihrer Untersuchung und missversteht damit, wie die obigen Ausführungen belegen, die Absichten dieser Examensarbeit, er missversteht aber auch den »Einzigen«, in dem es ja gerade darum geht, eine »Bestimmung« des Einzelnen zu negieren (in: M. Stirner, Der Einzige und sein Eigentum. Berlin [1924], p. 7).
[32] G. Beck, Die Stellung des Menschen zu Staat und Recht bei Max Stirner. Köln 1965, p. 26.
[33] Unverständlich bleibt deshalb, wieso die angesehene »Encyclopedia Americana« der Arbeit einen »considerable revolutionary spirit« unterstellt ([anon.], Artikel »Max Stirner«, Bd. 25. New York 1971, p. 653).

2. Die Thematisierung des Eignerthemas in den Zeitungskorrespondenzen

Von 7. März bis 13. Oktober 1842 war Stirner, wie Gustav Mayer nachweisen konnte,[1] einer der Berliner Korrespondenten für die am 1. Januar 1842 in Köln gegründete liberaldemokratische »Rheinische Zeitung«, in der er 27 Korrespondenzen und kleinere Artikel sowie die beiden Aufsätze »Das unwahre Prinzip unserer Erziehung« und »Kunst und Religion« veröffentlichte.[2]

Ein Zeitgenosse, wahrscheinlich der junghegelianische Publizist Eduard Meyen, zählt Stirner zu den »eifrigsten Mitarbeitern« der Zeitung; »seine Aufsätze trugen eben so das Gepräge der Schärfe und Gründlichkeit, wie der Leichtigkeit und Gewandheit.«[3] Stirners Ausscheiden als Korrespondent dieser Zeitung, die Franz Mehring, Vertreter des historischen Materialismus und Marx-Biograph, einen »Tummelplatz der Junghegelianer« nannte,[4] ist sicher nicht zufällig:

---

[1] G. Mayer holte nach, was Mackay bis zu diesem Zeitpunkt versäumt hatte: Er durchsuchte systematisch die Polizeiakten des Geheimen Staatsarchivs und »die wichtigsten Tageszeitungen, in denen die Freien zu schreiben pflegten.« Mit Hilfe des Direktors des Historischen Archivs in Köln, Joseph Hansen, identifizierte er Stirners anonyme Beiträge in der »Rheinischen Zeitung« (G. Mayer, Erinnerungen. Zürich und Wien 1949, p. 200).

[2] Das Korrespondentenzeichen bestand aus der Ligatur der Buchstaben M und S. »Eine genaue Untersuchung *sämtlicher* Berliner Korrespondenzen des Blattes ... und besonders der Inhalt der mit MS gezeichneten, lassen nicht den geringsten Zweifel, dass dieses Monogramm in der Regel, denn einige Versehen oder absichtliche Irreführungen liegen vor, Stirners Korrespondentenzeichen war.« G. Mayer, Die Anfänge des politischen Radikalismus. Berlin 1913, p. 92, Anm. 2; vgl. auch G. Mayer, Stirner als Publizist. Frankfurt 1912, p. 2.

[3] [E. Meyen], Berlin, 4. Nov., in: Trier'sche Zeitung, Nr. 316. Trier, 11. November 1844, p. [2].

[4] F. Mehring, Karl Marx. Berlin (Ost) 1964 (1918), p. 42. Siehe auch W. Blumenberg, Karl Marx. Reinbek 1962, p. 45. zur »Rheinischen Zeitung« vgl. H. König, Die Rheinische Zeitung 1842–43. München 1927 (Über die Junghegelianer p. 7–18, über Stirner p. 10, 26, 103f., 141 und 143) und W. Klutentreter, Die »Rheinische Zeitung« von 1842/43. Dortmund 1966 (masch. schriftl. Phil. Diss. Berlin 1956).

Die Thematisierung des Eignerthemas in den Zeitungskorrespondenzen

Zwei Tage später, am 15. Oktober 1842, übernahm Karl Marx die Leitung des Blattes, und die konträren Ansichten von Marx und Stirner (bzw. den »Freien« allgemein) haben eine weitere Zusammenarbeit verhindert.[5]

Stirners Mitarbeit an der liberalen »Leipziger Allgemeinen Zeitung«, in der er 33 Korrespondenzen und Artikel veröffentlichte, dauerte vom 6. Mai bis zum 31. Dezember 1842.[6]

Eduard Meyen weiß in der bereits erwähnten Korrespondenz in

---

[5] Am 25. August 1842 schreibt Marx an den Publizisten und Junghegelianer Dagobert Oppenheim, einen Geranten der »Rheinischen Zeitung«, bezugnehmend auf einen Artikel Edgar Bauers, die »wahre Theorie« müsse sich »innerhalb konkreter Zustände und an bestehenden Verhältnissen« orientieren. Die Kritik der »Freien« provoziere die Zensur und riskiere ein Verbot des Blattes. »Ich halte es für unumgänglich, dass die »Rh[einische] Zeitung« nicht sowohl von ihren Mitarbeitern geleitet wird, als dass sie vielmehr umgekehrt ihre Mitarbeiter leitet.« Die Zeitung müsse ihr eigener Arzt sein. (MEW 27. Berlin (Ost) 1965, p. 409 f. Gegenüber Arnold Ruge klagt Marx, inzwischen mit der Leitung der »Rheinischen Zeitung« beauftragt, am 30. November 1842 über die »›Wirren‹ mit den ›Freien‹«: Ebenso wie der Zensor habe er »weltumwälzungsschwangre und gedankenleere Sudeleien im saloppen Stil« annulliert und »einige Berliner Windbeuteleien« zurückgewiesen (a.a.O., p. 411–413). Stirners Korrespondenzen wurden aufgrund der Therapie der »Rheinischen« nicht mehr gedruckt (was freilich das Verbot des Blattes nicht verhinderte: Es musste am 31. März 1843 sein Erscheinen einstellen). Die Frage von R. Hirsch (Karl Marx und Max Stirner. München 1956, p. 125 f.), warum Stirner seine Mitarbeit an der »Rheinischen Zeitung« einstellte, beantwortet sich mit Marxens Verdikt von selbst und widerlegt Hirschs Spekulationen.
Zu Stirners Mitarbeit bei der »Rheinischen« vgl. auch F. Schlawe, Die junghegelische Publizistik, in: Die Welt als Geschichte, Jg. 20. Stuttgart 1960, p. 33 f.

[6] Die Zeitung wurde seit 1837 von Brockhaus verlegt und nahm unter der Leitung von Gustav Julius radikaldemokratische Tendenzen an. Zur Zeitung vgl. F. Neefe, Geschichte der Leipziger Allgemeinen Zeitung 1837–1843. Leipzig 1914. Neefe erwähnt Stirner nicht, was nicht verwundert, da Stirners Beiträge nicht mit seinem Namen gezeichnet sind; G. Mayer hat sie über »das Kontobuch und das Zeitungsexemplar der Firma Brockhaus, in dem die Verfasser der Artikel mit Bleistift danebengeschrieben sind,« ermitteln können. Stirner verwendete als Korrespondentenzeichen meist einen kleinen Kreis (G. Mayer, Die Anfänge des politischen Radikalismus. Berlin 1913, p. 92 f. Anm. 2; vgl. auch G. Mayer, Stirner als Publizist. Frankfurt 1912, p. 2 und G. Mayer, Erinnerungen. Zürich und Wien 1949, p. 200.).
Stirners Ausscheiden Ende 1842 lässt sich damit erklären, dass die Gebrüder Brockhaus eine Aufhebung des im Dezember für Preußen erlassenen Verbots der »Leipziger Allgemeinen Zeitung« durch eine Änderung des politischen Kurses erwirken wollten; dazu wurden »von den zirka 30 preußischen Mitarbeitern am Ende des Jahres 1842 ... gerade die Hälfte ausgeschaltet, darunter Buhl, Rutenberg ...« (F. Neefe, a.a.O., p. 185) – und möglicherweise Stirner. Zur »Leipziger Allgemeinen Zeitung« siehe auch A. Feuchte, Hermann Franck. Frankfurt am Main u.a. 1998, p. 80–91.

der »Trier'schen Zeitung« zu berichten, dass Stirners Artikel in der »Leipziger Allgemeinen Zeitung«

so viel Aufsehen erregten, dass Brockhaus sich dadurch veranlaßt sah, ihm ... die Redaction dieser Zeitung anzutragen; Stirner lehnte dies Anerbieten jedoch ab, weil diese Stellung viel zu wenig unabhängig und es vorauszusehen war, dass Hr. Brockhaus bei der ersten ernsten Collision mit der preußischen Regierung seine liberale Tendenz fallen lassen würde.[7]

Die in den beiden Oppositionsblättern veröffentlichten Beiträge, auf die bisher nur Gustav Mayer in einem Artikel in der Frankfurter Zeitung näher einzugehen versuchte, um Stirners »Teilnahme an den Tageskämpfen« zu dokumentieren,[8] konzentrieren sich vor allem auf drei sich ergänzende Themenbereiche:
1. Betonung der Autonomie des Geistes,
2. Opposition gegen die Gewalt des Staates im Allgemeinen und
3. Kritik an der Pressezensur und der Beschneidung der Lehrfreiheit durch die Karlsbader Beschlüsse und auf ihnen fußende Bundesbeschlüsse im Besonderen.

Die jeweiligen Bereiche greifen dabei inhaltlich und verbal das Thema des Eigners auf, indem Autonomiestreben sich versteht als Verwirklichung des Eigenwillens, deren Intention alle staatlichen Eingriffe und Kompetenzbeschneidungen, wie sie gerade die Zensur darstellt, zuwiderlaufen müssen.

ad 1: Betonung der Autonomie des Geistes

In einer Replik auf einen Artikel über die »Freien« bemerkt Stirner nicht ohne Ironie, dass »die Autonomie des Geistes« ein zentrales Thema im »Verein der Freien« sei. Stirner betont jedoch sogleich den Anspruch nicht nur auf »eine geistige Macht«, sondern ebenso auf eine »materielle«, d. h. die Forderung nach einer solchen Autonomie impliziert die Forderung nach konkreten gesellschaftlichen Zugeständnissen (KS 130). Wer sich zur Autonomie des Geistes be-

---

[7] [E. Meyen], Berlin, 4. Nov., in: Trier'sche Zeitung. Nr. 316. Trier, 11. November 1844, p. [2].
Ein Bericht vom 3. Januar 1843 aus Leipzig bestätigt diese Darstellung Meyens; es heißt dort: »Einer der bedeutendsten Mitarbeiter war und ist [?] ein gewisser Privatlehrer Schmidt aus Berlin. Dieser schrieb stets die maßlos heftigsten Artikel gegen Preußen. Brockhaus bot ihm ... die Redaktion an, doch er schlug sie aus.« (K. Glossy, Literarische Geheimberichte aus dem Vormärz. Wien 1912, 2. Teil (1843–1847), p. 8; vgl. auch a. a. O., p. 22).
[8] G. Mayer, Stirner als Publizist. Frankfurt 1912, p. 2.

Die Thematisierung des Eignerthemas in den Zeitungskorrespondenzen

kennt, werde möglicherweise zu dem Ergebnis kommen, der christlichen Kirche nicht mehr zu bedürfen (KS 138). Dabei geht es Stirner nicht um einen Austritt aus der Kirche, der habe wenig Sinn. »Der Austritt ist ein innerlicher, kein äußerlicher.« (KS 138).[9] Der Autonomieanspruch fordere ein innerliches Ablehnen all der Mächte, die

---

[9] Neben weiteren Punkten spricht diese Stelle *gegen* Stirners Autorschaft des Aufsatzes »Christenthum und Antichristenthum«. Dazu Folgendes: In dem von Gustav Mayer ausgewerteten Briefwechsel zwischen Johann Jacoby und Eduard Flottwell (vgl. dazu das Kapitel 3.3. »Gegenwort«: ein Wort gegen Knechtschaft und für das »eigene Selbst«) stieß Mayer auf einen Brief Flottwells vom 12. März 1842, in dem dieser Jacoby berichtet, »dass Stirner auch für die Deutschen Jahrbücher ›vortreffliche Aufsätze‹ geliefert hätte. [Flottwell schreibt wörtlich: Stirner sei »Verfasser mehrerer vortrefflicher Aufsätze in den Deutschen Jahrbüchern« (J. Jacoby, Briefwechsel 1816–1849, hrsg. von E. Silberner. Hannover 1974, p. 172)]. Bei einer Durchsicht dieser Zeitschrift schien mir möglicherweise der Aufsatz ›Christentum und Antichristenturn‹, der ›Ein Philosoph‹ unterzeichnet ist, in Betracht zu kommen,« (G. Mayer, Die Anfänge des politischen Radikalismus im vormärzlichen Preußen. Berlin 1913, p. 110, Fußnote.)
Helms, der in seiner Bibliographie diesen Aufsatz auch Stirner zuschreibt, meint, »für Stirners Urheberschaft an diesem Aufsatz spricht folgende Einlassung in Stirners Korrespondenz in der Leipziger Allgemeinen Zeitung vom 6. Mai 1842 ...: ›Der zweite Punkt, welchem der Verfasser seine Aufmerksamkeit zuwendet, betrifft den Austritt aus der Kirche‹: ›Darum wollen wenigstens wir, die wir entschieden sind, nicht zögern und – unseren Austritt aus der Kirche erklären.‹« (H. G. Helms, Ideologie. Köln 1966, p. 520). Diese Formulierung stimmt tatsächlich teilweise überein mit einer Formulierung Stirners in der »Leipziger Allgemeinen Zeitung« vom 6. Mai 1842, KS, p. 99: »Der zweite Punkt, welchem der Verfasser seine Aufmerksamkeit zuwendet, betrifft den ›Austritt aus der Kirche‹, der bekanntlich in den ›Deutschen Jahrbüchern‹ angedeutet ...« Dieser Ansicht schließt sich D. Rjazanov an (»Der Verfasser dieses ›Ein Philosoph‹ gezeichneten Aufsatzes, in dem Gustav Mayer wohl mit Recht Stirner vermutet ...«. MEGA, erste Abteilung, Bd. 1, erster Halbband. Glashütten im Taunus 1970 (1927), p. XLI. Aber gerade diese Stelle spricht, neben inhaltlichen und stilistischen Gründen, gegen eine Urheberschaft Stirners, denn »der Verfasser«, von dem Stirner spricht, ist der Verfasser eines »Theologischen Votums über die Anstellung der Theologen an den deutschen Universitäten«, das Stirner in diesem Zeitungsartikel behandelt (KS [97]–100), das heißt: Der Verfasser des »Theologischen Votums« und des Aufsatzes »Christenthum und Antichristenthum« sind aller Wahrscheinlichkeit nach identisch.
Dieses taktische Vorgehen, das wir auch in den anderen Zeitungskorrespondenzen herausgearbeitet haben (vgl. dazu das Kapitel »Die Thematisierung des Eignermotivs in den Zeitungskorrespondenzen«), kennzeichnet Stirner viel eher als ein demonstrativ angekündigter spektakulärer Kirchenaustritt. Ich stimme deshalb Mackay zu, der den Aufsatz mit der Begründung nicht in den »Kleineren Schriften« abgedruckt hat, eine »Mitarbeiterschaft Stirner's an den ›Deutschen Jahrbüchern‹ kann sich leider in Bezug auf bestimmte Artikel nur auf Vermuthungen stützen ...« (J. H. Mackay, Max Stirner. Berlin-Charlottenburg 1914 (1898), p.VI (Vorwort)).

den Einzelnen beherrschen und sein Selbstbewusstsein beschränken. Stirner exemplifiziert seine Ansichten an einem »der humansten und liberalsten Menschen« (KS 83), an dem Hegelianer Karl Rosenkranz, der Hegels Philosophie in der Richtung eines konservativen Theismus weiterentwickelte und der in seinen »Königsberger Skizzen« meinte, man müsse »eine festere Christlichkeit« haben, um die Juden nicht zu hassen; Stirner setzt dem entgegen, Feindesliebe könne dem Christentum nicht »als etwas Eigenes« zugesprochen werden, sondern sei »das einfach Menschliche« (KS 82). Mit anderen Worten: Rosenkranz lasse sich von einer Idee beherrschen, während die Idee beim freien Menschen »sich zur Welt seines Selbstes« ausgebaut habe, sein eigen geworden sei (KS 44).[10] Mit Bruno Bauer stimmt Stirner darin überein, dass auch das Gottesbewusstsein eine solche den

---

Zweifel an der Autorenschaft hat auch Lars Lambrecht (Zentrum oder Peripherie als methodologisches Problem in der Marxforschung. Neuss 1989, p. 119. Fußnote 36).
Folgendes widerspricht Stirners damaligen Ansichten:
Der Verfasser steht, ganz im Gegensatz zu Stirner Anfang 1842, noch völlig unter dem Einfluss Hegels (und Feuerbachs), spricht vom »Weltgeist«, vom »Wollen des Weltgeistes« und bezeichnet die Geschichte seit der Reformation lobend als die »Emancipation des Geistes« (p. 34). In der (Stirner völlig ungeläufigen) Gegenüberstellung von Theologie (Religion) und Wissenschaft (p. 31 f.) komme es darauf an, die Aufgabe der Wissenschaft darin zu erkennen, »die Dinge in einer Stufenreihe und als Momente in der Entwicklung der Einen Idee zu begreifen« (p. 32). Unstirnerisches Fazit des dialektischen Aufsatzes: »Wir müssen thun, was die absolute (!) Pflicht (!), der Wissenschaft (!) und Sittlichkeit (!) uns vorschreibt (!)«.
Schließlich sprechen stilistische Gründe gegen Stirner:
Die konventionellen hypotaktischen Satzkonstruktionen sind Stirner ebenso ungeläufig wie die Begriffe »Recapitulation (p. 4)« und »kalfaktern«, »eo ipso« (p. 31), »in theologicis« (p. 33) und »expliciren« (p. 32) usw. oder (positiv gebrauchte) Wendungen wie »der wissenschaftliche Betrachter« (p. 33) usw.
Fazit: Der Aufsatz kann unmöglich von Stirner stammen. Daran besteht nicht der geringste Zweifel.
[10] Während A. Ruest versucht, dieser in der Nummer 207 des Beiblattes der »Rheinischen Zeitung« vom 26. Juli 1842 erschienenen Rezension »in nuce die ganze Größe der individualistischen Lehre« Stirners zu entnehmen (Die Humanen und Stirners *festere* Sittlichkeit, in: Der Einzige. Berlin-Wilmersdorf 75 n. St. E. (1919 a. Z.), p. 272), ist V. Basch völlig anderer Ansicht und meint, die Rezension »n'offre aucun intérêt« (L'individualisme anarchiste. Max Stirner. Paris 1904, p. 47). Auch K. Joël erkennt nicht das mit dem Autonomieanspruch artikulierte Eignermotiv in dieser Rezension, wenn er schreibt, die Besprechung enthalte »zur Hälfte bloße Zitate, im übrigen viel Lob. Aber der Stirner, der lobt, ist nicht der echte; selbst die Sprache ist schläfrig …« (K. Joël, Stirner. Berlin 1901, p. 254).
Rosenkranz selbst meint, Stirner habe seine »Skizzen« »weidlich vorgenommen« und »mit scharfen Worten« kritisiert (K. Rosenkranz, Aus einem Tagebuch. Leipzig 1854,

Einzelnen beherrschende Idee sei; im menschlichen Selbstbewusstsein muss das Gottesbewusstsein aufgehen: »das Selbstbewußtsein ist die Wahrheit des Gottesbewußtseins.« (KS 119 f.). Der Liebe, »die keinen eignen Willen hat«, weil sie verpflichtenden Charakter annimmt, setzt Stirner den »Eigenwillen« entgegen, »der seine Freiheit an Keinen verschenkt.« (KS 206). Ähnlich interpretiert Stirner den Eigenwillen im »Einzigen«, wenn er dessen Unabhängigkeit vom Staat (»Der *eigene Wille* Meiner ist der Verderber des Staats; er wird deshalb von letzterem als ›Eigenwille‹ gebrandmarkt.« (EE 201)) und von der Familie betont (»Sie [die Pietätslosen] ... stoßen sich aus, indem sie ihre Leidenschaft, ihren Eigenwillen höher achten als den Familienverband.« (EE 226)).[11]

Unsere ganze Erziehung, und hier greift Stirner ein Thema auf, das er in dem Aufsatz »Das unwahre Prinzip unserer Erziehung« ausführlich erörtert, ist jedoch darauf gerichtet, diesen Eigenwillen, der den wahren freien Menschen auszeichnet, zu unterdrücken und uns Selbstverleugnung als moralisches Prinzip zu verinnerlichen. Unser ganzes Leben hindurch werden wir geschult (»Die Bäume im Garten Ludwig's XIV. können nicht besser geschult und geschoren gewesen sein.«), schließlich haben wir »den Schulmeister oder, um ausländisch zu reden, die ganze Polizei und Gendarmerie in uns, und nur was innerlich ist, sitzt fest.« (KS 224 f.).

Der »Necktartropfen freier Mündigkeit« (KS 75) ist kein Wert an sich, der dem Einzelnen als etwas Selbstverständliches innewohnt und sich selbst, ohne Zutun des einzelnen Menschen, aus sich heraus entwickelt, sondern Mündigkeit muss erkämpft werden. Passives Erdulden, das Warten auf Impulse, Zusagen und Befehle sollte, nach Stirners Ansicht, einer aktiv-eingreifenden Haltung weichen, einer Haltung, mit der der Einzelne Selbstbewusstsein und Selbstmächtigkeit demonstriert. »Man muß nicht schweigend dulden, wenn man durch Reden sein Recht erlangen kann.« Stirners Aufforderung zu initiativem Handeln und zur selbstmächtigen Aktion spiegelt sich in vielen Korrespondenzen wider. Derjenige muss auf seine eigenen legitimen Interessen verzichten, »der sich nicht vordrängt und seine gerechten Forderungen mit allem Eifer geltend macht.« (KS 58).

So trägt beispielsweise nicht der Vater, der seinen Sohn mit

---

p. 116); das stimmt jedoch nur zum Teil, denn Stirners Rezension ist, bei aller Kritik, im Grunde sehr wohlwollend.

[11] Vgl. dazu das Kapitel 3. Der Eigenwille dieser Arbeit.

Die Thematisierung des Eignerthemas in den Zeitungskorrespondenzen

einem Mädchen verheiraten will, das dieser nicht liebt, die größere Schuld, sondern »der Sohn, der es sich gefallen lässt, dass sein unveräußerliches Menschenrecht, die Freiheit der Selbstbestimmung, mit Füßen getreten wird.« (KS 205). Im »Einzigen« radikalisiert Stirner dieses Selbstbestimmungspostulat und die Forderung nach der Eigenverantwortlichkeit jedes Einzelnen:

Euer Recht ist nicht mächtiger, wenn Ihr nicht mächtiger seid. Haben chinesische Untertanen ein Recht auf Freiheit? Schenkt sie ihnen doch, und seht dann zu, wie sehr Ihr Euch darin vergriffen habt: weil sie die Freiheit nicht zu nutzen wissen, darum haben sie kein Recht darauf, oder deutlicher, weil sie die Freiheit nicht haben, haben sie eben das Recht dazu nicht. Kinder haben kein Recht auf die Mündigkeit, weil sie nicht mündig sind, d. h. weil sie Kinder sind. Völker, die sich in Unmündigkeit halten lassen, haben kein Recht auf Mündigkeit; hörten sie auf, unmündig zu sein, dann erst hätten sie das Recht, mündig zu sein (EE 194 f.).

Stirner vertritt weder in seinen Korrespondenzen noch im »Einzigen« eine sozialdarwinistische Position, für die man solche Ausführungen vielleicht halten könnte, sondern er fordert Bereitschaft und Kompetenz, eine Erziehung zur Mündigkeit. Veränderungen können nicht durch isolierte Einzelaktionen bewerkstelligt werden, sondern bedürfen einer Massenbasis. Entsprechend formuliert Stirner sein Vorgehen als strategisches Vorgehen:

Man gewinnt seine Sache am besten dann, wenn man die allgemeine Sympathie zu erwecken weiß, und viel gelesene Zeitungen sind dazu das geeignetste Mittel. Hat man das Herz des Volkes eingenommen, so ist man in den wahren Justizpalast der schirmenden Gerechtigkeit eingetreten (KS 58; vgl. auch a. a. O., p. 135 und 138).

Stirners Sympathie mit Tendenzen, in denen sich berechtigte Interessen artikulieren, in denen sich das Prinzip der Mündigkeit und Autonomie zu verwirklichen versucht, ist verbunden mit seiner Kritik an den festgelegten und nicht mehr hinterfragbaren Privilegien einzelner Stände und Gruppen und sein Eintreten für die potenzielle Gleichstellung aller Menschen.

Der Verzicht auf Privilegien zugunsten der »Stimme des Volkes« (KS 232) ist für Stirner eine Voraussetzung für Verkehrsformen im Sinne der »Freien«; sein Lob gilt dann auch jenen preußischen Gutsbesitzern, die aufgrund der Lektüre von Schriften des Theologen David Friedrich Strauß, »die Zumuthung, ihre Privilegien zu wahren, gebührend von sich« gewiesen und sich dem »Verein der Freien« an-

Die Thematisierung des Eignerthemas in den Zeitungskorrespondenzen

geschlossen haben (KS 77; vgl. auch p. 86 und p. 147). Ein entsprechendes Verhalten erwartet Stirner auch von jenen »akademisch Graduirte(n)«, denen aufgrund einer zu erwartenden Gesetzesänderung »Preßfreiheit unter sehr strengen Repressivmaßregeln« und damit Privilegien zugesprochen werden sollen, mit denen sie »das übrige Volk die ›große Masse‹«, bevormunden würden; Stirner fordert den Verzicht auf dieses »*Privilegium* der Preßfreiheit« (KS 77) ebenso, wie er das »finstern Zeiten« zugehörige Privileg des Promovierten kritisiert, der durch seinen Doktortitel vor Gericht Vorteile gegenüber anderen erwarten darf (KS 93).

Stirners Kritik an der »Halsstarrigkeit der Standesunterschiede« (KS 57) ist übertragbar auf den Anspruch, den Christen gegenüber Andersgesinnten, in diesem Fall Juden, erheben: Die zu Beginn der vierziger Jahre heiß diskutierte Judenfrage[12] beantwortet Stirner dahingehend, dass in diesem Fall nicht das Mehrheitsprinzip zu zählen habe, sondern das Prinzip religiöser Parität; den christlichen Konfessionen dürfe kein »ganz exclusives *Privilegium*« (KS 74) eingeräumt werden.

ad 2: Opposition gegen die Gewalt des Staates

Stirners oppositionelle Haltung dem Staat gegenüber ist in seinen Korrespondenzen vordergründig zu erkennen als Opposition gegen den autoritären preußischen Staat, den er als Polizeistaat bezeichnet (KS 225); diesem Staat gegenübergestellt wird »der moderne europäische Staat« (KS 139), dessen Organisation »zeitgemäß zu entwickeln« (KS 208) sei. Es geht Stirner in einem ersten, taktisch zu verstehenden Schritt also nicht um die Abschaffung des Staates überhaupt, sondern um dessen Änderung im Sinne liberaler Prinzipien.[13]

---

[12] Vgl. zu dieser Frage zum Beispiel die Beiträge von B. Bauer (Die Judenfrage. Braunschweig 1843) und K. Marx, Zur Judenfrage, in: MEW 1. Berlin (Ost) 1970 (1844), p. 347–377. Auch im »Einzigen« äußert sich Stirner zu dem Problem, indem er allerdings zum Teil sehr stark von der aktuellen Frage abstrahiert und Grundsätzliches thematisiert: EE 143, 148, 186, 212, 315 u. ö.

[13] Die Haltung Stirners muss man deshalb als taktisch interpretieren – und nicht etwa, wie man einwenden könnte, als eine Entwicklungsstufe vor dem radikalen Standpunkt des »Einzigen«, wie überhaupt aus den »Kleineren Schriften« keine »Entwicklung der Staatsgegnerschaft Stirners« ableitbar ist, wie G. Beck meint (Die Stellung des Menschen zu Staat und Recht bei Max Stirner. Köln 1965, p. 5) – weil Stirner zur Zeit der Abfassung dieser Korrespondenzen, also Mitte bzw. Ende 1842, mit Sicherheit bereits am »Einzigen« arbeitete und die hier vertretene radikale Position gegenüber dem Staat auch die Position der verbal gemäßigteren Korrespondenzen ist.

So lässt sich beispielsweise ein staatliches Verhalten, das Statusansprüche »sanktionirt« (nämlich dem Träger des Doktortitels und dem »eximirte[n]) Adel« vor Gericht z.B. einen höheren Status einräumt als gewöhnlichen Bürgern), dadurch ändern, dass man es bekämpft und schließlich abschafft.

Allerdings lassen, der Zensur wegen vorsichtig eingestreut und wohl nur von den Ausführungen im »Einzigen« her für den heutigen Leser so radikal interpretierbar,[14] Bemerkungen ein antizipierendes Moment erkennen, ein Transzendieren der vorgegebenen und überschaubaren vormärzlichen preußischen Gesellschaftsverhältnisse: eine Kritik an der Existenz des Staates überhaupt.[15] Wenn Stirner ironisch bemerkt: »Wir leben in einem geordneten Staate, wo die Sicherheit des Lebens und Eigenthums sanctionirt ist; der Staat wird uns schützen: unser Leben und Eigenthum ist ihm – ›heilig!‹« (KS 214), dann stimmt das, allerdings mit fehlendem Kontext, überein mit Formulierungen im »Einzigen«, in denen die Forderung nach Abschaffung des Staates als solchem erhoben wird: Das Eigentum (»wozu ja auch das Leben der Staatsangehörigen gerechnet werden muss«) ist »das vom Staate Geheiligte« (EE 207), alle Gesetze und Anordnungen sind ihm heilig (EE 243). Das Charakteristikum des Heiligen aber ist die Fremdheit: »In allem Heiligen liegt etwas ›Unheimliches‹, d.h. etwas Fremdes, worin Wir nicht ganz heimisch und zu Hause sind. Was Mir heilig ist, das ist Mir nicht eigen …« (EE 47).

Ganz in der Sprache des »Einzigen« bestreitet Stirner in einer Korrespondenz die Legitimation des Staates schlechthin: »… der

---

[14] Im »Einzigen« konnte Stirner u.a. deswegen deutlicher seine Ansichten äußern, weil nach einer Verfügung des Königs vom 04.10.1842 an das Staatsministerium Bücher über 20 Bogen nicht mehr der Zensur unterliegen, sofern Verfasser und Verleger genannt werden. (Vgl. hierzu H. König, Die Rheinische Zeitung von 1842–43. Münster 1927, p. 91ff.).

[15] G. Mayer (Stirner als Publizist. Frankfurt 1912) weist auf die »an Aengstlichkeit grenzende Vorsicht« Stirners hin, »solange er noch eine soziale Position bekleidete …«. Das Ergebnis dieser Vorsicht: »Zeit seines Lebens wußte sich Stirner vortrefflich mit der Polizei abzufinden.« (p. [1]) Dazu G. Mayer, Die Anfänge des politischen Radikalismus. Berlin 1913, p. 107.
Vgl. auch die Episode in R. Gisekes Roman »Moderne Titanen« (Leipzig 1850), in der Stirner als Doktor Horn auftritt: Als sich in Hippels Weinstube einer der Freien lobend über Shakespeare äußert, weil in seinem Stück ein König erstochen werde, bricht schallendes Gelächter aus. »Horn sah sich im Zimmer um und lachte dann mit. In politischen und theologischen Discussionen hatte er seiner Amtsstellung wegen nicht den Muth mitzureden …« (1. Theil, 1. Buch, p. 242).

Die Thematisierung des Eignerthemas in den Zeitungskorrespondenzen

Staat ist ein Geist, und ein Geist ist nur für Geister ...« (KS 174). Erst der »Einzige« zeigt, wie Stirner diesen Satz verstanden wissen möchte. Dort lautet die entsprechende Stelle: »Staat, Kaiser, Kirche, Gott, Sittlichkeit, Ordnung usw. sind ... Geister, die nur für den Geist sind« (EE 82). Stirner interpretiert jedoch »Geist« in dieser Korrespondenz anders als im »Einzigen«, wo er das Uneigene, Fremde, ein Jenseitiges, Unerreichbares ist (»Geist ist Dein – Gott, ›Gott ist Geist‹«) (EE 41; vgl. den Abschnitt »Der Geist« EE 38–43): Geist steht bei Stirner, einer beiläufigen Bemerkung zufolge, synonym für »Capacitäten«, das heißt Stirner thematisiert seine im »Einzigen« prinzipielle und plakative Staatsfeindlichkeit an dieser Stelle weniger radikal, indem der Staat (»der unsichtbare, dem Geist allein verständliche Geist« KS 174) in einer taktisch zu verstehenden Interpretation als Ständestaat einer liberalen Kritik unterzogen wird.

Stirner kritisiert den Staat ganz offensichtlich deshalb mit solchen doppelbödigen Formulierungen, um ein Verbot seiner Korrespondenzen durch die Zensur zu verhindern.[16] Staat, Christentum und deren Beziehungen werden von Stirner in seinen »Kleineren Schriften« kritisiert, nicht allein die »Beziehungen und Verbindungen des Staates zum Christentum«, wie Beck meint.[17]

Stirners Kritik am christlichen Staat ist primär Kritik am Staat, an der »Gewalt des Staats« (KS 138), und erst dann Kritik am Christentum als Verfremdung des Menschlichen schlechthin (KS 82 und 138); es ist aktuell-konkrete Kritik am vormärzlich preußischen Staat, und wenn sich Stirner in die Diskussion einschaltet, ob die europäischen Staaten »sämmtlich das Christenthum zur Grundlage« haben oder nicht, interessiert ihn diese Frage bestenfalls am Rande. Zwar verneint er das »Axiom« der christlichen Grundlage des Staates (KS 139) und behauptet, »der Staat ruht ... auf dem Princip der ›Bildung, der Civilisation‹. Der Staat ruht auf dem Princip der ›Weltlichkeit‹, das Christenthum auf dem des ›Himmelreichs‹ (›Mein Reich ist nicht von dieser Welt‹)« (KS 140), macht aber durch diese Trennung von Kritik am Christentum und Kritik am Staat nur seinen Anspruch

---

[16] G. Mayer erkennt diese Doppelbödigkeit richtig als Irreführung der Zensur, übertreibt aber den möglichen Effekt von Stirners Verfahren, wenn er schreibt: »Der Journalist Stirner hat es in der Kunst, seine wahren Ansichten so zu formulieren, dass man am Ende auch das Gegenteil herauslesen konnte, zu großer Virtuosität gebracht.« (Die Anfänge des politischen Radikalismus. Berlin 1913, p. 107).

[17] G. Beck, Die Stellung des Menschen zu Staat und Recht bei Max Stirner. Köln 1965, p. 5.

geltend, den autoritären preußischen Staat zu kritisieren (mit der oben angedeuteten Tendenz der Negation des Staates schlechthin). Stirner sagt selbst, dass seine Kritik das Ziel habe, die »reelle Bedeutung« der Freien gegenüber dem Staat zu dokumentieren, nicht in erster Linie gegenüber der Kirche, die Unabhängigkeit der Bildung vom Christentum festzustellen, denn: »Die gediegene, volle Bildung … besteht in einem freien Wissen und Wollen, und der wahrhaft Gebildete ist ein freier Geist, ein Freigeist …« (KS 141). Konsequenterweise lobt Stirner die »trefflichen Reflexionen« einer Broschüre, in der die Trennung von »wissenschaftlichen und kirchlichen Anstalten« gefordert wird. Es widerspricht Stirners Gleichheitsgrundsatz und seiner Forderung nach Trennung von Staat und Kirche, wenn an einem »›Sitze der freien Wissenschaft‹« Theologen (christlicher Konfession) ausgebildet werden (KS 62; vgl. auch p. 98).

ad 3: Kritik an der Pressezensur und an der Beschneidung der Lehrfreiheit

Stirner unterstützt in seinen publizistischen Beiträgen ebenso wie in seinen anderen Schriften die liberalen Forderungen nach Presse- und Lehrfreiheit, die aufgrund der Repressivmaßnahmen nach dem Hambacher Fest und gegen das Junge Deutschland immer dringender und radikaler wurden. Seine oppositionelle Haltung gegenüber der staatlichen Beschränkung individueller Freiheiten lässt sich innerhalb der revolutionären liberalen Bewegung gegen die Zensur deutlich nachweisen.[18] Wilhelm Klutentreter weist mit Recht darauf hin, dass Stirner, »dessen Beiträge in der Rheinischen Zeitung sonst mehr aus einer philosophisch-weltanschaulichen als politischen Sicht geschrieben sind«, bei Fragen, die die Pressezensur berühren, »vorzugsweise die *politische* Seite gesehen« hat.[19]

Anlässlich der Besprechung einer Schrift von Ludwig Buhl über den »Beruf der preußischen Presse« betont Stirner die Notwendigkeit, aktuelle Probleme so lange zu diskutieren, bis eine Mehrheit Veränderungen bewirken kann: »Das ist ja eben die Natur aller Zeitfragen, dass sie unermüdlich so lange aufgeworfen werden, als ihre Zeit da ist, und ihre Zeit ist so lange da, bis ihre Antwort erscheint, und ihre einzige Beantwortung ist ihre – Ausführung.« (KS 113).

---

[18] Vgl. dazu auch G. Mayer, Stirner als Publizist. Frankfurt 1912, p. 2.
[19] W. Klutentreter, Die »Rheinische Zeitung« von 1842/43. Dortmund 1966 (masch.-schriftl. phil. Diss. Berlin 1956), p. 99.

Die Thematisierung des Eignerthemas in den Zeitungskorrespondenzen

Es muss möglichst vielen deutlich werden, dass durch die Zensurverordnungen die Presse degradiert wurde zu einem Informationsorgan für »›hitzige(n) Polemiken über die Rinnsteine, über die Reinigung der Straßen, über die Gefahren des schnellen Fahrens etc.‹« (KS 113). Aus der Praxis der Zensurbestimmungen resultiert »›die prästabilirte und prädestinirte Impotenz der preußischen Presse‹« (KS 114).

Als in einem Artikel des »Schwäbischen Merkur« und der »Rheinischen Zeitung« behauptet wird, von der »Vossischen« und der »Spenerschen Zeitung« seien noch keine größeren Artikel »über wichtige, innere Angelegenheiten zurückgeschickt worden«‹«, widerspricht Stirner energisch: »Der Verfasser dieser Notiz sollte nicht so anmaßend andere Leute Lügen strafen. Ich bin im Stande, ihm zwei zurückgeschickte Artikel nebst Brief zu zeigen …« (KS 58); Stirner hat demnach die Zensurpraxis am eigenen Leibe erfahren (und in seinen Korrespondenzen der Zensur entsprechend Rechnung tragen müssen).

»Der gegenseitige Austausch von Ueberzeugungen muß frei sein …«, (KS 135) lautet Stirners Forderung, weil jede Kompetenzeinschränkung des Einzelnen zu mehr staatlicher Macht führt (dazu KS 67). Stirner fordert deshalb nicht nur Presse- und Redefreiheit, sondern auch Hör- (jeder soll hören dürfen, was er hören möchte) (KS 94 f.) und Lehrfreiheit.

Immer wieder kommt Stirner auf die »Fakultätsausschliessung Bruno Bauer's« zurück. (KS 62; siehe auch a.a.O., p. 71 f., p. 97–100, p. 111–[49]113, p. 212–221 u.ö.)[20]. Bruno Bauer, einem der Freien und Privatdozent für Theologie in Berlin und Bonn, war 1842 wegen seiner radikalen Kritik an den Evangelien in Bonn die Lehrbefugnis entzogen worden.[21]

---

[20] Vgl. dazu auch Stirners Kritik an Marheinekes Separatvotum a.a.O., p. 63, p. 114–121, p. 121 f., p. 148–250, p. 212–221 u.ö. Die theologischen Fakultäten an den preußischen Universitäten waren von der Regierung beauftragt worden, Gutachten »über den Licentiaten Bruno Bauer in Beziehung auf dessen Kritik der evangelischen Geschichte der Synoptiker« (KS 213) anzufertigen; »in Berlin gab Marheineke ein Separatvotum gegen die Bauer feindliche Facultät ab« (KS 214), in dem er sich für die Aufhebung des Lehrverbots aussprach.
[21] Vgl. dazu B. Bauer, Die gute Sache der Freiheit und meine eigene Angelegenheit. Zürich und Winterthur 1842; über die Diskussion dieses Lehrverbots in der »Rheinischen« vgl. H. König, Die Rheinische Zeitung von 1842–43. Münster 1927, p. 117–123.

Die Thematisierung des Eignerthemas in den Zeitungskorrespondenzen

Ohne die Argumente pro Bauer und contra Lehrverbot hier im Einzelnen aufführen zu können, sei nur folgende Ansicht Stirners bezüglich der Lehrfreiheit wiedergegeben (die bemerkenswerterweise »ein unfashionabler Mutterwitz« an Stirners Stelle äußern muss, wiederum wohl um die Zensur zu irritieren):

Wem das Recht übertragen ist, Jünglinge in einer bestimmten Wissenschaft zu unterweisen, dem ist zugleich die Pflicht damit auferlegt, Alles ohne Rückhalt zu sagen, was der Geist dieser bestimmten Wissenschaft fodert (!), und dabei so unverzagt zu verfahren, dass er ein rechter und lauterer Jünger dieser Wissenschaft genannt zu werden verdiente. Dem Recht, eine bestimmte Wissenschaft zu lehren, steht ewig die Pflicht gegenüber, den Geist derselben, wie er ihr ihn ablauscht, mit unerschütterlichem Muthe zu offenbaren, ohne an ihm nach Rücksichten zu drehen und zu deuten, und wäre dieser Geist auch so gewaltthätig, dass er, wie einst der christliche, eine Jahrtausende alte Welt zusammenbräche (KS 127 f.).

Damit widerspricht Stirner der in einer Zeitung veröffentlichten Meinung, dass es von Seiten des Staates ein Aufsichtsrecht und damit eine Begrenzung der Lehrfreiheit geben müsse, weil jedem Recht eine Pflicht gegenüberstehe: »›Wem mit einem Lehramte das Recht übertragen ist, Jünglinge in einer bestimmten Wissenschaft zu unterweisen, dem ist zugleich die Pflicht damit auferlegt, sie nicht aus der Bahn sittlicher Menschen und treuer Unterthanen zu bringen.‹« (KS 126).

Eine solche Ansicht widerspricht Stirners Forderung nach freier Meinungsäußerung *und* freier Selbstentfaltung. Der freien Lehre entspricht die Freiheit, sich diese Lehre anzueignen oder sie abzulehnen. Jede Verpflichtung zu einem Moralkodex und jede Erziehung zu einer wie immer definierten Sittlichkeit provoziert Stirners Kritik und Ablehnung.

3. Die Thematisierung des Eignerthemas in den Frühschriften

Die Thematik der Korrespondenzen lässt sich auch in den sechs umfangreicheren Veröffentlichungen Stirners vor dem »Einzigen« nachweisen; Stirner, der tagesaktuelle Fragen aus den Bereichen Theologie, Pädagogik und Politik aufgreift und aus seiner Sicht beantwortet, thematisiert gleichzeitig das Motiv des sich vom Staat emanzipierenden Eigners, der in eigener Verantwortlichkeit Entscheidungen trifft und damit Autonomie praktiziert. Stirners engagiertes Eintreten für aktuelle Fragen bricht dabei immer aus dem engen Korsett der Tagespolitik aus, und hier wird hinter dem Journalisten Stirner der Philosoph Stirner sichtbar, denn die behandelte Thematik wird immer ins Grundsätzliche übertragen; Stirners Stellungnahmen zu aktuellen Ereignissen und seine Kritik an geltenden Normen münden in weiterreichende philosophische Überlegungen, die sich mit der erkenntnistheoretischen Frage nach der Stellung des Einzelnen in der Welt, wie sie zur gleichen Zeit in Stirners philosophischem Hauptwerk entwickelt und mit dem Eigner auf den Begriff gebracht wird, vergleichen lassen.

Während die Bedeutung dieser frühen Publikationen von einigen Autoren als »eher bedeutungslos« abgetan wird,[1] kommen andere zu völlig konträren und zutreffenderen Beurteilungen, so beispielsweise der französische Philosoph Henri Arvon, der die Auseinandersetzung mit den Frühschriften Stirners für unerlässlich hält, um den »Einzigen« als Ergebnis einer schrittweisen Entwicklung zu verstehen. »Der Einzige und sein Eigentum« »ist das Ergebnis einer Betrachtung, die sich über mehrere Ebenen erstreckt ... Daher scheint die Prüfung seiner Frühschriften unerlässlich. Die großen Linien, die eine fertige Zeichnung ergeben werden, erscheinen hier

---

[1] J. Rattner und G. Danzer, Die Junghegelianer. Würzburg 2005, p. 115.

schon fein angedeutet.«[2] Aber einigen Publikationen kommt darüber hinaus eine erstaunliche Aktualität zu, wie wir sehen werden.

3.1. Die Destruktion des Anderen als Voraussetzung für die Entdeckung des Eigenen. Die Rezension von Theodor Rohmers Buch »Deutschlands Beruf in der Gegenwart und Zukunft«[3]

In einem Brief Eduard Flottwells, einem liberalen Kritiker im vormärzlichen Preußen, vom 12. März 1842 an den vehementen Verfechter demokratischer Bewegungen Johann Jacoby weist Flottwell darauf hin, dass Stirner 1842 »nebst Meyen auch noch an der *Eisenbahn*« mitgearbeitet habe.[4] *Die Eisenbahn. Ein Unterhaltungsblatt für die gebildete Welt,* von der wöchentlich drei Nummern erschienen, wurde seit Juni 1841 von Robert Binder in Leipzig redigiert und verlegt; ihren Lesern stellte sich die Zeitschrift als progressives, Farbe bekennendes Blatt vor:

Gegenüber der mattherzigen und gesinnungsleeren Richtung, wie sie ein großer Theil unserer schöngeistigen Presse eingeschlagen hat, soll die Eisenbahn auch ferner Fronte machen und den Ideen der Gegenwart zugethan, deren Tendenzen in ihren Spalten abspiegeln, so weit dies eben in der Tendenz des Blattes selbst liegen kann. Geistreiche und talentvolle Mitarbeiter leihen demselben ihre Unterstützung (Die Eisenbahn Nr. 64, 1841, 4).

Einer dieser »geistreichen und talentvollen Mitarbeiter« war in der Tat Max Stirner, der aus Berlin Korrespondenzen schickte, die sich von allen anderen Beiträgen durch ihre Sprache und Thematik unterschieden. Zwar gibt es keinen Aufsatz »Die Lage der Lehrer«, wie Mackay auf Grund eines Hinweises vermutet[5] und Helms in seiner Bibliographie angibt[6]; bei Durchsicht der Zeitschrift stieß ich jedoch

---

[2] H. Arvon, Max Stirner. An den Quellen des Existenzialismus. Rangsdorf 2012, p. 34.
[3] Das Kapitel ist eine Überarbeitung von B. Kast, »Habt nur den Muth, destructiv zu sein«, in: Syntesis Philosophica. Bd. 1. Zagreb 1998, p. 227–237.
[4] E. Flottwell, Brief aus Berlin an Johann Jacoby in Königsberg vom 12. März 1842, p. 172.
[5] J. H. Mackay, Max Stirner. Berlin 1977³, p. VII. Die Zeitschrift war damals noch nicht in Bibliotheken nachweisbar.
[6] H. G. Helms, Die Ideologie der anonymen Gesellschaft. Köln 1966, p. 520.

auf verschiedene Veröffentlichungen, die aufgrund sprachlicher und inhaltlicher Kriterien sicher oder mit großer Wahrscheinlichkeit Stirner zugeordnet werden können. Die Rezension Rohmers vom Dezember 1841 ist mit Stirner unterzeichnet, andere Beiträge haben das Kürzel *Str.*[7]

Boris Nikolajewsky, ein damals in Deutschland tätiger Historiker und Archivar, entdeckte bereits Anfang der dreißiger Jahre eine Rezension Stirners von Theodor Rohmers Buch »Deutschlands Beruf in der Gegenwart und Zukunft«. Zwar spricht Hans Sveistrup, von Nikolajewski auf diese Rezension aufmerksam gemacht, in seiner Dissertation von einer »bemerkenswerten Besprechung«[8], aber weder er noch die weitere Stirner-Forschung sind auf diese erste (bekannte) und mit *Stirner* unterschriebene Publikation eingegangen.

Theodor Rohmer, Bruder und »Verkünder der Ideen Friedrich Rohmers«, der von sich meinte, »dass er die größte Persönlichkeit sei, welche die Menschheit hervorgebracht habe« und dass er »zu einer welthistorischen Rolle berufen« sei,[9] schreibt sein Buch »in deutschem Sinne«[10] und übergibt es »all denen, welchen das Wohl des Vaterlandes am Herzen liegt«[11] mit dem Ziel, »die höchste Aufgabe des deutschen Geistes« zu erfüllen. Er übergibt es all denjenigen, die »sehr wohl wissen, oder sehr vernehmlich fühlen, das das Höchste noch nicht erreicht, das lebendige Evangelium, dessen die Zeit bedarf, noch nicht erschienen ist«,[12] aber »jetzt die Zeit gekommen sei, um das deutsche Volk zu einer Stufe zu erheben, die seiner würdig ist«[13].

Stirner geht auf »diese Erweckungspredigt«[14] nur ansatzweise im ersten Teil der Rezension ein, wirft ihr massenhafte Dummheit in Bezug auf alle heiligen und unheiligen Fragen des Staatslebens vor,

---

[7] Eine weitere, mit *M. S.* unterschriebene Korrespondenz kann hingegen aus mehreren, hier nicht näher erörterten Gründen nicht von Stirner sein.
[8] H. Sveistrup, Stirners drei Egoismen. Lauf bei Nürnberg, Bern und Leipzig 1932, p. 44.
[9] [anon.] Artikel Rohmer: »Friedrich R. (1889)«, in: Allgemeine Deutsche Biographie, Bd. 29. Leipzig 1889, p. 57.
[10] Th. Rohmer, Deutschlands Beruf in der Zukunft. Zürich und Winterthur 1841, p. VIII.
[11] a.a.O., p. V.
[12] a.a.O., p. VIf.
[13] a.a.O., p. XI.
[14] M. Stirner, Rezension Theodor Rohmers, p. 307. Ich zitiere das Original der Zeitschrift. Es gibt eine leicht zugängliche Quelle im Internet unter http://www.max-stirner-archiv-leipzig.de/max_stirner.html vom 10.06.2015.

und zitiert längere Passagen aus dem Buch, in denen Rohmer die zukünftige Hegemonie Deutschlands in Europa damit begründet, dass »die deutsche Natur im Allgemeinen den Stempel der geistigen Oberhoheit trägt« und »im Einzelnen mit einer Fülle von Talenten gesegnet« ist, »wie sie in solcher Vereinigung keine Nation besitzt«.[15] Stirner beginnt seine Rezension mit beißender Ironie, indem er die utopischen Träume Rohmers »zu wie grossen Dingen das deutsche Volk ausersehen ist und was es alles werden – *koennte*« mit den naiv-unschuldigen Prinzessinnen-Träumen eines Kindes[16] vergleicht, arbeitet dann aber »den Grundgedanken des Buches« heraus und entlarvt den Autor als überheblichen, engstirnigen, nationalistischen »Deutschen mit Haut und Haaren«[17]. Wo Philosophie und Christentum versagen, fühlt sich Rohmer berufen, »die Lehre vom Geiste« zu vermitteln und die »geistigen Gesetze« zu beschreiben, »auf denen aller Organismus ... beruht«:

Erst muss die menschliche Seele zergliedert, ihr Bau erkannt, ihre Funktionen nachgewiesen, ihre Entwicklung von der Geburt bis zum Tode nach den einzelnen Stadien beschrieben werden. ... Der Kenntnis der einzelnen Individuen folgt die der Gesamtindividuen, das ist der Rassen, der Völker, der Nationen, der Stämme, der Familien ... So wird die Menschheit ... die Augen aufschlagen: sie wird sich kennen lernen, die Zeit ihrer Mündigkeit ist damit erfüllt. Je mehr sie, auf diese Weise, allmählig an Selbstbewusstsein wächst, je allgemeiner das psychologische Bewusstsein in den Massen um sich greift, desto möglicher wird es, das Höchste zu erreichen, was die Geschichte kennt – den vollkommenen Staat.

Diese »lächerliche Stelle« enthält für den anarchistischen Stirner mit dem Hinweis auf den »vollkommenen Staat« das Stichwort, um die Textsorte zu ändern: Aus der ironischen Rezension eines Buches, das er der Lächerlichkeit preiszugeben schien, wird eine philosophische Streitschrift, in der Stirner seinen radikalen Gegenentwurf zu den Rohmerschen Auffassungen vorstellt. Kämpferisch fordert Stirner die Bußprediger auf:

Ziehet durch's Land ... dringet ein in jede Huette, predigt Zwietracht und das Schwert, nicht matte Einigkeit und komfortable Zufriedenheit, geißelt die schlaefrigen Seelen, nicht mit den Fluegelwedeln trostreicher Hoffnun-

---

[15] T. Rohmer, Deutschlands Beruf in der Gegenwart. Zürich und Winterthur 1841, p. 168f.
[16] M. Stirner, Rezension von Theodor Rohmer in »Die Eisenbahn« 1841, p. 307.
[17] a. a. O., p. 308.

Die Thematisierung des Eignerthemas in den Frühschriften

gen, nein mit der Zuchtrute der Aufklaerung über alle die Graeuel, die im Verborgenen geschehen ...«[18]

Das andere, bessere Deutschland wird nicht durch Träume wahr, sondern muss erkämpft werden. Wie in den beiden anderen Oppositionsblättern, an denen Stirner 1842 mitarbeiten sollte, der *Rheinischen Zeitung* und der *Leipziger Allgemeinen Zeitung*, fällt Stirners aufrührerische, radikale (»denn nichts ist gut, als das Radikale, weil alles Andere eine Halbheit bleibt«) Argumentation aus der Reihe und damit besonders auf:

»Habt nur den Mut destruktiv zu sein, und Ihr werdet bald sehen, welch' herrliche Blume der Eintracht aus der fruchtbaren Asche aufschießt.«

Stirner möchte die gesellschaftlichen Verhältnisse verändern, fordert, wie die Junghegelianer insgesamt, eine Verwirklichung seiner Gedanken und Philosophie, möchte realpolitische Taten aus seinen theoretischen Überlegungen ableiten. »Es gibt kein anderes Heil«, meint Stirner, »als einen maechtigen Gedanken, der unsern Geist erfuellt, einen begeisterten Willen, der uns zu Taten fortreißt«[19]. Was Marx später in seiner 11. These über Feuerbach postulieren wird, nimmt Stirner mit der Forderung vorweg, »dass die hoechste Sehnsucht jetzt nicht auf eine gerechtfertigte *Weltanschauung* gerichtet ist, nicht auf die *theoretische* Befriedigung, sondern auf freie *Selbstbetaetigung*«[20]. Im Wissen um die voluntaristische Selbstmächtigkeit des Einzelnen, spricht Stirner von der »tatendurstigen Seligkeit einer großen Idee«, die sich »eine eigene Welt und ein eigenes Dasein aufbaut«. Stirner konkretisiert auch diese große Idee: es ist »die überschwaengliche Bedeutung des Ich«, das sich keiner Autorität unterwirft: weder »der despotischen Autorität der Kirche« (wie bei den Engländern) noch der Herrschaft der *gloire* (wie bei den Franzosen), noch der des vollkommenen Staates (wie bei Rohmer). Stirners Darstellung seiner eigenen Position gipfelt in dem anarchistischen Appell: »Fragt nicht länger nach Pflichten, die man Euch *auferlegt;* gebt Euch selbst die Gesetze: dann folgt Ihr ihnen erst mit eigenem und bewusstem Willen, dann seid Ihr frei«.[21]

Das ist, auf eine kurze Formel gebracht, ein zentraler themati-

---

[18] a.a.O., p. 308.
[19] a.a.O., p. 310.
[20] a.a.O., p. 311.
[21] a.a.O., p. 310.

scher Strang des philosophischen Hauptwerks »Der Einzige und sein Eigentum«, der dort ausführlich und mit äußerster Konsequenz mit der Thematik des »Egoismus« und »Eigners« verknüpft wird. Richard Wisser hebt die philosophiegeschichtliche Leistung von Stirners »Egoismus« mit den Worten hervor, damit habe Stirner »auf eine noch nie dagewesene Weise den einzelnen Menschen ins Spiel« gebracht.

Stirner vollzieht eine radikale Loslösung von allen übergeordneten Herrschaftsprinzipien, und sein Anarchismus, der sich gegen alles zur Wehr setzt, was den konkreten, hic et nunc lebenden Menschen um seine Eigenheit bringt, ist die äußerste Gegenposition zu jeder generalisierenden Abstraktion, sie mag idealistisch »Weltgeist« heißen oder materialistisch »ökonomische Gesetzlichkeit«.[22]

Durch die Radikalität seiner Antworten auf die damals diskutierten Fragen unterscheidet sich Stirner bereits Ende 1841 deutlich von den anderen Linkshegelianern.

3.2. »Ueber B. Bauer's Posaune des juengsten Gerichts«: die Konkretion des Allgemeinen durch den Einzelnen

Im November 1841 erschien anonym bei Otto Wigand in Leipzig die von Bruno Bauer verfasste Schrift »Die Posaune des jüngsten Gerichts über Hegel den Atheisten und Antichristen. Ein Ultimatum«[23], in der Bauer »die orthodoxe Maske«[24] eines bibelfesten, aller Philosophie und jedem logischen Denken aus dem Wege gehenden, engstirnigen Pietisten aufsetzt. Wie der Titel ankündigt, wird Hegel als Atheist und Antichrist dargestellt, der nur zum Schein seine atheistische Philosophie christlich drapiert habe – eine Methode, die die älteren Hegelianer von ihm übernommen hätten. Die Junghegelianer, »die wahren, die ächten Hegelianer«, haben folglich die anti-christlichen philosophischen Lehren in den Klartext übersetzt. Sie proklamieren ihren Atheismus unverhüllt und öffentlich, während die Althegelianer paradoxerweise durch ihre Christlichkeit vom Hegel-

---

[22] R. Wisser, Philosophische Wegweisung. Versionen und Perspektiven. Würzburg. 1996, p. 342.
[23] Die Schrift wird zitiert nach der leicht zugänglichen Textausgabe von K. Löwith, Die Hegelsche Linke. Stuttgart-Bad Cannstadt 1962, p. 123–225.
[24] Fr. Mehring, Karl Marx. Berlin (Ost) 1964² (1918), p. 39.

Die Thematisierung des Eignerthemas in den Frühschriften

schen System abgewichen sind, »um im Verborgenen desto sicherer für das Höllensystem – diese Höllenmaschine, die den christlichen Staat in die Luft sprengen soll – zu wirken«.[25] Die Schüler Hegels, die älteren und die jüngeren, haben im Grunde nichts Neues zu bieten: »sie haben vielmehr nur den durchsichtigen Schleier, in welchen der Meister zuweilen seine Behauptungen hüllte, hinweggenommen und die Blöße des Systems – schaamlos genug: – aufgedeckt«.[26]

Hegel wird als die Inkarnation des Teufels dargestellt, die es mit allen zur Verfügung stehenden Mitteln zu bekämpfen gilt.

Die Schrift behauptet aber nicht nur, sie versucht auch den Beweis dafür zu erbringen, dass Hegel nur zum Schein Vertreter des Pantheismus sei. Substanz sei für Hegel nur das Ich, ein Ich, das die Vermessenheit besitzt, sich als allgemeines, unendliches Selbstbewusstsein zu setzen.[27]

Zeitgenössische Leser gingen diesem Trick Bruno Bauers auf den Leim, so z. B. auch Arnold Ruge, der in einem Brief an Adolf Stahr vom 7. November 1841 meinte: »Das Ding ist toll und wird einen Eklat machen, der die Pietisten ins Verderben bringt.«[28] Der Herausgeber der Briefe Paul Nerrlich kommentiert: »… auch Ruge erkannte anfänglich die Ironie so wenig, dass er annahm, sie entstamme dem Lager der Gegner …«[29]

Von besonderem Interesse für unser Thema ist Stirners Rezeption dieser Schrift, die als Rezension im Januar 1842 in dem von Karl Gutzkow in Hamburg herausgegebenen »Telegraph für Deutschland« erschienen ist.[30]

---

[25] B. Bauer, Die Posaune, p. 128.
[26] a. a. O., p. 149.
[27] a. a. O., p. 151 und der Abschnitt »Das religiöse Verhältniß als Substantialitäts-Verhältniß« (p. 152–162). Dazu D. Hertz-Eichenrode, Der Junghegelianer Bruno Bauer im Vormärz. Berlin 1959, p. 43.
[28] A. Ruge, Briefwechsel und Tagebuchblätter, Bd. 10. Aalen 1985, p. 247.
[29] a. a. O., Fußnote. Nerrlich weist darauf hin, dass eine anonyme Rezension in den »Deutschen Jahrbüchern« Nr. 149, 1841 »Ruges Irrtum teilt«. Diese Rezension von Hermann Franck ist allerdings in diesem Punkt eher missverständlich (H. Franck, Die Posaune des jüngsten Gerichts. Glashütten im Taunus 1972, p. 594–596).
[30] Vgl. J. H. Mackay, Kleinere Schriften. Berlin 1914, p. 10. Die Rezension entdeckte der spätere Gründer der Deutschen Bibliographischen Gesellschaft, der Literaturhistoriker Heinrich Hubert Houben »gelegentlich seiner Vorarbeiten zu einer umfassenden Arbeit über Gutzkow« (R. Steiner, Ein unbekannter Aufsatz von Max Stirner, in: Das Magazin für Literatur, Nr. 7. Berlin 1900, p. 216). Der Aufsatz wurde in dem von Rudolf Steiner herausgegebenen »Magazin für Literatur« im Anschluss an die oben erwähnte Besprechung wieder veröffentlicht (Sp. 171–179)

Die Thematisierung des Eignerthemas in den Frühschriften

In seinen Vorbemerkungen, die stilistisch zum Teil stark an den »Einzigen« erinnern,[31] übt Stirner Selbstkritik und Kritik an den Junghegelianern: in der Nachfolge Hegels hätten auch sie probiert, Unversöhnliches zu versöhnen, Gegensätze zu vereinen; dies sei jedoch Selbstbetrug und Selbsttäuschung gewesen. So wie Hegel in seiner »Philosophie der Religion« versucht habe, Denken und Glauben miteinander zu versöhnen, hätten auch »seine Jünger« (KS 12) versucht, mit Hilfe der Philosophie den Glauben zu verteidigen. »Die somnambule Schlafperiode voll Selbstbetrug und Täuschung war so allgemein, der Zug und Drang nach Versöhnlichkeit so durchgängig, dass nur Wenige sich davon frei erhielten und diese Wenigen vielleicht ohne die wahre Berechtigung. Es war dies die *Friedenszeit der Diplomatie.*« (KS 12 f.).

Dieser Diplomatie nun habe Bauers »Posaune« »den letzten Stoß« versetzt, indem sie nachgewiesen habe, dass die atheistischen Lehren, wie sie »die verruchte Rotte der jungen Hegelianer« lehrten, ihren Ursprung in Hegels Philosophie hätten (KS 14). Stirner ist bemüht, die Philosophie Hegels ihres christlichen Scheins zu entkleiden und versucht ihre antichristliche Grundtendenz offen zu legen. Mit diesem Vorgehen dokumentiert Stirner anschaulich seine perspektivische Darstellung, die Hegels Totalität auf das Selbstbewusstsein des Einzelnen reduziert.[32]

Auf eine weitere Darstellung der Rezeption dieser Schrift kann hier nicht eingegangen werden; siehe hierzu H.-M. Saß, Untersuchungen zur Religionsphilosophie in der Hegelschule 1830–1850. Münster 1963, p. 254, Anm. 844. Zu den Fragen der Verfasserschaft des Pamphlets (und des zweiten Teils, der 1842 anonym bei Otto Wigand in Leipzig unter dem Titel »Hegel's Lehre von der Religion und Kunst von dem Standpuncte des Glaubens aus beurtheilt« erschien) und der Mitarbeit Karl Marxens siehe D. Hertz-Eichenrode, a. a. O., p. 61 f.; H. G. Helms, Die Ideologie der anonymen Gesellschaft. Köln 1966, p. 35, Anm. 65; H.-M. Saß, a. a. O., p. 254, Anm. 845 und R. Hirsch, Karl Marx und Max Stirner. München 1956, p. 111–119. Nach dem in dieser Literatur dargestellten Diskussionsstand darf als gesichert angenommen werden, dass Marx an der »Posaune« ebenso mitgearbeitet hat wie an »Hegels Lehre von der Religion und Kunst«; umstritten bleibt, welche Teile von Marx und welche von Bauer stammen.

[31] Vgl. zum Beispiel den Anfang des »Einzigen« mit dem Anfang dieser Rezension: Den mit dem Interrogativpronomen »Was« eingeleiteten Ausruf »Was soll nicht alles Meine Sache sein« (EE 13) entspricht die parallele Konstruktion in der »Posaune«: »Was soll sich nicht Alles mit einander vertragen, ausgleichen, versöhnen!« (KS [12]).

[32] Darauf macht bereits R. Steiner aufmerksam, wenn er schreibt, der Aufsatz lasse erkennen, »dass Stirner durch die Kritik des Hegelschen Allgeistes die Idee des Einzel-Ichs gewonnen hat, indem er erkannte, dass nur dem letzteren zukommen kann, was

Die Thematisierung des Eignerthemas in den Frühschriften

Hegel, der den Menschengeist zum allmächtigen Geiste erheben wollte und erhoben hat, und seinen Schülern die Lehre eindringlich machte, dass Niemand außer und über sich das Heil zu suchen habe, sondern sein eigner Heiland und Erretter sey, machte es nie zu seinem besonderen Berufe, den Egoismus, welcher in tausendfältigen Gestalten der Befreiung des Einzelnen widerstand, aus jedem seiner Verhacke heraus zu hauen und einen sogenannten »kleinen Krieg« zu führen (KS 14 f.).

Das Erbe der Philosophie Hegels bestehe darin, aus der Gesamtheit das Einzelne zu deduzieren, das Allgemeine zu konkretisieren; denn Hegel habe zwar »den Gott von seinem Throne« geschleudert, »unbekümmert darum, ob nun auch gleich die ganze Schaar der Posaunen-Engel in's Nichts zerflattern werde«; doch obwohl Hegel die Gesamtheit gestürzt hätte, sei es möglich gewesen, dass Einzelheiten nach wie vor existierten (KS 15).

Was Hegel im Großen und Ganzen niedergerissen, das dachten sie [seine Jünger] im Einzelnen wieder aufzubauen; denn er selbst hatte sich ja gegen das Einzelne nicht überall erklärt und war im Detail oft so dunkel wie Christus. Im Dunkeln ist gut munkeln: da lässt sich viel hineininterpretiren (KS 17).

Inzwischen sei »das finstere Jahrzehnt der diplomatischen Barbarei«, die Aussöhnung mit anderen, endgültig vorbei; es sei als eine unvermeidliche Durchgangsphase anzusehen, in der »die ganze Schwäche des Alten« aufgenommen werden mußte, um sie »als unser Eigenthum und unser eigenes Selbst energisch – verachten zu lernen.« (KS 17). Der Zeitpunkt sei gekommen, Farbe zu bekennen, Partei zu ergreifen: die Partei der Gottlosen. Die »Sicherheit gegen Gott«, die bereits Tacitus den Deutschen bescheinigt habe (»Securi adversus homines, securi adversus Deos«),[33] war ihnen verloren gegangen in dem Verluste ihrer selbst, und die Gottes*furcht* nistete sich in den zerknirschten Gemüthern ein.« (KS 18).

Hegel, und hier wird Stirners Verfahren besonders deutlich, habe als »securus adversus Deum« endlich »das befreiende Wort«

Hegel dem ersteren zugeschrieben hat.« (Ein unbekannter Aufsatz von Max Stirner, in: Veröffentlichungen aus dem literarischen Frühwerk, Bd. V, Heft 20–26. Dornach (Schweiz) 1958, p. 217); Steiners Text ist insofern missverständlich, als er von der »Idee (!) des Einzel-Ichs« redet, wo Stirner den konkreten Einzelnen meint.

[33] Vgl. Tacitus, Germania, caput 46 (Die Germania des Tacitus, hrsg. von W. Lange. Heidelberg 1967³, p. 521); vgl. KS 36.

gesprochen, das Wort vom »*Selbstgenügen*«, von der »*Autarkie* des freien Menschen.« (KS 19). Und wie im »Einzigen«, wo der Eigner den Gott von seinem Thron stürzte und die Welt überwand, Weltlosigkeit schuf (vgl. EE 103), stürzt der autarke, freie Mensch als Produkt Hegels nicht nur Gott, lässt er nicht nur die Welt vergehen: in seinem »weltgeschichtlichen Beruf des *Radikalismus*« stürzt der Deutsche sich selbst, um sich neu zu schaffen. »Bei dem Deutschen ist das Vernichten – Schaffen und das Zermalmen des Zeitlichen – seine Ewigkeit.« (KS 19).

Stirner zitiert dann einige Stellen aus Bauers Schrift ziemlich ausführlich, wenn auch nachlässig und öfter ohne seine Zitate als solche auszuweisen, wobei auch die Auswahl und deren Rezeption die oben dargestellte Tendenz bestätigen, Hegel einzig aus der Perspektive Stirners, Bauers Darstellung zudem noch einengend, zu beschreiben.

3.3. »Gegenwort«: ein Wort *gegen* Knechtschaft und *für* das »eigene Selbst«

Im Januar 1842 »erschien ein zu wiederholten malen voraus verkündigtes und dadurch eine gewisse Spannung verursachendes«[34] »Gegenwort eines Mitgliedes der Berliner Gemeinde wider die Schrift der sieben und fünfzig Berliner Geistlichen: Die christliche Sonntagsfeier, ein Wort der Liebe an unsere Gemeinen« anonym im Verlag Robert Binder in Leipzig. Die 24 Seiten umfassende und 4 Ngr. (Neugroschen) kostende Broschüre,[35] die bereits am 3. Februar polizeilich

---

[34] [anon.], Ein Wort gegen Wort und Gegenwort in der Berliner Sonntagsfeier-Angelegenheit. Glogau 1842, p. [3]. Der anonyme Berliner Korrespondent der »Eisenbahn«, wahrscheinlich Max Stirner, erwähnt in seiner unter dem 1. Januar datierten Correspondenz das »Wort der Liebe an unsere Gemeinen« nur mit wenigen Sätzen und entschuldigt die Kürze mit dem ironischen Hinweis, er ziehe es »aus wohlerwogenen Gründen« vor, »in einer der nächsten Nummern der lieblichen Erscheinung mit weisen Betrachtungen und erhebenden Gefühlen ein stattliches und feierliches Geleit zu geben« (08. Januar 1842, p. 11). In der »Eisenbahn« ist das nicht geschehen, und es spricht viel dafür, dass stattdessen Stirners »weise Betrachtungen« im »Gegenwort« erschienen sind.

[35] So berichtet beispielsweise die »Königlich privilegierte Berlinische Zeitung von Staats- und gelehrten Sachen« vom 4.1. (Nr. 2) bis 10.1. (Nr. 7) jeden Tag über die Sonntagsfeier-Thematik: am 11.1. (Nr. 8) werden Vorstand, Stellvertreter, Schriftführer, Schatzmeister und Mitglieder namentlich vorgestellt (p. 6). Die Unterzeichner

Die Thematisierung des Eignerthemas in den Frühschriften

verboten wurde,[36] wurde von dem Historiker und späteren Professor der Geschichte der Demokratie und des Sozialismus in Berlin, Gustav Mayer, entdeckt.[37] Mayer reiht diese Schrift »unter die klassischen Kampfschriften der deutschen Literatur«[38] ein und hält sie für »die Beurteilung von Stirners geistigem Entwicklungsgang« von höchster Bedeutung.[39]

Diese Einschätzung in Bezug auf die Beurteilung von Stirners Entwicklung hin zum »Einzigen« ist zutreffend, thematisiert Stirner doch das Eignerthema hier zum erstenmal mit aller Deutlichkeit, wenn auch aus taktischen Erwägungen von der Position eines fort-

---

der Schrift waren: Arndt, Bachmann, Bellermann, Berduschek, Blume, Bollert, Bräunig, Brunnemann, Bultmann, Buttmann, Couard, Dahms, Deibel, Ehrenberg, Eyssenhardt, Fournier, von Gerlach, Gossauer, Goßner, Helm, Henry, Hetzel, Hoßbach, Ideler, Jonas, Jungk, Kirsch, Kläden, Kober, Köppe, Kuntze, Lisco, Marheineke, Marot, Melcher, Moliere, Neander, Orth, Pauli, Pischon, Rötscher, Rolle, Roß, Saunier, Schultz, Schweder, Seidig, Souchon, Stahn sen. und jun., St. Martin, Strauß, Theremin, Vater, Ziehe. Ein anonymer Korrespondent der »Eisenbahn« wundert sich, dass »Namen, hochgefeiert in der wissenschaftlichen Welt, als Unterzeichner darunter stehen« (Nr. 10, 25.1.1842, p. 40).
[36] Zu dem »lebhaften Notenaustausch zwischen der preußischen und der sächsischen Regierung«, den Stirners »Gegenwort« auslöste, vgl. J. H. Mackay, Max Stirner. Freiburg/Br. 1977³ (1898), p. 96; Mackay datiert das Verbot, im Gegensatz zu G. Mayer (Die Anfänge des politischem Radikalismus im vormärzlichen Preußen. Berlin 1913, p. 53), auf den 9. Januar. Das Thema Sonntags-Feier erregte monatelang die Gemüter. So erschien noch am 9.3. in der »Königsberger Hartung'schen Zeitung« (Exemplar der Universitätsbibliothek Bremen) von einem Berliner Korrespondenten ein Bericht, der grundsätzliche Fragen aufwarf, nämlich die, ob jemand, der »die Kirchen nicht besuche, auch kein guter Bürger und kein guter Mensch sein könne« (p. 450) und »ob die Trennung des Staates von der Kirche wirklich so gefährlich« sei (p. 451).
[37] Mayer, der den schriftlichen Nachlass des Politikers Johann Jacoby auswertete (vgl. dazu G. Mayer, Erinnerungen. Zürich und Wien 1949, p. 197 f.), stieß auf einen Brief, in dem der Oberlandesgerichtsreferendar und liberale Kritiker Eduard Flottwell schreibt, der »Verfasser des Gegenwortes ist übrigens Dr. Schmidt, ein Mitglied des ehemals Rutenbergschen, jetzt völlig republikanischen Kreises …«. Mayer entdeckte die Schrift schließlich in der so genannten Friedländerschen Sammlung der Berliner Magistratsbibliothek (G. Mayer, Die Anfänge des politischen Radikalismus im vormärzlichen Preußen, a.a.O., p. 92; vgl. auch G. Mayer, Stirner als Publizist. Frankfurt 1912, p. [1]–2 und G. Mayer, Erinnerungen, a.a.O., p. 199 f.). Der Brief (vom 12. März 1842) ist wiederabgedruckt in Johann Jacobys »Briefwechsel 1816–1849«, hrsg. von E. Silberner, Hannover 1974, p. 171–173 (Zitat p. 172).
[38] G. Mayer, Die Anfänge des politischen Radikalismus im vormärzlichen Preußen, a.a.O., p. 95.
[39] a.a.O., p. 93.

Die Thematisierung des Eignerthemas in den Frühschriften

schrittlichen Christen aus,[40] und nicht, wie nach dem Aufsatz über Bruno Bauers »Posaune« zu erwarten gewesen wäre, als Atheist und Anti-Christ. Offensichtlich wurde Stirner zu diesem Verfahren von Bruno Bauer inspiriert, der in der »Posaune« die Rolle eines orthodoxen Christen angenommen hatte; auch ein stilistischer Vergleich bestätigt die »Posaune« als Vorbild: Ebenso wie Bauer befleißigt sich Stirner einer an der Rhetorik orientierten moralisierend-pastoralen Kanzelsprache mit ausgesprochen appellativem Charakter.[41]

Auch »die beachtenswerteste zeitgenössische Äußerung« über das »Gegenwort«, wie es bei Gustav Mayer heißt, Ludwig Buhls anonym erschienene Schrift »Die Noth der Kirche und die christliche Sonntagsfeier«, wendet dieses Verfahren an: »mit scheinheiligem Unwillen«[42] versucht Buhl den Verfasser des »Gegenworts« (Stirner wird nicht namentlich genannt) zu entlarven: »die philosophischen Taschenspieler«[43] – gemeint sind Hegel (dieser »Erzvater der Lüge«)[44], Strauß, Feuerbach, Bruno Bauer (und Stirner) – hätten die Theologie dazu verführt, sich mit der Vernunft einzulassen. Dagegen müsse vorgegangen werden. Einen ersten Schritt hätten die 57 Berliner Geistlichen gewagt; Buhl jedoch möchte mehr: eine strenge Kirchenzucht und eine Beaufsichtigung der Gemeinde durch die Geistlichen[45], das Recht der Geistlichen, »zu *strafen* und zu *züchtigen*, wo

---

[40] Allerdings durchschaut ein zeitgenössischer Kritiker des »Gegenwortes« Stirners Vorgehen, »unter dem Scheine biblischer Wahrheit dieselbe zu escamotiren« ([anon.], Ein Wort gegen Wort und Gegenwort in der Berliner Sonntagsfeier-Angelegenheit. Glogau 1842, p. 15); es sei nicht neu, »christliche Wahrheit mit christlichen Waffen zu bekämpfen«, habe doch der »Gegenredner« (Stirners Anonymität bleibt auch in dieser Schrift gewahrt) einen berühmten Vorgänger: »Der Fürst der Finsterniß hat es von jeher geliebt, sich in den Schein des Lichts zu hüllen.« (a.a.O., p. 12). Beeindruckt ist Stirners Kritiker jedoch von der »rückhaltlosen Offenheit und kühnen Freimüthigkeit« des »Gegenworts«, wenn diese auch leider in »Unzüchtigkeit« und »Zügellosigkeit« umschlügen (a.a.O., p. 4f.) und dem Verfasser ein sich »zu wahrer Demagogenwuth steigernde[r] Eifer« (a.a.O., p. 7) vorgeworfen werden müsse.
[41] Vgl. KS 26 den Beginn der Schrift: »Liebe Brüder und Schwestern!« und »Sammelt, Ihr Lieben, dazu Euren Geist und vor allen Euern Muth!« (p. 27), um zwei Beispiele herauszugreifen. Besonders auffallend sind in diesem Zusammenhang die vielen rhetorischen Fragen und die Imperativkonstruktionen.
[42] G. Mayer, a.a.O., p. 94.
[43] [L. Buhl], Die Noth der Kirche und die christliche Sonntagsfeier. Berlin 1842, p. [3].
[44] a.a.O., p. 12.
[45] Vgl. a.a.O., p. 18.

es Noth thut«; die tägliche Andacht schließlich.[46] Dem Staat wirft Buhl vor, er nütze die Möglichkeiten der Zensur nicht voll aus. Denn »dass ... die revolutionaire Taktik noch nicht untergegangen ist, dass die politische Umwälzungssucht sich noch immer hinter den Angriffen auf die Religion verbirgt«, zeige auch das kürzlich erschienene »Gegenwort«: *»Wenn sie nur erst Gott gestürzt haben, denken sie mit seinen Stellvertretern auf Erden auch wohl schon fertig zu werden.«*[47]

Buhl versucht die »Christliche Sonntagsfeier« dadurch ad absurdum zu führen, dass er deren reaktionäre Tendenzen überbietet und übersteigert; und er versucht Stirner das Wort zu reden, indem er, unter Anspielung auf die Jakobinermütze, zusammenfassend ausruft: »Nicht wahr, wenn unsere Prediger die rothe Mütze aufsetzten und die Menschenrechte predigten, dann würdet Ihr auch in die Kirche gehn? Doch dahin soll es, so Gott will! nicht kommen.«[48]

Dass es doch dazu käme, beabsichtigt Stirner mit seinem »Gegenwort«, mit dem er auf eine in Wohlgemuths Buchhandlung in Berlin gedruckte Schrift reagiert, die den Kirchenbesuchern Berlins am Samstag, dem 1. Januar 1842, am Neujahrstag, überreicht wurde;[49] die Schrift der evangelischen Geistlichen, die in einer Auflage

---

[46] a.a.O., p. 19.
[47] a.a.O., p. 22.
[48] [L. Buhl], Die Noth der Kirche und die christliche Sonntagsfeier. Berlin 1842, p. 23.
[49] Hierzu die notwendigen Hintergrundinformationen, die G. Mayer (a.a.O., p. 52f.) bringt: »Schon seit den ersten Monaten der neuen Regierung ging die Rede von einem Religionsedikt, das hohen Orts geplant sei und besonders die Wiedereinführung einer strengen Kirchendisziplin, Anordnungen über den regelmäßigen Kirchenbesuch der Beamten und über ihre Teilnahme am Abendmahl sowie eine Verschärfung der Sonntagsfeier bezweckte. Als im November 1841 von einer Anzahl Berliner Prediger, denen sich hochgestellte Laien besonders aus Beamtenkreisen zugesellten, ein Verein zur Förderung einer würdigen Sonntagsfeier ins Leben gerufen wurde, erblickte die mißtrauisch gewordene öffentliche Meinung hierin einen ersten Schritt zur Verwirklichung des öffentlichen Lebens, dem bald andere folgen würden.«
Zur »christlichen Sonntagsfeier« vgl. auch B. Bauer, Vollständige Geschichte der Parteikämpfe in Deutschland. Bd. 2, zweites Buch. Charlottenburg 1847, p. 32–36. Wie Stirner sieht Bauer in der »Sonntagsfeier« die »religiöse Reaktion« das Wort ergreifen. Vgl. dazu E. Barnikol, Bruno Bauer. Assen 1972, p. 265 f. Stirner selbst opponiert in der Rheinischen Zeitung noch zweimal gegen die »Sonntagsfeier« (KS 57f. und 73f.); vgl. dazu H. König, Die Rheinische Zeitung von 1842–43. Münster 1927, p. 141. Offensichtlich zieht sich die Diskussion mit ausbleibendem Erfolg über mehrere Jahre hin. So heißt es noch 1850 in dem anonymen Beitrag »Die strenge Sonntagsfeier in Preußen« in den vom Gustav Freytag und Julian Schmidt herausgegebenen »Grenz-

Die Thematisierung des Eignerthemas in den Frühschriften

von »20000 Exemplaren an den Kirchenthüren vertheilt worden« sein soll,[50] beklagt den Verfall der Kirche,[51] der sich äußerlich durch die Entweihung der kirchlichen Feiertage offenbare, und wendet sich gegen die Mitglieder anderer Religionsgemeinschaften, die an der Art, wie die christlichen Feiertage begangen werden, Anstoß nehmen. Mit hintergründiger Genugtuung nimmt Stirner das Wort vom »Verfall der Kirche« zur Kenntnis und stellt seinen Lesern die Frage, ob sie auf Erden immer nur gehorchen und erst im Himmel frei sein wollten, um gleich die Antwort zu liefern: »Redet Euch das doch nicht ein; ihr *handelt* vernünftiger als ihr *glaubt*.« (KS 29). Mit dieser doppeldeutigen Formulierung, die einerseits versucht, die bisherige Handlungsweise (nämlich nicht mehr die Kirche zu besuchen) als vernünftig zu rechtfertigen, andererseits die bereits in der »Posaune« gestellte Frage nach dem Verhältnis von Denken und Glauben dahingehend beantwortet, dass sie unversöhnbare Gegensätze sind, beginnt Stirner den Aufbau einer Argumentationskette, die zwar Hegel zum Gewährsmann hat, sich aber gleichzeitig der gegen Hegel ge-

---

boten« (Zeitschrift für Politik und Literatur. Nr. 52. Leipzig, p. 1032): »Die preußische Regierung beabsichtigt – wenn man dem Geflüster der Federn glauben darf, welche für sie schreiben – durch eine strenge Sonntagsfeier das Volk zu bessern.«
[50] Die Eisenbahn. V. Jg. Nr. 6. Leipzig 1842, p. 24. Der anonyme Korrespondent aus Berlin meint, es sei »Blödsinn, die Auflösung der Kirche, welche sich in der Bildung der verschiedenen Secten vorbereitet, für ihre Wiederbelebung zu halten.« Der Sonntagsfeier stellt er »die Hegel'sche Philosophie« gegenüber, denn die Welt suche »nach einem neuen Princip für ihre heiligsten Anschauungen, einen neuen Idealismus«: Das neue Prinzip äußere sich in der »Reform der bürgerlichen Gesellschaft« und der Gestaltung der politischen Zustände. »In der Bewegung, welche wir jetzt bei den Communisten, Fourieristen, Socialisten und bei uns in Deutschland bei den Philosophen sehen, liegt der Keim der Religion der Zukunft.« (a. a. O.). In der »Eisenbahn« wird wiederholt gegen die »christliche Sonntagsfeier« polemisiert (vgl. V. Jg. Nr. 10, p. 40), und mit großer Wahrscheinlichkeit stammen zwei Korrespondenzen und eine Rezension, die sich ganz oder teilweise mit der »Sonntagsfeier« beschäftigen (V. Jg. Nr. 19 vom 15. Februar 1842, p. 75; Nr. 30 vom 12. März 1842, p. 120; Nr. 43 vom 12. April 1842, p. 171 f.) und die mit Str. signiert sind, von Stirner.
[51] »Ein praktischer Geistlicher« bestätigt die in der »Christlichen Sonntagsfeier« beklagten Entwicklungen aus eigener Erfahrung: »wir könnten Mittelstädte unsers Preußischen Vaterlandes nennen, wo die Gotteshäuser fast gänzlich verödet sind, wo an hohen Festtagen der beliebteste Prediger des Ortes kaum über 20 Zuhörer vor sich hat, wo die Gemeinde der Kirche vollkommen entfremdet ist« ([anon.], Ein Wort gegen Wort und Gegenwort in der Berliner Sonntagsfeier-Angelegenheit. Glogau 1842, p. 20). Die Ursache dafür sei nicht etwa die »Hegelsche Philosophie«, sondern liege ganz einfach im Konsum »ordinairen Kornbranntweins« (a. a. O.).

richteten Eignerthematik bedient. Stirners Entscheidung für ein rationales Handeln lässt Feuerbachs Einfluss deutlich erkennen.[52]

Stirner fordert seine Leser auf, »das unvertilgbare Recht der Männer«, nämlich »einen eigenen Mund und eine eigene Rede zu führen« durchzusetzen, mündig und selbständig zu werden, und sich nicht wie die Kinder bevormunden zu lassen: ihr »seid kriechend, wo Ihr Eurem Manne stehen solltet, seid Maschinen, wo Ihr Geister sein solltet, die sich und andere befreien.« (KS 29).

Feuerbachs Antimetaphysik, seine Anthropologisierung und Emotionalisierung des Christentums, vor allem sein auf das Gefühl reduziertes Verständnis Gottes,[53] spricht aus Stirners Plädoyer für eine »Religion der Menschlichkeit« (KS 31).[54] In ihr soll der Christ den Mut aufbringen, ein Mensch zu sein, »der sich selbst fühlt und nicht gegängelt sein will, wenn er seinen Weg allein« verfolgt (KS 30). Gott wird zu einer qualitativ bestimmbaren Kategorie des Menschlichen, zum Menschlichen schlechthin; »Wir wollen vom Christlichen nichts wissen, wenn es nicht das Menschliche ist.« (KS 31). In Stirners Auffassung des Menschlichen schließlich wird Feuerbachs »Wesen des Christentums« noch spürbarer:

Nein, das Menschliche ist nicht Das, was Andere erkannt haben und ich ihnen *glauben* soll, sondern Das, was ich mit ganzer Seele erfasse und mein eigen nenne. Ich bin kein ganzer, kein voller Mensch, wenn ich Andern nur glaube, was sie mir von meinem eigenen innersten Wesen, von meinem Berufe und von dem Gotte, der in mir selbst wohnt, erzählen und versichern; ich bin es nur, wenn ich es selbst erkenne, wenn ich davon durchdrungen und überzeugt bin (KS 31 f.).

---

[52] Auf den Einfluss Feuerbachs in dieser Schrift weist auch G. Mayer hin (a.a.O., p. 93).
[53] Vgl. dazu z. B. L. Feuerbach, Das Wesen des Christenthums. Stuttgart 1903 (1841), p. 13: »Das Gefühl ist Deine innigste und doch zugleich eine von Dir unterschiedene, unabhängige Macht, es ist *in* Dir *über* Dir: es ist Dein eigenstes Wesen, das Dich aber *als* und *wie ein anderes Wesen* ergreift, kurz Dein *Gott* – ...«.
[54] D. McLellan versteht diese Stelle falsch, wenn er schreibt: »Einige der Berliner Junghegelianer – unter ihnen beispielsweise Max Stirner und Ludwig Buhl – vertraten weiterhin eine Religion der Humanität; spätestens vom Frühling des Jahres 1842 an aber waren sie sämtlich zu Anhängern des Atheismus geworden ...« (Die Junghegelianer und Karl Marx. München 1974 (1959), p. 31). Stirners atheistische Haltung in der Reaktion auf B. Bauers »Posaune des jüngsten Gerichts« widerlegt McLellans Interpretation dieser Äußerung Stirners; die zeitliche Fixierung der atheistischen Wendung erweist sich vollends als unhaltbare Spekulation.

Wenn man diese Formulierungen Stirners mit Feuerbachs Zusammenfassung im Schlusskapitel seines »Wesen des Christentums« vergleicht, wird deutlich, wie stark Stirner hier noch von Feuerbach beeinflusst ist:

»Wir haben bewiesen, dass der *Inhalt* und *Gegenstand* der Religion ein durchaus *menschlicher* ist, bewiesen, dass das *Geheimniss der Theologie die Anthropologie*, des göttlichen Wesens das menschliche Wesen ist«.[55] Zu denken ist auch an die vielen Mystikerzitate in Feuerbachs Werken vor dem »Wesen des Christentums«, in denen die Rede ist von dem »Gott in mir«.[56] Stirner übernimmt Feuerbachs Ansicht, dass das »*Geheimniss der Theologie die Anthropologie*, des göttlichen Wesens das menschliche Wesen« ist, rückt diesen Gedanken jedoch bereits ab von der Vorstellung eines Wesens der Menschheit als Gattung, das in Gott repräsentiert wird, zugunsten einer Akzentverschiebung hin zum Wesen des Einzelmenschen.[57] Stirner ist nur bereit, das »zu meinem Eigenthum« zu machen, was ihn überzeugt. »Ich werde mich von nichts abhängig machen, was ich nicht selbst bin oder wovon ich nicht bis ins Innerste durchdrungen bin«. Damit hat Stirner gleichzeitig verdeutlicht, was er unter Menschsein verstanden wissen will: »Nur der ist *menschlich*, der ganz in sich selbst ist, und der wahre Mensch wird dem *ewigen* Geiste, wird Gott selbst ähnlich zu werden stets trachten: Gott ist ja mein bestes Theil, mein innerstes Wesen, mein besseres oder vielmehr bestes und wahres Selbst.« (KS 32).[58]

Stirner zieht schließlich die Konsequenzen aus Feuerbachs Kritik an der Religion, die den Menschen dazu bringe, seine positiven Eigenschaften aus sich herauszusetzen und sie Gott zuzuschreiben, der dadurch ausschließlich als Objekt dieser Eigenschaften existiert; ohne sie wäre er nichts. »*Der Mensch bejaht in Gott, was er an* sich *selbst verneint*«,[59] das ist Feuerbachs These. Stirner verlagert zwar mit

---

[55] L. Feuerbach, Das Wesen des Christenthums. Stuttgart 1903 (1841), p. 325.
[56] Vgl. dazu H.-M. Saß, Untersuchungen zur Religionsphilosophie in der Hegelschule. Münster 1963, p. 81–83.
[57] Zu einem ähnlichen Ergebnis kommt G. Mayer, wenn er eine Einwirkung von Ludwigs Feuerbachs »Religion der Menschlichkeit« konstatiert, in der Stirner »freilich das Ich ›des Einzigen‹ schon recht entschieden in den Mittelpunkt stellte ...« (a.a.O., p. 54).
[58] Vgl. dazu KS 43: »Die Gegenwart fordert das rein Menschliche, das allein das wahrhafte Göttliche ist ...«
[59] L. Feuerbach, a.a.O., p. 33.

Feuerbach Gott in den Menschen, macht Gott zum Eigentum des Menschen, d. h. er leugnet Gott als Subjekt und gibt die göttlichen Attribute dem Einzelnen realiter, nicht als Illusion, in seinen Besitz zurück,[60] aber Stirner bringt selbst »die Lehre Christi« auf diese Formel; »Gott ist der Mensch«, das habe bereits Christus gelehrt, und »wer in das Heiligthum seines eigenen Wesens eingedrungen, wer bei sich ist, der ist beim Vater.« (KS 32). Der Weg von der Knechtschaft, der Abhängigkeit von andern, zum freien und mündigen Menschen, dem »eigenen Selbst«, ist der Weg eines Erkenntnisprozesses, an dessen Ende die Selbsterkenntnis und damit die Kenntnis Gottes und der Welt steht.

Erkennet Euch, so erkennt Ihr Gott und die Welt, liebet Euch, so liebet Ihr Alle, suchet Euch, so sucht Ihr Gott, habt Euch, so habt Ihr Alles, trachtet im höhern Sinne zuerst nach Euch, so fällt Euch alles Andere zu. Nichts ist Euch so verborgen, als Ihr Euch selbst; nichts kann Euch aber auch so offenbar werden, als Euer selbst: und auch darin offenbart sich Gott Eurem suchenden Geiste (KS 33).

Hier proklamiert Stirner zum erstenmal jenen Egoismus »im höhern Sinne«, mit dem er im »Einzigen« die Grundbefindlichkeit des Eigners und dessen existenzielle Konkretheit zu beschreiben versucht. Selbsterkenntnis führt zur Selbstverwirklichung und zum Selbstbewusstsein: »Schleudert die Demuth von Euch, die einen *Herrn* braucht, und seid Ihr selbst.« (KS 33)

Stirners Kritik an einem Glauben, der außerhalb des Einzelnen existierende übergeordnete Mächte annimmt, ist ein Plädoyer für den Egoismus, denn Tatsache sei, »dass die Selbstsucht in dem Maße steigt, als die Gottesfurcht sinkt ...« (KS 37). Furcht (Gottesfurcht, Ehrfurcht, Gespensterfurcht usw.) kennt nur der, »wer nicht alle Macht über sich in sich selbst hat ...« (KS 36), wer eigene Attribute zu Attributen eines Objekts erklärt, das die Freiheiten des Einzelnen begrenzt. Eines der zentralen Themen der oben behandelten Zeitungskorrespondenzen, die Begrenzung individueller Freiheiten, wird an dieser Stelle erneut aufgegriffen: das Motiv des Freien, der sich nicht an den »Tisch der *Knechte*« setzt (KS 39), und das Motiv der Lehrfreiheit (KS 34). Stirners hier proklamierter Egoismus ist eine Proklamation der Freiheit des Menschen, der »den eigenen Knechtessinn« (KS 46) aufgeben muss, denn: »Ein Geschlecht freier

---

[60] Vgl. dazu auch KS 37.

Menschen wird erblühen, und wenn man so will, ein neues Christenthum ...« (KS 47).⁶¹

Stirners Eintreten für die Lehrfreiheit, für die Eigenverantwortlichkeit und für eine »Religion der Menschlichkeit« war eine von vielen Reaktionen im »Kampf um die Sonntagsfeier, der große Dimensionen annahm und auch eine umfangreiche Broschürenliteratur hervorrief ...«⁶² Die Schrift ist gerade für Stirners philosophischen Entwicklungsgang deshalb von Interesse, weil sie die Phase dokumentiert, in der Stirner noch weitgehend unter dem Einfluss von Feuerbachs »Wesen des Christentums« steht, allerdings bereits mit aller Deutlichkeit das Motiv des Eigners thematisiert, d. h. Feuerbachs Philosophie radikalisiert in Bezug auf den Autonomieanspruch des Einzelnen. Annabel Herzogs Charakeristik der Schrift als lediglich eine Forderung, die Institution Kirche zu liberalisieren (»n'est qu'une demande de liberalisation de l'Eglise en tant qu'institution«⁶³) verkennt die Brisanz von Stirners Polemik und verharmlost seine weiter gehenden Intentionen.

3.4. »Das unwahre Princip unserer Erziehung«: von der Willenlosigkeit zum Eigenwillen

Der Aufsatz »Das unwahre Princip unserer Erziehung oder der Humanismus und Realismus« ist, wie Mackay zutreffend feststellt, »die werthvollste und bedeutendste unter den kleineren Schriften Stirners« (KS [234]); er erschien zuerst in den Beiblättern zu den Nummern 100, 102, 104 und 109 der »Rheinischen Zeitung« vom 10., 12., 14. und 19. April 1842⁶⁴ und wurde, nachdem ihn Mackay 1895 in der

---

⁶¹ »Das eigentliche *punctum saliens* ist dem Gegenredner also die *Freiheit der Lehre*«, schreibt der anonyme zeitgenössische Kritiker des Gegenworts (Ein Wort gegen Wort und Gegenwort in der Berliner Sonntagsfeier-Angelegenheit. Glogau 1842, p. 7); »die Freiheit ..., die er herauf beschwören möchte«, sei »die culminirende, alle Bande lösende, alles Recht verletzende, in die unerträglichste aller Tyranneien umschlagende Freiheit der Revolutionsmänner.« (a.a.O., p. 11).
⁶² G. Mayer, a.a.O., p. 54. Belege bringt Mayer a.a.O., p. 53f.
⁶³ A. Herzog, Penser autrement la politique. Paris 1997, p. 90.
⁶⁴ Auffallend ist das Erscheinen dieses Aufsatzes in der »Rheinischen Zeitung« insofern, als sich die »Rheinische« ansonsten nur peripher oder überhaupt nicht mit bildungspolitischen Fragen beschäftigt (vgl. dazu H. König, Die Rheinische Zeitung von 1842–43. Münster 1927, p. 102f.; König geht auf die möglichen Ursachen dieser Haltung der »Rheinischen« ein). »Da die Grundgedanken des weitschweifigen Aufsatzes

»Neuen Deutschen Rundschau« wieder veröffentlicht hatte,[65] außerhalb der von Mackay herausgegebenen »Kleineren Schriften« und deren Übersetzungen, bis 2015 insgesamt über zwanzigmal nachgedruckt; darunter befinden sich Übersetzungen ins Englische (Colorado Springs 1967), Französische (Orléans [ca.1930] und Paris 1974), Italienische (Catania 1983), Niederländische (Antwerpen 1907) und Spanische (Chile 2004).[66]

Stirner entwickelt in diesem Aufsatz seine philosophischen Überlegungen zum Eigner weiter und nimmt zentrale Aussagen des »Einzigen und sein Eigentum« vorweg: nämlich das Thema des Eigners und dessen Philosophie des Egoismus.

Die Vorwegnahme des »Einzigen« deutet sich an in der Frage nach den Verkehrsformen, die Stirner von der Position des Individuums her beantwortet: Sie sind davon abhängig, ob das einzelne, vor allem jugendliche Individuum seiner Anlage gemäß zum Schöpfer ausgebildet wird, oder ob man es als Geschöpf behandelt und dressiert. Thesenartig formuliert lautet Stirners Antwort auf die für ihn wichtigste soziale Frage, ausgehend vom 53. Distichon aus Goethes »Vier Jahreszeiten«: »Seid etwas Tüchtiges, so werdet ihr auch etwas Tüchtiges wirken; sei ›Jeder vollendet in sich‹, so wird eure Gemeinschaft, euer sociales Leben, auch vollendet sein.« (KS 237 f.).[67]

---

sich an keiner anderen Stelle der Zeitung auch nur annähernd ähnlich wiederfinden … haben wir es hier gewiß mehr mit einer individuellen Meinungsäußerung als mit dem offiziellen Standpunkt der Zeitung zu tun.« (a.a.O., p. 103). Diese Feststellungen Königs sind, was Stirners Ansichten in Bezug auf den offiziellen Trend der »Rheinischen« betrifft, zutreffend (vgl. Königs Darstellung des »Erziehungsideals« der »Rheinischen Zeitung«, a.a O., p. 105–115, aus der sich kaum Berührungspunkte zu Stirners Vorstellungen ergeben).

[65] M. Stirner, Das unwahre Princip unserer Erziehung. Mit einer Vorbemerkung von J. H. Mackay, in: Neue Deutsche Rundschau. VI. Jg., 1./2. Quartal. Berlin 1895, p. 49–61.

[66] Vgl. dazu die Bibliographie bei H. G. Helms, Die Ideologie der anonymen Gesellschaft. Köln 1966, p. 527–532, das Literaturverzeichnis dieser Arbeit und meine Online-Bibliographie: http://max-stirner-archiv-leipzig.de/max_stirner.html#bibliographien (abgerufen am 25.01.2016).

[67] Das Distichon Goethes lautet:
»Gleich sei keiner dem andern, doch gleich sei jeder dem Höchsten! / Wie das zu machen? Es sei jeder vollendet in sich!« (J. W. von Goethe, Poetische Werke, Bd. 1, 1949 (1976), p. 257.)
Vier Jahre später behandelt der Schriftsteller und Publizist Karl Grün dieses Distichon in seinem Buch »Über Göthe vom menschlichen Standpunkte« (Darmstadt 1846, p. 139) in einem ähnlichen Zusammenhang: mit der Verwirklichung der eigenen In-

Stirner geht es nicht darum, von einem gesellschaftlichen Idealzustand aus Direktiven für den Einzelnen zu deduzieren. Er beschreitet den umgekehrten Weg: den Weg zu einer idealen Gesellschaft und zu idealen Verkehrsformen über die Selbstverwirklichung des Individuums. Damit bestimmt er den Egoismus des Eigners, der in seiner Verantwortung Entscheidungen trifft, die in ihrer Rationalität gesellschaftlich verantwortbar sind. In Bezug auf das Recht heißt es beispielsweise entsprechend im »Einzigen«:

Das Recht aller … ist ein Recht jedes Einzelnen. Halte *sich* jeder dies Recht unbekümmert, so üben es von selbst alle; aber sorge er doch nicht für alle, ereifere er sich dafür nicht als für ein Recht aller (EE 193).

Die angeblich von Stirner aufgeworfene Alternative – »muß man den Menschen für die Gesellschaft bilden oder muß man ihn für sich selbst bilden?«[68] – gibt es für Stirner überhaupt nicht: Die Bildung des Individuums ist für ihn selbstverständliche Voraussetzung für eine funktionsfähige Gesellschaftsordnung, die aus freien, mündigen Menschen besteht.

Gerade der Erziehung und Bildung misst Stirner eine hervorragende Bedeutung zu, denn Bildung bedeutet Macht; als Privileg Weniger verschafft sie diesen Wenigen »Ueberlegenheit und macht zum Herrn« (KS 239). Das bedeutet, dass der Gebildete den ungebildeten beherrschen kann: »Mit der Bildung wurde ihr Besitzer ein Herr der Ungebildeten.« (KS 240) Erst das Gleichheitspostulat der Französischen Revolution habe den Grundsatz »Jeder sei sein eigener Herr« auch zum universellen Bildungspostulat werden lassen und habe der Bildung eine andere Bedeutung zugemessen; aus einem ehemaligen Instrument der Unterwerfung wurde ein Instrument der Befreiung und Selbstverwirklichung jedes einzelnen Menschen, was eine synoptische Übersicht, wie sie weiter unten gebracht wird, veranschaulicht.

1842 war bei Hermann Schulze in Berlin die Schrift »Concordat zwischen Schule und Leben, oder Vermittlung des Humanismus und Realismus, aus nationalistischem Standpunkt betrachtet« des Philo-

---

dividualität, so interpretiert K. Grün Goethe, verwirklicht der Mensch die Ziele und Ideale der Französischen Revolution und geht über diese hinaus. Siehe auch a.a.O., p. 261.
[68] H. Arvon, Max Stirner. An den Quellen des Existenzialismus. Rangsdorf 2012, p. 37.

Die Thematisierung des Eignerthemas in den Frühschriften

logen Theodor Heinsius (1770–1849) erschienen,[69] in der der Verfasser in die Diskussion um das Realgymnasium eingreift und eine Versöhnung zwischen der traditionellen humanistischen und einer die Realien verabsolutierenden Bildung anstrebt. Goethe, Humboldt, Hegel personifizieren die eine Seite; Feuerbach, Marx, Darwin die andere, und mit ihnen einher geht ein gesteigertes Interesse an Naturwissenschaften, Technik, Wirtschaft und sich ankündigender industrieller Revolution. Das gebildete Bürgertum klammerte sich an die Idee der Humanität, während immer mehr staatliche und aufklärerische Stimmen laut wurden, die eine Hinwendung zu den Realien und eine breite realistische Bildung forderten.[70] Der Staat, weil er tüchtige Handwerker, Kaufleute und Beamte brauchte, die Aufklärer, weil in ihren Augen eine allumfassende Bildung, und dazu gehörte das Realwissen, die beste Voraussetzung für einen mündigen Bürger war.

Ausgehend von der Schrift von Heinsius versucht Stirner seine am Anfang des Aufsatzes aufgestellte These von der Notwendigkeit einer Selbstverwirklichung des Individuums mit Hilfe seiner als Personalismus bezeichneten Position zu erläutern.[71]

Die folgende synoptische Übersicht versucht die Unterschiede und Gemeinsamkeiten der drei den Geschichtsprozess determinieren-

---

[69] Im Internet zugänglich unter http://books.google.de/books?id=iXtNAAAAcAAJ&printsec=frontcover&dq=heinsius+concordat&hl=de&sa=X&ei=KaUHUq6jKtDQsgb08IBY&ved=0CDIQ6AEwAA#v=onepage&q=heinsius%20concordat&f=false vom 11.08.2013.

[70] August Hermann Francke war der erste, der aus den erkannten Begrenzungen der Lateinschule die Forderung nach praktischer Bewährung im Leben in seinen Schulgründungen (1698) in Halle umsetzte und dort den realistischen Bildungsgedanken stark hervorhob. 1708 schließlich gründete der Prediger Christoph Semler dann die erste Realschule, 1747 der Pastor Julius Hecker in Berlin eine »ökonomisch-mathematische Realschule«, die sich als berufsvorbereitende Einrichtung verstand.

[71] Den Begriff Personalismus kennt bereits F. Schleiermacher; er gebraucht ihn jedoch, und darauf weist bereits G. Lehmann hin (Die deutsche Philosophie der Gegenwart. Stuttgart 1943, p. 175), in einer völlig anderen Bedeutung als Stirner. In »Über die Religion. Reden an die Gebildeten unter ihren Veächtern« (Göttingen 1920 (1799), p. 158 f.) z. B. versteht Schleiermacher unter Personalismus ein Individualisieren der Religion (p. 155), womit er versucht, die Frage zu beantworten, »was eigentlich das Wesen einer bestimmten Form der Religion ausmacht« (p. 153). Wahrscheinlicher ist, dass Stirner den Begriff von Feuerbach übernimmt (der sich wiederum an Schleiermacher orientiert). »Der Pantheismus *identifiziert den Menschen mit der Natur*«, weiß Feuerbach, »der Personalismus *isoliert, separiert* ihn von der Natur, macht ihn aus einem Teile zum *Ganzen*, zu einem *absoluten* Wesen *für sich selbst*.« L. Feuerbach, Das Wesen des Christentums 1974, p. 178. Von hier fehlt nur ein kleiner Schritt zu Stirners Personalismus-Verständnis.

Die Thematisierung des Eignerthemas in den Frühschriften

den Epochen, hier spezifisch auf die Bildungsgeschichte bezogen, zu veranschaulichen, indem die jeweiligen charakteristischen Kennzeichen dieser Epochen, deren unterschiedliche Adressatenkreise, die Ergebnisse und schließlich die Bewertung der jeweiligen Bildungsinhalte einander gegenübergestellt werden.

Bildungsziel	Humanismus	Realismus	Personalismus
Zeit	bis zur Aufklärung	von Aufklärung bis zur Gegenwart	ansatzweise in Gegenwart, Prinzip der Zukunft
Kennzeichen	formale Bildung; Verständnis der alten Klassiker und Kenntnis der Bibel (Humaniora)	reales, pragmatisch-sachliches Wissen; Bildung greift in das Leben ein und bereitet auf das Leben vor (Realien)	formales und reales Wissen; wird »entsinnlicht« und auf seine Bedeutung für die Schaffung eines persönlichen und freien Menschen überprüft (Humaniora und Realien, sofern sie zur Selbstverwirklichung beitragen)
Adressatenkreis	für eine kleine Elite (Privilegierte, Herrschende)	für alle	
Ergebnis	Aufteilung der Gesellschaft in Herrschende und Beherrschte (»Herrn- und Diener-Wirtschaft«)	Gleiche, verständige, brauchbare, anpassungsfähige Bürger (Bestätigung der herrschenden Verhältnisse)	Persönlichkeitsbildung; Wissen verwandelt sich in Willen, mit dem sich der Einzelne selbst verwirklicht (Änderung der herrschenden Verhältnisse) faktische Befreiung aus Abhängigkeitsverhältnis; subjektgerichtetes, dynamisches Wissen
		theoretische Befreiung aus Abhängigkeit; objektgerichtetes, statisches Wissen	

Die Thematisierung des Eignerthemas in den Frühschriften

Bildungsziel	Humanismus	Realismus	Personalismus
Bewertung	ohne gesellschaftliche Bedeutung (es sei denn als Herrschaftsinstrument)	Einfluss auf Gesellschaft (Bildung fester, tüchtiger, der Gesellschaft nützlicher Charaktere	Bedeutung für das Individuum (und damit für die Gesellschaft): führt den Einzelnen aus seiner Unmündigkeit zu einem ethisch verantwortlichen Handeln; Ablehnung einer übergeordneten Autorität
	Bildung und Leben sind Gegensätze (entzieht sich dem Volk)	Bildung für das Leben (für das Volk)	Bildung ist Leben (als Willen des Individuums)
	Prinzip der Eigenheit fehlt willenloses Wissen		Eigner ist Zentrum der Bildung Willen als Verklärung des Wissens

Der Humanismus lässt sich umschreiben als »Unterthänigkeitsperiode« (KS 239), in der eine dichotomische Gesellschaftsordnung bestand: Mündige und Unmündige, Herrschende und Dienende, Gewaltige und Machtlose. Der Gebildete galt als Autorität, Bildung war das Privileg einer kleinen Gruppe, war, wie man heute sagen würde, ein Herrschaftsinstrument (neben anderen).

Bildungsinhalte waren die »alten Klassiker« und die Bibel, was beweist, »wie wenig das eigene Leben noch etwas Würdiges darbot, und wie weit wir noch davon entfernt waren, aus eigener Originalität die Formen der Schönheit, aus eigener Vernunft den Inhalt der Wahrheit erschaffen zu können.« (KS 240). Antike Welt und Bibel beherrschten das Individuum und ließen es nicht zu seiner Eigenheit vordringen.

Bildung war »eine *elegante* Bildung, ein sensus omnis elegantiae«; sie konnte durch ihren formalen Charakter für das individuelle und gesellschaftliche Leben keine Bedeutung gewinnen (KS 241). Erst der Realismus und die Französische Revolution beendeten die »Herrn- und Diener-Wirthschaft« und verhalfen dem Gleichheitspostulat zum Durchbruch: »Jeder sei sein eigener Herr« (KS 239). Bildung verlor ihren exklusiven, elitären Charakter und erhob den Anspruch, allen zugänglich, universell zu sein. Der Forderung nach einer »umfassenden, menschlichen Bildung« lief parallel die Forderung nach realen, »in das Leben eingreifenden« Bildungsinhalten. »Fortan sollte alles Wissen Leben, das Wissen gelebt werden; denn erst die Realität des Wissens ist seine Vollendung.« (KS 241). Erst eine solche Pädagogik konnte den Gleichheitsgrundsatz realisieren, indem der Mensch »unabhängig und selbstständig wurde« (KS 242).

Stirner bleibt bei dieser Gegenüberstellung von Humanismus und Realismus aber nicht stehen. Indem er die gegensätzlichen humanistischen und realistischen Momente aufgreift und sie auf ihre Bedeutung für die Selbstverwirklichung und Befreiung des Einzelnen aus seinen Abhängigkeitsverhältnissen befragt, entwickelt Stirner seine Position des Personalismus, die »die eigentliche und letzte Befreiung« des Einzelnen herbeiführt und die sich durch ihren integrativen Charakter außerhalb eines dialektischen Entwicklungsprozesses und gegen ihn behauptet:

> Nur in der *Abstraktion* ist die *Freiheit:* der freie Mensch nur der, welcher das Gegebene überwunden und selbst das aus ihm fragweise Herausgelockte wieder in die Einheit seines Ich's zusammen genommen hat (KS 249).[72]

Erkenntnis vollzieht sich durch ein analytisches Vorgehen, das sich nicht als Resultat und Selbstzweck versteht, sondern als Methode, deren Produkt eine Synthese dieses analytischen Erkenntnisprozesses darstellt.

Der Humanismus versucht das Vergangene, der Realismus das Gegenwärtige zu erfassen, beide bleiben aber letztlich beim reinen Faktenwissen stehen, bei aller Unterschiedlichkeit in der Ausrichtung.[73] Der Personalismus führt über diese Bewältigung des Zeit-

---

[72] Stirners pädagogische Alternative stellt sich einer dialektischen Interpretation in den Weg, wie sie H. Arvon, ausgehend von der Frage:»comment Stirner parvient-il de soumettre l'éducation au rythme ternaire d'une ascension dialectique?« versucht (Einleitung in: M. Stirner, Le faux principe de notre éducation. Paris 1974, p. 21). Stirner integriert humanistische und realistische Tendenzen in seinen Personalismus, um jenes Dritte zu erreichen.

[73] Anschaulich belegt diese Maximierung von Wissen die »Prüfungs-Instruction« des preußischen Ministeriums Altenstein von 1832, über die K. Schmidt berichtet (Geschichte der Pädagogik, Bd. 4. Köthen o. J., p. 508–511). H. König ist der Ansicht, angesichts der »übermäßigen quantitativen Stoffbewältigung« in allen damaligen Schulgattungen hätten Stirners Forderungen nach Entfaltung der Persönlichkeit ihre volle Berechtigung; allerdings missversteht König den »Einzigen« und das »Unwahre Princip« wenn er weiter meint, diese Forderungen mussten »aus dem Munde eines Mannes bedenklich klingen, der wenig später zu einer Vergötterung des ›Einzigen‹, d. h. des ganz auf sich gestellten, willkürlichen und unbeherrschten Menschen fort-

lichen zu einer »Ausgleichung und Versöhnung unseres zeitlichen und ewigen Menschen«, zu einer »Verklärung unserer Natürlichkeit zur Geistigkeit«, zu der »Einheit und der Allmacht unseres Ich's« (KS 242 ff.). Denn: »*Ewig* ist nur der Geist, welcher *sich* erfaßt.« (KS 242).

Der Freiheitsbegriff des Realismus beinhalte noch nicht das Prinzip der Selbstbestimmung und führe nicht zu »Thaten eines *in sich freien* Menschen« (KS 243). Nur eine Überwindung der Angst vor abstrahierendem Denken führt zu einer neuen Freiheit, der Freiheit des Willens: »das *Wissen* selbst muß sterben, um im Tode wieder aufzublühen als *Wille*«.

Das Wissen des Philosophen und das philosophische Wissen gehören der Vergangenheit an und werden überwunden, sterben, um »im Tode ihr eigentliches Selbst« zu finden. Auf eine abstrahierende Formel gebracht, lautet diese an dem Jesuswort orientierte postphilosophische Philosophie Stirners (in einem anderen Zusammenhang spricht Kurt A. Mautz von einem »Umschlagen von Philosophie in ›Nicht-Philosophie‹«[74]): »Wer hinfort das Wissen bewahren will, der wird es verlieren; wer es aber aufgibt, der wird es gewinnen.« (KS 247).[75] Stirner versucht dann dieses zugleich postchristliche Paradoxon zu erklären:

So lange Wissen positives, materielles, formales Wissen bleibt, belastet es den Einzelnen als etwas Außersubjektives erst dann, wenn es absolutes Wissen wird – absolutes Wissen allerdings nicht im Sinne Hegels als das Zurückgekommensein des Geistes zu sich selbst, als der in einer großen Kreisbewegung »in sich zurückgekehrte«,[76] sondern als Wissen, das im Willen des Einzelnen aufgeht –, erst wenn es sich selbst vollendet und sich *im Einzelnen* ein Ende setzt, hört es auf, Wissen zu sein und wird »wieder ein einfacher menschlicher Trieb«:

---

schreiten konnte.« (H. König, Die Rheinische Zeitung von 1842–43. Münster 1927, p. 104).

[74] K. A. Mautz, Die Philosophie Max Stirners. Berlin 1936, p. 19. Auf »die antiphilosophische Frontstellung Stirners« weist auch W. Eßbach hin; er wirft Marx und Engels vor, sie würden in der »Deutschen Ideologie« nicht akzeptieren, »daß Stirner schon mit der Philosophie und ihrer Sprache gebrochen hat.« (Die Bedeutung Max Stirners für die Genese des historischen Materialismus. Göttingen 1978, p. 104).

[75] Vgl. Joh. 12, 25: »Wer sein Leben liebt, verliert es, und wer sein Leben in dieser Welt hasst, wird es ins ewige Leben bewahren.«

[76] G. W. F. Hegel, Phänomenologie des Geistes. Frankfurt 1970 (1807), p. 26; vgl. auch a. a. O., p. 585: der Geist ist das Werden seiner selbst, er ist »der in sich zurückkehrende Kreis«.

Wille (KS 248). »Le vouloir inclut nécessairement le savoir«, interpretiert Henri Arvon den Zusammenhang von »Wollen« und »Wissen« und fährt fort: »mais il le met à son service, alors que le savoir, tant qu'il demeure une fin en soi, est étrange à la personne qui le possède. Vu sous l'angle du vouloir, le savoir n'est plus une possession, un simple avoir, il coïncide avec mon être, il l'aide à retrouver sa totalité.«[77]

Mit der Akzentuierung des Willens des konkreten Einzelnen, der für Stirner hier wie im »Einzigen« die Fähigkeit bedeutet, die eigenen Interessen und ihre Durchsetzbarkeit erkennen zu können (vgl. auch EE 173 und 201), hebt sich Stirner von Hegel mit dessen eigener Terminologie ab. Wie Hegel »nicht das Wissen als reines Begreifen des Gegenstandes« meint,[78] sieht auch Stirner den Umschlag von formalem Wissen in absolutes Wissen dann,

> wenn es aufhört, nur an Objekten zu haften, wenn es ein Wissen von sich selbst, ein Wissen der Idee, ein Selbstbewußtsein des Geistes geworden ist. Dann verkehrt es sich, so zu sagen, in den Trieb, den Instinkt des Geistes, in ein bewußtloses Wissen (KS 253).

Wissen, absolutes Wissen, ist jedoch nicht, wie bei Hegel, »der sich in Geistgestalt wissende Geist oder das *begreifende* Wissen«,[79] es ist kein wissendes »Wissen von sich«,[80] bewusstes Wissen, sondern es ist ein Wissen, das *dieses* Bewusstsein los ist, bewusst-loses Wissen, das Denkfreiheit in Willensfreiheit umschlagen lässt und so zu einer Kategorie des Ethischen wird, zum »Princip einer neuen Epoche«, in der »die eigentliche und letzte Befreiung« stattfindet: in der Offenbarung des persönlichen und freien Menschen, im »Auffinden seiner selbst«, in der »Befreiung von allem Fremden«, in der »äußersten Abstraktion oder Entledigung von aller Autorität«, in der »wiedergewonnenen Naivetät (!)« (KS 249).

Gerade dies vermag die humanistische und realistische Bildung nicht zu leisten. Sittliches Handeln ist selbstbewusstes Handeln aus Selbsterkenntnis. Personale Bildung ist Bildung zu sittlichem Handeln, zu »Selbständigkeit« (KS 257), »Selbstgefühl«, »Selbstbewußt-

---

[77] H. Arvon, Einleitung in: M. Stirner, Le faux principe de notre éducation. Paris 1974, p. 23.
[78] G. W. F. Hegel. Phänomenologie des Geistes. Frankfurt 1970 (1807), p. 576.
[79] a.a.O., p. 582.
[80] a.a.O., p. 578.

sein«, »Selbstbethätigung«, »Selbsterkenntnis« (KS 251) und »Selbstoffenbarung« (KS 255 und 252). Nur das Bewusstsein, Entscheidungen in eigener Verantwortung treffen zu können, garantiert die ständige Selbstbefreiung der Freien, und erst dieser Freiheitsbegriff gewährleistet »die Kraft der Opposition« (KS 250), den »Oppositionsgeist« und »Fond der Ungezogenheit« (KS 251 und 254), führt von der theoretischen Befreiung von Abhängigkeit zu einer faktischen, macht aus statischen Charakteren, die die herrschenden Verhältnisse befestigen, änderungswillige, freiheitliebende und dynamische, zu einer »unaufhörlichen Verjüngung und Neugeburt« fähige Persönlichkeiten (KS 253).

Stirners Forderung, jede Erziehung müsse persönlich werden, bedeutet; »die Person soll zur Entfaltung ihrer selbst kommen«, freie Personen, souveräne Charaktere sollen Ziel der Bildung sein. Das impliziert eine Stärkung des »Willenstriebes«. »Die kindliche Eigenwilligkeit und Ungezogenheit hat so gut ihr Recht, als die kindliche Wissbegierde.«[81] (KS 254). Stirner widerspricht damit Hegel, der die Ansicht vertritt, dass ein »Hauptmoment der Erziehung« darin bestehe, »den Eigenwillen des Kindes zu brechen, damit das bloß Sinnliche und Natürliche ausgereutet werde.« Hegel geht von einem »Gefühl der Unterordnung bei den Kindern« aus; der Mensch als das instinktlose Wesen muss sich, was er sein soll, erst noch erwerben. »Darauf begründet sich das Recht des Kindes, erzogen zu werden.« Der Voluntarismus des Stirnerschen Denkens dagegen, der sich in der Unmittelbarkeit auch des kindlichen Willens äußert, steht in diametralem Gegensatz zu Hegels Verurteilung der potenziellen Zufälligkeit des »unmittelbaren Willens«.[82]

Gegen »eingegebene Gefühle«, das verdeutlicht der »Einzige und sein Eigentum«, setzt sich Stirner zur Wehr, denn diese Gefühle sind »eingeprägt, vorgesagt und aufgedrungen« (EE 74). Die Aufgabe der Erziehung müsste jedoch darin bestehen, Impulse zu geben, »anzuregen«; dadurch kommt man zu »eigenen« Gefühlen.

---

[81] Im »Einzigen« argumentiert Stirner ähnlich: »Der Ungezogene und Widerwillige befindet sich noch auf dem Wege, nach seinem eigenen Willen sich zu bilden ...« (EE 189).
[82] G. W. F. Hegel, Grundlinien der Philosophie des Rechts. Frankfurt 1970 (1821), Zusatz zu §174, p. 327.

Wer hätte es niemals, bewusster oder unbewusseter, gemerkt, dass Unsere ganze Erziehung darauf ausgeht, *Gefühle* in uns zu erzeugen, d. h. sie uns einzugeben, statt die Erzeugung derselben Uns zu überlassen, wie sie auch ausfallen mögen (EE 75).

Dagegen teilt Stirner mit Hegel die Meinung, dass der Mensch nicht von Natur aus anthropologisch eindeutig determiniert sei (wie oben bereits erwähnt, spricht Hegel davon, dass der Mensch das, was er »sein soll«, nicht »aus Instinkt« habe, »sondern er hat es sich erst zu erwerben.«)[83], ein Gedanke, den Stirner außer von Hegel auch von Rousseau und dem Philanthropismus her kennt, deren Vertrauen auf eine freie Entfaltung des Kindes er unterstützt; allerdings hält er ihre Kritik an der Bildung für nicht radikal genug, weil sie nach seiner Ansicht nur »die gelehrte und verfeinerte Bildung« getroffen habe (EE 83, Anmerkung), während Stirner den Gedanken der anthropologischen Indetermination und der prinzipiellen freien Entfaltungsmöglichkeit bis an seinen äußersten Fluchtpunkt verfolgt.[84] Die Legitimation des *Eigenwillens*, auch und gerade des Heranwachsenden, führt Stirner zu seinen später im »Einzigen« ausführlicher beschriebenen Vorstellungen der Verkehrsformen, seinen Vorstellungen vom »Verein von Egoisten« (EE 216):

Wenn das Kind sich nicht fühlen lernt, so lernt es gerade die Hauptsache nicht, seinen Freimuth. Gegen seinen Uebermuth bleibt meine eigene Freiheit immer gesichert. Denn artet der Stolz in Trotz aus, so will das Kind mir Gewalt anthun; das brauche ich mir, der ich ja selbst so gut als das Kind ein Freier bin, nicht gefallen zu lassen. ... ich halte die Härte meiner eigenen Freiheit entgegen ... (KS 254 f.).

Der Wille des einen findet seine Grenze am Willen des andern, »einer Verbindung ... in der die Harmonie über das Gleichgewicht zweier unabhängiger Willen erreicht wird, ein vergängliches, zerbrechliches

---

[83] a. a. O.
[84] Abgesehen von dieser Übereinstimmung wendet sich Stirner mit diesem Aufsatz, wenn auch nicht explizit, gegen Hegels pädagogische Vorstellungen, gegen seine Philosophie und seine dialektische Methode (vgl. dazu auch das Kapitel 6.1. Hegels »Wohl der Menschheit« und Stirners Wohl des Eigners; H. Arvon verkennt die Distanz dieses Aufsatzes zu Hegels Philosophie, wenn er schreibt: »Une fois de plus, il [Stirner] place ainsi son discours sur les rails de la philosophie hégélienne.« (Einleitung in: M. Stirner, Le faux principe de notre éducation. Paris 1974, p. 22). Stirner hat sich zu diesem Zeitpunkt, die vor diesem Aufsatz geschriebenen Arbeiten bestätigen es, von Hegel gelöst und polemisiert, direkt oder indirekt, gegen ihn.

Die Thematisierung des Eignerthemas in den Frühschriften

und immer wieder in Frage gestelltes Gleichgewicht und gerade von daher ein Garant der autonomen Entwicklung des Kindes.«[85]

Mit anderen Worten: der individuelle Freiheitsraum des einen findet dort seine Grenze, wo der Freiheitsraum des anderen berührt wird. Hierin besteht die »*Gleichheit freier* Personen: nur die Freiheit ist Gleichheit.«

Damit ist Stirner wieder zu seiner Ausgangsthese zurückgekehrt: Nur diejenige Gesellschaft ist eine vollkommene Gesellschaft, in der jeder Einzelne in sich vollendet ist. »Wir sind noch nicht Alles, wenn wir uns als nützliche Glieder der Gesellschaft bewegen; wir vermögen vielmehr selbst dies erst dann vollkommen, wenn wir freie Menschen, selbstschöpferische (uns selbst schaffende) Personen sind.« (KS 256).

Stirner endet seinen Aufsatz, mit dem er zum ersten Mal das später bei ihm fruchtbar werdende Thema der Autopoiesis andeutet, zusammenfassend: »das *Wissen* muß sterben, um als *Wille* wieder aufzuerstehen, und als freie *Person* sich täglich neu zu schaffen.« (KS 256). Die willenlose Wissenschaft, die nicht weiß, was sie will, ist zum Untergang verurteilt, der Selbstreferenz des Eigners und dessen selbstbewusstem Eigenwillen, der die Selbstgestaltungskräfte des Einzelnen mobilisiert, gehört die Zukunft.[86]

Dem Aufsatz wird auch heute noch unverminderte Aktualität bescheinigt. Nachdem bereits 1904 Victor Basch meinte, »les réquisitoires qui dresse Stirner contre les principes d'instruction de son temps valent encore pour ceux du nôtre«,[87] rechtfertigt der Mitherausgeber einer Veröffentlichung des »Unwahren Prinzips«, Heinz-Jürgen Valeske, die Neuherausgabe von Stirners Aufsatz mit der Bemerkung, es handle sich um »eine auch heute noch zutreffende Kritik ... an dem Prinzip der Schulbildung ...«,[88] und James J. Martin, der Herausgeber der ersten englischen Übersetzung des Auf-

---

[85] H. Arvon, Max Stirner. An den Quellen des Existenzialismus. Rangsdorf 2012, p. 40 f.
[86] Zum Thema Autopoiesis siehe Kapitel 2.5.
[87] V. Basch, L'individualisme anarchiste. Max Stirner. Paris 1904, p. 40.
[88] H. J. Valeske, Verlagsprogramm des »Verlags Büchse der Pandora«. Westbevern 1976, p. [2]. Die Ausgabe (Max Stirner, Das unwahre Prinzip unserer Erziehung oder Humanismus und Realismus. Büchse der Pandora, Westbevern 1976) wurde herausgegeben von H.-J. Valeske und S. Blankertz. Die Herausgeber wollten mit der »Textneuausgabe dazu beitragen, die teilweise auch unter Anarchisten noch herrschenden Vorurteile gegen Max Stirner ... abzubauen.« (Verlagsprogramm, a. a. O., p. [3]).

Die Thematisierung des Eignerthemas in den Frühschriften

satzes, erschienen zum »125th anniversary of the publication of Max Stirner's trenchant essay«,[89] ist der Ansicht:

> How modern this sounds today, when scores of variants of Stirner's declaration circle about us in the literature and pronouncements of a numerous contingent of schoolmen, students of educational psychology, and critics of modern educational systems alike.[90]

Und wie Stirner hofft auch James J. Martin auf eine Verwirklichung des Stirnerschen Personalismus in der Zukunft:

> As the school training machinery of the State grows ever more pervasive and inescapable, and no less so even in most of the privately organized institutions, it may be that, for some time to come, such as one may number among Stirner's »free men« are most likely to come into existence and endure in an auto-didact underground.[91]

Einen Schritt weiter geht schließlich noch Henri Arvon als Herausgeber und Übersetzer der letzten französischen Ausgabe des »Unwahren Prinzips«, wenn er dem Aufsatz »une valeur intrinsèque« und »des aspects quasi prophétiques« zuschreibt. Mit einer rhetorischen Frage weist er auf die seiner Meinung nach außerordentliche Aktualität des Aufsatzes hin: »Est-il exagéré de dire que son audace le pousse non seulement aux confins des discussions pédagogiques de notre temps mais partiellement vers les terres encore inconnus et insuffissament délimitées de l'éducation future?«[92]

Die meisten Arbeiten, die sich mit diesem Aufsatz Stirners beschäftigen, erkennen die Übereinstimmungen mit dem »Einzigen«:

---

[89] J. J. Martin, Introduction to: Max Stirner, The False Principle of Our Education. Colorado Springs 1967, p. 3.
[90] a. a. O., p. 4.
[91] J. J. Martin, Introduction to: Max Stirner, The False Principle of Our Education. Colorado Springs 1967, p. 9.
[92] H. Arvon, Introduction dans: Max Stirner, Le faux principe de notre éducation. Paris 1974, p. 24.
Den Zukunftsaspekt in Stirners Überlegungen betont auch L. Vogel in »Zum Geleit: Stirner am Ende des Jahrhunderts«, Bemerkungen anlässlich der Herausgabe des Aufsatzes zum 100. Geburtstag Stirners 1956 ([M.] Stirner, Das unwahre Prinzip unserer Erziehung, hrsg. vom Bund für Dreigliederung. [Bad Kreuznach]); mit der Herausgabe des Aufsatzes werde Stirners gedacht »und seiner Gedankensaat, die künftig in Menschenseelen aufgehen möge.« (a. a. O., p. [4]). Stirner sei »ein Lehrer für diejenigen, die den Beruf, Mensch zu sein, gewählt haben.« (a. a. O., p. [5]).

Die Thematisierung des Eignerthemas in den Frühschriften

Henri Arvon,[93] Victor Basch,[94] Georg Strugurescu[95] und viele andere.

Dass Stirner mit diesem Aufsatz weitgehend die Argumentationsebene des »Einzigen« erreicht hat,[96] dokumentieren neben der oben herausgearbeiteten Eigner-Problematik auch Passagen im »Einzigen«, in denen sich Stirner mit Fragen der Erziehung auseinandersetzt.

Der Heranwachsende weigert sich, heißt es, Erbe zu sein, weil ihm dieses Erbe nichts mehr zu bieten hat; die Jugendlichen »werden Eure Dummheiten nicht *erben* wollen, wie Ihr sie von den Vätern geerbt habt;« sie werden nicht mehr als wehrlose, manipulierbare Objekte figurieren und sich den tradierten Werten der Väterkultur beugen, sondern »sie werden das Erbrecht aufheben, ... sie vertilgen die *Erbsünde*.« (EE 91).

Im »Einzigen« ebenso wie im »Unwahren Prinzip unserer Erziehung« ersetzt das voluntaristische Moment der Auflehnung, des Ungehorsams und der Verweigerung (»Die frechen Buben werden sich von Euch nichts mehr einschwatzen und vorgreinen lassen ...«) den tradierten Moralkodex des Christentums (Erziehung zur »Gottesfurcht«) und den des Liberalismus (Erziehung zur »Menschenfurcht«). Fremdbestimmung wird ersetzt durch Selbstbestimmung.[97]

---

[93] H. Arvon, Max Stirner. An den Quellen des Existenzialismus. 2012, p. 42. Auch in seiner »Introduction« zu diesem Aufsatz spricht er von zwei Jahren, die den Aufsatz und den »Einzigen« trennen, aber er vermisse im »Unwahren Prinzip« noch jene »démarcation éclatante que *L'Unique et sa Propriété* tracera entre la transcendance oppressive de l'Esprit hégélien et l'immanence libératrice du Moi.« (H. Arvon, Introduction, a.a.O., p. 25).

[94] V. Basch interpretiert bereits 1904 das »Unwahre Prinzip« als »un fragment de la grande oeuvre à lequelle il travaillait dès lors« (L'individualisme anarchiste. Max Stirner. Paris 1904, p. 30; vgl. auch p. 40). Die wichtigsten Ideen des »Einzigen« seien bereits in diesem Aufsatz zu erkennen. »La conception propre de Stirner – l'individualisme, le personalisme absolu – s'y révèle deja dans toute son intransigeance.«

[95] Strugurescu vertrat die Ansicht, Stirner sei »erst bis zur Idee der Persönlichkeit vorgedrungen«, seine egoistische Position sei allerdings noch nicht erkennbar (G. Strugurescu, Max Stirner. München 1911, p. 9.)

[96] A. Ruest spricht in seiner »Einführung« zum »Einzigen und sein Eigentum« von einem »Kommentar« bzw. einem »Komplement« zum »Einzigen (1924, p. 17 und 20).

[97] L. Vogel, der Herausgeber des »Unwahren Prinzips« anlässlich Stirners 100. Geburtstags 1956, meint sogar überschwänglich, niemals vor Stirner sei »die Selbstbestimmung der Individualität so eindeutig und rein im Hinblick auf die soziale Bestimmung des Menschen aufgefaßt« worden (Nachwort zur Ausgabe 1956, in: [M.] Stirner, Das unwahre Prinzip unserer Erziehung. Bad Kreuznach 1956, p. 34).

Denn auch die von den Liberalen geplante »Verbesserung des Erziehungswesens« hat nicht zum Ziel, dem Einzelnen seinen eigenen Willen zu lassen, sondern er bekommt einen fremden, »der als Regel und Gesetz aufgestellt wird«, übergeordnet: »ein Mensch von guter Erziehung ist einer, dem ›gute Grundsätze‹ *beigebracht* und *eingeprägt*, eingetrichtert, eingebläut und eingepredigt worden sind.« (EE 90).

Der Mensch ist aber kein »Ideal« und kein »Gedachtes«, sondern ein selbstmächtiges Ich mit einem ausgeprägten Willen, der selbst bestimmen kann, was er werden will.

Möglich, dass Ich aus Mir sehr wenig machen kann; dies Wenige ist aber alles und ist besser, als was ich aus Mir machen lasse durch die Gewalt anderer, durch die Dressur der Sitte, der Religion, der Gesetze, des Staates usw. Besser ... ein ungezogenes Kind, als ein altkluges Kind, besser ein widerwilliger als ein zu allem williger Mensch (EE 188 f.).

Mündigkeit besteht nicht in der Anpassung an das Bestehende (EE 70 f.), sondern in der Verwirklichung des eigenen Willens. Nicht den »*eingegebenen Gefühlen*« soll man folgen, sondern dem »*eigenen Gefühl*«, denn: »Das Eingegebene ist Uns *fremd*, ist Uns nicht eigen, und darum ist es ›heilig‹ ...« (EE 75). Wenn unsere Erzieher uns das Lügen abgewöhnen wollen, orientieren sie sich an einem Moralkodex, der nicht mit unserem Moralkodex übereinstimmen muss. Mein Kriterium ist mein eigenes Bedürfnis, ich mache mir »den Eigennutz zur Basis«. Stirner bringt eine Reihe von Beispielen, in denen Lüge als strategische Lüge oder Notlüge fungiert, die seiner Ansicht nach diesen Standpunkt legitimieren (EE 33).

Der Einzelne ist jedenfalls, das versucht Stirner zu veranschaulichen, eine höhere Instanz als die abstrakte Moral. Entscheidungskriterium ist sein Wille, was sich bei Stirner in den Formeln: »Wenn ich *wollte* ...«, »Ich will nicht ...« (EE 302) oder »Ich *will* ...« (EE 314, 318, 321, 329 u. ö.) äußert. Die Jugend als Objekt der Erziehung verkörpert für Stirner das Neue, Hoffnungsvolle, das Prinzip der Zukunft. Der Jugendliche ist die Antizipation des neuen Menschen, der die christliche und liberale Gegenwart, wozu für Stirner allerdings ausdrücklich nicht nur der bürgerliche, sondern auch der sozialistische und kommunistische Liberalismus zählt, überwindet und den Menschen einer im Eigner vorweggenommenen Wirklichkeit darstellt. Nachdem die Waldorfpädagogik schon früh die Impulse Stirners umzusetzen versuchte,[98] gehen inzwischen auch einschlägige Pädagogik-Darstellungen ausführlich auf Stirner ein[99] und wird die Brisanz von Stirners Überlegungen von libertären Strömungen betont.[100] Lesenswert ist in diesem Kontext der »kritische Kurzessay« Bernd A. Laskas, u. a. mit dessen Hinweisen zur so genannten Antipädagogik, in deren Nähe Stirner von einigen unkritischen Adepten gerückt wurde.[101]

3.5. »Kunst und Religion« als Entäußerungen des Eigenen

Da Stirners Auffassungen über »Kunst und Religion« in den Umkreis der Hegelschen Philosophie gehören,[102] von der sie sich allerdings loslösen möchte, sei zunächst kurz auf Hegels »Ästhetik« hingewiesen.

---

[98] Es gibt mehrere anthroposophische Ausgaben von Stirners Aufsatz weltweit, in einem Verlagsprospekt der Schülerdruckerei Manufaktur von 1990 wird die Publikation (Amtshof, Ottersberg 1990) sogar angepriesen als »Geeignet als Lektüre für die 12. Klasse einer Waldorfschule«, und es liegen mehr als ein Dutzend Darstellungen von Stirners Erziehungskonzept von anthroposophischen Autoren vor, u. a. von Sylvain Coiplet (Anarchismus und soziale Dreigliederung. Ein Vergleich. Max Stirner und Rudolf Steiner. in: www.dreigliederung.de/publish/stirner.html vom 11.08.2013) und Ralf Lienhardt (Stirners Freiheitsphilosophie als pädagogisches Konzept, Leipzig 2008, p. 165–189.)
[99] Th. Ballauff und K. Schaller: Pädagogik. Eine Geschichte der Bildung und Erziehung. Bd. III. Freiburg und München 1973, p. 556–557, 564–571.
St. Blankertz, anarchistische Erziehung, in: Enzyklopädie Erziehungswissenschaft, Band 3. Ziele und Inhalte der Erziehung und des Unterrichts. Hrsg. von H.-D. Haller und H. Meyer. Stuttgart, Dresden 1995, p. 416.
[100] J. Spring, Erziehung als Befreiung. Anzhausen 1982.
[101] http://www.lsr-projekt.de/mspa.html#32 vom 11.08.2013. Ein anschauliches Beispiel für eine solche naive Vereinnahmung Stirners findet sich in http://www.projektmaxstirner.de/anti.htm vom 11.08.2013.
[102] Im gleichen Jahr wie Stirner veröffentlicht Bruno Bauer bei Otto Wigand in Leipzig anonym seine Schrift »Hegel's Lehre von der Religion und Kunst von dem Standpuncte des Glaubens aus beurtheilt«; Bauer unterwirft »Hegel's Lehre von der *Kunst* und *Religion*« »der gläubigen Kritik« (zu Bauers Verfahren vgl. das Kapitel 3.2. »Ueber B. Bauer's Posaune des juengsten Gerichts«), »weil Hegel einerseits die Religion immer als die nächste Beute der Kunst betrachtet und weil er anderseits ... die heilige Schrift dadurch aufzulösen und herabzuwürdigen trachtet, dass er zeigt, sie stoße alle menschlichen Gesetze der Kunst-Anschauung um.« (Aalen 1967 (1842), p. 3); tatsächlich geht es jedoch Bauer – im Gegensatz zu Stirner – um den Nachweis, dass die Religion nur ein Moment in der Entwicklungsphase des Selbstbewusstseins darstellt; während sich, nach Bauer, in der Philosophie das Selbstbewusstsein frei ent-

Die Thematisierung des Eignerthemas in den Frühschriften

In Hegels System umfasst die Lehre vom absoluten Geist die drei Gebiete Kunst, Religion und Philosophie, die sich inhaltlich aufeinander beziehen und nur durch die Formen, mit denen sie das Absolute zum Ausdruck bringen, deutlich voneinander abgrenzbar sind.

Die erste Form, die der »*sinnlichen Anschauung*«[103], gehört der Kunst an; sie ist »ein Wissen in Form und Gestalt des Sinnlichen und Objektiven selber, in welchem das Absolute zur Anschauung und Empfindung kommt.«[104]

Die zweite Form, die »das Absolute aus der Gegenständlichkeit der Kunst in die Innerlichkeit des Subjekts hineinverlegt,«[105] gehört der Religion an; der objektive Charakter der äußeren Sinnlichkeit wird, in das Subjekt verlagert, seiner Objektivität gleichsam entkleidet und »innere Subjektivität«.[106]

Die dritte Form des absoluten Geistes schließlich, »das *frei Denken*«[107], gehört der Philosophie an, die die subjektive Empfindung bewusst macht und systematisiert.

In solcher Weise sind in der Philosophie die beiden Seiten der Kunst und Religion vereinigt: die *Objektivität* der Kunst, welche hier zwar die äußere Sinnlichkeit verloren, aber deshalb mit der mit der Form des *Gedankens* vertauscht hat, und die *Subjektivität* der Religion, welche zur Subjektivität des *Denkens* gereinigt ist.[108]

In Stirners am 14. Juni 1842 im Beiblatt zur Nummer 165 der »Rheinischen Zeitung« erschienenen Aufsatz »Kunst und Religion« (von dem John Henry Mackay überschwänglich schreibt, dass er »zweifellos (!) mehr Werth besitzt, als Alles, was Hegel und Bruno Bauer zusammen über denselben Gegenstand gesagt haben«[109]) rekurriert Stirner auf Hegels Trias von Kunst, Religion und Philosophie und die Stellung der »Kunst *vor* der Religion« (KS 258). Die Kunst schafft das Objekt, dem sich die Religion gegenüberstellt und an das sie gekettet ist, während die Philosophie, die in diesem Aufsatz nur am

---

wickelt, herrscht in der Religion ein unklares Bewusstsein. Die Schrift wird ausführlich von H.-M. Saß dargestellt (Untersuchungen zur Religionsphilosophie in der Hegelschule 1830–1850. Münster 1963, p. 128–130).
[103] G. W. F. Hegel, Vorlesungen über die Ästhetik I. Frankfurt 1970 (1842), p. 140.
[104] a.a.O., p. 139.
[105] a.a.O., p. 142.
[106] a.a.O., p. 143.
[107] a.a.O., p. 139.
[108] a.a.O., p. 143f.
[109] J. H. Mackay, Max Stirner. Freiburg/Br. 1977 (1898), p. 110.

Die Thematisierung des Eignerthemas in den Frühschriften

Rande thematisiert wird, sich selbst zum Objekt ihrer Reflexionen bestimmt und dadurch frei ist, frei auch von dem Objekt Gott: der Philosoph »ist der ausgemachteste Atheist.« (KS 268).[110]

»Dieser von Gott emancipirte Phraseur«, wie Stirner von dem konservativen Hegelianer Karl Rosenkranz aufgrund dieser Bemerkung genannt wird,[111] löst die Hegelsche Trias auf und stellt die Beziehungen zwischen den drei Bereichen in Frage, indem er der Kunst vorwirft, den Menschen dadurch zu entzweien, dass sie ihm ein Ideal entgegenstellt, das Objekt ist und damit nicht er selbst in seiner Eigentlichkeit sein kann: »der Mensch steht sich selbst *gegenüber*. Dieses Gegenüber ist er selbst und ist es nicht: es ist sein *Jenseits* ... eingehüllt und unzertrennlich verwoben mit dem Diesseits seiner Gegenwart. Es ist der *Gott* seines Innern, aber er ist draussen.« (KS 259).

Hans Sveistrup glaubt in dieser Argumentation Stirners die Wirkung Schillers nachweisen zu können;[112] Schiller hatte in dem Gedicht »Das Ideal und das Leben«, auf das Stirner in einem anderen Zusammenhang im »Einzigen« zu sprechen kommt (vgl. EE 325), geschrieben:

»Nur der Körper eignet jenen Mächten,
Die das dunkle Schicksal flechten;

---

[110] Zum gleichen Ergebnis aus der Sicht eines orthodoxen Pietisten kommt B. Bauer in seiner Schrift »Hegel's Lehre von der Religion und Kunst von dem Standpuncte des Glaubens aus beurtheilt« (Aalen 1967 (1842), p. 227). Wenn bei Hegel die Komödie »die Auflösung der Kunst, also auch der Religion« ist (p. 225), so ist nach Bauers vorgeschobener pietistischer Haltung »die *wahre*, die *göttliche Komödie*« letztlich »der Sieg des Glaubens, der Sturz der atheistischen Kunst, der Philosophie, des Atheismus.« (p. 227). Vgl. dazu auch E. Bauer: »Der Atheist ist Philosoph, und der Philosoph ist Atheist« (Bruno Bauer und seine Gegner. Berlin 1842, p. 52; zitiert nach H. Stuke, Philosophie der Tat. Stuttgart 1963, p. 159, Anm. 52).
F. Mauthner braucht Stirner gar nicht, wie er meint, zu »enthegeln, um für uns den ganzen hohnlachenden Atheismus der Gedanken herauszubringen«, die dieser Aufsatz angeblich enthält (Der Atheismus und seine Geschichte im Abendlande. Bd. 4. Stuttgart und Berlin 1923, p. 215); die »Enthegelung« hat Stirner selbst so weit getrieben, dass die Trias Hegels lediglich noch als formales Gerüst fungiert; inhaltlich, zumal was den Atheismus betrifft, beschreitet Stirner eigene, von Hegel wegführende Wege.
[111] K. Rosenkranz, Aus einem Tagebuch. Leipzig 1854, p. 112; Stirner sei »ganz in den Atheismus und Egoismus verrannt« und predige beide mit einer Offenheit, dass man »die dortige Censur« bewundern müsse (a.a.O., p. 111).
[112] H. Sveistrup, Stirners drei Egoismen. Lauf bei Nürnberg, Bern und Leipzig 1932, p. 30.

Die Thematisierung des Eignerthemas in den Frühschriften

> Aber frei von jeder Zeitgewalt,
> Die Gespielin seliger Naturen,
> Wandelt oben in des Lichtes Fluren
> Göttlich unter Göttern die *Gestalt*.
> Wollt ihr hoch auf ihren Flügeln schweben,
> Werft die Angst des Irdischen von euch!
> Fliehet aus dem engen dumpfen Leben
> In des Ideales Reich!«[113]

Stirner greift, darin stimmen wir Sveistrup zu, dieses Motiv Schillers auf, um dann aber einen völlig anderen Gedanken zu entwickeln, nämlich dass sich der Mensch selbst als Objekt setzt und sich dadurch von seinem Eigensten trennt. Stirner modifiziert den Gedanken Feuerbachs, dass der Mensch seine Wünsche und Träume, sein Ideal, in ein anderes Wesen, in Gott, projiziert, das heißt: Stirner dehnt Feuerbachs Anthropologie aus auf den künstlerischen Bereich.

Stirner geht es nicht, wie Sveistrup vermutet, um das von Schiller thematisierte Problem der Gestalt in ihrer Idealität, sondern um eine Kritik der Hegelschen Ästhetik und Philosophie.

Hegel kommt in seinen Vorlesungen auf Schillers Gedicht »Das Ideal und das Leben« zu sprechen und interpretiert das Ideal als ein »Schattenreich« im Sinne Schillers, als

> die *Geister*, die in ihm erschienen, abgestorben dem unmittelbaren Dasein, abgeschieden von der Bedürftigkeit der natürlichen Existenz, befreit von den Banden der Abhängigkeit äußerer Einflüsse und aller der Verkehrungen und Verzerrungen, welche mit der Endlichkeit der Erscheinung zusammenhängen.[114]

Nach Hegel kommt dem Ideal eine Wirklichkeit zu, die über den Zufälligkeiten der konkreten Existenz, über dem Wandel des Aparten, steht und Allgemeingültigkeit beanspruchen darf. Das ideale Subjekt ist »das Subjekt in seinem allgemeinen Charakter und seiner bleibenden Eigentümlichkeit«[115]: kein Naturalismus also, sondern Sichtbarmachen der »Seele«, des vom Alltäglichen gereinigten Ewigen und Wahren. »Das Ideal ist ... die Wirklichkeit, zurückgenommen aus der Breite der Einzelheiten und Zufälligkeiten ...«.[116]

---

[113] F. Schiller, Das Ideal und das Leben, in: Sämtliche Werke, Bd. 2. Leipzig 1910/11, p. 142. Das Gedicht wurde zuerst 1795 unter dem Titel »Das Reich der Schatten« in den »Horen« veröffentlicht.
[114] G. W. F. Hegel, Vorlesungen über die Ästhetik I. Frankfurt 1970 (1842), p. 207.
[115] a.a.O., p. 211.
[116] a.a.O., p. 207; vgl. auch a.a.O., p. 211.

Die Thematisierung des Eignerthemas in den Frühschriften

Gegen dieses Verständnis von Wirklichkeit opponiert Stirner. Seiner Ansicht nach kann eben nur diese zufällige Einzelexistenz, die Hegel im Ideal negiert, Wirklichkeit beanspruchen. Ein außerhalb des Einzelnen existierendes Ideal ist für Stirner Einbildung oder, wie es im »Einzigen« dann heißt, »eine fixe Idee!« (EE 53 f., 210, 388 u. ö.), »ein Spuk« (EE 87, 165 u. ö.). Der Einzelne verkündigt kein Ideal, auch kein egoistisches, wie Hans-Martin Saß irrtümlich meint,[117] sondern er will »das Ideal vertilgen« (EE 325), das heißt: destruieren, abschaffen, als »Spuk« entlarven.

Damit greift Stirner die Diskussion um das Verhältnis von Subjekt und Objekt wieder auf, die im »Unwahren Prinzip unserer Erziehung« einen vorläufigen Höhepunkt erreichte; Stirner bestimmt den Menschen ganz als Subjekt, das sich nur dann selbst verwirklicht, wenn es nicht einen Teil seiner Selbst in ein Objekt projiziert.

Die Religion nimmt das veräußerlichte, idealisierte, zum Objekt erhobene Ich wieder zurück ins Subjekt, ohne es aber von seinem objektiven Charakter zu befreien.

Hier liegen alle Qualen, alle Kämpfe von Jahrtausenden; denn fürchterlich ist es, *ausser sich zu sein*, und ausser sich ist Jeder, der sich selbst zum Objecte hat, ohne diess Object ganz mit sich vereinigen und als Object, als Gegen- und Widerstand vernichten zu können (KS 260).

Für Stirner ist das »geistige Dasein« der Religion nicht, in Hegels Terminologie, das Ordnungsprinzip der Konkretion, die »Vernunft«, sondern das der Abstraktion, der Verstand: »Die Religion ist eine *Verstandes-Sache!*« (KS 260).

»Die Freiheit ist die höchste Bestimmung des Geistes«, führt Hegel aus, die formal darin besteht, dass sich das Subjekt mit der ihm gegenüberstehenden Welt versöhnt, in ihr nichts Fremdes mehr sieht.[118] Stirner widerspricht: »wo der Geist von einem Objecte abhängig ist, das er zu erklären, zu erforschen, fühlen, zu lieben u. s. w. sucht, da ist er nicht frei …« Der »Religiöse« ist der unfreie, weil sein »Geist an ein Object gebunden ist …« (KS 261) und mit dem Verstand operiert, während »freie, objectlose, ›vernünftige‹ Gedanken« Voraussetzung wären für die Erkenntnis der eigentlichen Bestimmung des Einzelnen (KS 263).

---

[117] H.-M. Saß, Untersuchungen zur Religionsphilosophie in der Hegelschule 1830–1850. Münster 1963, p. 143.
[118] G. W. F. Hegel, Vorlesungen zur Ästhetik I, a. a. O., p. 134.

Stirner weist der Kunst ganz im Sinne Hegels ihren Platz vor der Religion an, weil die Kunst deren Voraussetzung ist; sie ist »die Schöpferin der Religion« (KS 264). Seine Zustimmung zu dieser Ansicht Hegels äußert sich in dem wörtlichen Hegel-Zitat (das sich wiederum auf Herodot bezieht): »Homer und Hesiod haben den Griechen ihre Götter gemacht.«[119] Indem die Kunst ein Objekt aus dem Subjekt hervorgehen lässt, macht sie möglich, was die Religion nicht interessiert: dieses Objekt wieder in die Innerlichkeit des Subjekts zurückzunehmen. »Sie trachtet das Ideal oder den Gott mit dem Menschen, dem Subjecte, zu versöhnen und ihn seiner harten Gegenständlichkeit zu entkleiden. Der Gott soll innerlich werden ...« (KS 265). Diese Versöhnung jedoch wird nicht stattfinden, da sie die Auflösung der Religion selbst bedeuten würde: Religion besteht für Stirner per definitionem aus der Entzweiung des Menschen *mit seinem idealisierten* Objekt.[120]

Diess also ist die Stellung der Kunst zur Religion. Jene erschafft das Ideal und gehört an den Anfang; diese hat am Ideal ein Mysterium, und wird in Jedem zu einer um so innigeren Frömmigkeit, je fester er an dem Objecte hängt und von ihm abhängt (KS 267).

Gegen Ende seines Beitrags meint Stirner, die Kunst stehe »auch am Ende einer Religion«, indem sie ihre Produkte wieder für sich reklamiere und diese dadurch ihrer Objektivität beraube und die aus ihrer religiösen »Jenseitigkeit« erlöse, indem sie die Religion wieder zurückfordere und zu ihrem Untergang beitrage: Der »Ernst des Inhalts« ging verloren, er musste an den fröhlichen Dichter zurück[ge]geben« werden, der ihn »als eine lachende *Komödie*« auferstehen lasse und ihm dadurch »neue Schöpfungskraft« verleihe. Indem die Komödie den Ernst vernichtet, entsteht wieder etwas Neues, und zwar »ein neues Ideal, ein neues Object und eine neue Religion« – und der Kreislauf setzt sich fort (KS 266). Der Komödie kommt die Aufgabe zu, »durch den anschaulichen Beweis von der Leerheit oder besser

---

[119] G. W. F. Hegel, Vorlesungen über die Philosophie der Religion II. Frankfurt 1975, p. 119 (zitiert bei Stirner KS 264).
[120] H.-M. Saß wird Stirner deshalb auch nicht gerecht, wenn er die Meinung vertritt, bei Stirner sei »die Religion ein Anhängsel an den Prozeß der Gegenständlichmachung in der Kunst ...« (Untersuchungen zur Religionsphilosophie in der Hegelschule 1830–1850. Münster 1963, p. 205). Stirner geht es nicht um die Darstellung eines Prozesses, sondern um die Verdeutlichung einer Entfremdung des Menschen von sich selbst, eine Entfremdung, die er anhand der Religion und Kunst zu veranschaulichen versucht.

Die Thematisierung des Eignerthemas in den Frühschriften

Ausgeleertheit des Objectes den Menschen von seiner altgläubigen Anhänglichkeit an das Verödete zu befreien.« Die Komödie attackiert dann die überlebte »leergewordene Form«, (z. B. die »heilige Ehe«, die freilich nicht mehr heilig ist), aber als Kunstform wiederum Neues schaffen kann. (KS 267 f.).

Wolfgang Eßbach schlägt eine kühne Volte von Stirners Aufsatz (in dessen Zentrum er die Komödie platziert)[121] zu dem junghegelianischen Credo, demzufolge die Komödie die Gattung sei, die, wie in Hegels »Ästhetik« beschrieben, »dem politischen Leben entspricht.«[122] Indes spielt die Komödie in Stirners Argumentation nicht diese dominante politische Rolle. Stärker betont er den Dissens mit Hegels Auffassungen. Vertrat Hegel die Ansicht, dass sich die Kunst mit der Klassik vollendet (»Schöneres kann nicht sein und werden«)[123] und sich mit der romantischen Kunst selbst aufgehoben habe, dass demnach die Jahrhunderte der Kunst hinter ihm lägen, dass sie »höheren Formen für das Erfassen des Wahren«[124] Platz machen müsse, nämlich der Religion und Wissenschaft, bereitet nach Stirner die Vernunft als »Geist der Philosophie« (KS 268) das Ende der Kunst *und* Religion vor und beinhaltet gleichzeitig deren Überwindung.

Dieser Schritt von Hegel weg wird oft übersehen; so resümiert beispielsweise Victor Basch, der Aufsatz »ne nous intéresse qu'à un point de vue tout négatif, en nous montrant, comment, en 1842, Stirner vit encore entièrement dans les formules de la philosophie hégelienne.«[125] Auch Karl Joël ist der Meinung, Stirner knüpfe an Hegel an und bleibe ihm dann »in der ganzen Anlage der Betrachtung treu.«[126] Basch und Joël verkennen mit dieser Einschätzung die oben dargestellten Absichten Stirners, sich aus dem Bannkreis der spekulativen Hegelschen Philosophie zu lösen und eine Position zu beschreiben, von der aus rationales philosophisches Denken möglich ist: nach der und durch die Überwindung von Kunst und Religion.

---

[121] W. Eßbach, Die Junghegelianer. München 1988, p. 235 Anm. 56.
[122] a.a.O., p. 163. Eßbach zitiert Hegel: »Der allgemeine Boden für die Komödie ist daher eine Welt, in welcher sich der Mensch als Subjekt zum vollständigen Meister all dessen gemacht hat, was ihm sonst als der wesentliche Gehalt seines Wissens und Vollbringens gilt ...« (Vorlesungen über die Ästhetik III, p. 527. 1842/1970).
[123] G. W. F. Hegel, Vorlesungen über die Ästhetik II, a.a.O., p. 128.
[124] a.a.O., p. 142.
[125] V. Basch, L'individualisme anarchiste. Max Stirner. Paris 1904, p. 46.
[126] K. Joël, Stirner. Berlin 1901, p. 253.

3.6. »Einiges Vorläufige vom Liebesstaat«: einiges Vorläufige von der Eigenheit

Der Aufsatz erschien, ebenso wie die Besprechung der »Mysterien von Paris« von Eugène Sue, 1844 in der im Selbstverlag in Mannheim von Ludwig Buhl herausgegebenen »Berliner Monatsschrift«, nachdem die für Juli 1843 geplante Zeitschrift in Berlin von der preußischen Zensur keine Druckerlaubnis erhalten hatte.[127]

Es handelt sich um eine Kritik am »sogenannten Sendschreiben des Freiherrn von Stein« (KS 269), der »Nassauer Denkschrift« vom Juni 1807, in der Karl Reichsfreiherr vom und zum Stein die Selbstverwaltung für die Provinzen, Kreise und Gemeinden forderte und, beeinflusst von der Französischen Revolution, die Ansicht vertrat, die Bevölkerung aller Stände solle am Staatsleben beteiligt werden.

Damit aber, meint Stirner, sind die Postulate von Gleichheit und Freiheit nicht eingelöst, denn die Gleichheit der Denkschrift laufe darauf hinaus, »Alle auf das *gleiche* Niveau der Unterthänigkeit zu bringen. Kein Unterthan des *Königs* sei in Zukunft zugleich der Unterthan eines *Unterthanen;* die Standesdifferenzen der Abhängigkeit seien ausgeglichen, und Eine Abhängigkeit die allgemeine.« (KS 270).

Ebenso verhalte es sich mit der Freiheit, die dem Volk zugestanden werden soll; es ist »die Freiheit in der Pflichterfüllung, die *moralische Freiheit.*« Nach der Denkschrift ist nicht derjenige frei, der das Prinzip der Selbstbestimmung und Selbständigkeit, das Prinzip der »Souverainetät des Willens« (KS 271), den »Eigenwillen« (KS 276) zu verwirklichen sucht, sondern derjenige, der seine Pflicht als »liebevoller Unterthan« erfüllt und »Gott, König und Vaterland liebt« (KS 272).[128]

Damit kommt Stirner zu seiner grundsätzlichen Kritik am Staat als christlichem Staat:

---

[127] Vgl. dazu J. H. Mackay, Max Stirner. Freiburg/Br. 1977³ (1898), p. 110–112 und A. Estermann, [Einleitung zu] Die »Berliner Monatsschrift«, Vaduz 1984, S. V–XXV. Im Juli 1843 legten Ludwig Buhl, der Herausgeber der geplanten Zeitschrift, und Wilhelm Hermes, der Verleger, den so genannten Prospektus der Zeitschrift und drei für das Heft vorgesehene Aufsätze (u. a. Stirners »Liebesstaat«) der Berliner Zensur vor. Diese verbot den Druck. Der Herausgeber reichte Beschwerde beim »königlich Preußischen Ober-Censurgericht Berlin« ein, welche freilich die Beschwerde verwarf.
[128] Die politische Situation, auf die sich Stirner bezieht, wird von Henri Arvon ausführlich dargestellt in »Max Stirner. An den Quellen des Existenzialismus«. Rangsdorf 2012, p. 45–48.

Die Thematisierung des Eignerthemas in den Frühschriften

Den Mittelpunkt der moralischen Freiheit bildet die Pflicht der – *Liebe*. Wie ohne Widerspruch zugegeben zu werden pflegt, ist das Christenthum seinem innersten Wesen nach die Religion der Liebe. Darum wird denn auch die moralische Freiheit, die sich in dem Einen Gebote der Liebe concentrirt, die reinste und bewußteste Erfüllung des Christenthums sein (KS 273).

Stirner, der diese »Erscheinungen des Liebesstaates im Einzelnen« zu »einer günstigeren Gelegenheit« – angespielt wird hier offensichtlich auf den »Einzigen« – darlegen möchte,[129] nimmt in seiner Kritik am »Liebesstaat« (bei der es sich um »die vollendetste und – letzte Form des Staates« handle) seine im »Einzigen« begründete Kritik am Staat als solchem vorweg. Im »Einzigen« fragt Stirner rhetorisch:

Ist dieser Liebesgedanke aber, sich ineinander zu schicken, aneinander zu hängen, und von einander abzuhängen, wirklich fähig, Uns zu gewinnen? Der Staat wäre hiernach die realisierte *Liebe*, das Füreinandersein und Füreinanderleben Aller. Geht über den Ordnungssinn nicht der Eigensinn verloren? (EE 227 f.).

Die im Staat realisierte Liebe, die Liebe überhaupt, ist die »Feindin der revolutionairen Freiheit« (KS 274), denn der aus Liebe handelnde handelt nicht frei, er lässt sich bestimmen und »*richtet ... sich nach dem Andern*. Sind in der Selbstsucht die Gegenstände nur *für mich* da, so bin ich in der Liebe auch *für sie*: wir sind *für einander*.«

Mit der Liebe setzt sich das Subjekt ein Objekt, es projiziert einen Teil seines Ich in ein anderes Ich und gibt damit seine Autonomie teilweise auf; seine »Selbstbestimmung ist noch abhängig von dem Andern« (KS 275). Das Da-Sein für einen andern widerspricht Stirners Vorstellungen vom Eigner, für den sich die Objektwelt nur dadurch legitimiert, dass sie für eben diesen Eigner da ist. Der Eigner ist Subjekt und Objekt, »Schöpfer und Geschöpf in Einem« (KS 274 und EE 159) – »Sein Grundsatz lautet so: die Dinge und die Menschen sind für *mich* da!« (KS 274).

Damit formuliert er den Autonomieanspruch des Eigners; »die Autonomie wird schließlich der Egoismus genannt, ein Egoismus, der, statt das Ich zu den Objekten zu tragen, die es aufsaugen, die Objekte wieder zum Ich zurückführt, das sie geschaffen hat.«[130]

Stirners spezifische Form des Egoismus äußert sich in diesem

---

[129] Mackay hingegen ist der Ansicht, Stirner habe eine »grössere Arbeit« über dieses Thema ins Auge gefasst, »die wohl in der geplanten Form nie zu Stande gekommen ist.« (J. H. Mackay, Max Stirner. Freiburg/Br. 1977³ (1898), p. 112)
[130] H. Arvon, a. a. O., p. 50.

Aufsatz insofern, als der Versuch unternommen wird, erkenntnistheoretische Fragestellungen aus einer utilitaristischen Perspektive zu beantworten: Die »Gegenstände« sind nur für die »Selbstsucht« des Individuums bestimmt, wenn es sich autonom und selbstbewusst verhält und Entscheidungen nur in Bezug auf die individuelle Brauchbarkeit trifft.

Der freie Mensch ... bestimmt sich weder durch noch für einen Andern, sondern rein aus sich; er vernimmt sich und findet in diesem Selbstvernehmen den Antrieb zur Selbstbestimmung: nur sich vernehmend, handelt er vernünftig und frei (KS 275).

Erst in der Selbstbestimmung des Einzelnen wird Freiheit zur Wahrheit, erst wenn er der Liebe entsagt, entsagt er der »letzten und schönsten Unterdrückung seiner selbst« und lebt ganz seinem »Eigenwillen« und seinem »Eigensinn«; er wurde »sein eigener Schöpfer« (KS 276).

Das Verbot der »Berliner Monatsschrift« nimmt explizit Bezug auf Stirners Äußerungen »von der reinen Freiheit und absoluten Selbstbestimmung. Am Schlusse erklärt er diese seine Theorie, nicht allein mit dem bestehenden Staatsprincipe, sondern auch mit der Liebe und Treue, worauf es ruht, für unverträglich. Hiermit hat er sich selbst das Urteil gesprochen.«[131]

Stirner hat mit diesem Aufsatz erkenntnistheoretisch die Argumentationsebene des »Einzigen« erreicht; auch hier müssen wir Victor Basch widersprechen, der zwar »quelques-unes des vues politiques de notre Essai dans *l'Unique et sa Propriété*« wiederfindet, die Identifikation von Personalismus und Egoismus in diesem Aufsatz jedoch noch vermisst.[132]

Hans Sveistrup erkennt in dem Aufsatz zwar »die Stellungnahme, die im ›Einzigen‹ voll entfaltet wird«[133], ist aber der Ansicht, dass Stirner noch »voreignerschaftlich« denkt und den »Begriff des

---

[131] Bornemann: Die Urtheile des Ober-Censurgerichts, in: Berliner Monatsschrift. Mannheim 1844, p. [15]–21.
[132] V. Basch, L'individualisme anarchiste. Paris 1904, p. 52. Auch K. Joël missversteht den Aufsatz, wenn er meint, Stirner drücke die moralische Freiheit (wie sie das Sendschreiben postuliere) »nun als Pflicht der Liebe herab, aber in eine Tiefe, wo noch die Glocken tönen und noch nicht der Satanshohn.« (K. Joël, Stirner. Berlin 1901, p. 255). Joëls metaphorische Sprache liest sich zwar flott, kann aber nicht darüber hinwegtäuschen, dass er die Intentionen Stirners in ihrer Tragweite verkennt.
[133] H. Sveistrup, Stirners drei Egoismen. Lauf bei Nürnberg, Bern und Leipzig 1932, p. 45.

Die Thematisierung des Eignerthemas in den Frühschriften

Egoismus« nur ankündigt; noch sei »nicht Stirners endgültige Klärung erreicht«,[134] noch sei Stirner »über den Idealismus der Gebotlichkeit nicht völlig ins Reine gekommen. Noch setzt er der Kreatur das Ideal entgegen.«[135]

Stirners Ansichten von der Souveränität des Eigenwillens und der Überwindung der falschen Entzweiung von Subjekt und Objekt implizieren jedoch präzise das im »Einzigen« formulierte Prinzip der Zukunft, das der Eigner vorwegnimmt: »Ich bin Eigner der Welt der Dinge, und Ich bin Eigner der Welt des Geistes.« (EE 76). Das drückt auch Jeff Spiessens in seiner Antwerpener Dissertation »The Radicalism of Departure« 2012 aus, wenn er feststellt, dass sich Stirner mit dem Aufsatz ganz von der junghegelianischen Argumentationsebene verabschiedet hat zugunsten seines unverwechselbaren radikalen Egoismusanspruchs (a. a. O., p. 46 f.).

3.7. »Die Mysterien von Paris von Eugène Sue« oder: die Aufdeckung des Mysteriösen durch den Eigner

»Les Mystères de Paris«, einer der ersten Feuilleton-Romane, erschien 1842/43 in Fortsetzungen im »Journal des débats«.[136] Beim Publikum fand der Roman außerordentlich großes Interesse (»Die Mysterien haben großes Aufsehen in der Welt gemacht ...« (KS 278)); ihm »war ein durchschlagender Erfolg nicht nur bei dem Volk und dem Kleinbürgertum, sondern auch beim Adel und sogar am Hof beschieden.«[137]

---

[134] a. a. O., p. 46.
[135] a. a. O., p. 47.
[136] Fast parallel erschienen in Zeitungen und in Heftchenform über zehn deutsche Übersetzungen mit den Titeln »Die Geheimnisse von Paris«, »Die Mysterien von Paris« bzw. »Pariser Mysterien« (von Franz Lubojatzky, August Diezmann, Erwin von Moosthal u. a. Stirner hat allem Anschein nach seine Rezension anhand der Fortsetzungsserien einer Zeitung verfasst. Seine »Mysterien« wurden erst wieder 1898 in der »Wiener Rundschau« (Bd. 3, 1. März 1898, p. [281]–291) veröffentlicht, kurz vor dem Erscheinen der »Kleineren Schriften«.
[137] Kindlers Literatur Lexikon, Bd. 15. Deutscher Taschenbuch Verlag, München 1974, p. 6549.
Diese Popularität wird u. a. durch ausführliche Besprechungen und zahlreiche Hinweise in zeitgenössischen Korrespondenzen und Aufsätzen dokumentiert. Den zeitgenössischen Einfluss von Sues Roman beschreibt anschaulich R. Giseke in seinem Roman »Moderne Titanen« (Leipzig 1850, 3. Theil, 1. Buch, p. 80 f.). Ein zur gleichen

Die Thematisierung des Eignerthemas in den Frühschriften

Die Handlung des Romans ist zwar denkbar einfach, aber dramaturgisch äußerst spannend gestaltet:
Das Mädchen Fleur-de-Marie, das von seiner Pflegemutter zur Prostitution gezwungen wird, findet einen Beschützer in Rudolph, einem als Arbeiter verkleideten deutschen Adligen, der nach Paris gekommen ist, »um zu helfen, wo geholfen werden kann« (KS 281), um damit ein früheres Vergehen zu sühnen. Es stellt sich schließlich heraus, dass Fleur-de-Marie die Tochter von Großherzog Rudolf von Gérolstein alias Rudolph ist.

Mit ihrem Vater auf Schloß Gérolstein zurückgekehrt, zeigt sich, dass das Mädchen seine Vergangenheit nicht vergessen kann; sie verzichtet darauf, den Mann, den sie liebt, zu heiraten, geht in ein Kloster und stirbt kurze Zeit darauf.

Sue, der 1848 sozialrevolutionärer Abgeordneter in der Nationalversammlung wurde, führt als erster die realistische Schilderung des Elends der unteren Klassen in den Roman ein. Gerade diese Thematik hat zu heftigen Kontroversen in den Rezensionen des Romans geführt, in Deutschland u. a. von dem Dichter und Historiker Wilhelm Zimmermann, dem Philosophen Friedrich Theodor Vischer, dem unter dem Pseudonym Szeliga publizierenden Junghegelianer Franz Zychlin von Zychlinski, auf den wiederum Karl Marx ausführlich und mit sprühendem Sarkasmus reagierte.[138] Aber bemerkenswerterweise thematisiert Stirner in seinem Aufsatz weder diesen soziologisch-politischen Sachverhalt, noch den ästhetischen oder moralischen, sondern als einziger Rezensent den für Stirner als Philosophen vordringlichen Bereich des Normativen. Er kritisiert die geltenden Normen für gut und böse, Laster und Tugend, sittlich und unsittlich, um ihnen seine normativen Alternativvorstellungen entgegenzusetzen.

Zeit mit Gisekes Roman anonym erschienener Beitrag in den »Grenzboten« resümiert: »Seit den Mysterien erfreut sich *Eugen Sue* einer europäischen Popularität, in der kaum Dickens mit ihm wetteifern kann.« (Die Grenzboten. Zeitschrift für Politik und Literatur, Heft 16. Leipzig 1850, p. [81]).
[138] Erwähnenswert sind auch die Reaktionen auf Sues Roman von Charles Augustin Sainte-Beuve, William Makepeace Thackeray und Edgar Allan Poe. Die Rezensionen sind gesammelt und kommentiert von H. Grubitzsch, Materialien zur Kritik des Feuilleton-Romans. Wiesbaden 1977. Zur Popularität Sues siehe auch W. Eßbach, Die Junghegelianer 1988, p. 337 f. Der Erfolg des Romans animierte zu zahlreichen Nachahmungen, u. a. den »Mysterien von Berlin« und »Die Geheimnisse von Berlin« (siehe hierzu E. Edler, Die Anfänge des sozialen Romans und der sozialen Novelle in Deutschland«. Frankfurt 1977.

Die Thematisierung des Eignerthemas in den Frühschriften

In etwa dem gleichen Zeitraum, in dem Stirner seinen Artikel schreibt – vermutlich in den ersten Monaten des Jahres 1844 – erscheinen zahlreiche Aufsätze und Buchbesprechungen zum gleichen Thema. Ich möchte kurz auf die Intepretationen Marie-de-Fleurs bekannter Autoren hinweisen, um den völlig anderen Blickwinkel Stirners zu pointieren.

Der Theologe und Philosoph Friedrich Theodor Vischer idealisiert Marie und bezeichnet sie als »Diamant im Schutt und Schmutz begraben«, die mit Rudolphs Hilfe »ihre Reinheit und Seelenschönheit zu entfalten vermag« und dann »wie eine Heilige stirbt.«[139] Ähnlich wird sie von dem Dichter und Historiker Wilhelm Zimmermann als »eine in die reinere Luft eines schöneren Lebens Gerettete« bezeichnet.[140] Szeliga verliert sich in wirre Exkurse und beschreibt Marie als »das leidende Princip des Weibes zur unendlichen Passion gesteigert«[141], und Karl Marx sieht in Marie anfangs eine Frau voller Mut in ihre Fähigkeiten und Freude an der Natur, die schrittweise unter Einfluss der »Guten« »in *religiöse* Bewunderung« umschlägt und durch »die religiöse Doktrin ... verderbt« wird.[142]

Mit seiner moralischen Radikalität vertritt Stirner eine emanzipatorische Dimension, die in allen anderen Kritiken fehlt, und die nur Marx aufgreift. Eugène Sue, »der sittliche Liberale« in Stirners Augen, macht aus Fleur-de-Marie eine »reine Priesterin des sittlichen Prinzips« (KS 284).[143] Dadurch dass Fleur-de-Marie den herrschenden sittlichen Normen »des Liberalismus und der Bourgeoisie« unterworfen wird, kann sie sich nicht mehr nach dem bewerten, was sie »durch sich ist« (KS 285):

Wie die Welt urtheilt: das und das dürfen wir thun, denn es ist gut, jenes aber, z. B. lügen, dürfen wir nicht, weil es böse ist, so denkt auch die durch Rodolph der Tugend zugeführte Marie.

---

[139] Zitiert nach H. Grubitzsch, Materialien zur Kritik des Feuilleton-Romans. Wiesbaden 1977, p. 98. Grubitzsch publiziert in ihrem Buch elf wichtige Kritiken, u. a. alle von mir hier erwähnten und zitierten.
[140] a. a. O., p. 81.
[141] a. a. O., p. 143. Grubitzsch kritisiert, dass sich Szeliga überhaupt »nicht auf den Gegenstand einläßt, sondern ihn lediglich zur Rechtfertigung seiner spekulativen Vorstellungen« missbraucht (a. a. O., p. 21).
[142] a. a. O., p. 180.
[143] Im »Einzigen« greift Stirner dieses Thema wieder auf und wirft Rudolf vor, er schneide die Menschen nach dem »Begriff des ›Guten‹« zu; er besitze kein Mitgefühl, sondern nur ein »Gefühl für Recht, Tugend usw.« (EE 294).

Legte der Dichter an Marie nicht das Richtscheit der Tugend und Sittlichkeit, sondern mäße sie nach ihr selbst als ihrem eigenen Maaße, ... so käme vielleicht das wunderbare Resultat zum Vorschein, dass Marie erst von dem Augenblick an ein elendes, verlorenes Kind wurde, wo sie die Tugend kennen lernte und ihrem Dienst sich weihte, während sie in der Zeit ihres unehrlichen Wandels ein gesunder, freier und hoffnungsvoller Mensch gewesen war (KS 288).

Stirner sieht in Maries Bekehrung jedoch keinen »Verlust ihres menschlichen Wesens«, wie Wolfgang Eßbach diese Stelle im Vergleich mit Marxens Sue-Rezension interpretiert,[144] denn dieses »menschliche Wesen« attackiert er ja als »Spuk« (vgl. EE 49f.), als »Wesen über Mir« (EE 57) und als Wesen, das Marie nicht zu sich finden lässt; Stirners Desillusionierung des herrschenden Wertesystems, seine Ent-Wertung der Werte, ist nur verständlich vor dem Hintergrund seiner Relativierung der Werte vom Subjekt aus. Das Subjekt ist wertsetzend, ohne Rücksicht auf das objektive Wertesystem. Der selbstbewusste Mensch, der in eigener Verantwortlichkeit Entscheidungen trifft, fragt ebenso wenig wie Gott nach gut und böse, »sondern nach seinem unumschränkten Willen.« Die Entscheidung über gut und böse unterliegt der Selbstmächtigkeit des Einzelnen: »Wer sich selbst bindet, der ist gebunden, und wer sich selbst löset, der ist gelöst.« Fleur-de-Marie scheitert jedoch, weil sie das, was sie selbst hätte leisten können, »außer sich ... erflehen« wollte (KS 287).

Fleur-de-Marie gehört deshalb, Stirners Interpretation zufolge, ebenso zur »Gattung entwicklungsloser und unfreier Menschen« (KS 290) wie alle anderen Personen des Romans.

Auch nicht Eine Person findet sich in dem ganzen Romane, die man einen *selbstgeschaffenen* Menschen nennen könnte, einen Menschen, der, rücksichtslos sowohl gegen seine Triebe als gegen den Antrieb eines Glaubens (Glaube an Tugend, Sittlichkeit u.s.w. und Glaube an das Laster) sich kraft der eigenen schöpferischen Allmacht selbst erschüfe (KS 289).

Der Publizist Georg Jung, einer der Geranten der »Rheinischen Zeitung«, schickt Karl Marx im Juli 1844 neben der Rezension der »Mysterien von Paris« des Junghegelianers Szeliga[145] die Stirnersche Sue-Kritik mit der Bemerkung, er halte sie »in vieler Beziehung für

---

[144] W. Eßbach, Die Bedeutung Stirners für die Genese des historischen Materialismus. Göttingen 1978, p. 44.
[145] Szeliga, Eugen Sue: Die Geheimnisse von Paris, in: Allgemeine Literatur-Zeitung, Bd. 2, Heft 7. Charlottenburg, Juni 1844, p. 8–48.

Die Thematisierung des Eignerthemas in den Frühschriften

ausgezeichnet«, allerdings scheine ihm »Schmidt Unrecht zu haben, wenn er E. Sue als bloßen Vertreter der alten unmenschlichen Moral und Sittlichkeit hinstellt, denn in den unteren Parthien seines Gemäldes steigt er doch mit dem Maaßstabe des Menschen hinab ...«.[146]

Aber gerade dieser »Maaßstabe des Menschen« widerspricht dem »eigenen Maasse« (KS 288) und fordert, wie die oben zitierte Stelle verdeutlicht, Stirners Kritik heraus, denn der festgelegte Maßstab, die »fixe Idee« sittlicher Normen, bringt den Menschen um die Möglichkeit, »ein eigener Mensch zu werden« (KS 291). Bei Eugène Sue und seiner Beschreibung des »feigen Juste-milieu unserer liberalen Zeit« bleiben die Menschen statisch und ohne potenzielle Veränderbarkeit.

Dem Dichter der »Mysterien von Paris« ging es nicht um eine Aufdeckung des Mysteriösen und nicht um eine Lösung des Geheimnisvollen; er wollte diese Welt nicht »aus ihren Angeln heben und – erlösen«, sondern er wollte »sich das Wohlgefallen dieser Welt erwerben« (KS 293). Seine Kritik an den sozialen Missständen des Staates sind »Anträge zu Staatsverbesserungen, wie man vor der Reformation deren unzählige zur Kirchenverbesserung machte: Verbesserungen, wo nichts mehr zu verbessern ist.« (KS 295).

Deshalb dient auch dieser Roman Stirner dazu, seine Vorstellungen vom Eigner, dem autonomen, selbstbewussten, freien Individuum zu thematisieren, für den der Staat eine Behinderung seiner Entfaltungsmöglichkeiten darstellt und der den Staat konsequenterweise als Relikt einer überwundenen Epoche ablehnt.

In einer zeitgenössischen Reaktion auf diese Rezension glaubt

---

[146] G. Jung, Brief an Karl Marx in Paris. Köln, 31. Juli 1844, in: MEGA III, 1. Berlin (Ost) 1975, p. 437.
Wolfgang Eßbach macht darauf aufmerksam, dass Karl Marx in der »Heiligen Familie« zwar die Sue-Rezension Szeligas einer polemischen Kritik unterzieht (MEW 2, Berlin (Ost) 1970 (1845), p. 3–223; vgl. auch K. Grün, Ein Urtheil über die »Geheimnisse von Paris«, in: Neue Anekdota. Darmstadt 1845, p. 148), den ihm ebenfalls bekannten Aufsatz Stirners jedoch, »trotz der Marxschen Tendenz zu gruppenmäßigen Abrechnungen, ungeschoren« lässt (W. Eßbach, Die Bedeutung Max Stirners für die Genese des historischen Materialismus. Göttingen 1978, p. 43); auffallend und im Zusammenhang mit Eßbachs Ausgangsthese, es bestehe 1844/45 »ein kontroversdialogisches Verhältnis« zwischen Stirner und Marx (a. a. O., p. 5), ist der »weitgehende Gleichklang in der Argumentation« bei Stirner und Marx (vgl. a. a. O., p. 44–47), der Eßbach zu der Annahme veranlasst, Marx habe Stirner bei seiner Sue-Rezension »direkt als Vorlage benutzt« (a. a. O., p. 43); allerdings sieht Eßbach eine »Parallelität der Argumentation« (a. a. O., p. 47) auch dort, wo sie m. E. nicht vorhanden ist.

der mit den Jungdeutschen sympathisierende Publizist Karl Grün die Abhängigkeit Stirners von Bruno Bauer nachweisen zu können:

> Herr Schmidt repräsentirt offenbar die gute Seite des Br. Bauer'schen Kritizismus, die nur darin ein Brett vor den Kopfe hat, dass der einzelne Mensch sich selbst *erschaffen*, d. h. durch die Kritik zu dem »freien Selbstbewußtsein« kommen soll ... Diese extreme Subjektivität ist eben so unsozialistisch, wie Eugen Sue es immer nur sein mag.[147]

Grün verkennt, dass sich Stirner bereits von Bruno Bauers kritischer Kritik und seiner Hegel verpflichteten Philosophie des freien und allmächtigen Selbstbewusstseins gelöst hat. Eine andere zeitgenössische Publikation des Publizisten und zeitweise Redakteurs des *Königsberger Literaturblattes*, Alexander Grün, sieht auch die Nähe zu Bruno Bauer, beschreibt aber die alle Banden sprengende Radikalität Stirners mit apokalyptischen Szenarien: Nach dem Ende der Philosophie, Theologie und Religion behaupte Stirner jetzt das Ende der Moral. Wenn das, was Stirner will

> realisiert würde, so müßte jene Farce eines toll gewordenen Literatenthums in eine allgemeine Völkerwuth ausbrechen, kein Bürgerkrieg mehr, sondern die Selbstzerfleischung und Verschlingung der entfesselten Thierheit im Menschen ...[148]

Anlässlich einer eher flüchtigen Darstellung von Stirners Rezension meint Karl Joël weniger panisch, Stirner habe inzwischen »seine Sprache gewonnen!«[149] Auch, ja, aber nicht nur: Stirner bewegt sich mit dieser Rezension mitten in der Eigner-Problematik. Wenn Hans Sveistrup meint, »der sich selbst Angehörige, der selbstgeschaffene Mensch, der Eigner seiner selbst« fehle noch in den »Mysterien«,[150] übersieht auch er, dass sich Stirner mit diesem Aufsatz von Hegel,

---

[147] K. G[rün], Ein Urtheil über die »Geheimnisse von Paris«. Darmstadt 1845, p. 148. Diese Darstellung übernimmt unkritisch und ohne hinter Max Schmidt Stirner zu erkennen eine Textsammlung (W. W. Behrens, G. Bott, H.-W. Jäger u. a. (Hrsg.), Der Literarische Vormärz. München 1973, p. 126, Anm. 1).
[148] A. Jung, Die Kritik in Charlottenburg. Königsberg 1848 (zuerst 1844), p. 225.
[149] K. Joël, Stirner. Berlin 1901, p. 256.
[150] H. Sveistrup, Stirners drei Egoismen. Lauf bei Nürnberg, Bern und Leipzig 1932, p. 36. Sveistrups Missverständnis rührt daher, dass er bei den »Mysterien« von »einer charakterkundlichen Überlegung, einer Ordnung der Charakte nach Typen« (a.a.O., p. 35) ausgeht, die seine weiter unten zu besprechende These einer »gruppwissenschaftlichen Lehre Stirners« (a.a.O., p. 36), die er im »Einzigen« glaubt nachweisen zu können, bestätigen soll (vgl. das Kapitel 5.2. Die integrativen Tendenzen des Eigners im Verein).

Die Thematisierung des Eignerthemas in den Frühschriften

Bruno Bauer und den anderen Junghegelianern, einschließlich Ludwig Feuerbach,[151] gelöst und entfernt hat und eine Problematik thematisiert, die der »Einzige und sein Eigentum« radikalisiert aufgreift und von den verschiedensten Seiten angeht. Die folgenden Ausführungen werden das veranschaulichen.

---

[151] W. Eßbach erkennt diesen Bruch mit Feuerbachs Anthropologie nicht; er siedelt Marx und Stirner 1843 und 1844 im Feuerbachlager an (Die Bedeutung Max Stirners für die Genese des historischen Materialismus. Göttingen 1978, p. 42 und 53) und kommt durch diese falsche These zu der falschen Schlussfolgerung, Stirner ergreife wie Marx Partei für Marie und statte sie mit allen Feuerbachschen Attributen des ›wahren Menschen‹ aus (a. a. O., p. 48), während es Stirner, wie oben aufgezeigt werden konnte, um den sich »eigenen Menschen« (KS 291), den Eigner, geht. Eßbach widerspricht sich allerdings insofern, als er an anderer Stelle behauptet, Stirners »Einziger« markiere den »Bruch mit den Junghegelianern« (a. a. O., p. 90), ebenso wie Marx und Engels breche er »mit dem gesamten junghegelianischen Diskussionszusammenhang« (a. a. O., p. 107; vgl. auch a. a. O., p. 64 und p. 257, Anm. 112).

B. Das Thema des Eigners in »Der Einzige und sein Eigentum«

Am 26. Oktober 1844 reichte der Verleger Otto Wigand in Leipzig ein Exemplar von Stirners philosophischem Hauptwerk »Der Einzige und sein Eigentum«, vordatiert auf das Jahr 1845, entsprechend den gesetzlichen Vorschriften bei der Königlich sächsischen Kreis-Direction in Leipzig ein.[1] Die Behörde verfügte zwei Tage später die Beschlagnahme und ein Vertriebsverbot des Buches mit der Begründung, es greife Religion, Kirche, soziale Verfassung, Staat und Regierung an, leugne das Eigentum und rechtfertige Lüge, Meineid, Betrug, Mord und Selbstmord.[2]

Das preußische Ministerium, durch das Verbot des Buches in Sachsen alarmiert, verfügte am 7. November ebenfalls die Beschlagnahme der Schrift, »›weil sie eine auf Vernichtung aller Religion und Sittlichkeit hinauslaufende Theorie‹ entwickele und zu verbreiten suche«.[3] Der Literatur- und Kulturkritiker Heinrich H. Houben, seit 1921 literarischer Direktor des Deutschen Verlages in Berlin und der Gründer der Deutschen Bibliographischen Gesellschaft, weiß auf-

---

[1] Otto Friedrich Wigand gründete seinen Verlag 1832 und erweiterte ihn 1842 zusammen mit seinen Söhnen Walter und Otto um eine Buchdruckerei. 1863 übergab er den Verlag seinem Sohn Hugo Karl, der 1873 in Wien an der Cholera starb. Dessen Erben führten den Verlag weiter und gaben 1882 eine zweite Auflage des »Einzigen« heraus. 1901 erschien schließlich bei Wigand noch eine dritte und letzte Auflage.
[2] Communicat der Königlich Sächsischen Kreis-Direction Leipzig, vom 28. October 1844. Landesarchiv Bautzen, Kreishauptmannschaft Bautzen, Nr. 13416, fol. 145 r+v (nach H. G. Helms, Die Ideologie der anonymen Gesellschaft. Köln 1966, p. 603).
[3] In einem »Regierungs-Ausschreiben« des Herzogtums Lauenbeurg vom 21. Dezember 1844 werden die Leser aufgefordert, »die etwa bei den Buchbindern oder sonst im Handel vorkommenden Exemplare« des Buches von Max Stricker (!) »zu confisciren und an Uns einzusenden.« (J. Richter, (Hrsg.): Sammlung der Verordnungen, Ausschreiben und sonstigen Verfügungen. Ratzeburg 1849, p. 393).

Das Thema des Eigners in »Der Einzige und sein Eigentum«

grund seiner Recherchen im Preußischen Geheimen Staatsarchiv[4] weiter zu berichten:

Die Ausbeute der Recherche war gering: in Berlin fanden sich vier oder fünf Exemplare, in Trier, Quedlinburg und Pommern je eines, in Posen und Westfalen konnten die Sendboten der heiligen Hermandad auch nicht eines erwischen. Am selben Tage auch ließ Herr v. Arnim durch seinen Kollegen Bülow vom Ministerium des Äußeren sämtliche deutschen Bundesregierungen zur Nachachtung des sächsischen und preußischen Vorgehens aufmuntern. Wie erstaunte man aber, als plötzlich die Nachricht kam: Sachsen hat das Verbot wieder aufgehoben![5]

Die Verwirrung war groß, hatten doch viele Regierungen den Aufruf Preußens befolgt; ... Was war geschehen?

Schon am 2. November 1844 war in Sachsen die Verfügung durch den Minister des Innern mit der Begründung aufgehoben worden,

der »Einzige« könne nach den bestehenden Gesetzen zwar verboten werden, es müsse jedoch »außer der Frage der *rechtlichen* Begründung« auch »die der Zweckmäßigkeit und wirklichen Nothwendigkeit im Sinne der öffentlichen Wohlfahrt in Betracht« gezogen werden. Nachteilige Wirkung auf die Leser sei vom »Einzigen« nicht zu erwarten. Er demonstriere die beklagenswerten Resultate der Philosophie und werde beim Publikum Abscheu hervorrufen. Die »religiös-sittliche Ansicht des Lebens« könne kaum wirksamer gefördert werden als durch eine Schrift, die einen derart niedrigen und beschränkten Standpunkt vertrete.[6]

Die Nachrichten stifteten in Preußen Verwirrung. Am 28. November

erging eine Anfrage an Herrn v. Jordan in Dresden. Schon am 4. Dezember kam dessen kleinlaute Antwort, der ein Schreiben des sächsischen Ministers v. Falckenstein beilag.

---

[4] Ausgewertet wurden die Akten Rep. 77 II L 34 und Ausw. Amt Rep. IV 196 Vol. 4 und 5.
[5] H. H. Houben, Verbotene Literatur. Dessau 1925², p. 578.
[6] H. G. Helms (Die Ideologie der anonymen Gesellschaft. Köln 1966, p. 603) zitiert die Verfügung des Ministeriums des Innern, gez.: v. Falkenstein, Dresden, vom 2. November 1844. Landesarchiv Bautzen, Kreishauptmannschaft Bautzen, Nr. 13416, fol. 148–149.
Der Publizist Eduard Meyen, Junghegelianer und einer der Berliner »Freien«, bestätigt diese Vermutung der Zensurbehörde auf seine Weise, wenn er die anfängliche Beschlagnahme mit dem Satz kommentiert: »Es hat jedoch damit keine solche Noth. Die Philosophie hat lange zu schreien, bis sie vom Volke gehört wird.« ([E. Meyen]. Berlin, 4. Nov., in: Trier'sche Zeitung, Nr. 317. Trier, 12. November 1844, p. [1]).

Das Thema des Eigners in »Der Einzige und sein Eigentum«

Das Schreiben bestätigte die erfolgte Beschlagnahme; allerdings habe man die Konfiszierung wieder aufgehoben, da die Schrift

vermöge ihres sehr bedeutenden Umfanges, ihres Tones und ihrer Sprache in Kreisen, in welchen sie etwa schädlich wirken könnte, kaum Eingang finden wird, ja sogar großentheils nur den Eindruck der schlagendsten Selbstwiderlegung, wo nicht der Ironie, hinterlässt«. Daher sei sie nicht gemeinschädlich.»Am wenigsten glaubte man aber durch die Anordnung irgendeiner auswärtigen Regierung Anlaß zu einer Beschwerde zu geben, zumal die Schrift sich fern von allen speziellen Beziehungen hält und jedenfalls weit unbedenklicher ist, als manche der censurfreien Schriften, die gleichwohl neuerlich hier und da mit einer fast überraschenden Nachsicht behandelt zu werden scheinen.[7]

So durfte das nach Mackay »radikalste und ›gefährlichste‹ Buch jener und jeder Zeit«[8] (»dangerous in every sense of the word«, ergänzt James Huneker, »to socialism, to politicians, to hypocrisy«[9]) Anfang November 1844 in Sachsen offiziell ausgeliefert und zum Preis von 2 Thalern und 15 Silbergroschen verkauft werden,[10] nachdem Stirner

---

[7] H. H. Houben, Verbotene Literatur. Dessau 1925², p. 578 f.
Eine Erklärung des Hin und Her versuchen die Würzburger Nachrichten mit Bezug auf die Kölnische Zeitung zu geben: »Eine solche Beschlagnahme ist, erfolgt sie auf bloßen Befehl der genannten Behörde [Kreisdirection] immer nur eine provisorische, die jedoch in der Regel von der höchsten Behörde, dem Ministerium, gebilligt und ... sanctioniert wird. Gegen alles Erwarten hat aber ... das Ministerium das Verfahren der Kreisdirection nicht bestätigt, sondern das wunderliche Werk wieder zum unbehinderten Betriebe frei gegeben. Als Grund dieses Verfahrens ist einmal das große Volumen des Buches angeführt, das vom Lesen abschrecken dürfte und die allzu sehr in's Auge springende Haltlosigkeit der Meinungen, die der Verfasser darin verfechte und die kaum als Schade stiftend betrachtet werden könnten« (Neue Würzburger Zeitung vom 13.11.1844, S. 2).
[8] J. H. Mackay, Max Stirner. Freiburg/Br. 1977 (1898), p. 127.
[9] J. Huneker, Egoists. London 1909, p. 371.
[10] Die »Bibliographie des Neuesten im deutschen Buchhandel« (in: Intelligenzblatt zur Allgemeinen Literatur-Zeitung. 60. Jg., Nr. 71, Halle und Leipzig, Sp. 583) zeigt den »Einzigen« im November 1844 als erschienen an.
Da inzwischen das preußische Rundschreiben mit der Aufforderung zu einer Beschlagnahme des Buches die anderen Regierungen erreicht hatte, muss die unterschiedliche Zensurpraxis in Bezug auf den »Einzigen« berücksichtigt werden. H. H. Houben (a.a.O., p. 579 f.) weiß darüber zu berichten:
Verbote erließen die Stadt Frankfurt (am 15. November), das Herzogtum Nassau (am 18. November), Mecklenburg-Strelitz (am 21. November) und Mecklenburg-Schwerin (am 17. Dezember); Dänemark (als Besitzer Holsteins Teilhaber am Deutschen Bund) folgte am 13. Dezember. Bayern befahl am 29. November allen Kreisregierungen, die Schrift »alsbald der geeigneten preßpolizeylichen Würdigung und Einschrei-

Das Thema des Eigners in »Der Einzige und sein Eigentum«

das Manuskript, einer Bemerkung im »Einzigen« zufolge, im Juli oder August 1844 abgeschlossen hatte.[11] Bemerkungen in seinen »Kleineren Schriften« (vgl. KS 239 und 277) und die methodische Arbeitsweise Stirners – nämlich »unmittelbar nach dem Erscheinen«

---

tung zu unterstellen«. Österreich belegte den »Einzigen« am 4. Dezember mit dem schärfsten Verbot (»Damnatur nec erga schedam«) (vgl. dazu auch K. Glossy, Literarische Geheimberichte aus dem Vormärz. Wien 1912, Anmerkungen p. 92: wegen des »›in religiöser, sittlicher und sozialer Beziehung höchst verwerflichen Inhaltes‹«); auch Kurhessen (Hessen-Kassel) verbot das Buch, wie der Gesandte v. Savigny am 9. Dezember meldete. Dagegen wollte die Großherzoglich-hessische Regierung (Hessen-Darmstadt) nicht durch ein Verbot auf ein Buch aufmerksam machen, das »durch die Übertreibungen, die es enthalte, das beste Gegengift gegen seine Gefährlichkeit und weitere Verbreitung in sich trage«.
Darmstadt und Sachsen-Weimar erließen kein Verbot. Hannover erklärte am 17. Januar 1845, das Buch gehöre »zu den philosophischen, dem großen Haufen völlig unzugänglichen Abhandlungen«; seine Beurteilung könne deshalb »nicht wohl zum Gegenstande polizeilicher Tätigkeit gemacht werden«. Bürgermeister Sieveking in Hamburg hatte bereits am 11. November erklärt, ein Verbot des Buches müsse der Bundestag als »höchste Behörde« anordnen; er verbiete nur die Ankündigung des Buches in den Hamburger Zeitungen. Auch Lübeck hatte am 13. November erklärt, man werde gegen »solche Anstoß erregenden Schriften nach bundesgesetzlichen und örtlichen Bestimmungen« verfahren. Waldeck schrieb am 10. Dezember nach Berlin, Stirners Buch beschreibe ein System, »dessen Unrichtigkeit auch von dem Ungeübtesten leicht erkannt werden kann, und dessen Verkehrheit und grobe Entfernung von Allem, was nur jeder für vernünftig und moralisch notwendig erkennen muß und wird, ohne Zweifel bei jedem Leser eben so wenig Überzeugung von – als Hinneigung zu den darin vorgetragenen Lehrsätzen, sondern vielmehr im Gegenteil die Erkenntnis von deren Unrichtigkeit und einen Abscheu gegen die darin empfohlene Lehre des gröbsten sinnlichen Egoismus und der frechsten Unmoralität erwecken wird«. Der Gesandte von Kassel, Herr v. Savigny, bescheinigte in dem von ihm am 17. Dezember nach Berlin übermittelten Schreiben dem Buch immerhin »Anspruch auf Originalität«.
Für Preußen und Minister von Arnim war es nur ein schwacher Trost, dass das preußische Oberzensurgericht am 26. August 1845 die Beschlagnahme des »Einzigen« mit der Begründung bestätigte: »Dem Prinzip des schrankenlosesten und krassesten Egoismus huldigend, geht die Schrift auf das Entschiedenste gegen alle Religion und Sittlichkeit, gegen jede politische und gesellschaftliche Ordnung, sie verteidigt die Berechtigung zu jedem Verbrechen. Dass eine Verbreitung derartiger Theorien, denen vielfach eine praktische Nutzanwendung in dem Werke gegeben ist, dem gemeinen Wohle Gefahr bringend ist, bedarf keiner Ausführung.«
Inzwischen hatte der »Einzige« freilich sein Publikum gefunden.
[11] In einer »Schlussanmerkung« reagiert Stirner auf »das neueste, das achte Heft der Allgemeinen Literaturzeitung von Bruno Bauer«, das im Juli 1944 erschienen war, »nachdem mein Buch zu Ende geschrieben ist ...« (EE 152). Siehe auch EE 155, 158, 247, 419.
Nichts spricht für die Behauptung von H. Arvon, dass Stirner bereits im April 1844

bestimmter Schriften auf diese zu reagieren (EE 151, vgl. auch EE 232, Anmerkung) – weisen darauf hin, dass Stirner aller Wahrscheinlichkeit nach bereits seit Frühjahr 1842, vielleicht schon seit Ende 1841, am »Einzigen« arbeitete; das würde bedeuten, dass seine Frühschriften entweder kurz vor der Niederschrift des »Einzigen« oder, jedenfalls die späteren, parallel dazu entstanden sind.

Wenn nun aber doch von einer durch besondere Umstände bedingten Radikalisierung der Eignerthematik gesprochen werden kann, bieten sich dafür zwei Gründe an:
- In Sachsen brauchten nach den Zensurbestimmungen Schriften über zwanzig Bogen nicht der Zensur vorgelegt werden; Stirner konnte in seinem »Einzigen« das deutlicher ausdrücken, was er in seinen Zeitschriftenaufsätzen nur verschlüsselt oder andeutungsweise formulieren konnte, nachdem er die Zensurpraxis am eigenen Leibe erfahren hatte (siehe dazu KS 58); Gustav Mayer bescheinigt Stirner diplomatisches Vorgehen bei seiner journalistischen Tätigkeit.[12]
- Mit seinen Zeitungskorrespondenzen und Aufsätzen versuchte Stirner in erster Linie in das aktuelle tagespolitische Geschehen einzugreifen. Sein rhetorischer Stil und seine Argumentationsweise deuten darauf hin, dass er aktuelle realpolitische Absichten verfolgte und den konkreten Leser im Auge behielt; wer in rhetorischen Kategorien konzipiert, denkt primär vom Rezipienten her: »Man gewinnt seine Sache am besten dann, wenn man die allgemeine Sympathie zu erwecken weiß, und viel gelesene Zeitungen sind dazu das geeignetste Mittel.« (KS 58). Der »Einzige« dagegen mischte sich ein in die Auseinandersetzungen mit Hegel und in der Hegelschule und wurde von Stirner verstanden als realpolitisches Konzept einer Wirklichkeit, die vom Bewusstsein des Eigners bereits antizipiert worden ist.

---

sein Buch vollendet hatte (Max Stirner. An den Quellen des Existenzialismus. Rangsdorf 2012, p. 58), eine Behauptung, die D. McLellan unkritisch übernimmt (Die Junghegelianer und Karl Marx. München 1974 (1969), p. 137). Mackay meint, der erste Plan für den »Einzigen« falle in das Jahr 1842 und nimmt an, »dass das Werk in dem Zeitraum von anderthalb Jahren – von 1843 bis etwa Mitte 1844 – entstanden ist.« (J. H. Mackay, Max Stirner. Freiburg/Br. 1977 (1898), p. 126).

[12] G. Mayer, Die Anfänge des politischen Radikalismus im vormärzlichen Preußen. Berlin 1913, p. 57.

Das Thema des Eigners in »Der Einzige und sein Eigentum«

Es handelt sich demnach zwar auch um eine Radikalisierung der Inhalte der Eignerthematik selbst, aber in erster Linie um eine Radikalisierung der dem Thema des Eigners inhärenten Konsequenzen und deren Formulierung.

1. Das Postulat der Zeitwende

Das Zeitbewusstsein im Vormärz wird charakterisiert durch das Bewusstsein einer bevorstehenden einschneidenden Zeitwende. Bevor wir zu Stirners Unterscheidung von alter und neuer Zeit kommen, zeichnen wir kurz und beispielhaft anhand der jungdeutschen und junghegelianischen Vorstellungen den Hintergrund dieses Zeitverständnisses,[1] um dann Stirners Zeitbewusstsein als radikalisierten Höhepunkt dieser Tendenzen verstehen zu können.

Im ersten Teil seines »Systems der Wissenschaft«, in der 1807 erschienenen »Phänomenologie des Geistes«, beschreibt Hegel seine Zeit als »eine Zeit der Geburt und des Übergangs zu einer neuen Periode«. Die alte Welt ist, verschiedene Symptome deuten es an, am »Zerbröckeln«,[2] »das Gebilde der neuen Welt« zeichnet sich in seinen Konturen ab, nicht als etwas Abgeschlossenes, Fertiges, als »eine vollkommene Wirklichkeit«, sondern erst als deren »Unmittelbarkeit« oder deren »Begriff«. »Sowenig ein Gebäude fertig ist, wenn sein Grund gelegt worden, so wenig ist der erreichte Begriff des Ganzen das Ganze selbst.«[3]

Dieses Bewusstsein, eine Übergangszeit mitzuerleben und mit-

---

[1] Mit Recht weist H. Stuke (Philosophie der Tat. Stuttgart 1963) darauf hin, dass »von den entgegengesetztesten Parteien, von Revolutionären und Reaktionären, Progressiven und Konservativen, Linken und Rechten, Royalisten und Republikanern, Atheisten und Christen, Idealisten und Materialisten ... die Gegenwart als Übergangsperiode erfahren« wird (p. 76). Stuke bringt eine Reihe von Belegen für seine Feststellung (siehe a. a. O., p. 68–82); exemplarisch sei an dieser Stelle auf Constantin Frantz hingewiesen, der in einem reaktionären zeitkritischen Beitrag die Meinung vertritt, es sei »eine Periode der Weltgeschichte abgelaufen, und tausend Stimmen sprechen die Ahnung einer neuen Zeit aus, – einer bessern schönern Zukunft, die uns kommen wird und die uns kommen muss, so gewiss als das Menschengeschlecht nicht bestimmt sein kann sich in Fäulniss und Moder aufzulösen.« (Grundzüge des wahren und wirklichen absoluten Idealismus. Berlin 1843, p. VIII, siehe auch p. 217).
[2] G. W. F. Hegel, Phänomenologie des Geistes. Frankfurt 1970 (1807), p. 18.
[3] a. a. O., p. 19.

Das Postulat der Zeitwende

zugestalten, durchzieht leitmotivisch die philosophische, literarische und theologische Diskussion in der ersten Hälfte des 19. Jahrhunderts,[4] freilich nicht mehr im Sinne Hegels als Ausarbeitung der Wissenschaft als »Krone einer Welt des Geistes«,[5] sondern unter modifizierten, ins Realpolitische übersetzten Forderungen, die sich bei den Jungdeutschen und Junghegelianern als schroffe Absage an Hegels Anspruch verstehen, die Erscheinungen der Welt aus der Natur des Geistes erfassen und zur Darstellung bringen zu können.

So kritisiert das Junge Deutschland den Anachronismus einer Gegenwart, in der abgelebte und überlebte Prinzipien der Vergangenheit, weitgehend Prinzipien der Restaurationszeit, verhindern, dass sich notwendige gesellschaftliche Veränderungen durchsetzen können.[6] Die Gegenwart wird als statisch und »abgestorben« empfunden, als »Larve der alten Zeit«; durch die gesamte Gegenwart schimmert »die Totenfarbe«.[7]

Der jungdeutsche Journalist und Schriftsteller Theodor Mundt fühlt sich »aus bloßer Zerstreuung der Feder« versucht, anstelle »moderner Gesellschaft« immer »modernder Gesellschaft« zu schreiben;[8] er spricht von einem »Umwälzungsprozeß«, vom »Ziehen und Zucken einer ethischen und gesellschaftlichen Umgestaltung«,[9] der keine Gegenwart mehr Kraft verleiht, sondern »die von Zukunft trunken scheint«.[10]

---

[4] »Philosophie, Religion und Kunst«, schreibt Theodor Mundt in seinem Vorwort zu den »Kritischen Wäldern« (Leipzig 1833, p. VI), »überhaupt alle geistige Tendenzen, stehen jetzt nicht mehr abgesondert einander gegenüber, sie berühren sich vielmehr in den Bildungen hochbegabter Männer zu den tiefsten Beziehungen ...«
Vgl. auch den Abschnitt »Probleme des Zeitbewußtseins«, in: H. Popitz, Der entfremdete Mensch. Basel 1953, p. 4–65.
[5] G. W. F. Hegel, a.a.O., p. 19.
Die Junghegelianer, deren Zeitbewusstsein von Hegel stark beeinflusst wurde (was weiter unten noch ausführlicher dargestellt wird), berufen sich dann auch u.a. auf diese Stelle in Hegels »Phänomenologie«; vgl. z.B. die von G. Herwegh herausgegebenen »Einundzwanzig Bogen aus der Schweiz« (Zürich und Winterthur 1843, p. [157]).
[6] Zum Postulat der Zeitwende bei den Jungdeutschen vgl. den Abschnitt »Die Polarisierung der Übergangszeit«, in: U. Köster, Literarischer Radikalismus. Frankfurt 1972, p. 3–10.
[7] L. Wienbarg, Ästhetische Feldzüge. Berlin und Weimar 1964 (1834), p. 75 f.
[8] Th. Mundt, Madonna. Leipzig 1840², p. 432 (Nachwort).
[9] a.a.O., p. 435.
[10] a.a.O., p. 434.

Aber diese Periode, ungeachtet ihrer Weltgerichtsmiene, ist auch nur eine *Uebergangs-Periode*, zum Trotz und zum Schrecken Denen, welche einen Abschluß, eine Erdepoche darin gefunden wähnten! An diese Uebergangsperiode ist dann bereits das Hegelsche System als ein solches Culminations-System des sich selbst denkenden Gedankens, als die Lehre der nackten Wahrheit, verfallen, oder es ist vielmehr das eigentliche System dieser Uebergangsperiode selbst, und als solches welthistorisch.[11]

Die Kritik an überlebter Vergangenheit impliziert, wie Mundt bereits andeutet, ein neues Moment, das Moment einer antizipierten Zukunft, das sich, wenn auch noch verhüllt und konkret nicht greifbar, abzuzeichnen beginnt und in Postulaten die gegenwärtige Realität für eine zukünftige austauscht. Die Zukunft manifestiert sich als Tendenz und Perspektive in einer unzeitgemäßen Gegenwart. Ludwig Börne, der die These verficht, das ästhetische Zeitalter werde von einem politischen abgelöst, sieht in der so antizipierten Zukunft das eigentlich Zeitgemäße: Die Deutschen hätten die Gegenwart in die Zukunft projiziert und die Vergangenheit in die Gegenwart herübergerettet.[12]

So stellt sich die Gegenwart nicht dar als Vermittlerin zwischen Tradition und Zukunftspostulat, sondern als eine Zeit, in der der Widerspruch regiert und Prinzipien der Vergangenheit und Zukunft antagonistisch und unversöhnlich aufeinanderprallen. Die Antizipation der Zukunft ist deshalb radikale Absage an die Vergangenheit; die Zukunft, in der alles neu und anders gestaltet werden müsse, zeigt sich als »die Morgenröthe ... der neuen Schöpfung« am Himmel.[13] Weil die reale Gegenwart ebensowenig wie die Vergangenheit die Voraussetzungen für eine vernünftige Gestaltung der Zukunft bietet, muß die Zukunft neu entworfen werden und als Entwurf in einer geträumten Gegenwart vorweggenommen werden.

Es gibt eine Welt, die, wann sie auch nur in unsern Träumen lebte, sich eben so zusammensetzen könnte zur Wirklichkeit, wie die Wirklichkeit selbst, eine Welt, die wir durch Phantasie und Vertrauen zu combiniren vermögen. Schaale Gemüther wissen nur das, was geschieht; Begabte ahnen, was sein könnte; Freie banen sich ihre egne Welt.[14]

---

[11] a.a.O., p. 410.
[12] L. Börne, Gesammelte Schriften, Bd. 3. Leipzig o.J., p. 551.
[13] K. Gutzkow, Wally. Mannheim 1835, p. 294. R. Giseke sah dann, am 18. März 1848, diesen Zeitpunkt gekommen: »das Morgenroth der neuen Zeit brach wirklich an ...« (Moderne Titanen. Leipzig 1850, 3. Theil, 5. Buch, p. 260).
[14] K. Gutzkow, a.a.O., p. 318. Ähnlich auch a.a.O., p. 323 f.

Das Postulat der Zeitwende

Da die herrschende Vergangenheit nicht vernünftig und die vernünftige Zukunft nicht herrschende Gegenwart ist, empfindet man seine Zeit als Provisorium und die gegenwärtigen Menschen als »provisorische Menschen«, als »das Product einer Krisis«.[15]

Die Hoffnung jedoch ist größer als die Furcht, auch wenn Zweifel das Herz einschnüren.

Das ist der Fluch der Zeit, der auf einer Übergangsepoche wie der unsrigen ruht, das ist der Schmerz, der die edelsten Geister durchdringt, der in so vielen Stunden die Hoffnung übertäubt und die Unruhe, die Zerrissenheit, den Zweifel erzeugt, Plagegeister der Menschheit, wenn sie nächtlich mit neuen Geburten schwanger geht.[16]

Der Nacht folgt ein Morgen, ein neuer Tag; »... es ist ein neues Leben, so gewiß und wahrhaftig, als das alte tot ist ...«.[17]

Im Organ der Junghegelianer, den 1838–41 von Arnold Ruge und Theodor Echtermeyer in Halle herausgegebenen »Hallischen Jahrbüchern für deutsche Wissenschaft und Kunst« und in deren Fortsetzung, den der preußischen Zensur wegen in Dresden herausgegebenen »Deutschen Jahrbüchern für Wissenschaft und Kunst« (1841–43), wird der Liberalismus als letzte Stufe des protestantischen Prinzips definiert, wie ihn auch Stirner im »Einzigen« charakterisiert (»Die politische Freiheit, diese Grundlehre des Liberalismus, ist nichts als eine zweite Phase des – Protestantismus ...«, EE 115); dabei wird, aber anders, als dies Stirner im »Einzigen« tut, der Protestantismus verstanden als Gegensatz zu der in der Gegenwart dominierenden Restauration und als »Zukunftsaspekt der Gegenwart«. Der Protestantismusbegriff der »Hallischen Jahrbücher« »war konzipiert als ein normativer Begriff, der die Realität in Frage stellte, weil er als nur geistige Wirklichkeit in einem emphatischen Sinne realer sich dünkte, als das bloß empirisch Bestehende«.[18]

So ist die Reformationsfeier für die »Hallischen Jahrbücher« kein feierlicher Gedenktag, sondern die Reformation feiern ist gleichbedeutend mit »den Geist der *Zukunft* feiern«.[19] Über die Intentionen der Reformation hinausgehend, bemühen sich die Jahrbücher um einen repräsentativen Parlamentarismus, um »die freie Bildung un-

---

[15] F. G. Kühne, Eine Quarantäne im Irrenhause. Leipzig 1835, p. 318.
[16] L. Wienbarg, Ästhetische Feldzüge. Berlin und Weimar 1964 (1834), p. 76.
[17] a.a.O., p. 75.
[18] U. Köster, Literarischer Radikalismus. Frankfurt 1972, p. 37.
[19] Hallische Jahrbücher, Leipzig 1839, p. 2343.

serer geistigen Wirklichkeit« als der »letzten Phase der *Reformation*«.[20] Als Postulat der Zukunft versuche der Protestantismus liberale Forderungen, unter anderem den »Kern der Reformation ..., ... die Macht des Geistes, sich auf sich selbst zu stellen«,[21] einzulösen.

Geschichte wird nicht verstanden als kontinuierlicher Prozess, sondern als ein unmittelbarer Antagonismus, der mit den Metaphern »tot« und »lebendig« und »alt« und »neu« charakterisiert wird. »Die Zeiten der Vermittlung sind vorbei. Hört Ihr die Brücken krachen zwischen dem Alten und dem Neuen?«, schreibt der wegen der Zensur nach Paris geflüchtete Karl Grün.[22] Die »Objektivität des Geistes« herrscht als »der todte Geist, die Staatsordnung des Polizeistaates [ist] der Moloch«, dem »das freie Subject« unterworfen wird, schreibt Arnold Ruge 1841 an Karl Rosenkranz.[23] Dieser »todte Geist« erweist sich als Anachronismus, als ein durch die Diskussion »*überwundener* Geist«;[24] als »Gespenst«;[25] denn der gegenwärtige Staat »ist *im Prinzip* und historisch überwunden«.[26]

In seinem auch von Stirner gelesenen und kritisierten Aufsatz »Preußen seit der Einsetzung Arndt's bis zur Absetzung Bauers« schreibt Karl Reinhold Jachmann (nicht Carl Witt, wie Gustav Mayer irrtümlich in seiner Ausgabe des »Einzigen« 1972 ff. meint): »Ja, die Geburtsstunde einer neuen Zeit ist herangekommen; schon befinden wir uns mitten in ihr ...«[27] Signale dieser Entwicklung sind für Jachmann ein sich durchsetzender »Vernunftglaube«, eine Liberalisierung des Staates und nicht zuletzt »ein Verein von edeln Männern«, die »Freien« in Berlin (von denen er allerdings fälschlicherweise annimmt, sie hätten sich »zu einer besonderen religiösen Gemeinschaft« zusammengeschlossen).[28] Das Bewusstsein, sich »in einer un-

---

[20] a.a.O., p. 1953.
[21] a.a.O., p. 1194.
[22] K. Grün, Vorwort zu »Neue Anektdota«. Darmstadt 1845, p. XIII. Vgl. auch M. Hess, Ueber die sozialistische Bewegung in Deutschland, in: K. Grün, a.a.O., p. 196 f.
[23] A. Ruge, Briefwechsel und Tagebuchblätter I. Berlin 1886, p. 223.
[24] A. Ruge, Die historische Komödie in unserer Zeit, in: Anekdota zur neuesten deutschen Philosophie und Publicistik. Zürich und Winterthur 1843, p. 199.
[25] Deutsche Jahrbücher. Leipzig 1842, p. 240.
[26] Deutsche Jahrbücher. Leipzig 1841, p. 3.
[27] In: G. Herwegh (Hrsg.), Einundzwanzig Bogen aus der Schweiz. Zürich und Winterthur 1843, p. 30.
[28] a.a.O., p. 30. Oder sollte Jachmann auf den 1841 gegründeten Verein der »Protestantischen Freunde« anspielen? Der Verein konstituierte sich später als religiöser

behaglichen und unbequemen Zeit des Ueberganges und der Entwicklung« zu bewegen, lebt von der Hoffnung, dass diese Generation einen gleichsam missionarischen Auftrag von der Geschichte bekommen hat, nämlich »die Keime einer bessern Zukunft zu pflanzen ..., während sie von der Vergangenheit eine Mißärnte geerbt hat.«[29]

Das Ergebnis der beobachtbaren »Geburtswehen einer neuen Zeit«[30] sei eine »neue Wirklichkeit, eine prinzipiell neue Welt«,[31] »ein neues Leben und ein neuer Geist«,[32] kurz: die »Verwirklichung der politischen Freiheit.«[33]

Die Umwälzungen, die sich anbahnen, werden »gewaltig und gründlich« sein,[34] mit nichts in der Vergangenheit vergleichbar, denn »die Menschheit muss, wenn sie eine neue Epoche begründen will, rücksichtslos mit der Vergangenheit brechen; sie muss voraussetzen, das bisher Gewesene sei Nichts ... Alle Anknüpfungen an das Vorhandene würden den Flug ihrer Thatkraft lähmen.«[35]

Am radikalsten artikuliert Bruno Bauer in einem Brief an Karl Marx seine Erwartungen: »Die Katastrophe wird furchtbar, tiefeingreifend werden und ich möchte fast sagen, sie wird größer und ungeheurer werden, als diejenige war, mit der das Christenthum in die Welt getreten ist.« Zweifel an dieser Prognose hegt Bauer nicht, weil die Umwälzungen für ihn Resultat einer dialektischen Entwicklung und Abschluss eines progressiven Geschichtsprozesses sind: »das

---

Bund der freigesinnten »Lichtfreunde«, so genannt nach dem Buch »Die Bibel im Licht der Bildung unserer Zeit« des Pfarrers G. A. Wislicenus.
[29] a. a. O., p. 32.
[30] Hallische Jahrbücher. Leipzig 1839, p. 1954.
[31] Deutsche Jahrbücher. Leipzig 1842, p. 192.
[32] A. Ruge, Bruno Bauer und die Lehrfreiheit, in: Anekdota zur neuesten deutschen Philosophie und Publicistik, Bd. 1. Zürich und Winterthur 1843, p. 142.
[33] A. Ruge, Briefe und Tagebuchblätter I. Berlin 1886, p. 223, (Brief an Karl Rosenkranz vom 25.02.1841).
[34] a. a. O., p. 240 (Brief an den Schriftsteller Adolf Stahr vom 08.09.1841).
[35] L. Feuerbach, Fragmente zur Charakteristik meines philosophischen Entwicklungsgangs. Stuttgart 1904, p. 378. Am 15.10.1844 schreibt Feuerbach an seinen Freund Friedrich Kapp: »Wahrlich bald – bald in Sinne der Menschheit, nicht der Individuen – bald wird sich das Blatt wenden, das Oberste zu unterst, das Unterste zu oberst kehren, die da herrschen, dienen, die da dienen, herrschen. Dies wird das Resultat des Kommunismus sein, nicht das von ihm beabsichtigte. Neue Geschlechter, neue Geister werden entstehen ...« (in: L. Feuerbach in seinem Briefwechsel und Nachlass, dargestellt von G. Grün, Bd. 1. Leipzig und Heidelberg 1874, p. 365).

Kommende ist zu gewiß, als dass man auch nur einen Augenblick unsicher seyn dürfte.«[36]

---

[36] Bruno Bauer, Brief an Karl Marx in Berlin, 5. April 1840, in: MEGA III, 1. Berlin (Ost) 1975, p. 346. Vgl. Hallische Jahrbücher. Leipzig 1841, p. 543.

2. Die Antizipation der Wirklichkeit des Eigners als Aufhebung der anthropologischen Wendung der Philosophie

Stirner betont in seinen Arbeiten die Vorstellung einer einschneidenden Zeitwende mit letzter Konsequenz. Was sich in den Schriften vor dem »Einzigen« im Umriss abzeichnet, die Beschreibung der Zukunftsperspektive des Einzelnen und seiner Verkehrsformen, ist Gegenstand von Stirners Hauptwerk; es antizipiert die Wirklichkeit des Eigners und beschreibt sie nicht als utopischen Entwurf, sondern als real erfahrbar und als zu verwirklichendes Postulat.

In den Veröffentlichungen vor dem »Einzigen« spricht Stirner von dem »gewitterschwangeren Geist der neuen Zeit« (KS [11]), dem es nicht um Halbheiten und Vermittlungen gehe. »Die Zeit der Aussöhnung und der Sophistik gegen Andere und uns selbst ist vorüber.« (KS 17). Die gegenwärtige »Zeit ist nicht mehr eklektisch und parteilos«, sie fordert Parteilichkeit und sucht die Stellungnahme (KS 81). Stirner spricht vom »verwesenden Nachlass der Vergangenheit« (KS [237]):

Ihr Freunde, eure Zeit ist nicht krank, sie ist abgelebt; darum quält sie nicht mit Heilversuchen, sondern erleichtert ihr letztes Stündlein durch Beschleunigung und lasst sie – genesen, kann sie nicht mehr – lasst sie *sterben* ... Nicht krank ist unsere Zeit, um geheilt zu werden, sondern alt ist sie und ihr Stündlein hat geschlagen (KS 294).

An der Gegenwart ist »nichts mehr zu verbessern« (KS 295); was bleibt sind die Forderungen an die Zukunft. Das »alte Prinzip« hat versagt und wird ersetzt durch eine alternative Philosophie: »Mit der Philosophie schliesst unsere Vergangenheit ab ...« (KS 247), und es beginnt eine neue Ära: die Ära des Eigners, die »Der Einzige und sein Eigentum« vorwegzunehmen versucht.[1]

---

[1] So ist es zwar richtig, Stirner als einen »Henker der Vergangenheit« zu bezeichnen, aber missverständlich und falsch, zu behaupten, er sei »kein Prophet der Zukunft« und sehe »keine neue ›Zeit‹« (K. Joël, Stirner. Berlin 1901, p. 239).

Denn Wirklichkeit ist die Welt des Eigners noch nicht. »Wir leben noch ganz im christlichen Zeitalter ...«, in einem menschlichen Christentum, das durch seine Menschlichkeit seinen feudalen Charakter zu verschleiern versucht; wir nehmen diese Feudalität »für Eigenheit und meinen unser ›Eigenstes‹ gefunden zu haben ...« (EE 318). Die Zeitwende bahnt sich jedoch an: »Wir stehen an der Grenzscheide einer Periode.« (EE 323). Nicht mehr der apollinische Weisheitsmythos des »Erkenne dich selbst«[2] steht »über der Pforte unserer Zeit«, sondern ein »*Verwerte Dich!*« (EE 318), und das bedeutet für Stirner: sich selbst Wert geben (EE 259), sich seiner eigenen Kraft bewusst zu werden, zu fühlen, dass eine ungeahnte Gewalt besteht, »die Gewalt über Mich selbst, d. h. über alles, was nur Mir eignet und nur *ist*, indem es mein eigen ist.« (EE 260).[3] Folgerichtig spricht Stirner von einer »scheidenden Geschichtsperiode« (EE 324) und einer »abgestorbenen Welt« (EE 297), in der Prinzipien zählten, denen jede Zukunft versagt ist. Stirner geht es jedoch, da sein individuelles Dasein mit seinen Forderungen einziges Kriterium ist, um die Jetztbewältigung und nicht um die Mitarbeit an einer teleologischen Konstruktion. Wegen seines »Prinzips« verwirft er den zeitlichen Aufschub seiner Forderungen und drängt auf deren Erfüllung hier und jetzt.

Jene Handelsfreiheit z. B., welche die Menschheit erst erreichen soll, und die man wie einen bezaubernden Traum in ihre goldene Zukunft versetzt, Ich nehme sie Mir als mein Eigentum vorweg und treibe sie einstweilen in der Form des Schmuggels. (EE 331)

Das ist kein »*heroisches* Existieren«, wie ein Stirner-Interpret in heroisch-barbarischen Zeiten meinte,[4] mit dem »die Zeitlichkeit der Vergangenheit, Gegenwart und Zukunft« überwunden[5] und ein irrationales Dasein durchlebt wird, das ist auch nicht Stirners »romance, his dream of an ideal world, his Platonic republic«[6], wie ein nordamerikanischer Stirner-Exeget den »Einzigen« missversteht, sondern es

---

[2] Siehe dazu G. W. F. Hegel, Vorlesungen über die Philosophie der Geschichte. Frankfurt 1970 (1837), p. 272.
[3] K. A. Mautz erkennt in dieser Stelle »die Forderung der Stunde«, im konkreten Individuum und seiner unmittelbaren Existenz den »wahrhaften, zeitgeschichtlichen Inhalt des Denkens« zu sehen (Die Philosophie Max Stirners. Berlin 1936, p. 77).
[4] W. Cuypers, Max Stirner als Philosoph. Köln 1937, p. 49.
[5] a. a. O., p. 50.
[6] J. Huneker, Egoist. London 1909, p. 370.

ist die in der Endlichkeit der Existenz erlebte Jetzterfahrung und die daraus abgeleitete Negation der Vertröstung zugunsten unmittelbarer Bedürfnisbefriedigung.

2.1. Die Zäsur in der ontogenetischen und phylogenetischen Entwicklung durch den Eigner

So, wie bei Hegel »die endgeschichtliche Konstruktion der Geschichte der Welt«[7] entsprechend seiner Konstruktion der drei absoluten Formen des Geistes: Kunst, Religion und Philosophie,[8] drei aufeinanderfolgende Epochen in der Selbstbefreiung des Geistes kennt, phylogenetisch und ontogenetisch verknüpft und unterschieden, nämlich die Geschichte des Orients als das Kindesalter des Weltgeschehens, die Griechenlands und Roms als das Jünglings- und Mannesalter, schließlich die der germanisch-christlichen Welt als das Greisenalter,[9] kennt auch Stirner in seinem »Einzigen« eine (kurze) entscheidende Ontogenese (»Ein Menschenleben«: EE 19–24) vom Knaben über den Jüngling zum Mann (und Greis) und eine (ausführliche) zu überwindende Phylogenese (»Menschen der alten und neuen Zeit«; EE 25–159) von den »Alten« zu den »Neuen« (und »Freien«), denen er den Eigner als abschließende und die Vergangenheit aufhebende Phase entgegensetzt.

Die formalen Übereinstimmungen zwischen Hegels und Stirners Trias können leicht über die grundsätzlichen Unterschiede hinwegtäuschen, die zwischen Hegels Konstruktion und Stirners Schematisierung dieser Konstruktion bestehen. Schauen wir uns Stirners Einteilung an, um dann der Frage nach den methodischen Absichten nachgehen zu können, die Stirner zu einer solchen Schematisierung veranlasst haben könnten.

In einer Auseinandersetzung mit der ihn umgebenden Welt versucht der Mensch, speziell der Knabe, »*sich* herauszufinden und *sich* zu gewinnen« (EE 19). Mit sich selbst kann er sich noch nicht beschäftigen, er braucht dazu »einen Gegenstand«, eine außerhalb sei-

---

[7] K. Löwith, Von Hegel zu Nietzsche. Stuttgart 1958⁴ (1941), p. 44.
[8] Vgl. dazu das Kapitel 3.5. »Kunst und Religion« als Entäußerungen des Eigenen.
[9] G. W. F. Hegel, Vorlesungen über die Philosophie der Geschichte. Frankfurt 1970 (1837), p. 135–141.

nes Subjekts liegende Objektwelt. Er verfolgt ausschließlich »*ungeistige*, d. h. gedankenlose und ideenlose ... Interessen« (EE 23).

Aber schon der Jüngling setzt sich mit sich selbst auseinander; er schiebt den »Gegenstand« zur Seite, »weil ihm *Gedanken* aus dem Gegenstand aufgingen: er beschäftigt sich mit seinen Gedanken, seinen Träumen, beschäftigt sich geistig ...« (EE 23); die Welt erscheint ihm in seiner Schwärmerei verbesserungsbedürftig, und er versucht, sie »nach seinem Ideale zu modeln« (EE 22). Die Gegenstände gewinnen nur dann Bedeutung für ihn, wenn er sie als Symbole erkennt, d. h. »wenn er in ihnen *Geist* entdeckt ...«. Der Jüngling hat daher »nur *geistige* Interessen« (EE 23).

Der Mann schließlich nimmt die Welt, »wie sie ist« (EE 22), d. h. er ist »›praktischer‹«, pragmatischer; er hat alle Ideale aufgegeben zugunsten seiner eigenen Interessen: Er hat »ein persönliches oder *egoistisches* Interesse, ein *eigennütziges* Interesse.« (EE 23). Der Mann macht »*sich* mehr zum Mittelpunkte«, er findet sich »hinter den Dingen« und »hinter den Gedanken«, nämlich: »als ihr Schöpfer und *Eigner*.« Er nimmt »die Welt als das, was sie Mir ist, als die Meinige, als Mein Eigentum: Ich beziehe alles auf Mich.« (EE 24).

Stirner fasst den ontogenetischen Entwicklungsprozess, in dem der Eigner im (vor-)letzten Stadium auftritt, folgendermaßen zusammen:

Das Kind war realistisch, in den Dingen dieser Welt befangen, bis ihm nach und nach hinter eben diese Dinge zu kommen gelang; der Jüngling war idealistisch, von Gedanken begeistert, bis er sich zum Manne hinaufarbeitete, dem egoistischen, der mit den Dingen und Gedanken nach Herzenslust gebahrt und sein persönliches Interesse über alles setzt. Endlich der Greis? Wenn Ich einer werde, so ist noch Zeit genug, davon zu sprechen (EE 24).

Dieser ontogenetischen entspricht eine epochale, phylogenetische Triade: die Epoche der »Alten«, die der »Neuen« (zu denen Stirner auch die »Freien« rechnet) und die des Eigners.

Unter der Epoche der »Alten« versteht Stirner in erster Linie die Zeit der Griechen, am Rande noch die der Römer. Stirners Darstellung der griechischen Philosophie reduziert diese auf die ethische Lehre des Eudämonismus und Hedonismus; die Alten suchen ausschließlich »wahren *Lebensgenuss*, Genuss des *Lebens!*« (EE 32). Als Beispiele für diese ethische Haltung nennt Stirner den Lyriker Simonides, den Kyniker Diogenes von Sinope, den Atomisten Demokrit und den Schüler des Sokrates, Aristipp, der die sokratische Frage nach dem Guten dahingehend beantwortet hat, dass das Gute die Freude (Hedone) sei. Die Stoiker dagegen lassen sich durch die Welt nicht affizieren, sie suchen die Freiheit der Seele von aller Leidenschaft, die Apathie (EE 101) und wollen »den Mann der *Lebensweisheit, den Mann der zu leben weiß*« (EE 32); nach Stirners Darstellung gilt das gleiche für die Epikureer und Römer (EE 33); so bekunde auch das berühmte »Nil admirari« Horaz' »die Gleichgültigkeit des *Andern*, der Welt«, die Athaumastia (»Unser Staunen nicht erregen«) (EE 102).[10]

Bei Hegel sind es »die moralischen Schriften der Stoiker« und »eine Reihe von Geboten« bei den Chinesen, die »zum Ziele der Glückseligkeit« verfasst wurden, und die Lehre der stoischen und chinesischen Moralisten kulminiere in der »Vorstellung eines abstrakten Subjekts, des Weisen ...«[11] Diese Parallelen verdeutlichen, dass Stirner nicht nur die geographische Gliederung und zeitliche Einteilung von Hegel übernimmt, sondern, freilich oft stark trivialisiert, auch deren inhaltliche Bedingungen rezipiert.

Die Entwicklung der griechischen Philosophie ist eine Ethik »der Weltabstoßung und Selbstbehauptung gegen die Welt« (EE 33). Es sind die Skeptiker (Pyrrhon von Elis und Timon von Phlius), die mit ihrem Agnostizismus vollständig mit der Welt brechen; was bleibt, ist grundsätzlicher Verzicht auf jedwede Positionsbeziehung; Ataraxie und Aphasie sind die Konsequenzen aus dieser Philosophie (EE 34; siehe auch EE 102).

Stirner unterscheidet zwei Perioden »griechischer Geistesbefreiung«, die jeweils wieder in sich untergliedert sind. Auf die Periode der »Verstandesallmacht«, proklamiert von den Sophisten, folgt die »Periode der *Herzensreinheit*« (EE 28) als »Tat der Skeptiker« (EE 29). Die »Prüfung des Herzens«, das heißt: die Akzentuierung qualitativer Entscheidungen (»der ›guten‹ Sache dienen«) rücke mit Sokrates in den Vordergrund; damit werde er zum »Gründer der Ethik« (EE 28).[12] Mit dem Verzicht auf die Unterscheidbarkeit von gut und böse bei den Skeptikern sei die Erkenntnis der Wahrheit zu einem Ende

---

[10] Horaz, Epistulae I 6, in: Sämtliche Werke. München 1960, p. 150.
[11] G. W. F. Hegel, Vorlesungen über die Philosophie der Geschichte. Frankfurt 1970 (1837), p. 96.
[12] Auch hier argumentiert Stirner in Abhängigkeit von Hegel, der Sokrates als den »*Erfinder* der Moral« bezeichnete, der die Griechen gelehrt habe, »das Rechte und Gute« zu erkennen (Vorlesungen über die Philosophie der Geschichte. Frankfurt 1970 (1837), p. 328 f.) und an anderer Stelle, sich auf Diogenes Laertius berufend, Sokrates

gekommen, »und nur der *erkenntnislose Mensch*, der *Mensch*, welcher an der Welt nichts zu erkennen findet, bleibt übrig, und dieser Mensch lasse die wahrheitsleere Welt eben stehen und mache sich nichts aus ihr.« (EE 34). Diese Gleichgültigkeit der Skeptiker gegenüber allem Weltlichen führt dazu, dass sich der Mensch nur noch für »das Geistige« interessiert. »Zum *Geiste* also schwangen sich die Alten auf und *geistig* strebten sie zu werden.« (EE 20. Das ganze Bestreben der Alten zielte auf die »*Weltüberwindung*« (EE 34) und war Suche nach dem »Weltüberwinder«.

Bevor wir auf die Epoche der »Neuen« zu sprechen kommen, die mit dem »Weltüberwinder« (EE 37) einsetzt, nämlich mit Christus, dem »revolutionären Neuerer und respektlosen Erben« (EE 25), ist es sinnvoll, der Frage nachzugehen, warum Stirner Hegels Darstellung der »Alten« aufgreift, diese Darstellung jedoch aus näher darzulegenden Gründen nicht im Sinne Hegels versteht, sondern sie, unter Beibehaltung des formalen, chronologischen Gerüsts, in einen die Inhalte banalisierenden und trivialisierenden Gegen-Entwurf umkonzipiert.[13]

Stirner geht es darum, die Stufen zu zeigen, die zu der erkenntnistheoretischen Position des Eigners geführt haben; es geht ihm darum, die Phasen zu beschreiben, die ein Fortschreiten der »Alten« vom Nur-Aufgehen im Lebensgenuss, dem ausschließlichen Leben des Lebens, über das Erkennen des Zu-Leben-Wissens, der Lebensweisheit, hin zur erkenntnislosen Innerlichkeit erkennen lassen. Die Auseinandersetzung mit sich und der Welt, mit der Stellung des Menschen in der Welt, führt stufenweise zur Überwindung und Verachtung der Welt und des Lebensgenusses. Je weiter sich der Mensch aus der gegenständlichen Welt zurückzieht, ein Rückzug, der schließlich in der Negation der »*Welt der Dinge*« gipfelt, desto mehr begibt er sich in eine »*Welt des Geistes*« (EE 34). Diesen Prozess bewertet Stirner, in diametralem Gegensatz zu Hegel, nicht positiv, als Selbstbefreiung des Geistes, sondern als Ent-Äußerung des Ursprünglichen und Eigenen. Die stufenweise »Geistesbefreiung« der Griechen (EE 28) ist insofern in den Augen von Stirner ein Prozess, der im Unter-

---

als Erfinder der Ethik bezeichnet (Vorlesungen über die Geschichte der Philosophie III. Frankfurt 1971 (1836), p. 444).
[13] K. Löwith macht zuerst auf Stirners Trivialisierung der Hegelschen Unterscheidung der »Alten« und »Jungen« aufmerksam (Von Hegel zu Nietzsche. Stuttgart 1958 (1941), p. 78).

Die Antizipation der Wirklichkeit des Eigners

schied zu Hegels spekulativer Konstruktion für Stirner im Unheil endet, im Geist, der »keine Beziehung zur Welt und Körperlichkeit« kennt (EE 29). Es »ist das Resultat von der Riesenarbeit der Alten, dass der Mensch sich als beziehungs- und weltloses Wesen, als *Geist* weiß.«

Der Geist aber, »diese Hinterlassenschaft der Alten«, dieses »Mädchen aus der Fremde« (EE 38) – wie ihn Stirner ironisierend, den Titel eines Gedichtes von Friedrich Schiller verfremdend[14] – nennt, ist ein Hirngespinst, Einbildung, ein »Sparren« und »Spuk« (EE 215 und passim).

Karl Marx und Friedrich Engels betonen mit Recht, dass Stirner die Geschichte des Altertums reduziert auf die Geschichte der griechischen Philosophie, diese wiederum auf einige in Stirners Konzept passende Begriffe und Philosophen (z. B. bleiben Platon und Aristoteles[15] völlig unberücksichtigt). »Die Geschichte der alten Philosophie muss sich nach der Konstruktion Stirners richten.«[16] Die Kritik von Marx und Engels verschärft sich in dem Vorwurf, Stirner stelle »die Tatsachen auf den Kopf«, indem er »die materielle Geschichte von der ideellen produziert werden lässt ...«[17]

Statt die »Welt der Dinge« zu schildern, die dem Christentum zur materiellen Basis dient, lässt er diese »Welt der Dinge« vertilgt werden in der Welt des Geistes im – Christentum.[18]

Marx und Engels bringen ihre Kritik an Stirners Darstellung der griechischen Philosophie deshalb auf den Nenner: »›Stirner‹ hat nicht die griechische Philosophie ›hinter sich‹, sondern die griechische Philosophie hat ›den Stirner‹ hinter *ihr*.«[19]

Diese Kritik wäre berechtigt, ginge es Stirner um eine philosophiegeschichtliche Darstellung und um historische Korrektheit;[20] sie

---

[14] F. Schiller, Sämtliche Werke, Bd. 2, hrsg. von O. Güntter und G. Witkowski. Leipzig 1910/11, p. 21; (das Gedicht wurde zuerst 1796 im »Xenienalmanach« veröffentlicht).
[15] Stirner erwähnt allerdings Aristoteles in einem anderen Zusammenhang, nämlich um seine Rechtsauffassungen zu verdeutlichen (EE 192).
[16] K. Marx und F. Engels, Die deutsche Ideologie, in: MEW 3. Berlin (Ost) 1969 (1932), p. 126.
[17] a. a. O., p. 121
[18] a. a. O., p. 127.
[19] a. a. O.
[20] Das sieht auch H. Sveistrup, wenn er schreibt, Stirners Geschichtsdarstellung werde »nicht mit dem Anspruch auf geschichtliche Treue, sondern zur Verdeutlichung

trifft ihn jedoch insofern nicht, als es ihm um ein methodisches Prinzip geht: Es geht gegen Hegel und die falsche Alternative Jenseits-Diesseits. Stirner »missbraucht« die Geschichte der »Alten« als Gegen-Entwurf zu Hegels – ernstgemeinter – Konstruktion, um ihr, nachdem er den Geist als Konsequenz aus dem Verzicht auf Weltlichkeit und Lebensgenuss abgeleitet hat, seine Alternative, den Eigner, seinen Bruch mit der Dialektik Hegels, entgegenzustellen.[21]

Betrachten wir unter diesem Gesichtspunkt Stirners Beschreibung der zweiten Epoche, der Epoche des Geistes und des Christentums.

In ihr sucht der Mensch die Wahrheit nicht mehr im Kampf gegen die »Gewalt der Dinge«, sondern im geistigen Leben, das von diesen Dingen abstrahieren muß (EE 27); es ist nicht mehr »die Zeit der Abhängigkeit von den Dingen«, sondern »die Zeit der Abhängigkeit von den Gedanken« (EE 76). Die Wahrheit als das Geistige und Himmlische (EE 26 f.) fordert eine Ent-Wertung aller Werte, in der das Wertvolle weltlos und das Wahre zur Lüge wird (EE 26). So einschneidend diese Veränderungen aber auch sein mögen, sie bleiben bloß reformatorisch, denn das Wesentliche wird nicht angegriffen: »Die Substanz, das Objekt *bleibt*.« (EE 77). Die Welt der Dinge wird lediglich ersetzt durch die »*Welt des Geistes*« (EE 34), denn die »Christen, d. h. die ›Neuen‹ und Neuerer gegen die Alten« (EE 31), lieben »nur den Geist«, von dem sich herausstellen wird, dass er »nichts ist«, dass er »eine – Lüge ist« (EE 36).

Christus personifiziert den Geist, er ist der »Geist, mit einem wirklichen Leibe«, somit eine contradictio in adiecto, ein »Widerspruch zweier Naturen, der göttlichen und menschlichen«. Damit hat Christus das eigentliche Wesen des Geistes erkennen lassen, hat an sich demonstriert, »dass der eigentliche Geist oder das eigentliche Gespenst – der Mensch sei«. Denn »Gott ist Mensch geworden« kann nichts anderes bedeuten als: »der Mensch ist – Geist.« (EE 51)

Dieser Geist aber hat die Welt aufgegeben, ist sie »los gewor-

---

entwickelt« (Stirners drei Egoismen. Lauf bei Nürnberg, Bern und Leipzig 1932, p. 57); allerdings erkennt Sveistrup nicht Stirners Trivialisierung der Hegelschen Geschichtskonstruktion.

[21] Auch E. Fleischmann weist darauf hin, dass sich Marx nie darum gekümmert habe, ob Stirners »»philosophie de l'histoire«« überhaupt als eine solche verstanden werden wollte oder als eine »réponse ironique aux spéculations historiques de l'école hégélienne.« (Le rôle de l'individu dans la société pré-révolutionnaire: Stirner, Marx, Hegel, in: Archives européennes de sociologie. Bd. 14, Nr. 1. Paris 1973, p. 100).

Die Antizipation der Wirklichkeit des Eigners

den«; nur »Geist und Geistiges« bleibt ihm »nach dem Verluste der Welt und des Weltlichen.« Da der Geist jedoch die Welt nicht vernichten kann, bleibt sie ihm »ein unwegräumbarer Anstoß«; gleich dem Jüngling in Stirners ontogenetischer Darstellung trägt die Epoche des Geistes die Sehnsucht in sich, die Welt »zu vergeistigen« und »zu erlösen«: Der Geist geht um »mit Welterlösungs- oder Weltverbesserungsplänen« (EE 37). Diesem Bestreben kann jedoch kein Erfolg beschieden sein, da sich die irdische Welt nicht nach den Vorstellungen des Geistes modeln lässt; sie muss ihm fremd bleiben. Der Geist wird erst dann »freier Geist, d. h. wirklich Geist«, wenn er sich eine ihm eigene geistige Welt konstruiert (EE 38), »seine Geisterwelt« (EE 39); mit ihr, dem Himmel (EE 78), diesem »Reich der Geistesfreiheit«, versucht er sich von der konkreten »Welt zu isolieren« (EE 79).

Hast Du schon einen Geist gesehen? »Nein, Ich nicht, aber Meine Großmutter.« Siehst Du, so geht Mir's auch: Ich selbst habe keinen gesehen, aber Meiner Großmutter liefen sie aller Wege zwischen die Beine, und aus Vertrauen zur Ehrlichkeit Unserer Großmutter glauben Wir an die Existenz von Geistern (EE 44).

Stirner travestiert auch hier die Terminologie und die Vorstellungen Hegels, der die Weltgeschichte versteht als Fortschritt des Geistes im Bewusstsein der Freiheit. Weil dieser Geist eben Geist ist, »lässt er sich nur geistig, durch den Gedanken erfassen.« Letztlich gehe es dem Geist nur »um die Produktion seiner selbst«: »Das Höchste aber für den Geist ist, sich zu wissen, sich zur Anschauung nicht nur, sondern zum Gedanken seiner selbst zu bringen.«[22]

Stirners fiktiver Dialog mit der Berufung auf die Großmutter als Autorität ist ein deutlicher Hinweis darauf, wie Stirner seine Darstellung verstanden wissen will: Es kann ihm nicht »Ernst damit« sein, wie Szeliga meint,[23] sondern, ganz im Gegenteil, er mokiert sich, zieht ins Lächerliche, banalisiert.[24]

---

[22] G. W. F. Hegel, Vorlesungen über die Philosophie der Geschichte. Frankfurt 1970 (1837) p. 96. Ebenso a.a.O., p. 99: »Der Geist *handelt* wesentlich, er macht sich zu dem, was er an sich ist, zu seiner Tat, zu seinem Werk; so wird er sich Gegenstand, so hat er sich als Dasein vor sich.« Siehe auch a.a.O., p. 101.
[23] Szeliga, Der Einzige und sein Eigenthum, in: Norddeutsche Blätter, Heft IX, Bd. II. Berlin 1845, p. 14; weil Stirner »Seinen Lebenslauf« und seine Weltgeschichte ernst nehme, müsse es auch der Kritik »sehr Ernst damit« sein.
[24] Vgl. dazu auch E. Fleischmann: »... les grands sujets de la critique stirnérienne – l'esprit et la liberté – ridiculisent complètement ces deux idées centrales de Hegel tout

Die Beziehung des Menschen zum Geist ist wie die Beziehung des Jünglings zur Welt:[25] Der Mensch malt sich ein »Geisterreich« aus, idealisiert die ihn umgebende realistische Welt. Damit unterwirft er sich einer fixen Idee, die ihm »das wahrhaft Heilige« (EE 54) wird. Einmal erfasst vom »Geist-Enthusiasmus«, wird das erstrebenswerte Ideal, »ganz Geist zu werden«; dieses Ideal ist für den Menschen ebenso wenig erreichbar wie für den Geist das Ideal, die Welt völlig zu vergeistigen. Da der Mensch das Ziel, »reiner Geist« zu werden, nie erreicht, siedelt er sein Ideal »jenseits der Menschenwelt« an: »so kann der reine Geist, der Geist als solcher, nur außerhalb der Menschen sein«, er haust als Gott »im Jenseits« (EE 41 f.). Mit Gott sucht der Mensch hinter dem Ding das »Ding an sich«, das »Unding«. Das Unding Gott, dieses höchste, mysteriöse, unbegreifliche Wesen, beherrscht als Spuk die Welt (EE 50), die Welt selbst wird geradezu ein Spuk, wird »unheimlich durch und durch, sie ist der wandelnde Scheinleib eines Geistes« (EE 45).

Jetzt ist Stirner auch in der Lage, zu sagen, was für ihn Religion

---

en utilisant l'appareil conceptuel hégélien.« (Le rôle de l'individu dans la société prérevolutionnaire: Stirner, Marx, Hegel, in: Archives européennes de sociologie. Bd. 14. Nr. 1. Paris 1973, p. 95).

Jeff Spiessens bestreitet in seiner Dissertation »The Radicalism of Departure«, in der er den Schwerpunkt seiner Interpretation originellerweise auf die »Erste Abteilung. Der Mensch« legt, immer wieder (m)eine ironische bzw. banalisierende Lesart von Stirners Hegel-Rezeption (Antwerpen 2012, p. 10, 85, 89, 124 et passim).

[25] Spätestens hier wird deutlich, dass auch die Ontogenese Stirners eine Banalisierung der Hegelschen Vorstellungen ist. Marx und Engels gehen Stirner auf den Leim, wenn sie ihm »Eskamotagen« und eine Darstellung der Welt vorwerfen, die keinen Prozess kennt (Die deutsche Ideologie, in: MEW 3. Berlin (Ost) 1969 (1932); vgl. auch Szeliga, a.a.O., p. 9: »bei ihm [dem Einzigen] entwickelt sich Nichts, sondern wiederholt sich nur Alles …«): »Die physische und soziale Veränderung, die mit den Individuen vorgeht und ein verändertes Bewußtsein erzeugt, geht ihn natürlich Nichts an. Deswegen finden auch Kind, Jüngling und Mann bei Stirner die Welt immer fertig vor, wie sie sich ›selbst‹ nur ›finden‹ …« (a.a.O., p. 111). Außerdem blähe er »das herrschende *Bewußtsein* der ihm am nächsten stehenden Klasse seiner unmittelbaren Umgebung zum normalen Bewusstsein ›Eines Menschenlebens‹ auf.« (a.a.O., p. 112). Diese von Marx und Engels angesprochenen Veränderungen interessieren Stirner hier, in dieser Auseinandersetzung mit Hegel, nicht. Die Welt, die Stirner kritisiert, ist die Welt Hegels, das herrschende Bewusstsein ist das Bewusstsein Hegels. Stirner zieht unter Hegels Vorstellungen einen Schlussstrich und schließt Hegels dialektischen Prozess ab; Marx und Engels, die in Stirners Augen auch Hegelianer sind, wenn auch mit umgekehrten Vorzeichen (vgl. Stirners Kritik an Marx' »wirklichem Gattungswesen« EE 182 und den »allgemeinen Menschenrechte[n]« KS 389), verkennen das in ihrer Kritik.

Die Antizipation der Wirklichkeit des Eigners

bedeutet; sie ist die Erkenntnis und Anerkenntnis der Wesen und deren Reich als »ein Reich der Wesen, des Spukes und der Gespenster« (EE 50).

Mit den so genannten Freien, ein von Stirner synonym für Liberale gebrauchter Ausdruck, ist entwicklungsgeschichtlich die Gegenwart erreicht. »Die Freien sind nur die Neueren und Neuesten unter den ›Neuen‹ ...« (EE 106). Mit ihnen, die er einteilt in politische, soziale und humane Liberale, (worunter er die bürgerliche Gesellschaft als Ergebnis der Französischen Revolution, die kommunistische Gesellschaft im Sinne der Frühsozialisten und die liberaldemokratische Gesellschaft im Sinne der »kritischen Kritik« vor allem Bruno und Edgar Bauers versteht), setzt sich Stirner im folgenden auseinander; ihnen stellt er seine Alternative des Eigners entgegen. Zwischen »den Marken zweier Gebiete«, dem des noch näher zu untersuchenden Liberalismus und dem der Eigenheit, pendelt »Unsere Zeit herüber und hinüber«; zu schwach für das eine, noch nicht stark genug für das andere (EE 62), antizipiert Stirner als »Eigner der Welt« eine Wirklichkeit, die seine Philosophie postuliert. »In der Tat schließt die alte Geschichte damit, dass *Ich* an der Welt mein Eigentum errungen habe.« Der Eigner erfüllt das Jesuswort »Alle Dinge sind Mir übergeben von Meinem Vater« (Mt. 11, 27) und legt »den Erwerb eines langen Weltalters unter Schloss und Riegel.« (EE 103).[26] Die Veränderungen, die stattfinden müssen, um diese Welt des Eigners zu schaffen, sind radikal, destruktiv, vernichtend. Dem Bestehenden wird »ein Ende mit Schrecken gemacht werden« (EE 76), denn »das wahre Ende des Himmelsstürmens«, das sich der Eigner zum Ziel gesetzt hat, »ist der – Himmelssturz, die Himmelsvernichtung« (EE 79).

Stirners Banalisierung des Geistes, das zeigt sich jetzt mit aller Deutlichkeit, hat nicht nur die Aufgabe, Hegels Vorstellungen als Höhepunkt des spekulativen Denkens zu kritisieren, sondern gewinnt methodische Bedeutung; Stirner versucht das kausalgesetzliche dialektische Fortschreiten des Weltgeistes zur Vernunft ad absurdum zu führen; der Eigner bricht mit Hegels teleologischer Konstruktion und macht *sich* zum Mittelpunkt der Welt (EE 23).

---

[26] Die messianischen Anspielungen Stirners – einige Interpreten sahen, was weiter unten darzustellen sein wird, in Stirner einen zweiten Jesus – gehen bis in das Vokabular, so wenn er die Einleitungsformel »ich aber sage euch« paraphrasiert mit »Ich aber sage Dir ...« (EE 364).

Der »Herr der Welt« ist nicht mehr, wie bei Hegel auf der Stufe des objektiven Geistes (»Der Rechtszustand«) »die absolute, zugleich alles Dasein in sich befassende Person«, »der Inbegriff aller wirklichen Mächte«, »das ungeheure Selbstbewußtsein, das sich als den wirklichen Gott weiß«,[27] mit anderen Worten: Ein absoluter, von keinem bestimmten Individuum erfüllbarer Geltungsanspruch,[28] nicht mehr der biblische Gott ist »Herr des Himmels und der Erde« (Mt. 11, 25), sondern »*Herr* der Welt« ist von jetzt an der Eigner, der von sich sagt, was Jesus von Gott sagt: »Mein ist die ›*Herrlichkeit*‹«[29] die Welt ist sein Eigentum (EE 102), in der er endlich all seine bisher unterdrückten materiellen und geistigen Interessen (EE 40), nämlich die der »Alten« und der »Neuen«, nach seinen Bedürfnissen befriedigt: »Ich bin Eigner der Welt der Dinge, und Ich bin Eigner der Welt des Geistes.« (EE 76; ebenso EE 103).

Diese Rückgriffe auf das neue Testament und Hegel, die Anleihen an Hegels Gedankengut und Terminologie, zeigen, worum es Stirner geht: um den »radikalen Bruch mit der bisherigen Geschichte«[30], um die Entledigung von allen »Herren« und aller Herrschaft und um die An-eignung der Welt. Diese Zäsur bedeutet aber gleichzeitig: Stirner bricht mit Hegels dialektischem Verfahren, baut es ab und destruiert es schließlich. Gerade diese Destruktion der Dialektik wird meist verkannt. Die 1851 erschienene Darstellung der »Deutschen Philosophie seit Hegel's Tode« von Rudolf Gottschall sieht gerade Stirner »nur noch durch die dialektische Nabelschnur mit seinem [Hegels] System« verbunden,[31] Wilhelm Bolin meint, Stirners Buch fessle »namentlich durch seine bestrickende und nie versagende Dialektik«,[32] von einer »zugleich tumultuarischen und spielenden Dialektik« spricht der Mitbegründer des Neukantianismus Otto Lieb-

---

[27] G. W. F. Hegel, Phänomenologie des Geistes. Frankfurt 1970 (1807), p. 357 f. (vgl. auch p. 360).
[28] J. Heinrichs setzt »Herr der Welt« gleich mit »beanspruchte Inhalts-Allgemeinheit«, ein Anspruch, den Hegel »*als* Anspruch ... im spätrömischen *Gottkaiser*« verkörpert gesehen habe (Die Logik der »Phänomenologie des Geistes«. Bonn 1974, p. 309).
[29] Vgl. die Doxologie Mt. 6, 13 und 1. Chr. 29, 11.
[30] G. Bückling, Der Einzelne und der Staat bei Stirner und Marx. Leipzig und München 1920, p. 129.
[31] [R. Gottschall], Die deutsche Philosophie seit Hegel's Tode, in: Die Gegenwart, Bd. 6. Leipzig 1851, p. 293; vgl. auch a.a.O., p. 311.
[32] W. Bolin, Ludwig Feuerbach. Stuttgart 1891, p. 106.

Die Antizipation der Wirklichkeit des Eigners

mann,³³ und Fritz Mauthner glaubt, Stirner habe »im Vollbesitz der kalten und scharfen Dialektik Hegels« den Dialektiker Hegel mit dessen eigener Methode vernichtet.³⁴

Ohne die Tragweite zu sehen und eher beiläufig weisen vereinzelt Arbeiten auf Stirners Anti-Dialektik hin. So heißt es in einer Anfang 1846 in den »Blättern für literarische Unterhaltung« erschienenen Rezension von Stirners »Einzigem«: »Die Dialektik hat sich in ihren Durchgangspunkten vollkommen erschöpft.«³⁵ Präziser formuliert Hans Sveistrup: »Dieser Hegelschen Dialektik, die ihm ein bloß Worte machendes Zusammenreimen ist ..., setzt Stirner die Auflösungskunst (Dialytik) entgegen, welche die philosophische Aufgabe des Unterscheidens, der Sonderung, der Scheidekunst (Kritik) bewährt.«³⁶

Eine zwischen den beiden Positionen vermittelnde, dadurch aber auch fragwürdige Haltung zur Dialektikthematik bei Stirner bezieht Gilles Deleuze, indem er in ihm einen Dialektiker sieht, der mit dialektischer Radikalität seine eigene Dialektik destruiert, mit Deleuze' Worten: der »in der Geschichte der Dialektik ... eine Sonderstellung, die letzte, die extremste Stellung« einnimmt, indem er »die Dialektik ihrem wahren Ende« zuführt³⁷ – aber eben doch noch »zu sehr Dialektiker ist«.³⁸

Tatsächlich nimmt Stirner im »Einzigen« unmissverständlich eine anti-dialektische Haltung ein, mit der zu verdeutlichen versucht, dass mit seiner Philosophie keine dialektische Weiterentwicklung mehr möglich ist. Stirners Säkularisation der Hegelschen Geistphilosophie kulminiert in der Destruierung der Philosophiegeschichte; für den Eigner erfüllt sich damit die unerfüllte Sehnsucht der »Alten«

---

[33] O. Liebmann, Artikel »Max Stirner«, in: Allgemeine Deutsche Biographie, Bd. 36. Leipzig 1893, p. 259.
[34] F. Mauthner, Der Atheismus und seine Geschichte im Abendlande, Bd. 4. Stuttgart und Berlin 1893, p. 214.
Wenn nicht von einem kalten, so doch »kühlen Dialektiker« spricht auch F. F. A. Faisal in einer rechts- und staatswissenschaftlichen Dissertation über »Max Stirner und die pluralistische Wirtschaftsgesellschaft« (Graz 1971, p. 3).
[35] [anon.], Der Einzige und sein Eigenthum, in: Blätter für literarische Unterhaltung. Bd. 1, Nr. 36. Leipzig, 5. Februar 1846, p. 142; vgl. auch a.a.O., p. 143: »Ihre [der Hegelschen Schulphilosophie] Dialektik, ihre Kunststücke sind vollkommen erschöpft.«
[36] H. Sveistrup, Stirners drei Egoismen. Lauf bei Nürnberg, Bern und Leipzig 1932, p. 31.
[37] G. Deleuze, Nietzsche und die Philosophie. Hamburg 1991, p. 174.
[38] a.a.O., p. 177.

und »Neuen«: Die Welt ist »*weltlos*« geworden (EE 29, 37, 103), d. h. sie existiert nicht mehr an sich, sondern nur noch für den Eigner, und das Heilige ist verzehrt, d. h. ganz und gar Eigenes geworden (EE 106). Indem Stirner die Dialektik destruiert, destruiert er auch den Geist; er löst ihn in das auf, aus dem sich der Geist in einer selbstmächtigen creatio ex nihilo (EE 41) erschaffen hat: »in sein *Nichts*« (EE 80).

2.2. Hegels durch den Eigner travestierte weltgeschichtliche Konstruktion und die triviale Rezeption dieser Travestie

»Der Einzige und sein Eigentum« besteht aus zwei Abteilungen. Die erste, mit großer Wahrscheinlichkeit ältere, trägt die Überschrift »Der Mensch« und handelt von den »Menschen der alten und neuen Zeit« (EE 15), die zweite und jüngere heißt lakonisch »Ich« und beschreibt die »Eigenheit« und den »Eigner«. Marx und Engels haben die beiden Abteilungen »*des* Buches«, wie sie den »Einzigen« bezeichnen,[39] »das Alte und Neue Testament« genannt, in Anspielung auf die Zeitenwende, die Stirner mit dem Eigner proklamiert.[40] Mit dieser Ironisierung der beiden Abteilungen verzerren Marx und Engels jedoch die Absichten Stirners, denn der hebt sich mit seinem durch den Eigner konkretisierten »Ich« gerade vom »Alten« und »Neuen« Testament ab. Die Entwicklung von den »Alten« zu den »Neuen« und »Freien« ist eine dialektische Entwicklung, die Stirner mit dem Eigner ad absurdum führen will. Stirners Eigner ist kein Konvertit, der einen »Übertritt zum Egoismus« vollzieht, wie Marx und Engels meinen,[41] sondern Stirners Eigner tritt aus, tritt heraus aus dieser dialektischen Entwicklung, bricht mit ihr und setzt anderes, Neues.[42]

---

[39] Für Marx und Engels ist »Der Einzige und sein Eigentum« »das Buch als solches, das Buch schlechthin, d. h. das vollkommene Buch, das Heilige Buch, das Buch als Heiliges, das Buch als *das* Heilige – das Buch im Himmel ...« (Die deutsche Ideologie, in: MEW 3. Berlin (Ost) 1969, p. 101).

[40] Das »Alte Testament« ist danach »die einzige Geschichte des Menschen (das Gesetz und die Propheten)«, das »Neue Testament« dagegen »die unmenschliche Geschichte des Einzigen (Evangelium vom Reiche Gottes)«; a. a. O., p. 103.

[41] K. Marx und F. Engels, Die deutsche Ideologie, in: MEW 3. (Ost) 1969, p. 103.

[42] Auch D. McLellan missversteht Stirners Vorgehen: »Der dialektische, dreiteilige Aufbau des Buches ist hegelianisch«, schreibt er, und verwechselt damit den Aufbau des Buches mit der in der ersten Abteilung trivialisierten dialektischen Triade Hegels

Arvon ist der Meinung, Stirner ahme Feuerbachs Einteilung in »Das Wesen des Christentums« in zwei große Abteilungen nach, in dem ein erster Teil von »Das wahre, d.i. anthropologische Wesen der Religion« handle, ein zweiter von »Das unwahre, d.i. theologische Wesen der Religion«.[43] Während es Feuerbach zum einen um die »religiöse Wiederaneignung« gehe, die darin bestehe, »im Menschen das wahrhaft höchste Wesen zu erkennen«, zum andern um die »religiöse Entfremdung, die sich in der Anbetung eines fiktiven höchsten Wesens äußert«, priorisiere Stirner genau umgekehrt. »Dem theologischen Gott Feuerbachs entspricht der Mensch Stirners, dem Menschen Feuerbachs das Ich Stirners.«[44]

Ich denke, dass Stirner nicht auf Feuerbach anspielt, sondern mit den beiden Abteilungen den oben bereits angesprochenen radikalen Bruch mit der bisherigen Philosophie aufzeigen möchte, den die Eigner-Thematik charakterisiert: in der ersten Abteilung die Dialektik der Alten, Neuen und Freien, die letztlich alle eine überholte Position vertreten, in der zweiten der Eigner mit seinem Eigentum/seiner Eigenheit, mit dem die Dialektik ein für allemal destruiert wurde.

Stirner opponiert auch hier gegen Hegel, indem er in den Unterteilungen die Triade Knabe, Jüngling und Mann bzw. Alte, Neue und Eigner sowie Negerhaftigkeit, Mongolenhaftigkeit und Eigenheit von Hegels Darstellung der Weltgeschichte trivialisiert,[45] in der es diesem

---

(Die Junghegelianer und Karl Marx. München 1974 (1969), p. 137); McLellan widerspricht sich dann auch, wenn er den »Aufbau des Buches« zwei Seiten später als »deutlich an Feuerbachs ›Wesen des Christentums‹ orientiert« bezeichnet (p. 139), eine fragwürdige Behauptung, die McLellan ungeprüft von H. Arvon (Max Stirner. An den Quellen des Existenzialismus. Rangsdorf 2012, p. 46) übernimmt.

[43] H. Arvon a.a.O., p. 61.
[44] a.a.O., p. 62.
[45] Ob die Triade auch »ein Reflex« auf Moses Heß ist, wie H. G. Helms annimmt (Die Ideologie der anonymen Gesellschaft. Köln 1966, p. 77), ist zweifelhaft; immerhin rekurriert auch Heß in der bei Otto Wigand anonym erschienenen Schrift »Die europäische Triarchie« (Leipzig 1841) u.a. auf Hegels Triade. Vgl. dazu H. Stuke, Philosophie der Tat. Stuttgart 1963, p. 195, Anm. 16 und p. 202–211. Über die »Europäische Triarchie« von Heß, die in Abhängigkeit von Cieszkowskis unten erwähnten »Prolegomena« entstanden ist (vgl. dazu H. Stuke, a.a.O., p. 223), hat Stirner Cieszkowski kennengelernt.
Im Gegensatz zu Stirners Travestie der Hegel'schen Triade, nehmen andere Darstellungen diese Konstruktion völlig ernst und teilen ihr philosophisches System entsprechend ein.
So kennt beispielsweise auch Constantin Frantz (Grundzüge des wahren und wirklichen absoluten Idealismus. Berlin 1843) eine geschichtsphilosophische Konzeption,

darum geht, »die Entwicklung des Bewußtseins des Geistes von seiner Freiheit und der von solchem Bewußtsein hervorgebrachten Verwirklichung« darzustellen.[46] Hegels »Geographische Grundlage der Weltgeschichte«[47] ist eingeteilt in den Orient, die griechisch-römische Welt und das germanisch-christliche Reich. Bei Stirner und Hegel verläuft die Weltgeschichte »von Osten nach Westen, denn Europa ist schlechthin das Ende der Weltgeschichte, Asien der Anfang.«[48] Mit dem Orient, dem »das unmittelbare Bewußtsein, die substantielle Geistigkeit zugrunde« liegt,[49] kann der Beginn des weltgeschichtlichen Geschehens lokalisiert werden. »Mit *China* und den *Mongolen*, dem Reiche der theokratischen Herrschaft, beginnt die

---

in der sich die Weltgeschichte in drei Perioden einteilt. In der ersten Periode, der des Glaubens, ist »die Menschheit so zu sagen von Natur vernünftig ... und ihrem Gotte unterthan«, ohne diesem Gott »als den wahren« zu erkennen. Mit der Verkündigung des wahren Gottes, mit Christus, beginnt die zweite Epoche; sie ist noch nicht vollendet, denn »der wahre Gott thront nur im Himmel, und das Leben ist nicht göttlich, sondern ungöttlich, dem Zufall preisgegeben ...«. In der bevorstehenden dritten Periode »wird die Freiheit erst die wahre inhaltsvolle werden, und die Menschheit sich heiligen zur Wiedervereinigung mit Gott.« (a.a.O., p. 214). Es ist die Periode des heiligen Geistes und der Erlösung (a.a.O., p. 217).
Im drei »Hauptperioden« gliedert auch August Cieszkowski (Prolegomena zur Historiosophie. Berlin 1838) die Weltgeschichte, eine das Altertum umfassende thetische, eine die christliche-germanische Welt umfassende antithetische und eine synthetische, zukünftige. Siehe dazu H. Stuke, Philosophie der Tat. Stuttgart 1963, p. 96–110. Cieszkowski verbindet Hegel'sche Dialektik mit – was Stuke entgeht – einer chiliastischen Geschichtstheologie, wie sie Joachim von Floris aufgestellt hat (vgl. a.a.O., p. 109 f.). Auch E. von Hartmann (Philosophie des Unbewußten. Berlin 1871[3]) gliedert in drei »Stadien der Illusion«: eine Alte Welt (Kindheit), ein Mittelalter (Jünglingzeit) und eine Neue Zeit (Mannesalter); vgl. Gliederung a.a.O., p. IV. Schließlich macht der Austromarxist M. Adler (Max Stirner, in: Wegweiser. Wien und Leipzig 1931) auf die Parallelen zwischen Stirners dreiteiliger Ontogenese und Auguste Comtes Dreistadiengesetz aufmerksam (p. 221). Ob Stirner zur Zeit der Niederschrift des »Einzigen« Comte gelesen hatte, ist fraglich; erst in der »Geschichte der Reaction« (1852) äußert sich Stirner positiv über Comte und erwähnt dessen Dreistadiengesetz (vgl. dazu auch H. Sveistrup, Stirners drei Egoismen. Lauf bei Nürnberg, Bern und Leipzig 1932, p. 98, Anm. 108). Zur Dreiteilung der Geschichte bei Friedrich Schiller, Johann Gottfried Herder und Wilhelm von Humboldt vgl. H. Popitz, Der entfremdete Mensch. Basel 1953, p. 18–21.
[46] G. W. F. Hegel, Vorlesungen über die Philosophie der Geschichte. Frankfurt 1970 (1837), p. 86; siehe auch a.a.O., p. 77.
[47] a.a.O., p. 105.
[48] a.a.O., p. 134.
[49] a.a.O., p. 135.

Die Antizipation der Wirklichkeit des Eigners

Geschichte.«[50] Stirners Ausführungen über die »*Mongolenhaftigkeit* (das Chinesentum)« (EE 76), die – in einem »Gegen-den-Strich-Verfahren« – Hegel ironisieren und die »Mongolenhaftigkeit« von den geographischen und historischen Mongolen ablösen und als Typus für die christliche Zeit einführen (Stirner legt die »geschichtliche Reflexion über Unser Mongolentum ... episodisch ein, um damit »zur Verdeutlichung des Übrigen« beizutragen; EE 76)[51] haben hier ihre Quelle, wie andererseits Stirners ebenfalls ironisch aufzufassenden, weil mit dem gleichen Verfahren banalisierten Vorstellungen von der dem Menschen angeblich »angeborenen *Negerhaftigkeit*« in Hegels Auffassungen von Afrika und dem »afrikanischen Charakter« der »Neger« ihren Ursprung haben.[52]

Hegel vertritt ein durchweg optimistisches Moment, das er »einen Fortgang zum Besseren, Vollkommneren« nennt; gerade hier sei ein Kriterium zu erkennen, um die Erscheinung des Geistes von der Natur zu trennen: ihre »Veränderungsfähigkeit ... zum Besseren«. Hegel spricht in diesem Kontext von einem »Trieb der Perfektibilität«.[53]

Hegels Charakteristik der griechischen Welt, in der wir beginnen, uns heimatlich zu fühlen, »denn wir sind auf dem Boden des Geistes«, stimmt mit der Stirners nicht überein. »Griechenland bietet uns den heiteren Anblick der Jugendfrische des geistigen Lebens«,[54] bemerkt Hegel, während diese Phase bei Stirner erst die »Neuen« erreichen, die Griechen sind noch auf der Suche nach dem Geist, zu dem sie sich erst in ihrem Niedergang aufschwingen können.

Unzutreffend ist Helms' Ansicht, Stirner dürfe Hegels Befund deshalb »nicht folgen, weil Geist für ihn prinzipiell gleichbedeutend ist mit christlichem Geist und ›Abhängigkeit von Gedanken‹«.[55] Der Geist im Verständnis Stirners ist ein Produkt der »Alten«, »aus ihren Geburtswehen ging er hervor ...« (EE 38); »Stirners Geisterreich be-

---

[50] G. W. F. Hegel, Vorlesungen über die Philosophie der Geschichte. Frankfurt 1970 (1837), p. 143.
[51] Hegels Einteilung wiederum geht zurück auf Johann Friedrich Blumenbachs »de generis humani varietate nativa« von 1775 (die wiederholt von Hegel zitiert wird) und Christoph Meiners' »Grundriss der Geschichte der Menschheit« von 1785.
[52] a.a.O., p. 120–129.
[53] a.a.O., p. 74.
[54] G. W. F. Hegel, Vorlesungen über die Philosophie der Geschichte. Frankfurt 1970 (1837), p. 275.
[55] H. G. Helms, Die Ideologie der anonymen Gesellschaft. Köln p. 73.

ginnt« auch nicht, wie Helms meint, mit Hegels »römischer Welt«,[56] denn Stirners Andeutungen lassen erkennen, dass er in diesem Zusammenhang keinen wesentlichen Unterschied zwischen der römischen und der griechischen Welt sieht (siehe auch EE 33 f., 102); Stirners geographische Einteilung und Periodisierung ist weder »Geschichtsklitterung« (denn, wie gesagt, Stirner geht es nicht um eine Darstellung der Weltgeschichte und um historische Genauigkeit, sondern um ein methodisches Verfahren »zur Verdeutlichung des Übrigen« (EE 76)) noch »letzte Konsequenz aus Hegels weltgeschichtlicher Konstruktion«, die Stirners »Einziger« »allegorisch entstellt – genau wiederholt.«[57] Stirner entwickelt auch keine »breit angelegte Geschichtsphilosophie«,[58] sondern er übernimmt formale und inhaltliche Requisiten von Hegels weltgeschichtlicher Einteilung, die er für seine Zwecke in einem formalen Schema travestiert. Ist Hegel der Ansicht, dass es der Geist ist, »welcher die Weltgeschichte zu seinem Schauplatze, Eigentum und Felde seiner Verwirklichung hat«,[59] so versucht Stirner mit seiner Einteilung deutlich zu machen, dass dieses Stadium erreicht ist und dass es darum geht, keine von der dialektischen Entwicklung betroffene, sondern gegen sie gerichtete Epoche zu antizipieren, in der der Eigner die Weltgeschichte zu seinem Eigentum hat. Weltgeschichte wird bei Hegel reduziert auf »das Wesentliche«, das »von dem sogenannten Unwesentlichen« geschieden werden muß:[60] das Wesentliche ist für Stirner aber etwas qualitativ Neues und anderes, es ist die Kritik an der von Feuerbach eingeleiteten *anthropologischen* Wendung der Philosophie und ihre Aufhebung in der existenziellen Begründung mit dem konkreten Ich, Einzigen und Eigner.

Der Geist der germanischen Welt »ist der Geist der neuen Welt«,[61] in deren letzter Periode der Geist »sich als freier weiß, indem er das Wahrhafte, Ewige, an und für sich Allgemeine will.«[62] Für Hegel und für Stirner hat sich der Geist verwirklicht; nur erfüllt sich für

---

[56] a.a.O., p. 74.
[57] K. Löwith, Von Hegel zu Nietzsche. Stuttgart 1958⁴, p. 118.
[58] J. Cattepoel, Anarchismus. München 1973, p. 41.
[59] G. W. F. Hegel, Vorlesungen über die Philosophie der Geschichte. Frankfurt 1970 (1837), p. 75.
[60] a.a.O., p. 88.
[61] G. W. F. Hegel, Vorlesungen über die Philosophie der Geschichte. Frankfurt 1970 (1837), p. 413.
[62] a.a.O., p. 491.

Die Antizipation der Wirklichkeit des Eigners

Stirner Geschichte nicht in der Realisierung des absoluten Geistes, sondern in ihr sieht er die Voraussetzung für die Aufhebung dieses absoluten Geistes und den Beginn einer neuen Epoche.

Die Unterscheidung der »Alten« und »Neuen«, die sich auch bei den Jungdeutschen findet,[63] geht ebenfalls auf Hegel zurück,[64] auch wenn Stirner sie, wie Henri Arvon vermutet,[65] von Feuerbach übernommen haben sollte, der in seinem »Wesen des Christentums« bei der Gegenüberstellung von Heidentum und Christentum (z.B. in dem Kapitel »Der Unterschied des Christentums vom Heidentum«) mit den Begriffen der Alten und Neuen (Jungen) arbeitet.[66] Ob nun von Hegel oder von Feuerbach übernommen, viel wichtiger ist, dass sich Stirner auch über die Bezeichnung die »Alten« und »Neuen« mokiert, über die »Alten«, die »gegen Uns erfahrene Leute eigentlich die Kinder heißen müssten« (EE 25), über die »Neuen« insbesondere, die als »Besessene« ganz einem »Spuk« (EE 49–52) und »Sparren« (EE 53–75) gehorchen. »Mein lieber Neuer«, spöttelt Stirner, »Dir … ist die ganze Welt vergeistigt und ein rätselhaftes Gespenst geworden …« (EE 45). So sind denn die Übereinstimmungen *mit* Hegel nur formal, etwa wenn in Hegels und Stirners Periodisierung die Epoche der »Neuen« mit der christlich-germanischen Welt beginnt: »Der germanische Geist ist der Geist der neuen Welt …«;[67] Stirners Verfahren jedoch richtet sich *gegen* Hegel, indem es Hegels dialektische Geschichtsphilosophie lächerlich macht, die Dialektik Hegels ad absurdum zu führen versucht und das ganz andere, das radikal Neue, »setzt«: die nach der Destruktion der Hegel'schen Dialektik und nach der Aufhebung der anthropologischen Wendung Feuerbachs beginnende Epoche der Eigenheit des Eigners.

In der Folgezeit sehen dann Stirner-Apologeten mit dem Erscheinen des »Einzigen« die angekündigte Zeitwende gekommen

---

[63] Siehe dazu z.B. L. Wienbarg, Ästhetische Feldzüge. Berlin und Weimar 1964 (1834), p. 76f.
[64] Zwar macht auch Kant die Unterscheidung »Alte« und »Neue« (bzw. »Neuere«), eine Beziehung Stirners zu Kant ist jedoch unwahrscheinlich und eine nähere Beschäftigung mit Kants Philosophie ist nicht nachweisbar (vgl. z.B. I. Kant, Kritik der reinen Vernunft 1. Suhrkamp Werkausgabe Bd. 3. Frankfurt 1977³, p. 283).
[65] H. Arvon, Max Stirner. An den Quellen des Existenzialismus. Rangsdorf 2012, p. 74.
[66] L. Feuerbach, Das Wesen des Christentums. Stuttgart 1903 (1841), p. 180–193.
[67] G. W. F. Hegel, Vorlesungen über die Philosophie der Geschichte. Frankfurt 1970 (1837), p. 413.

und einen neuen Abschnitt der Menschheitsgeschichte, eben den der Eigenheit, beginnen.

In der ersten Dissertation über Stirner meint Matteo J. P. Lucchesi, Stirners »Einziger« sei »der Anfang und das auszunutzende Material der neuen mit Stirner beginnenden Geschichte, einer Geschichte uneingeschränktesten Welt- und Lebensgenusses, ›einer Geschichte Meiner‹, die auf die Zeit der Aufopferungen folgen wird ...«[68] Mackay schreibt im Vorwort seiner Biographie, Stirners Philosophie bleibe »für alle künftigen Zeiten« unverloren. »An ihrem Eingang steht er – *dieser grosse Vernichter der Phrase.*«[69] Stirner, heißt es dann, stehe »an der Grenzscheide zweier Welten und eine neue Epoche im Leben des Menschengeschlechtes beginnt mit ihm: die Epoche der Freiheit«,[70] eine Epoche, für die Mackay »keinen besseren Namen gefunden hat, als den der Anarchie«.[71] Auch der Anthroposoph Willy Storrer sieht in der Einleitung zu Stirners Aufsatz »Das unwahre Prinzip unserer Erziehung« mit Stirner (und Steiner) »das neue Zeitalter der Erkenntnis und Freiheit« begründet.[72]

Der Stirnerianer Rolf Engert schließlich beginnt mit Stirners »Einzigem« sogar eine neue Zeitrechnung:

»Das dritte Reich *wird* kommen!« verkündet Henrik Ibsen. – Nein, das dritte Reich ist *da!* In *Uns* ist es da! Und darum brechen Wir, die Wir Uns zu Stirner und seiner Tat bekennen, mit der bisherigen christlichen Zeitrechnung – denn es ist ein Widersinn, eine unerträgliche Ungemäßheit für uns *Nicht*christen, für Uns Bürger des dritten Reiches, noch fürder »nach Christi Geburt« zu zählen – und beginnen mit Max Stirners Werk »Der Einzige und sein Eigenthum« (1845) eine *neue* Zeitrechnung: die Zeitrechnung des *dritten* Reiches.[73]

---

[68] M. J. P. Lucchesi, Die Individualitätsphilosophie Max Stirners. Leipzig 1897, p. 5.
[69] J. H. Mackay, Max Stirner. Freiburg/Br. 1927 (1898), p. VII.
[70] a.a.O., p. 176. Stirners Buch sei der »Anfang aller sozialen Erkenntnis«, wodurch es »am Anfang einer neuen Epoche der Menschheit – in seiner stolzen Einsamkeit steht.« (J. H. Mackay, Abrechnung. Freiburg/Br. 1976 (1932), p. 113.
[71] J. H. Mackay, Max Stirner, p. 176.
[72] W. Storrer, Einführung in Stirners »Unwahres Prinzip unserer Erziehung«. Basel 1926, p. 16 f.
[73] R. Engert. Die neue Zeitrechnung, in: Der Einzige. Berlin-Wilmersdorf 75 n. St. E. (1919), p. 267. (»Da Stirners Werk, obwohl es die Jahreszahl 1845 trägt, schon im Dezember [tatsächlich Oktober]1844 erschien, zählt das Jahr 1845 als Jahr 1 bereits mit.« a.a.O., p. 268). Der Aufsatz erschien in einer leicht geänderten Fassung noch einmal in der von R. Engert herausgegebenen Zeitschrift »Grundbau« (Berlin 1925, p. 5–8). Vgl. auch R. Engert, Henrik Ibsen als Verkünder des dritten Reiches. Leipzig 1921, p. 259 f.

Die Antizipation der Wirklichkeit des Eigners

Der von Rolf Engert in Dresden gegründete »Verlag des dritten Reiches« beabsichtigte, »die geistigen Grundlagen des von Henrik Ibsen verkündeten, von Max Stirner heraufgeführten, von Silvio Gesell wirtschaftlich fundierten *Dritten Reiches*, des Mannesalters der Menschheit, der Zeit bejahter und bewußt ausgestalteter Einzigkeit des Einzelnen, auf allen Lebensgebieten zu erschaffen ...«[74]

In der Terminologie Engerts[75] benennt das dritte Reich demnach diejenige Epoche, die Stirner ontogenetisch mit Mannesalter (als dritte Stufe nach dem Knaben- und Jünglingsalter) und phylogenetisch mit der Epoche des Eigners und der Eigenheit (als dritte Stufe nach den »Alten« und »Neuen« bzw. nach der Negerhaftigkeit und Mongolenhaftigkeit) bezeichnet.

Aufgrund der christlichen Nebenkomponenten lehnen die Herausgeber der stirnerianischen Zeitschrift »Der Einzige«, Anselm Ruest und Mynona, die Bezeichnung »drittes Reich« ab und schlagen alternativ »drittes Zeitalter«, »dritte Epoche« usw. vor.[76]

Spricht Stirner von Christus als dem »revolutionären Neuerer und respektlosen Erben«, der »die Zeit in ihrem Laufe unterbrach, um bei sich mit einer neuen Zeitrechnung zu beginnen« (EE 16), fühlt sich Engert berechtigt, auch mit Stirner eine so einschneidende

---

Von 1998 bis 2006 gab Kurt W. Fleming in der Nachfolge von Engert im »Stirner-Archiv« in Leipzig 36 Nummern der Vierteljahresschrift »Der Einzige« heraus, ebenfalls mit einer Zeitrechnung nach Stirners »Einzigem« (http://www.max-stirner-archiv-leipzig.de/der_einzige.html vom 02.11.2013).

[74] R. Engert, Nachwort zu: Stirner-Dokumente (Heft 4 der Reihe: Neue Beiträge zur Stirnerforschung). Dresden 79 nach Stirners Einzigem [1923], p. [9]. Eine angekündigte Vierteljahresschrift unter dem Titel »Das dritte Reich«, die ab 1924 hätte erscheinen sollen, ist nicht zustande gekommen (a. a. O.).
Siehe auch R. Engert, Frieden und Freiheit. Dresden 79 nach Stirners Einzigem [1923], p. 4 f.

[75] Man nimmt an, dass die Bezeichnung »Drittes Reich« von dem Gründer des Florenserordens, dem Abt Joachim von Floris, stammt, nach dessen chiliastischer Lehre dem Zeitalter des Vaters und dem des Sohnes als drittes das die Erlösung bringende dritte Reich des Heiligen Geistes folgt. (Siehe dazu das Kapitel »Joachim von Floris«, in: A. Dempf, Sacrum Imperium. München und Berlin 1929, p. [269]–284 und K. Löwith, Weltgeschichte und Heilsgeschehen. Stuttgart 1953, p. 136–147). Lessing, Fichte und Schelling haben diese Konzeption abgewandelt, Ibsen sah im Dritten Reich eine Synthese von Antike und Christentum. (Siehe dazu R. Engert, Henrik Ibsen als Verkünder des dritten Reiches. Leipzig 1923, p. [11]–32. Zur Bezeichnung »Drittes Reich« siehe auch K. Löwith, Weltgeschichte und Heilsgeschehen, a. a. O., p. 190–195.

[76] Fußnote zu R. Engert, Die neue Zeitrechnung, in: Der Einzige. Berlin-Wilmersdorf 75 n. St. E. (1919), p. 267.

Zäsur in der Weltgeschichte zu sehen, sei Stirner doch der einzige, der Christus entgegengestellt werden könne. »Kam dies dem ersten großen Empörer zu, so ziemt es sich für Stirner, dem zweiten Weltempörer, der die zweite – entscheidendste Weltwende vollbrachte, nicht minder. Unterbrechen Wir den Lauf der Zeit ein zweites Mal und beginnen Wir mit Stirners Tat die Zeitrechnung des dritten Reiches!«[77]

Anderen wiederum ist zwar Stirner der Verkünder einer neuen Epoche, deren Beginn sich jedoch erst zu Beginn des 20. Jahrhunderts ankündige. Theodor Plieviers von Stirner beeinflusste programmatische Schrift »Anarchie« verheißt, unter Berufung auf »die leuchtenden Geister Friedrich Nietzsche und Max Stirner«: »Nicht Weltuntergang –: Weltwende ist die kapitalistisch-sozialistische Blutorgie der Gewalt: Freudenfeier, Lustrausch, Flammenzeichen aufsteigenden Morgens. Eine neue Weltepoche dämmert über der Blutnacht Europas. Der Messias ist nahe: *Das Jahr eins der anarchistischen Aera.*«[78]

Wie sein Biograph und ehemaliger Sekretär und Mitarbeiter Harry Wilde berichtet, plante Theodor Plievier nach dem Ende des Ersten Weltkrieges zusammen mit Freunden die Gründung einer Zeitschrift, die den Titel »Weltwende« oder »Das Jahr Eins« tragen sollte.[79]

---

[77] R. Engert, a.a.O., p. 269. Schon Mackay prophezeite, dass Stirners »unsterbliches Buch in seiner Tragweite einst nur mit dem der Bibel verglichen werden wird. »Wie dieses ›heilige‹ Buch an dem Anfang der christlichen Zeitrechnung steht, ... so steht das unheilige des ersten, sich selbst bewussten Egoisten an dem Eingang dieser neuen Zeit ...« (J. H. Mackay, Max Stirner. Freiburg/Br. 1977³ (1898), p. 177). Zuvor hatte F. Nietzsche bereits versucht, die Geschichte in ein christliches und ein antichristliches Zeitalter einzuteilen und mit einer neuen Zeitrechnung zu beginnen, als er seinen »Ecce homo« datierte: »An ersten Tag des Jahres Eins (30. September 1888 der falschen Zeitrechnung)«; siehe dazu K. Löwith, Weltgeschichte und Heilsgeschehen. Stuttgart 1953, p. 193.
[78] Th. Plievier, Anarchie. Stuttgart [1919?], p. 14.
[79] H. Wilde, Theodor Plievier. München, Wien und Basel 1965, p. 79. Möglicherweise verwechselt Wilde das Zeitschriftenprojekt mit einer Broschüre Plieviers, die den Titel »Weltwende« trägt (Berlin [1922?]), in der es heißt: »Aber heute ist Weltwende« (p. 7 [5]). »Verwirrung, Auflösung, Untergang in die Zukunft. Und nur einzelne ... können Träger und Planke sein: rettende Planken ...« (p. 4 [6]). »Das Gebaute, Geschaffene, Gewollte, das in die Himmel Getragene wird reduziert bis zum nihil: bis zum Individuum.« [p. 8]. Das ist das »schöpferische Nichts« Stirners, aus dem eine Welt entsteht (EE 369 und 15).
Plievier lernte Stirner wahrscheinlich über einen Häftling und späteren Freund kennen, den er 1916 bewachen musste (siehe H. Wilde, a.a.O., p. 50). »In den Romanen des russischen Grafen [Tolstoj] und in Stirners ›Der Einzige und sein Eigentum‹ fand

Die Antizipation der Wirklichkeit des Eigners

In seinen Korrespondenzen in der »Rheinischen Zeitung« spricht Stirner an einer Stelle von einem »Bruch«, der sich durch »unsere Tage« ziehe, »wie über Nacht die Eisdecke des Haffs zerreisst, und ohne ihn zu kennen, wird mancher sorglose Wanderer beim dämmernden Morgen hineinstürzen ...« (KS 81); auf diesen Passus bezieht sich Rolf Engert, wenn er dazu auffordert, »die Zeichen der Zeit zu deuten«; einen Weg zurück gebe es nicht mehr. »Denn unheilbar ward jetzt der Riß, auf den Stirner vor nahezu einem Jahrhundert schon warnend wies«.[80]

Unter dem Eindruck von Hegels Entwicklungsgeschichte und beeinflusst von Stirners onto- und phylogenetischer Darstellung, die nicht als Travestie erkannt wird, übersehen alle diese Rezipienten, dass es Stirner nicht um einen dialektischen Prozess geht mit dem Eigner als Ergebnis;[81] Stirner kommt es jedoch auf ein Prinzip, auf ein Erstes an: Die Zeitwende will er verstanden wissen als eine Wende der Zeiten und der Zeit. Stirners radikaler Bruch mit dem historischen Denken Hegels lässt die Interpretationen eines teleologisch verstandenen dritten Reiches ebenso wenig zu wie das einer kausalgesetzlich unvermeidlichen »Weltwende«.

2.3. Die »Gedankenlosigkeit« des Eigners im Gegensatz zum sich selbst denkenden Denken

Stirner entwickelt seine Konzeption vom Eigner, dem Menschen nach der Zeit-Wende, an den schroffen Entgegensetzungen Leben und Denken, Natur und Unnatur, Existenz und Beruf, Eigenes und Uneigenes, Begriffe, die alle einer »abgestorbenen Welt« zugeordnet werden müssen, die »unsere *christliche* Sprache« (EE 297) geprägt

---

er sich in seinem Gedanken bestätigt. Diese Schriftsteller drückten das aus, was er von dem ›denkenden Bauarbeiter‹ [bei einem Bauarbeiter fand Plievier 1909 in Berlin Unterschlupf, nachdem er von zu Hause weggelaufen war; siehe H. Wilde, a.a.O., p. 33] mitbekommen und in Südamerika ›on the beach‹ und auf Wache im Krähennest der Segelschiffe selber ›zusammenspintisiert‹ hatte.« (a.a.O., p. 53f.). Offensichtlich verkehrte in den zwanziger Jahren auch John Henry Mackay bei Plievier in Berlin, a.a.O., p. 148).

[80] R. Engert, Henrik Ibsen als Verkünder des dritten Reiches. Leipzig 1921, p. 270.
[81] Bisher hat lediglich H. Sveistrup darauf hingewiesen, dass R. Engerts neue Zeitrechnung »ein recht unstirnerisches Einheitskleid der äußeren Gebärde« sei; den Bruch in Stirners Denken mit dem historischen Denken übersieht jedoch auch Sveistrup (Stirners drei Egoismen. Lauf bei Nürnberg, Bern und Leipzig 1932, p. 58).

hat. Mit Hilfe paralogischer Formulierungen ent-wertet Stirner diese Sprache,[82] nimmt ihr ihre tradierten Inhalte und destruiert mit den Inhalten auch die Begriffe. Stirners Schritt, wie oben wiederholt hervorgehoben, ist kein Fort-schreiten, kein »*Fortschritt*«, gegen den er ja polemisiert, sondern ein »Schritt ... hinaus« aus dem Denken, in dem sich Fortschritt vollzieht. »Der Schritt darüber hinaus führt ins *Unsagbare*. Für mich hat die armselige Sprache kein Wort, und ›das Wort‹, der Logos, ist mir ein ›bloßes Wort‹.« (EE 189).

So wie Stirner keine Autorität über sich duldet, will er auch kein »Knecht der Sprache« sein, denn er weiß, dass »die Sprache oder ›das Wort‹ tyrannisiert ...« Konsequenterweise macht sich Stirner auch die Sprache untertan und damit zu seinem Eigentum, das er als solches gebraucht und verbraucht (EE 349). Wenn hier und im Folgenden mit schroffen begrifflichen Gegenüberstellungen argumentiert wird, dann handelt es sich um Hilfskonstruktionen, deren Legitimität und gleichzeitige Unzulänglichkeit Stirner in der Reaktion auf seine Rezensenten des »Einzigen« Ludwig Feuerbach, Moses Heß und Szeliga ausdrücklich hervorhebt: »Was Stirner *sagt*,« schreibt Stirner dort von sich in der dritten Person, »ist kein Wort, kein Gedanke, kein Begriff. Was er sagt, ist nicht das Gemeinte, und was er meint, ist unsagbar.« (EE-Rezensenten 406).

Das Unsagbare (und doch Gewusste) entzieht sich der Semantisierbarkeit, ist allso begrifflos. Versucht man es wider besseres Wissen doch zu sagen, ist es nicht das, was man gemeint hat. Mit dieser Einsicht und Erfahrung stößt Stirner wie viele vor ihm an die Grenzen, die ihm und jedem die Sprache auferlegt. Das liegt u.a. daran, dass Begriffe nach Stirner unterschiedlich mental repräsentiert werden und in einem ständigen dynamischen Prozess hermeneutischen Festlegungen entgleiten. Wenn selbst Stirner in Zweifel zieht, dass er das, was er meint, tatsächlich auch sagen kann, wird es für jeden Rezipienten unmöglich, die zugrundeliegenden Absichten des Autors präzise zu erkennen.

Dieses Textverständnis erwartet Stirner auch nicht. »Ich schreibe, weil ich *meinen* Gedanken in der Welt ein Dasein verschaffen will«, ohne Rücksicht auf die Folgen, wären diese auch von apokalyp-

---

[82] Vgl. z. B. 381: »Ich bin Alles und Nichts« und KS 367: »... so wärest Du durch eben dieses Aparte ein Unmensch, d.h. ein Mensch, der nicht wahrhaft Mensch, oder ein Mensch, der eigentlich Unmensch ist. Der Begriff Mensch hätte seine Realität gerade im Unmenschen.«

Die Antizipation der Wirklichkeit des Eigners

tischen Ausmaßen, »Ich streute sie dennoch aus«; und er fordert gleichzeitig seine Leser auf »macht damit was Ihr wollt und könnt, das ist eure Sache und kümmert mich nicht (EE 299). So völlig gleichgültig ist es Stirner nun doch nicht: Trotz seiner Skepsis gegenüber der Bereitwilligkeit seiner Rezensenten, ihn überhaupt verstehen zu wollen, und im Widerspruch zu dem Unsagbarkeits-Topos[83] meint Stirner, »wenn auch vielleicht nicht den genannten Rezensenten, so mag doch manchem anderen Leser des Buches eine kurze Erwiderung von Nutzen sein« (EE-Rezensenten 405). Ein solcher Leser ist auf jeden Fall Annabel Herzog, die Stirners Antwort so auffasst, als gelänge es Stirner mit ihr, das deutlicher auszudrücken, was er meine, als mit dem ganzen »Einzigen«.[84] Herzogs weitere Ausführungen werden diesem Anspruch freilich nicht gerecht, ihre Behauptung ist auch wenig plausibel: Stirner sagt nämlich an dieser Stelle und in seinem Hauptwerk auf nahezu 500 Seiten variationsreich das Sagbare, also das, was gesagt werden kann, besser: was *er* sagen kann. Deutlicher kann er sein Wissen oder sein Empfinden nicht semantisieren. Wie sonst könnte er seinen Rezensenten erklären, was er gemeint hat? Dieses Glaubensbekenntnis, meint Herzog (diese »profession de foi«), sei ein fast verzweifelter Erklärungsversuch dessen, was er meint, und mit dem er seinen Begriff von der angesprochenen Wirklichkeit unterscheidet. Seine Formulierung sei der Versuch, über das Gesagte oder Gedachte hinauszugehen (»d'atteindre un au-delà du ›dit‹ ou du ›pensé‹), was nicht mit dem Wesen verwechselt werden dürfe, denn nur mit dem Begriff bestehe weder theoretisch noch praktisch die Chance, das zu vermitteln, was Stirner meine. Stirner unterscheidet also hier wie grundsätzlich den Begriff von der Realität, die der Begriff benennt.

Wenn also der Begriff eine unüberwindliche Barriere darstellt, muss er entweder destruiert werden zugunsten eines anderen Begriffs, der das semantische Bedeutungsfeld präziser festlegt und die-

---

[83] Zum Unsagbarkeits-Topos siehe u. a. Waldemar Fromm, An den Grenzen der Sprache. Über das Sagbare und das Unsagbare. Freiburg i. Br./Berlin 2006 und Manfred Frank, Das Sagbare und das Unsagbare. Frankfurt am Main 1989. In beiden Publikationen wird Stirner zwar erwähnt, allerdings ohne direkten Bezug zur Unbegrifflichkeit. Diesem Topos entspricht ein von Karl Jaspers in Band 2 seiner »Philosophie« beschriebener Undenkbarkeits-Topos: »es ist denkbar, daß es gibt, was nicht denkbar ist«. Zitiert nach R. Wisser, Von der Wahrheit und vom Wahrsein, in: Areopag, Heft 1. Mainz 1974, p. 9.
[84] A. Herzog, Penser autrement la politique. Paris 1997, p. 102.

ses Feld begrenzt und dadurch Konnotationen und Assoziationen zulässt, eben jenes »au-delà du dit et du pensé«.[85] Ein Begriff selbst ist nicht in der Lage, das zu umfassen und zu vermitteln, was Stirner an unbegrenztem Kosmos an Gefühlen, Empfindungen, Gedanken, letztlich Sinn und konnotativen Bedeutungen meint.

Stirner versucht das Dilemma, etwas Bestimmtes, aber nicht nachvollziehbar Beschreibbares oft mit Hilfe der Metaphorik und der Offenheit von lyrischem Sprechen zu lösen (EE 31, 195, 222, 282, 324, 358 u. ö.), so auch an dieser Stelle, wenn er sich mit einem zwitschernden Vogel vergleicht (EE 300). Oder es bleibt, nicht weniger radikal, der Vorschlag Ludwig Wittgensteins am Ende seines »Tractatus logico-philosophicus«: »Wovon man nicht sprechen kann, darüber muß am schweigen.«[86]

Beim Sagen des Unsagbaren und der Gegenüberstellung von nicht Gegenüberstellbarem darf, um keinen Missverständnissen zu unterliegen, diese Ent-Wertung und Destruktion der Begriffe und ihre gleichzeitige Handhabung nicht übersehen werden, denn ihr entspricht die dichotomische Periodisierung, an der diese Begriffe entwickelt und ent-wertet werden; der Einteilung in eine Phase *vor* der Zeit-Wende, aktualisiert an der Gegenwart (die Phase der »Alten« spielt in den weiteren Reflexionen Stirners keine Rolle mehr), und eine Phase *nach* der Zeit-Wende, die der Eigner antizipiert; er veranschaulicht mit diesem Schritt, dass der Einzelne nicht deterministisch einer linearen Zeitauffassung unterworfen ist, sondern dass er selbst und nur er die Zeiten-Wende herbeiführen kann. Der Eigner lebt exemplarisch das Postulat einer Zukunft, das dann realisiert wird, wenn andere diesem Schritt folgen. Auch dieses Postulat, das leicht als dialektischer Restbestand in Stirners anti-dialektischem Zeitverständnis fehlinterpretiert werden kann, darf nicht als säkularisierte und individualisierte Eschatologie aufgefasst werden, denn Stirner geht es um die jeweilige Gegenwart des konkreten Einzelnen, die er aber, als gelebte Eigenheit, nicht dieser historischen Gegenwart zuschreibt, weil in ihr das herrschende Bewusstsein das Bewusstsein der »Neuen« und »Freien« ist. Die von Stirner behauptete Identität von Potenzialität und Realität, wie sie weiter unten dargestellt wer-

---

[85] a.a.O. Der Begriff ist »bien plus qu'une déformation ou un obstacle á ce qu'il [Stirner] veut dire, une destruction de ce projet. Le concept est l'anti-Unique, et *L'Unique* est la philosophie de l'anti-concept.«
[86] L. Wittgenstein, Tractatus logico-philosophicus. Frankfurt am Main 1969, p. 83.

Die Antizipation der Wirklichkeit des Eigners

den wird,[87] besagt in diesem Zusammenhang: Die Realität des Eigners ist potenzielle Realität für alle. Eigenheit ist nicht das abstrakt Denkbare, sondern das konkret Lebbare. Die Begriffe Leben, Natur, Existenz und Eigenes beschreiben den Zukunftsaspekt einer Wirklichkeit, die für den Eigner bereits Wirklichkeit ist, und verstehen sich als »kategorischen Imperativ«, als Forderung, diese Wirklichkeit zu schaffen, hier und jetzt. Denn: »Nicht in der Zukunft, ein Gegenstand der Sehnsucht, liegt der wahre Mensch, sondern da seiend und wirklich liegt er in der Gegenwart.« (EE 331).

Stirner argumentiert alternativ und oppositionell. Dem Denken stellt er den oppositionellen Begriff des Lebens gegenüber. Stirners Polemik gegen das Denken ist ein Plädoyer für das Leben. Denken ist für Stirner eine Veräußerung der eigenen Möglichkeit und möglichen Eigenheit. Denken ist, der Gedanke stammt von Feuerbach, eine Projektion meiner realisierbaren Bedürfnisse und Intentionen auf einen spekulativen Bereich außerhalb meiner Zuständigkeit und Potenzialität. Denken ist der »Himmel des Menschen« (EE 93), wie Stirner ironisierend meint, es ist das irrationale Bedürfnis des Menschen, sich eine Bestimmung zu geben, denn der Himmel ist »die *Welt des Geistes*, der Ideen, Gedanken, Begriffe, Wesen usw.« (EE 72), ist der Ort des befriedigten Verlangens, der Ort, der unbegrenzten Versprechen und Zugeständnisse; er ist »das Ende der *Entsagung*, er ist der *freie Genuss*.« (EE 77). Im Denken findet der Mensch die ersehnte und geträumte Freiheit. »Im Denken ist Freiheit.« (EE 93). Gedankenfreiheit bedeutet demnach die Freiheit, »alle möglichen Gedanken« denken zu können (EE 346).

Damit kann Stirner auch den Gegenstand des Denkens bestimmen; es ist der Gedanke selbst (EE 92);[88] das Denken braucht den

---

[87] Siehe dazu das Kapitel 2.5. Der eigene existenzielle versus den uneigenen unheimischen Menschen.

[88] Auch diese Stelle zeigt, dass der Vorwurf von Marx und Engels, »die Geschichte der alten Philosophie muß sich nach der Konstruktion Stirners richten«, nicht die von Stirner intendierte Problematik trifft, denn »das sich selbst denkende Denken (ἡ νόησις τῆς νοήσεως)« des Aristoteles hätte, wie die oben dargestellte Kritik am Denken und dem Gegenstand des Denkens zeigt, auch in Stirners Auseinandersetzung »vorkommen« können (K. Marx und F. Engels, Die deutsche Ideologie, in: MEW 3. Berlin (Ost) 1969, p. 126); für Stirner zieht sich nämlich eine Linie von Aristoteles' νόησις τῆς νοήσεως über Luthers »Erkenntnis ..., dass die Wahrheit, weil sie Gedanke ist, nur für den *denkenden* Menschen sei« (EE 90), bis zu Hegel, dem aristotelischen Lutheraner (vgl. EE 101), für den »dem Gedanken ganz und gar die Wirklichkeit, die Welt der Dinge« entspricht, »und kein Begriff ohne Realität« ist (EE 83). Marx und

Gedanken als Gegenstand, er ist Objekt und Voraussetzung des Denkens zugleich (EE 354). Die inhaltliche Bestimmung des Gedankens und seine Verwirklichung ist die Wahrheit. Die Wahrheit ist ein Gedanke (EE 356) und »zum Denken ... brauche Ich die Wahrheiten« (EE 351).

Das Bedürfnis nach Wahrheit ist jedoch ein religiöses Bedürfnis, ist der Glaube an eine absolute Wahrheit, die nicht mehr hinterfragt werden darf. Denken setzt Wahrheit voraus, wird »fixer Gedanke, ein *Dogma*« (EE 354, ebenso 155), Denken wird gleichbedeutend mit Glaube, und Denkende sind Gläubige (EE 349). Diese Argumentation ergibt sich für Stirner dadurch, dass »dem Denkenden sein Denken eine ›erhabene Arbeit, eine heilige Tätigkeit‹« ist, die, und damit bewegt sich der Denkende in einem erkenntnistheoretischen Zirkel, »auf einem festen *Glauben*, dem Glauben an die Wahrheit« beruht (EE 356), d.h. Ausgangspunkt und Ziel sind identisch. Der Gedanke ist das Heilige (EE 83), und die Wahrheit ist das Heilige (EE 46). Das Heilige ist eine fixe Idee (EE 53, 210),[89] ohne Prozess, in sich ruhend, statisch und »stationär« wie der Geist (EE 82).

»Die Freiheit der Denkenden«, diese spezifische Freiheit der Christen, dieses »Ideal der christlichen Welt«, erweist sich jedoch als

---

Engels verkennen, dass der aristotelische Gedanke der νόησις τῆς νοήσεως erst zu einem viel späteren Zeitpunkt in das Zentrum des menschlichen Bewusstseins rückte und demnach erst später von Stirner berücksichtigt werden musste.

[89] Der Ausdruck »fixe Idee« (»eine vorstellung die die seele unaufhörlich und alle andere vorstellungen beherschend, einnimmt«, wie es im Grimm'schen Wörterbuch (Bd. 4, Leipzig 1877, Sp. 2041) heißt; vgl. auch Bd. 3. Leipzig 1862, p. 1697) geht nicht auf Stirner zurück, wie die 41. Auflage von G. Büchmanns »Geflügelten Worten« vermutet (Berlin 1998, p. 197); schon Novalis verwendet den Ausdruck 1798/99 in seinen Fragmenten (Fragmente I. Heidelberg 1957, p. 312 (Fragment 1135) und 324 (Fragment 1184)), und der Schriftsteller und Journalist Johann Adam Bergk verwendet den Ausdruck wiederholt in seiner »Kunst, Bücher zu lesen« (Jena 1799, p. 67, p. 218, p. 229 u. ö. Stirner kennt den Ausdruck wohl von L. Feuerbach, der ihn zuerst in den »Satyrisch-theologischen Distichen« aus dem Jahre 1830 verwendet (Gedanken über Tod und Unsterblichkeit. Leipzig 1847, p. 1117: »Fixe Idee nur ist beim heutigen Frömmler der Glaube, / Nicht lebendiger Geist ...«; die Verse fehlen im Band 1 der von Wilhelm Bolin und Friedrich Jodl herausgegebenen »Sämmtlichen Werke; vgl. dazu F. Jodl, a.a.O. p. XV). Vgl. auch Feuerbachs Vorrede zur zweiten Auflage von »Das Wesen des Christentums« (Stuttgart 1974, p. 33).
Stirner verwendet den Ausdruck zum erstenmal 1843 in den »Mysterien von Paris« (KS 286, 290 und 292; vgl. Kapitel 3.7. »Die Mysterien von Paris von Eugène Sue«; im »Einzigen« vgl. EE 53, 54, 71 et passim) und hat ihm zu der Popularität verholfen, die er heute hat.

Die Antizipation der Wirklichkeit des Eigners

»Hierarchie oder Herrschaft des Gedankens«. Denn: »Sind die Gedanken frei, so bin Ich ihr Sklave, so habe Ich keine Gewalt über sie und werde von ihnen beherrscht.« (EE 349). Auch die Gegenwart ist hierarchisch strukturiert, denn die gegenwärtigen Herrschenden sind nach wie vor die Verwalter der Gedanken und des Geistes. »*Hierarchie ist Gedankenherrschaft, Herrschaft des Geistes!*« (EE 79). Das herrschende Christentum muss gestürzt werden, um die Herrschaft des Gedankens zu stürzen. Mit dem »›Reich der Gedanken‹ hat das Christentum sich vollendet«,[90] und mit dem Christentum findet gleichzeitig eine statisch gewordene »*denkende* Welt« ihren Abschluss (EE 342).

Das Denken als »Sklavenarbeit« (EE 350) wird überwunden durch die »Gedankenlosigkeit« des Eigners: »nur die Gedankenlosigkeit rettet mich wirklich vor den Gedanken. Nicht das Denken, sondern meine Gedankenlosigkeit oder Ich, der Undenkbare, Unbegreifliche befreie mich aus der Besessenheit.« (EE 156).

Das Denken ist kein außersubjektives Geschehen mehr, kein »Fürsichseiendes«, sondern wird voraussetzungslos, objektlos, »gedankenlos«. Der Eigner hebt die Verselbständigung und Personifikation des Denkens, wie sie das Hegelsche System kennt, ebenso auf wie die Vorstellung des Denkens als Bestimmungsprodukt durch das Sein, wie sie Stirner bei Feuerbach begegnet ist, und macht *sich* zur Voraussetzung des Denkens.

Denn die Voraussetzung, welche Ich für mein Denken bin, ist keine *vom Denken gemachte*, keine *gedachte*, sondern ist *das gesetzte Denken selbst*, ist der *Eigner* des Denkens, und beweist nur, dass das Denken nichts weiter ist, als – *Eigentum* ... (EE 355).

---

[90] Stirner zitiert hier aller Wahrscheinlichkeit nach G. W. F. Hegel, der im Konzept seiner Berliner Antrittsvorlesung (22. Oktober 1818) die Zeit für »das *freie Reich des Gedankens*« angebrochen sieht (G. W. F. Hegel, Konzept der Rede beim Antritt des philosophischen Lehramtes an der Universität Berlin. Frankfurt 1970, p. 400); vgl. EE 79. Stirner, der Hegels Antrittsvorlesung nicht gehört haben kann (er war zu dieser Zeit 12 Jahre alt und lebte in seiner Geburtsstadt Bayreuth), wird die Rede, die zugleich die Einleitung zur Enzyklopädievorlesung von 1818/19 darstellt, über die Enzyklopädie-Ausgabe der »Werke« kennengelernt haben, in der sie am Anfang der Vorlesung zwischen den Vorreden und der Einleitung stand (vgl. hierzu die Anmerkungen der Redaktion zu Band 8, 9 und 10 der Theorie Werkausgabe Bd. 10. Frankfurt 1970, p. [432]). Dass Stirner die Vorlesung kannte, machen zahlreiche weitere Zitate und Anspielungen im »Einzigen« mehr als wahrscheinlich.

Stirners Kritik an der Philosophie, zumal der spekulativen und der Hegels, findet von dieser Position her gesehen eine Erklärung. Es scheint, als wähle Stirner einen mit Descartes' »cogito ergo sum« vergleichbaren Ausgangspunkt, den man als idealistisch zu bezeichnen versucht ist, nämlich die Feststellung eines sicheren Kriteriums im Erkenntnisprozess, an dem sich der Zweifel verbietet; tatsächlich aber nimmt Stirner einen »personalistischen«, einen »egoistischen« Ausgangspunkt ein, dem ein Mehr als Gedanke (»Unding«) und ein Mehr als »Ding« zukommt (EE 50). Das »Ich denke, das heißt: – Ich bin« Descartes' gilt Stirner als Ausdruck einer philosophischen Position, die das Denken verabsolutiert und zu einem »Geist« erhoben hat. »Mein Denken, heißt es da, ist Mein Sein oder Mein Leben; nur wenn Ich geistig lebe, lebe Ich; nur als Geist bin Ich wirklich oder – Ich bin durch und durch Geist und nichts als Geist.« (EE 31). Oder, wie Stirner an anderer Stelle den Ausgangspunkt der Philosophie Descartes' interpretiert, »Mein Sein (das sum) ist ein Leben im Himmel des Denkens, des Geistes, ein cogitare. Ich selber aber bin nichts anderes als Geist …« (EE 93; vgl. auch 91, 94 und 95). Peter Sloterdijk meint, Stirners »leibhaftiges ›Ich existiere‹« ersetze »Descartes' entkörpertes ›Cogito‹« und poche damit vehement auf den nicht vertretbaren Anspruch eines je »singulären Geschehens namens ›Eigenheit‹«[91].

Diese Interpretation der Philosophie Descartes' ist symptomatisch für Stirners Einschätzung der Philosophie schlechthin.

Das Himmelreich, das Reich der Geister und Gespenster, hat in der spekulativen Philosophie seine rechte Ordnung gefunden. Hier wurde es ausgesprochen als das Reich der Gedanken, Begriffe und Ideen; der Himmel ist von Gedanken und Ideen bevölkert, und dies »Geisterreich« ist dann die wahre Wirklichkeit (EE 79).

Dieses Verständnis von Philosophie, das Stirner wohl in bewusster Anlehnung an und ironisierender Verfremdung von Hegels Terminologie ausdrückt,[92] führt dazu, dass Stirner keinen grundsätzlichen Unterschied mehr anzunehmen vermag zwischen Theologie und Phi-

---

[91] P. Sloterdijk, Die schrecklichen Kinder der Neuzeit. Berlin 2014, p. 454. »Der Eigner des Eigenen ist die sensitive *res extensa*, die an dieser singulären Weltstelle das Ihre und nichts als dieses innehat. Diese Position kann sie nur geltend machen, indem sie für ihre Seinsweise den Modus absoluter Unvertretbarkeit reklamiert.« (a.a.O.).
[92] Vgl. G. W. F. Hegel, Konzept der Rede beim Antritt des philosophischen Lehramtes an der Universität Berlin. Frankfurt 1970 (1818); Hegel spricht vom »Reich der Wahrheit«, dem »Reich des Geistes« (p. 404) und dem *Reich des Gedankens* (p. 400).

Die Antizipation der Wirklichkeit des Eigners

losophie (EE 58); wie die Theologie verkündet auch die Philosophie »Phrasen, Redensarten, Worte (λόγος) ...«, die sie systematisiert und dann als Wahrheiten ausgibt (EE 351).

Entsprechend ist Philosoph derjenige, »welcher in der Welt den Himmel, in dem Irdischen das Überirdische, in dem Weltlichen das – *Göttliche* sieht und nachweist oder beweist« (EE 94). Sein Streben orientiert sich an dem »Ideal«, am »absoluten Ich« (EE 324) und ist letztlich seine Auseinandersetzung »mit Gespenstern, Dämonen, *Geistern*, Göttern.« (EE 343).

Mit dieser grundsätzlichen Kritik an der Philosophie, die Stirner bereits in seinem Aufsatz »Das unwahre Prinzip unserer Erziehung« anmeldete (vgl. KS 247), ist der Ausgangspunkt gewonnen für eine Negation der Philosophie selbst. Philosophie wird von Stirner aufgelöst durch die Eigenheit, wie Philosophie bei Feuerbach aufgehoben wird durch die Anthropologie. »*Keine* Religion! – ist meine Religion; *keine* Philosophie! – meine Philosophie.«[93]

2.4. Das ursprüngliche und authentische Leben des Eigners

Das in sich kreisende spekulative Denken überwindet Stirner mit seinen Vorstellungen vom ursprünglichen und authentischen Leben, die mit denen der Natur ebenso übereinstimmen, wie die »Unnatur« (EE 229) mit dem spekulativen Denken übereinstimmt. Das Leben zieht nämlich, im Gegensatz zum Denken, seine »Nahrung« aus der Natur (EE 31). Hatte das Denken seinen Gegenstand am Gedanken gefunden (EE 92), so findet das Erkennen am Leben seinen Gegenstand (EE 95). Die erkenntnistheoretische Problemstellung Stirners ist damit angedeutet: Erkenntnis, unter der Stirner immer die Erkenntnis des konkreten Einzelnen versteht, vollzieht sich in Relation zum je eige-

---

[93] L. Feuerbach, Fragmente zur Charakteristik meines philosophischen Entwicklungsgangs. Stuttgart 1904, p. 391; vgl. a. a. O.: »Die Philosophie zur *Sache der Menschheit* zu machen, das war mein erstes Bestreben. Aber wer einmal diesen Weg einschlägt, kommt nothwendig zuletzt dahin, den Menschen zur Sache der Philosophie zu machen, und die Philosophie selbst aufzuheben: denn sie wird nur dadurch Sache der Menschheit, dass sie eben aufhört, Philosophie zu sein.«
Zu Stirners Infragestellung der Philosophie und seiner Einnahme einer »nichtphilosophischen« und antiphilosophischen Haltung siehe auch K. A. Mautz, Die Philosophie Max Stirners. Berlin 1936, p. 75 f. und p. 81. Vgl. auch Kapitel 3.4.3. »Das unwahre Princip unserer Erziehung«.

nen in der Natur und der Natürlichkeit (EE 169) begründeten Leben. Die Relation des Einzelnen zu Natur und Leben beschreibt Stirner mit den Begriffen »Genuss« und »Nutzen«: Stirner geht es darum, »das Leben zu nutzen, d. h. zu genießen.« Leben, richtig verstanden, ist »*Genuss* des Lebens.« (EE 32, 323, 391). Stirner ist hier leicht misszuverstehen: Stirner plädiert nicht für eine lukullische und rein utilitaristische Lebensweise, er redet nicht vom »rücksichtslosen Genußmenschen, dem losgelassenen Libertin«, wie Ernst Bloch meint,[94] sondern er fordert den Einzelnen auf, die Möglichkeiten, die das Leben bietet, zu beanspruchen und seinem Gebrauch und Verbrauch zu unterstellen. Das Leben nutzt man, »indem man's verbraucht …«: »Man nutzt das Leben und mithin sich, den Lebendigen, indem man es und sich *verzehrt. Lebensgenuss* ist Verbrauch des Lebens.« (EE 323).[95]

Sloterdijk meint, der Skandal von Stirners »Einzigem« läge unter anderem darin, dass seit dessen Erscheinen »die moderne ›Gesellschaft‹ über die Metaphysik eines Konsums« verfüge, »der keinen Aufschub mehr hinzunehmen bereit war. Nur Demagogen werben für Aufschub zugunsten ferner Ziele.«[96]

Stirner opponiert gegen die früher u. a. auf Münzen ausgegebene altruistische Symbolik »Aliis/Patriae inserviendo consumor« zu Gunsten einer ins Egoistische gekehrten consumor-Metapher, mit der er deutlich zu machen versucht, dass der Einzelne lebt, um zu leben, um *sich* zu leben und nicht irgendwelchen imperativischen Qualitäten, die seinen Bedürfnissen widersprechen. Mit den Begriffen »Genuss«, »Verzehr« und »Nutzen« opponiert Stirner gegen Fremdbestimmungen, die zum Verzicht auffordern, die Opfer wollen im Namen hypostasierter Allgemeinbegriffe, die individuellen Genuss und Nutzen einem übergeordneten spekulativen Nutzen unter-

---

[94] E. Bloch, Zwischenwelten in der Philosophiegeschichte. Frankfurt 1977 (1950–1956), p. 31.
[95] Die Verzehr-Metapher, die Stirner in der Bedeutung »völlige Besitznahme« wohl von Hegel übernommem hat (Grundlinien der Philosophie des Rechts. 1970/1821, 78, 122, 126, 131, 154), benutzt auch Nietzsche in seinem Gedicht *Ecce homo*: »Ja! Ich weiss, woher ich stamme! / Ungesättigt gleich der Flamme / Glühe und verzehr' ich mich …«. Die fröhliche Wissenschaft. München/Berlin 1980, p. 367.
[96] P. Sloterdijk, Die schrecklichen Kinder der Neuzeit. Berlin 2014, p. 465. Eine marxistische Doktrin könne sich nicht anfreunden mit einer positiven Haltung gegenüber dem Genuss, »bevor nicht alle ihren Platz an der gedeckten Tafel der Fülle eingenommen haben« (a. a. O. 464 f.). Gleichwohl ist das nicht nur ein marxistischer Vorbehalt, sondern eine eher allgemeine ethische Grundhaltung, gegen die Stirner polemisiert.

Die Antizipation der Wirklichkeit des Eigners

ordnen: anderen, dem Vaterland, einer Teleologie, einem jenseitigen Leben, der Menschheit, dem Fortschritt, der Zukunft usw.[97]

Das Stadium eines auf den Einzelnen bezogenen Lebensgenusses sieht Stirner erst dann erreicht, wenn es dem Einzelnen gelingt, »die geistliche und weltliche Armut zu ekrasieren«; das bedeutet: Sowohl das durch das Denken konstruierte Ideal muss, da es dem Menschen unerreichbar und deshalb etwas Fremdes bleibt, zerstört werden, aber ebenso muss »die Not ums tägliche Brot« beseitigt werden. »Wer sein Leben aufwenden muss, um das Leben zu fristen, der kann es nicht genießen, und wer sein Leben erst sucht, der hat es nicht und kann es ebenso wenig genießen ...« (EE 325).

Stirner hebt die Distanz zur Natur und zum Leben mit seiner Beschreibung des Eigners auf, womit gleichzeitig die Distanz des Individuums zu sich selbst, d.h. seine Entfremdung aufgehoben ist. »An der Natur als solcher respektiere Ich nichts mehr, sondern weiß Mich gegen sie zu allem berechtigt ...« (EE 281). Als Eigner habe ich »an meiner ganzen Natur, d.h. an Mir mein Gesetz« und erschrecke nicht mehr von dieser meiner »Natürlichkeit« (EE 169). Die Natur hat ihre Mysterien und ihre Göttlichkeit dadurch verloren, dass sie der Eigner verzehrt, vereinnahmt, zu einem Teil seines Selbst gemacht hat. »Die Natur ist ihrer dämonischen Ursprungskräfte beraubt, entromantisiert.«[98] Diese Entmachtung und Entmythologisierung der Natur veranschaulicht Stirner beispielhaft an Kopernikus und Bonifatius:

Er rief der laufenden Sonne sein »Stehe« zu, und ließ die Erde kreisen: die Ergebenen mussten sich's gefallen lassen; er legte an die heiligen Eichen seine Axt, und die »Ergebenen« staunten, dass kein himmlisches Feuer ihn verzehre ... (EE 174).

»Er«, das ist der an dieser Stelle exemplarisch aufgeführte »Natursohn«, »er«, das ist auch der Eigner, der der »Gottesgnadenwirtschaft« (EE 174) ein für alle Mal ein Ende bereitet und auf der Authentizität und Ursprünglichkeit des Lebens beharrt.

---

[97] Mit dieser Sorge »um den Tag« und um die eigene Existenz gehört Stirner nach Ansicht des Philosophen Ludwig Marcuse mit Kierkegaard, Nietzsche und Ibsen zu den wenigen, »welche religiöse Dogmen und philosophische Theorien, die dem Einzelnen im Namen der Gesellschaft oder der Kultur-Werke sein Leben wegeskamotieren, radikal ausräumten.« (Aus den Papieren eines bejahrten Philosophie-Studenten. München 1964, p. 238).
[98] K. A. Mautz, Die Philosophie Max Stirners. Berlin 1936, p. [11].

Kurt A. Mautz sieht den »originären Ansatz des Stirnerschen Denkens« in der »Spannung von ›Natur‹ und ›Konvention‹«. Diese Interpretation ist insofern problematisch, als einerseits das von ihm signalisierte »*herrschaftliche* Verhältnis zur Natur«[99] als naturfremder Voluntarismus definiert wird,[100] andererseits Konvention den erstarrten »überlieferten Bestand von gesellschaftlichen Einrichtungen und Wertvorstellungen« benennen soll.[101] Beide Begriffe können die Intentionen des philosophischen Ansatzes Stirners nicht abdecken, wie die oben problematisierte Gegenüberstellung der Begriffspaare Leben und Denken, Natur und Unnatur und deren gleichzeitige Aufhebung in der Begriffslosigkeit des Eigners bereits gezeigt hat. Der Stirnersche Voluntarismus ist nur eine Komponente seines Ansatzes, der ergänzt werden müsste durch die erkenntnistheoretische Position dieser voluntaristischen Haltung, die der Begriff »Eigenwille« abdeckt. Natur wird nicht mehr als Objekt verstanden, das sich subjektiver Erkenntnis verschließt, sondern vom Subjekt »verzehrt«, das heißt; Teil des Subjektes; Stirner annulliert die Subjekt-Objekt-Spannung zwischen dem Ich und der Natur, ohne das Subjekt der Natur zu entfremden, im Gegenteil, er hebt diese »Fremdheit« (EE 281) auf.

Mautzens Definition der Konvention als Gegenbegriff zu Natur kann die Stirnersche Kritik nicht zureichend erklären, denn Stirner kritisiert nicht ausschließlich »die in der Tradition zum formelhaften Schein erstarrte Welt der kulturellen Werte«,[102] sondern die vom Subjekt emanzipierte Objektwelt schlechthin, auch in ihrer geschichtlichen Dynamik.

Missverständlich ist Mautz auch dann, wenn er, wie vor ihm schon Hellmuth Falkenfeld,[103] Stirners Philosophie als »Lebensphilosophie« verstanden wissen will, zumal die von ihm assoziierten Inhalte aufgrund des fragwürdigen Ansatzes nicht überzeugen können.[104] Die vermeintliche Nähe zur Lebensphilosophie artikuliert

---

[99] K. A. Mautz, a.a.O.
[100] a.a.O., p. 12.
[101] a.a.O., p. 14.
[102] K. A. Mautz, a.a.O., p. 23.
[103] H. Falkenfeld, Einführung in die Philosophie. Berlin 1926, p. 311–318; Falkenfeld beginnt seine »Betrachtung der Lebensphilosophie, die wir als typisch für das ausgehende 19. und das beginnende 20. Jahrhundert ansehen dürfen« (a.a.O., p. 311 f.) mit Stirner.
[104] Siehe dazu K. A. Mautz, a.a.O., p. 119 und p. 59 f.; p. 21: »Stirner steht in einer Linie mit den Vertretern der modernen Lebensphilosophie.«

Die Antizipation der Wirklichkeit des Eigners

sich in Stirners Verständnis der Freiheit als Bedingung der autonomen Persönlichkeit, in seiner Auffassung des Eigners als dynamisches wertsetzendes »Prinzip« und dessen Ganzheitlichkeit schlechthin.

Ohne dass eine direkte Beeinflussung nachgewiesen werden könnte, ergeben sich Parallelen zu dem anthropologischen Werk von Ludwig Klages, der in »Der Geist als Widersacher der Seele« dem Geist nur negative Prädikate zuordnet und ihn in seinem Wertsystem als Opponent des Lebens, als lebenshemmende Macht bezeichnet. So zitiert Klages bemerkenswerterweise die Stelle aus Stirners »Einzigem«, in der das eigene, sich permanent setzende und aufhebende Ich als einzige Voraus-Setzung akzeptiert wird:[105]

> ... schon die Ichexistenz ... ist in Wahrheit die in Bezug auf die Zeit mit sich selber identische Unterlage immer erneuter Akte des Sichbehauptens oder ... der Schrankensetzung gegen das Anbranden des nicht einen Augenblick lang beharrenden Lebens und dergestalt recht eigentlich eine Macht, die von Moment zu Moment sich selber hervorbringt. Fassen wir das Ich als Existenzgrundlage, so halten wir mit ihm die berühmte und berüchtigte causa sui in Händen; was niemand schärfer als *Stirner* erkannt hat.[106]

Allerdings geht Mautz zu weit, wenn er, ohne die zitierte Stelle anzuführen, aufgrund einiger die Eignerthematik nur peripher berührender Parallelen eine Beeinflussung von Klages durch Stirner in Erwägung zieht,[107] ohne die grundsätzlichen Differenzen zu beachten, die sich zwischen Stirner und Klages ergeben. Denn gerade im Individualismus Stirnerscher Observanz sieht Klages einen schweren »Irrtum«, weil die »Eigenherrlichkeit der Willkür« der »Sachlogik« widerstrebe und »auf Knechtung anstatt auf Lösung des Lebens« ziele.[108]

---

[105] Vgl. dazu das Kapitel 4. Die Eigenheit und das Eigentum des Eigners.
[106] L. Klages, Der Geist als Widersacher der Seele. Bonn 1972 (1929), p. 728. Klages zitiert dann Stirners Forderung der Voraussetzungslosigkeit und seine Identität von Schöpfer und Geschöpf (EE 158f.) und kommentiert: »Was hier Stirner zutreffend vom Ich feststellt, fällt unverkennbar mit dem zusammen, was ein Descartes vom Existieren schlechthin feststellte ...« (a.a.O.); zu Stirner vgl. auch p. 765.
[107] K. A. Mautz, Max Stirner in der Ursprungsgeschichte der modernen Lebensphilosophie. Berlin und Leipzig 1936, p. [1].
[108] L. Klages, a.a.O., p. 518. Vgl. auch Klages' Äußerungen über die Eigenheit und das Eigenwesen, die sich geradezu konträr zu dem verhalten, was ich bei Stirner feststellen konnte (a.a.O., p. 467–470, 1046 et passim).

Stirner geht es jedoch nicht um eine »Lösung des Lebens«, sondern um eine Auflösung und Auslebung des Lebens:

> Von jetzt an lautet die Frage nicht, wie man das Leben erwerben, sondern wie man's vertun, genießen könne, oder nicht, wie man das wahre Ich in sich herzustellen, sondern wie man sich aufzulösen, sich auszuleben habe. (EE 324)

Stirner postuliert keinen Begriff des Lebens im Sinne der Lebensphilosophie, sondern er sucht »den *Genuss* des Lebens«. Einer Zuordnung zur Lebensphilosophie würde Stirner mit den Worten widersprechen, mit denen er im »Einzigen« die Frage beantwortet, was »die religiöse Welt« getan habe:

> Sie suchte das *Leben* auf. »Worin besteht das wahre Leben, das selige Leben usw.? Wie ist es zu erreichen? Was muss der Mensch tun und werden, um ein wahrhaft Lebendiger zu sein? Wie erfüllt er diesen Beruf?« (EE 323)

Die Kritik an einem so verstandenen Begriff des Lebens macht deutlich, dass sich Stirners Position philosophischen Tendenzen verweigert, die das Leben zu einem Prinzip erheben. Stirners Philosophie ist keine Lebensphilosophie, sondern eine Philosophie, die den Eigner und die Grundbefindlichkeit des Eigners, die Eigenheit, zu beschreiben versucht.

2.5. Der eigene existenzielle versus den uneigenen unheimischen Menschen

Wie sich Stirner mit den Begriffen Leben und Natur gegen das Denken und die Unnatur als zu überwindende und im Eigner überwundene Prinzipien richtete, stellt er sich mit seinen Auffassungen von der »Existenz« gegen den »Beruf« als Prinzip der bisherigen Geschichte des Menschen. Für Stirner besteht »die Spannung zwischen Existenz und Beruf« in der Spannung zwischen dem Ansich und dem Desiderat des Einzelnen, »d.h. zwischen Mir, wie Ich bin, und Mir, wie Ich sein soll ...« (EE 368).[109] Stirner wehrt sich gegen eine wie immer definierte Bestimmung zugunsten der Aktualität und des Augenblickscharakters des jeweiligen Menschen. Der Einzelne braucht

---

[109] Auf diese Stelle und ihre Bedeutung für das Verständnis der Philosophie Stirners macht bereits Rudolf Gottschall aufmerksam (Die deutsche Philosophie seit Hegel's Tode, in: Die Gegenwart, Bd. 6. Leipzig 1851, p. 311).

Die Antizipation der Wirklichkeit des Eigners

nicht über das hinauszugehen, was ihm gegeben ist; dadurch, dass Stirner die Vorstellung eines Wesens oder eine Idee des Menschen ablehnt, existiert der Mensch nicht als etwas anderes, als was er ist. Er existiert nur als gegebene Wirklichkeit, er verleiht sich erst durch seine Einzigkeit Existenz (EE 249).[110]

In einem ähnlichen Zusammenhang beansprucht Stirner »das Recht der Existenz« als eine autonome Zuständigkeit, die unabhängig von berufenden Instanzen (»Berufer«) ihre Vorstellungen durchsetzt und Bedürfnisse befriedigt (EE 120). Der Eigner kennt keine imperativischen Qualitäten, »er erkennt keinen Beruf an, er wähnt nicht, zur Fortentwicklung der Menschheit dazusein ...« (EE 368).

Der Vorstellung des Menschen als »Ideal«, als »Gattung« und als Begriff (EE 188) tritt der Eigner entgegen mit den Worten: »Ich habe keinen Beruf, und folge keinem, auch nicht dem, Mensch zu sein.« (EE 150). »Ein Mensch ist zu nichts ›berufen‹ und hat keine ›Aufgabe‹, keine ›Bestimmung‹«, was von Stirner so radikal gefasst wird, dass er dem Menschen nicht einmal zuruft »gebrauche deine Kraft«, weil man aus diesem Imperativ herauslesen könnte, »es sei des Menschen Aufgabe, seine Kraft zu gebrauchen.« (EE 330). Diese Triebfeder und Richtschnur seines Handelns soll den Einzelnen lediglich vor einer potenziell vorhandenen Entfremdung bewahren, dann, »wenn Ich ... Mir entschlüpfet bin. Aber auch dies ist nicht mein Beruf, sondern meine natürliche Tat.« (EE 331).

Kurt A. Mautz macht darauf aufmerksam, dass der Begriff der Existenz für Stirner (und Feuerbach) »in der Opposition zum Idealismus«, die sich in »einer Verschärfung und Radikalisierung des Immanenzstandpunktes« äußert, eine »zentrale, zukunftweisende Bedeutung« gewinnt;[111] denn es geht Stirner nicht mehr primär um das Erkennen des Menschen, um das sich Hegel und die idealistische Phi-

---

[110] Die von dem Biologen Humberto Maturana vollzogene »metaphysische Wende« von Vorstellungen einer bereits bestehenden Existenz der Welt »bevor wir sie leben« zu Vorstellungen, dass diese Existenz erst dann beginnt, wenn »wir sie durch unser Tun erschaffen« (H. Maturana, Vom Sein zum Tun. Heidelberg 2014, p. 17) stimmt im Wesentlichen mit Stirners Überlegungen überein, dass der Eigner Schöpfer und Besitzer seiner Welt ist. Wie Stirner versucht Maturanas Autopoeisis zu zeigen, dass sich Handlungen »aus der Übereinstimmung mit den strukturellen Kohärenzen des Augenblicks« ergeben und Gültigkeit nur für diesen Augenblick beanspruchen können (a. a. O. p. 77, ebenso a. a. O. p. 82).

[111] K. A. Mautz, Die Philosophie Max Stirners. Berlin 1936, p. 96.

losophie bemühte, sondern um die »Erschließung des besonderen, einzelmenschlichen Seins.«[112]

Stirners Insistieren auf Voraussetzungslosigkeit ist gebunden an den Augenblickscharakter seiner Existenz, denn jede Dauer würde Voraussetzungen schaffen, würde dem Nichts ein Etwas entgegensetzen. »Ich setze Mich nicht voraus, weil Ich Mich jeden Augenblick überhaupt erst setze oder schaffe« (EE 159). Mit der Betonung des »Augenblicks«, des »Hier« und »Jetzt«, reklamiert Stirner für sich, nicht festgenagelt zu werden auf Gedachtes, Gesagtes und Getanes: »Ja, wenn Ich das Gesetz Mir auch selbst gäbe, es wäre doch nur mein Befehl, dem Ich im nächsten Augenblick den Gehorsam verweigern kann.« (EE 200). Die Existenz realisiert sich ständig neu und unterwirft sich keiner Konstanz, auch nicht der eigener Setzungen. Fast schnoddrig macht Stirner das an einer Stelle deutlich. »Bist Du an Deine vergangene Stunde gebunden, musst Du heute plappern, weil Du gestern geplappert hast, kannst Du nicht jeden Augenblick Dich umwandeln ... wie Du jeden Augenblicke bist, so bist Du Dein Geschöpf«. (EE 47).

Der Philosoph und Pädagoge Otto Friedrich Bollnow sollte über 100 Jahre später dieses Thema zum »anthropologischen Grundsatz der Existenzphilosophie« erklären, indem er sie so bestimmt,

daß es im Menschen einen letzten, innersten, von ihr mit dem für sie charakteristischen Begriff als »Existenz« bezeichneten Kern gibt, der sich grundsätzlich jeder bleibenden Formung entzieht, weil er sich immer nur im Augenblick realisiert, aber auch mit dem Augenblick wieder dahinschwindet. In der existentiellen Ebene, so heißt die Behauptung, gibt es grundsätzlich keine Stetigkeit der Lebensvorgänge und darum auch kein Bewahren des einmal Erreichten über den Augenblick hinaus.[113]

Das könnte so auch Stirner formuliert haben.

Auch bei anderen Philosophen wird die existenzielle Bedeutung des Augenblicks betont, wenn auch mit zum Teil oder völlig anderer Bedeutung. So ist für Kierkegaard der Augenblick – welch himmel-

---

[112] a.a.O., p. 77. Stirner verwendet Existenz in dreierlei Bedeutungen:
1. Als »wirtschaftliche Grundlage« (EE 121, 279),
2. Als »Vorhandensein/es gibt« (EE 50, 51, 100, 118 u.ö.) und
3. Mit existenzphilosophischer Bedeutung als »reales Dasein«, »je eigenes Leben« (EE 104, 127, 144, 183, 197, 249, 257, 269, 309, 368 u.ö.).
[113] O. F. Bollnow, Existenzphilosophie und Pädagogik. Stuttgart 1959, p. 15. Zu Kierkegaards ins Christliche gekehrten Ausführungen zum »Augenblick« siehe K. Löwith, Von Hegel zu Nietzsche. Stuttgart 1959, p. 225 f.

Die Antizipation der Wirklichkeit des Eigners

weiter Unterschied zu Stirner – ein »Atom der Ewigkeit«, ein Moment, in dem sich die Ewigkeit mit der Zeit berührt, denn Ewigkeit kann nur in der Zeit, dem Augenblick, in Erscheinung treten und wahrgenommen werden.[114] Mit Bezug auf Kierkegaard (der »das existenzielle Phänomen des Augenblicks wohl am eindringlichsten gesehen« habe) beschäftigt sich auch Heidegger in seinem Zeitkonzept mit dem Augenblick, die »in der eigentlichen Zeitlichkeit gehaltene, mithin eigentliche Gegenwart«.[115] Er ist für Heidegger also nicht, wie für Stirner, ein beliebiger, sich ständig wiederholender Zeitpunkt, sondern es ist eine qualitativ herausragende, eben *eigentliche* – im Unterschied zur uneigentlichen – Gegenwart.

Es sind wohl solche Stellen, die Henri Arvon veranlassten, Stirner zusammen mit Kierkegaard an den Beginn des Existenzialismus zu stellen.[116] Nicht als erster freilich, aber doch am wirkungsmächtigsten: Bereits 100 Jahre früher hat der Schriftsteller und Literaturhistoriker Rudolf von Gottschall, der Stirner noch persönlich kannte, diesen als Existenzphilosophen bezeichnet, weil er, es folgt ein wörtliches Zitat aus Stirners *Einzigem* (EE 369), »die Begriffsfrage: ›was ist der Mensch?‹ in die persönliche Frage umgesetzt habe, ›wer ist der Mensch?‹« Mit Schelling mache er damit »gegen das quid? des Wesens das quod der Existenz geltend«,[117] eine Formulierung, mit der

---

[114] S. Kierkegaard, Der Begriff der Angst. Hamburg 1984, p. 94, 96.
[115] M. Heidegger, Sein und Zeit. Tübingen 1963, p. 338.
[116] H. Arvon, Max Stirner. Rangsdorf 2012, p. 200–203.
[117] [Gottschall, Rudolf von], Die deutsche Philosophie seit Hegel's Tode, *in:* Die Gegenwart. Eine encyklopädische Darstellung der neuesten Zeitgeschichte für alle Stände. Band 6. Leipzig 1851, p. 310.
Bereits 1933 hat der jüdische Religionsphilosoph Martin Buber in einer 1936 erschienenen Vortragsreihe den Einzelnen des christlichen Kierkegaard mit dem Einzigen des atheistischen Stirner verglichen und immer wieder die Existenzthematik hervorgehoben, wobei aus verständlichen Gründen die Sympathien ganz Kierkegaard gehören: »der Einzelne bewährt existenziell dadurch, daß das ›persönliche Existieren das Gesagte ... ausdrückt‹, die erscheinende Wahrheit: Es gibt diese Menschenseite der Wahrheit: in der menschlichen Existenz. Gott ist die Wahrheit, weil er ist, der Einzelne ist die Wahrheit, weil er sich zu seiner Existenz findet.« (M. Buber, Die Frage an den Einzelnen. Berlin 1936, p. 24). Buber, dem es wesentlich um das »Zwischenmenschliche«, um die »›Begegnung‹ von Ich und Du« geht, wie Richard Wisser dargetan hat (1997, 257–286, hier 263), gerät dadurch leider aus dem Blick, dass Stirner sehr wohl das Du berücksichtigt und den Kontakt mit dem anderen sucht, bei Stirner also gerade nicht »die Frage nach einer wesentlichen Beziehung zwischen ihm und dem Andern ausgelöscht ist«, weil es »den Andern für ihn primär gar nicht gibt.« (a.a.O. 12). Dass und wie es ihn gibt, habe ich in Kapitel 5 ausführlich dargetan.

später Jean-Paul Sartre die Existenzphilosophie auf den Punkt bringen wollte: »Die Existenz geht der Essenz voraus.«[118] Seitdem wird Stirner immer wieder als »Vorläufer der Existenzphilosophie« bezeichnet.[119]

»Das Feld der Philosophie«, schreibt Kant in seiner »Logik«, »läßt sich auf folgende Fragen bringen:
1. Was kann ich wissen?
2. Was soll ich tun?
3. Was darf ich hoffen?
4. Was ist der Mensch?

Die erste Frage beantwortet die *Metaphysik*, die zweite die *Moral*, die dritte die *Religion*, und die vierte die *Anthropologie*. Im Grunde könnte man aber alles dieses zur Anthropologie rechnen, weil sich die drei ersten Fragen auf die letzte beziehen.«[120]

Stirner stellt im Gegensatz zu Kant radikal die anthropologische Frage »Wer ist der Mensch?« und beantwortet sie ebenso radikal: Die Verwirklichung des Menschen ist die gelebte jeweilige Unmittelbarkeit, die Differenz von Existenz und Beruf ist überwunden, indem beide identisch werden, was hier bedeutet: wenn die Bestimmung des Menschen in seiner Existenz als solcher liegt (siehe EE 134f.). Der Mensch ist aufgefordert, zu sein, was er ist, sich nicht zum »Zielpunkt«, sondern zum »Ausgangspunkt« (EE 331) zu machen:[121] »Ich bin das Ich dieser meiner bloßen Eigenschaft.« (EE 184). Denn macht sich der Mensch zu einem »Zielpunkt«, versucht er Postulate des Sollens zu erfüllen, so sucht er sich noch, ist er sich noch fremd. »Weil Ich noch nicht Ich bin, so ist ein anderer (wie Gott, der wahre Mensch, der wahrhaft Fromme, der Vernünftige, der Freie usw.) Ich,

---

[118] J.-P. Sartre, Ist der Existentialismus ein Humanismus? In: J.-P. Sartre, Drei Essays. Frankfurt, Berlin, Wien 1983, p. 9. »Die bisherige philosophische Tradition« wurde also nicht von Sartre unterbrochen, »wie immer wieder behauptet wird (so z.B. Emil Kettering, Nähe. Pfullingen 1987, p. 32), sondern anderthalb Jahrhunderte vorher bereits von Stirner.
[119] A Kühn, Arthur: Soziologie und Humanistische Psychologie. Frankfurt a.M. 1993, p. 43; siehe auch p. 48–53. So (ähnlich) auch A. Diemer, Artikel »Existenzphilosophie«. Frankfurt a.M. 1975, p. 64–76, Th. Seibert, Existentialismus. Hamburg 2000, p. 16f. und passim.
[120] I. Kant, Schriften zur Metaphysik und Logik. Frankfurt am Main 1800/1977, p. 447f.
[121] Diesen Schritt, sich vom Ziel- zum Ausgangspunkt zu machen, bezeichnet R. Engert (Die neue Zeitrechnung, in: Der Einzige. 75 n. St. E. [1919], p. 269) pathetisch als »kopernikanische Wende« in der Menschheitsgeschichte.

Die Antizipation der Wirklichkeit des Eigners

mein Ich.« (EE 331). Man strebt »nach dem, was man sein *soll*, folglich *ist* man's nicht.« (EE 324).

Wie nun diese Rose von vornherein wahre Rose, diese Nachtigall stets wahre Nachtigall ist, so bin Ich nicht erst wahrer Mensch, wenn Ich meinen Beruf erfülle, meinet Bestimmung nachlebe, sondern Ich bin von Haus »wahrer Mensch«. (EE 330)

Der Soziologe Arthur Kühn zitiert u. a. diese Stelle und weist auf die Nähe zu Fritz Perls, einem Vertreter der Humanistischen Psychologie hin, der sich mit ähnlichen Formulierungen von Sollforderungen (»shouldism«) distanziert.[122]

Das Ich trennt sich »in zwei Hälften, deren eine, die unerreichte und zu erfüllende, die wahre ist.« Die andere, ungeistige Hälfte muss geopfert werden. Man verachtet »die Regel der Klugen, die Menschen so zu nehmen, wie sie sind, und nimmt sie lieber wie sie sein sollen, hetzt deshalb Jeden hinter seinem sein sollenden Ich her ...« (EE 331 f.).

Dem entgegnet Stirner: »Wohlan, die Menschen sind, wie sie sein sollen, sein können.« Die Spannung von Realität und Potenzialität ist nur eine gedachte. »Möglichkeit und Wirklichkeit fallen immer zusammen. Man kann nichts, was man nicht tut, wie man nichts tut, was man nicht kann.« (EE 332; ähnlich KS 221).

Stirner greift mit diesem Gedanken den von Aristoteles dem Logiker der megarischen Schule Diodoros Kronos zugeschriebenen Beweis (ὁ κυριεύων) auf, nach dem nichts möglich ist, was nicht ist oder sein wird, denn aus einem Möglichen könne nichts Unmögliches folgen. Ist ein Fall wirklich geworden, so ist der andere, der den ersten ausschließt, unmöglich; denn wäre dieser möglich gewesen, so wäre aus einem Möglichen ein Unmögliches geworden.[123]

Auch Hegel greift dieses Problemfeld auf, und möglicherweise hat es Stirner über Hegel kennen gelernt. Hegel charakterisiert in

---

[122] A. Kühn, a. a. O., p. 71 f. Kühn beschreibt die auffallend starken Übereinstimmungen zwischen Stirner und der Humanistischen Psychologie ausführlich und überzeugend.
Eine gleichlautende Formulierung findet sich auch bei dem Begründer der Autopoeisis, Humberto Maturana, der feststellt, »dass der Sinn und Zweck eines Lebewesens darin besteht zu sein, was es ist. Der Zweck eines Hundes ist es, ein Hund zu sein; der Zweck eines Menschen besteht darin, ein Mensch zu sein.« (H. Maturana, Vom Sein zum Tun. Heidelberg 2014, p. 98.)
[123] Vgl. dazu N. Hartmann, Der Megarische und der Aristotelische Möglichkeitsbegriff, p. 44–58 und P.-M. Schuhl, Le dominateur et les possibles. Paris 1960.

seiner Rechtsphilosophie, Properz zitierend, Velleität als ein Verhalten, mit dem Wirklichkeit nicht ausreichend zu bewältigen sei[124] und koppelt Wollen an das Erfüllbarkeitspostulat:

»In magnis voluisse sat est« hat den richtigen Sinn, dass man etwas Großes wollen solle; aber man muß auch das Große ausführen können: sonst ist es ein nichtiges Wollen. Die Lorbeeren des bloßen Wollens sind trockene Blätter, die niemals gegrünt haben.[125]

An anderer Stelle schreibt er, noch ausführlicher auf die Problematik eingehend: »Die Möglichkeit ist das *Wesentliche* zur Wirklichkeit, aber so, dass sie zugleich *nur* Möglichkeit sei.«[126] Das Mögliche sieht auch Hegel an das Wirkliche gebunden, und nur »der Scharfsinn des leeren Verstandes gefällt sich ... in dem hohlen Ersinnen von Möglichkeiten und recht vielen Möglichkeiten«,[127] die dann allerdings zur Wirklichkeit nur in einer »abstrakten Identität«[128] bestehen.

Im Gegensatz zu Hegel, der in der Nachfolge Kants »die Einheit der Möglichkeit und Wirklichkeit« als »Notwendigkeit« bezeichnet, löst Stirner die Kategorie Notwendigkeit aus den drei Kategorien, die Modalität ausmachen (nämlich Möglichkeit, Wirklichkeit und Notwendigkeit) heraus und versucht deutlich zu machen, dass das jeweilige Handeln ein authentisches Handeln ist, das keiner Ergänzung bedarf. Während Hegel abschätzig über jene »moderne« Gesinnung spricht, »welche eigensinnig ihre subjektiven Zwecke verfolgt«,[129] liegt für Stirner gerade im Verfolgen der eigenen Interessen die Legitimation der Einheit von Realität und Potenzialität.[130]

Der Trugschluss liegt für Stirner darin, dem Denkbaren Potenzialität zuzuschreiben; der denkbare Mensch wurde für Jahrtausende

---

[124] Vgl. E. Bloch, Subjekt-Objekt. Frankfurt 1977 (1951), p. 263.
[125] G. W. F. Hegel, Grundlinien der Philosophie des Rechts. Frankfurt 1970 (1821), Zusatz zu § 124, p. 236.
[126] G. W. F. Hegel, Enzyklopädie der philosophischen Wissenschaften I. Frankfurt 1970 (1830), § 143, p. 281.
[127] a. a. O., p. 282.
[128] a. a. O., p. 283, Zusatz.
[129] a. a. O., p. 291.
[130] Eine Darstellung der Philosophie Stirners glaubt, hier »einen Fehlschluß feststellen« zu müssen (J. Cattepoel, Anarchismus. München 1973, p. 39): Es gelinge Stirner nicht, »den Begriff ›Möglichkeit‹ auszulegen, deswegen (!) gelinge ihm auch nicht, »die Lehre des ›Egoismus‹ rational zu begründen ...« (p. 46). Der Fehlschluss Stirners bestehe darin, nicht Wirklichem die Möglichkeit der Existenz abzusprechen (p. 41). Gründlicher kann Stirner wohl kaum noch missverstanden werden.

Die Antizipation der Wirklichkeit des Eigners

der mögliche Mensch, dessen Ideal man zu verwirklichen trachtete. Aber »die Möglichkeit ist nichts anders, als die Denkbarkeit«, der als solcher zwar Realität zukommt, nicht aber in ihrem Anspruch der Realisierung dieses Denkbaren (EE 333).[131]

So herrschen die *Denkenden* in der Welt ..., und was sie sich denken, das ist möglich, was aber möglich ist, das muss verwirklicht werden. Sie *denken* sich ein Menschen-Ideal, das einstweilen nur in ihren Gedanken wirklich ist; aber sie denken sich auch die Möglichkeit seiner Ausführung, und es ist nicht zu streiten, die Ausführung ist wirklich – denkbar, sie ist eine – Idee (EE 334).

Wie wichtig, allerdings vorerst auch folgenlos, Stirners Kritik an der Gleichsetzung von Denkbarem und Möglichem war, beweist Szeligas Rezension dieser Stelle des »Einzigen«; die »Kritik«, wie er seine philosophische Position in der Nachfolge Bruno Bauers bezeichnet, sei »gar nicht gegen das Ideal gerichtet, sondern gegen *dieses* Ideal, welches kein Ideal ist, nicht aber darum ein Nichts, weil es bloß möglich, *denkbar* ist, sondern weil es *gedacht* und als gedacht nicht bloß *möglich*, sondern *wirklich* ist. Denn alles Gedachte ist wirklich.«[132]

Szeliga dokumentiert anschaulich, wie entschieden sich Stirner von den Vorstellungen der anderen Junghegelianer gelöst hat und wie sein Denken ihnen gegenüber eine Konkretheit gewonnen hat, die sich radikal von ihren Vorstellungen des weiter unten darzustellenden Selbstbewusstseins abhebt.

Das Absetzen Stirners von der bisherigen Geschichte der Menschheit, das die Begriffspaare Leben und Denken, Natur und Unnatur, Existenz und Beruf widerspiegelt, kann in dem grundsätzlichen Unterschied, der zwischen dem eigenen und uneigenen Menschen besteht, aufgezeigt werden. Der das Leben bejahende, sich auf seine »bloße Existenz« (EE 100, 127) berufende und gegenüber der Natur selbstbewusst auftretende Einzelne ist »das eigentliche Ich« (EE 181), das seinen »eigentlichen Wert, meine *Eigenheit*« erkannt hat (EE 294). Es ist »der eigene Mensch« (EE 209), der *sich* eigene Mensch: »Bin Ich aber *der* Mensch und habe Ich ihn, den die religiöse Menschheit als fernes Ziel bezeichnete, wirklich in mir gefunden, so ist auch alles ›wahrhaft Menschliche‹ *mein eigen*.« (EE 331). Dann »ist – – die

---

[131] Vgl. zu dem Problemfeld »Möglichkeit und Wirklichkeit« H. Sveistrup, Stirners drei Egoismen. Lauf bei Nürnberg, Bern und Leipzig 1932, p. 61 f.
[132] Szeliga, Der Einzige und sein Eigenthum, in: Norddeutsche Blätter. Heft IX. Bd. II. Berlin 1845, p. 26.

Menschheit begraben, und Ich bin mein eigen, Ich bin der lachende Erbe!« (EE 222).

Entsprechend ist der uneigene Mensch derjenige, der das Ideal Mensch, das Wesen oder den Begriff Mensch nicht zu einer ihm »eigenen und inhärenten *Eigenschaft*« zurückbringt (EE 184), der dem Heiligen Respekt und Ehrfurcht erweist; »das Gefürchtete ist zu einer innerlichen Macht geworden, der Ich Mich nicht mehr entziehen kann ...«. Die Entscheidungen werden in diesem Fall nicht mehr autonom getroffen, sondern unter Einfluss einer übergeordneten Autorität. In allem, vor dem man eine »›*heilige Scheu*‹« zeigt, »liegt etwas Unheimliches, d.h. Unheimisches oder Uneigenes« (EE 81). Der Einzelne ist »unfrei oder besser uneigen« (EE 242), weil er nicht im eigenen, sondern im Interesse eines andern und in Abhängigkeit von ihm handelt.

3. Der Eigenwille

Die Willensproblematik nimmt bei Stirner, unsere bisherigen Ausführungen haben bereits darauf hingewiesen, einen breiten Raum und eine hervorragende Stellung ein. Schon in seinen Veröffentlichungen vor dem »Einzigen« betonte Stirner den Willen als die ursprüngliche menschliche Fähigkeit, die eigenen Interessen erkennen und auf ihre Durchsetzbarkeit hin befragen zu können, d. h. es handelt sich um die Fähigkeit, erkannte Interessen zu bejahen und zu verwirklichen.[1] Wille, im Verständnis Stirners, ist somit das Bewusstsein der Macht, äußere Umstände und das eigene Selbst beeinflussen und gestalten zu können. Dem Willen kommt damit ein Stellenwert zu, der weit vor allen anderen menschlichen Fähigkeiten rangiert und diese beherrscht; Wilhelm Dilthey erkennt diese Vorrangstellung des Willens in der Philosophie Stirners und kommt zu dem allerdings überzogenen Urteil, Stirner, mit dem »die Krisis in der Schule Hegels« gekommen sei,[2] habe – zusammen mit Thrasymachos, Kritias, Spinoza, Hobbes und Feuerbach – »die Bejahung des Willens und seiner Macht so stark ausgesprochen, dass die Geschichte Nietzsches nicht bedurfte ...«.[3]

Ein kurzer Überblick über die Willensthematik zeigt, dass Stirner dieses Problem auf die ihn beschäftigende erkenntnistheoretische Fragestellung reduziert und zu einer Antwort gelangt, die in ihrer Radikalität den Voluntarismus vorwegnimmt und teilweise sogar übertrifft.[4]

In der Geschichte der Philosophie, in der von alters her das Wil-

---

[1] Vgl. beispielsweise in dieser Arbeit das Kapitel 3.4. »Das unwahre Prinzip unserer Erziehung«.
[2] W. Dilthey, Leben Schleiermachers, Bd. I, 2. Göttingen 1970 (1870), p. 81; Dilthey erwähnt neben Stirner noch Ludwig Feuerbach.
[3] W. Dilthey, Weltanschauungslehre. Stuttgart und Göttingen 1960, p. 200.
[4] Der Begriff Voluntarismus taucht 1883 zum erstenmal bei dem Philosophen und Soziologen Ferdinand Tönnies auf, bezeichnet also philosophiegeschichtlich jüngere

lensproblem eine besondere Rolle spielte, dominierte über einen langen Zeitraum die Kontroverse um den Primat des Willens oder des Intellekts. Der Wille, so entschieden sich die einen, gehorche anderen psychischen Faktoren und sei keinesfalls als ursprüngliche und selbständige Fähigkeit anzusehen; andere wiederum vertraten die Ansicht, der Wille sei der elementare psychische Faktor schlechthin und stelle ein eigenes, unabhängiges Seelenvermögen dar. Beispielhaft zeigen Thomas von Aquin und Duns Scotus die beiden skizzierten Positionen: Ist der Wille bei Thomas von Aquin abhängig vom Intellekt (»intellectus altior et prior voluntate«) heißt es bei Duns Scotus, den Vorrang des Verstandes bei Thomas zugunsten des Willens zurückdrängend: »Voluntas est motor in toto regno animae«.[5]

In der Neuzeit gewinnt das Willensproblem eine neue Dimension und stellt sich unter veränderten Gesichtspunkten dar: Es geht primär um die Auseinandersetzung zwischen dem Determinismus einerseits und den Vertretern einer Position andererseits, die die Willensfreiheit und die Selbstbestimmung des einzelnen Menschen betont.

Ein zeitgenössischer Repräsentant dieser letztgenannten Position ist Arnold Gehlen, der, ausgehend von seiner »prima philosophia«, die er als »einleitende philosophische Wissenschaft versteht, die Meinung vertritt: »*Wollen* ist ... *das Urphänomen Mensch selbst*«; damit formuliert er die für eine bestimmte philosophische Anthropologie charakteristische Selbsterfahrung in der Unmittelbarkeit des Wollens.[6]

Entwicklungen, die jedoch durch eine lange Tradition abendländischen Denkens vorbereitet werden.
Als einen Vorläufer von F. Tönnies hat H. Sveistrup (Stirners drei Egoismen. Lauf bei Nürnberg, Bern und Leipzig 1932) Stirner bezeichnet, wobei er allerdings nicht an den Voluntarismus, sondern an »die gruppwissenschaftliche Unterscheidung von Gemeinschaft und Gesellschaft« dachte (p. 28, vgl. auch p. 21 und p. 96, Anm. 49a). Vgl. auch H. Sveistrup, Stirner als Soziologe. Berlin 1928, p. 114.
[5] Vgl. dazu J. Auer, Die menschliche Willensfreiheit im Lehrsystem des Thomas von Aquin und Johannes Duns Scotus. München 1938 (besonders das Kapitel »Intellekt und Wille«, p. 83–108); zitiert wurde nach W. Keller, Psychologie und Philosophie des Wollens. München und Basel 1954, p. 43.; vgl. zu diesem Problemfeld auch A. Gehlen, Theorie der Willensfreiheit und frühe philosophische Schriften. Neuwied und Berlin 1965, p. 115–120.
[6] A. Gehlen, Der Mensch. Frankfurt und Bonn 1966 (1940), p. 364. Der Wille wacht nach Gehlen »die *allgemeine* Wesensqualität des Menschen aus«; der Mensch ist »wesentlich wollend.« (a.a.O.; vgl. auch p. 362–369).

Der Eigenwille

Innerhalb dieser Auseinandersetzungen ist auch die voluntaristische Komponente in der Philosophie Stirners ideengeschichtlich anzusiedeln und näher zu bestimmen als Ausdruck einer Position, die die Geschichte als prinzipiell machbar, d. h. dem menschlichen Willen unterworfen darstellt.

Kurt A. Mautz hat in seiner Dissertation mit Recht darauf hingewiesen, dass Stirner in seinem Verhältnis zur Natur »nicht das Vernünftige, Gesetzmäßige, sondern das willentliche Moment betont.«[7]

Freiheit, die in ihren Möglichkeiten und Begrenzungen mit der Determination des Willens übereinstimmt, sofern sie dessen Inhalt näher zu bestimmen versucht, sieht Stirner, auch und gerade gegenüber der Natur und dem Leben, nur dann garantiert, wenn »Ich an einem Andern ... meinen Willen ... durchsetzen kann ...« (EE 172). Der »Eigenwille«, der sich selbst gegenüber der Natur durchzusetzen vermag, charakterisiert »das *herrschaftliche* Verhältnis« des Eigners zur Natur. Der Eigner gebraucht »die *Natur* unbedenklich nach Gefallen« (EE 104)

Als »ausgesprochen voluntaristisch«[8] und als »Konzeption des voluntaristischen Egoismusbegriffs«[9] hat bereits Mautz das Stirnersche Denken charakterisiert. Richtig an dieser Einschätzung ist die Dominanz des Machens bei Stirner: Auch wenn Stirner Naturgesetze nicht leugnet und die Grenzen des Machbaren im Eigner sieht – Eigenheit ist ja, wie wir sehen werden,[10] die machbare »Freiheit«, die, im Gegensatz zur absoluten Freiheit, auferlegte Grenzen erkennt und anerkennt –, unterstellt er die Natur und die Geschichte, weil er ihnen einen unüberwindbaren Determinismus abspricht, weitgehend dem menschlichen Willen.

In dem Zugriff auf die eigene Potenzialität, die der Satz »Was ein Mensch ist, das macht er aus den Dingen« ausdrückt, lässt sich die prinzipielle voluntaristische Höherbewertung des Einzelnen gegenüber der Welt der Objekte erkennen.

Die Dinge schaut man eben recht an, wenn man aus ihnen macht, was man *will* (unter Dingen sind hier Objekte, Gegenstände überhaupt verstanden,

---

[7] K. A. Mautz, Die Philosophie Max Stirners. Berlin 1936, p. 11. Vgl. dazu die Kapitel 2.3. Die »Gedankenlosigkeit« des Eigners im Gegensatz zum sich selbst denkenden Denken und 2.4. Das ursprüngliche und authentische Leben des Eigners.
[8] a. a. O.
[9] a. a. O., p. 22.
[10] Vgl. dazu das Kapitel 3.1. Eigenwille und Freiheitsbestimmung.

wie Gott, unsere Mitmenschen, ein Liebchen, ein Buch, ein Tier usw.). Und darum sind die Dinge und ihre Anschauung nicht das Erste, sondern Ich bin's, mein Wille ist's. Man *will* Gedanken aus den Dingen herausbringen, *will* Vernunft in der Welt entdecken, *will* Heiligkeit in ihr haben: daher wird man sie finden (EE 340).

Die Willensintensität verurteilt alles zur Relativität und lässt die Objekte subjektiv werden; die Welt der Dinge korrespondiert mit der vom Willen beeinflussten individuellen Vorstellung von der Welt der Dinge. Voluntaristisch sprengt der Einzelne alle Ketten, die seine Erkenntnisfähigkeit verhindern und fesselt seinerseits das zu Erkennende, indem er es seiner Macht und Verfügungsgewalt unterwirft.

Es ist deshalb ein grobes Missverständnis, wenn der Philosoph Robert Schellwien meint, Stirner vereinige »ohne Vermittlung das Absolute mit dem Individualwillen, d. h. er erklärte den Individualwillen als solchen für absolut.«[11] Stirner, führt Schellwien weiter aus, »wollte selbst absolut sein und verneinte das Absolute als ein *Anderes* ...«.[12] Nur der zweite Teil dieser Behauptung ist richtig, ansonsten missversteht Schellwien die Absichten Stirners gründlich. Stirners Verständnis des Willens, seine Philosophie ganz allgemein, versperrt sich einer Interpretation im Sinne Schellwiens, denn gerade den Absolutheitsanspruch verwirft Stirner als ein mit dem Eigenen Entgegengesetztes und Unversöhnbares:

Dass ein Absolutes sei und dieses Absolute von Uns aufgenommen, gefühlt und gedacht werden müsse, stand als Glaube bei denen fest, die alle Kraft ihres Geistes darauf verwandten, es zu erkennen und darzustellen. Das *Gefühl* für das Absolute besteht da als ein eingegebenes ... (EE 74).

Eingegebenes ist jedoch bei Stirner das genaue Gegenteil des Eigenen und Egoistischen (EE 74), stellt sich also in den gleichen diametralen Gegensatz zu dem von Stirner Intendierten wie die Auffassung von

---

[11] H. Schellwien, Der Wille, in: Pädagogische Studien. XX. Jg., 2. Heft. Dresden 1899, p. 90. Schellwien unterscheidet einen Individualwillen – als »Prophet des absoluten Individualwillens« gilt ihm Stirner (a. a. O., p. 89, Anm. 1) – und einen Allwillen, »*der sich* zwar *selbst noch nicht* kennt, aber fordert, dass ein ihm entsprechender Wille das einzelne schafft und bestimmend durchwaltet ...« (a. a. O., p. 93; vgl. auch a. a. O., p. 95). Da Stirners Willensbestimmung weder dem Individual- noch dem Allwillen im Sinne Schellwiens folgt, behauptet Schellwien mit einem Seitenhieb gegen die Logik, Stirner habe den Willen lediglich »als absolutes Selbstsein« erkannt, als Wille also, »der sich rein aus sich bestimmt«, was Schellwien zu der Behauptung veranlasst, dass »*Stirner* den Willen nicht erkannt« hat (a. a. O., 3. Heft, p. 111).
[12] a. a. O., 2. Heft, p. 91.

Der Eigenwille

etwas Absolutem.[13] »Egoistisch ist es, keiner Sache einen eigenen oder ›absoluten‹ Wert beizulegen, sondern ihren Wert in Mir zu suchen.« (EE 176). Und genau darauf hin befragt Stirner seine Willensregungen: Wille ist wesentlich Eigenwille, und das heißt, er verfolgt eigene, als relativ und subjektiv aufzufassende Interessen.[14]

Für Stirner ist, wie für Machiavellis »Fürsten«, Wollen keine ethische Frage des Dürfens und Sollens, sondern ausschließlich eine Angelegenheit der eigenen Potenzialität.[15] Was der Mensch ist, bemisst sich nach seinem Können, seinem Durchsetzungsvermögen und der Realisierbarkeit. Die Frage, was die Menschen sein sollen, beantwortet Stirner lapidar; »Doch wohl nicht mehr als sie sein können!«, denn »Möglichkeit und Wirklichkeit fallen immer zusammen« (EE 332).[16] Stirner eliminiert, um seine erkenntnistheoretische Ausgangsposition zu verdeutlichen, das heißt: primär aus methodischen Beweggründen, jede überindividuelle Zweckhaftigkeit und denkt allein von sich selbst her, indem er alle konstitutiven Bindungen zur Außenwelt als aufzuhebende setzt. Wie bei Hobbes hat der Einzelne Recht auf alles, was seine Souveränität zu fordern in der Lage ist.[17]

---

[13] Vgl. EE 248 Stirners Polemik gegen das Absolute: »Mit dem Ideal der ›absoluten Freiheit‹ wird dasselbe Unwesen getrieben, wie mit allem Absolutem«; vgl. EE 104 (Polemik gegen die »absolute Idee«) und EE 284 (Polemik gegen die »absolute Freiheit«) und EE 417 (Polemik gegen das »absolute Interesse«) usw.

[14] In seiner 1924 geschriebenen »Einführung« zu Stirners »Einzigem« (Berlin [1924]) meint A. Ruest, Wille müsse bei Stirner »notwendig ein metaphysischer Wille sein« (p. 15). Zu diesem groben Missverständnis kommt Ruest deswegen, weil er Stirner »mystische Gedankengänge« unterstellt und meint, »Stirners uranfänglichste Inspiration« (!) wäre die Gleichsetzung von Gott und Ich: »so wie Gott, Ursache der Ursachen, Nichts und Alles, sich an dieser Welt, *seinen* Geschöpfen doch ständig erst ›finden‹ muß ... : so auch ›Ich‹, lediglich durch die immer versuchte Herausstellung, Teilung (!), Mit-teilung meiner selbst. Spaltung (!) in dieses ewige (!) Subjekt-Objektdasein.« (p. 14f.). Vgl. auch a.a.O., p. 20.

[15] Eine Beziehung zwischen Machiavelli und Stirner deutet zuerst, allerdings in pejorativem Sinne, K. Fischer an (Moderne Sophisten, in; Die Epigonen, Bd. 5. Leipzig 1848, p. 300); vgl. auch A. Ruest, Max Stirner. Berlin und Leipzig [1906], p. 65. Stirners »Einziger« kennt das Wort »Machiavellismus« (EE 35).

[16] Vgl. dazu die ausführliche Darstellung dieser Problematik in dem Kapitel 2.1. Der eigene und uneigene Mensch.

[17] Vgl. B. Willms, Die politischen Ideen von Hobbes bis Ho Tschi Minh. Stuttgart, Berlin, Köln, Mainz 1971, p. 31–38. Auf die Beziehungen zwischen Hobbes und Stirner macht bereits P. Eltzbacher (Der Anarchismus. Berlin 1900, p. 265 f.) aufmerksam. Vgl. auch G. Bückling, Der Einzelne und der Staat bei Stirner und Marx. Leipzig und München 1920, p. 162 (1110); K. A. Mautz, Die Philosophie Max Stirners. Berlin

Der Eigenwille

Wenn nach Kurt A. Mautz gerade das ethische Problem »zu den Wurzeln und ins Zentrum der Stirnerschen Philosophie«[18] führt, widerspricht er nicht dem oben Gesagten, sondern akzentuiert die gleiche Fragestellung innerhalb eines anderen Zusammenhangs. Die »ethische Grundfrage«, auf die Stirners Denken nach Mautz hinausläuft und die an Stirner selbst zu richten sei, lautet: »Was ist und wie orientiert sich der konkrete, einzelne Mensch als handelndes Individuum in seiner Stellung zur Welt und zum Mitmenschen?«[19] Die Antwort lautet: Stirner leugnet in Opposition zu Hegels Universalismus, in dem das Allgemeine dem Besonderen, der einzelmenschlichen Existenz, übergeordnet ist, jedes metaphysische Endziel und wehrt sich gegen die Unterwerfung des individuellen Seins unter den »göttlichen Totalgeist.« Stattdessen liegt für Stirner »ein wirklicher ethischer Vollzug ... nur in jenem Handeln, das auf einer persönlichen Entscheidung des Einzelnen beruht.«[20]

Dies erlaubt es Stirner, zwischen dem Eigenwillen, dem eigenen Willen, und dem herrschenden Willen, dem fremden, aufoktroyierten Willen zu unterscheiden. Der Staat gilt Stirner als die Verkörperung jenes fremden Willens. Die Beseitigung des fremden Willens oder, positiv formuliert, die Exklusivität des Eigenwillens ist identisch mit der Aufhebung des Staates; »Es dauern die Staaten nur so lange, als es einen *herrschenden Willen* gibt, und dieser herrschende Wille für gleichbedeutend mit dem eigenen Willen angesehen wird.«

Hier geht es nicht um ein Und oder Dennoch, sondern ausschließlich um ein Entweder-Oder. »Der eigene Wille und der Staat sind todfeindliche Mächte ...« (EE 200; vgl. EE 202), die Entscheidung für das eine oder das andere fällt dann zugunsten des Eigenwillens aus, wenn der Einzelne dessen potenzielle Möglichkeiten erkennt und wahrnimmt.[21]

Dort, wo die Kraft des Willens nicht erkannt wird, ist jedes Bemühen zum Scheitern verurteilt. Die Beantwortung der rhetorisch gestellten Frage, warum sich bestimmte oppositionelle Bewegungen nicht durchsetzen können, fällt Stirner deshalb leicht: weil der Wille

---

1936, p. 14 und H. H. Holz, Der französische Existentialismus. Speyer und München 1958, p. 110.
[18] K. A. Mautz, Die Philosophie Max Stirners. Berlin 1936, p. 75.
[19] a.a.O., p. 76.
[20] a.a.O., p. 99.
[21] Zum Antietatismus Stirners vgl. W. Eßbach, Die Bedeutung Max Stirners für die Genese des historischen Materialismus. Göttingen 1978, p. 166–182.

fehlt; die Opposition darf die Freiheit nicht wollen, »sie kann sie nur *wünschen* ... Was sollte daraus werden, wenn die Opposition wirklich *wollte*, wollte mit der vollen Kraft ihres Willens?« (EE 61)

Im Verzicht auf den Willen liegt die Ursache des Misserfolgs der oppositionellen Aktivitäten.

Die Beispiele veranschaulichen, dass Stirners voluntaristische Haltung Stellenwert gewinnt bei der Bestimmung seines Freiheitsbegriffs; die Analyse von Stirners Voluntarismus ist gleichzeitig Analyse seiner Freiheitsbestimmung; denn, um es mit den Worten des Schweizer Philosophen und Psychologen Wilhelm Keller zu formulieren: »Wo vom Wollen die Rede ist, da ist von Freiheit die Rede.«[22]

3.1. Eigenwille und Freiheitsbestimmung

Stirners Voluntarismus bestimmt Freiheit sowohl negativ wie positiv, das heißt: Freiheit ist die Negation einer außersubjektiven Kausalität und die Verneinung einer unbeeinflussbaren Determination, gleichzeitig aber ist sie Bejahung eines objektbezogenen Wollens des konkreten Einzelnen, über den sich das Freiheitspostulat erst einlösen lässt. Der Eigner beurteilt die Objekte seines Wollens von sich her und bestimmt ihre Qualität. Freiheit ist Freiheit *von* etwas und Freiheit *für* etwas, denn erst mit dieser komplementären Bestimmung wird Freiheit für Stirner funktional. »Was nützt Dir auch eine Freiheit, wenn sie nichts einbringt? Und würdest Du von allem frei, so hättest Du eben nichts mehr ...« (EE 163) Die ausschließliche Frage: »Frei – wovon?« führt sich, nach Stirners radikalem Verständnis, ad absurdum, denn Freiheit, so verstanden, führt zur Selbstverleugnung, zur »Freiheit nämlich von der Selbstbestimmung, vom eigenen Selbst«, zur Freiheit vom Eigenwillen; »der Drang nach Freiheit als nach etwas Absolutem, jedes Preises Würdigem, brachte Uns um die Eigenheit ...« (EE 164).

Kurt A. Mautz wirft Stirner vor, Freiheit gebe es »nunmehr nur noch als ›Freiheit wovon‹«,[23] erkennt dabei diesen Zusammenhang

---

[22] W. Keller, Psychologie und Philosophie des Wollens. München und Basel 1954, p. 50.
[23] K. A. Mautz, Die Philosophie Max Stirners. Berlin 1936, p. 98. Auch E. Fleischnann meint: »être libre veut dire libre de quelque chose.« (Le rôle de l'individu dans la société pré-révolutionnaire: Stirner, Marx, Hegel, in: Archives européennes de so-

Der Eigenwille

nicht, denn diese Freiheit unterwirft Stirner gerade seiner radikalen Kritik, die darauf hinausläuft, dass dieses Freiheitsstreben umschlägt in selbstverschuldeten Determinismus und neue Bindung.

Der Drang nach einer *bestimmten* Freiheit schließt stets die Absicht auf eine neue Herrschaft ein, wie denn die Revolution zwar »ihren Verteidigern das erhebende Gefühl geben konnte, dass sie für die Freiheit kämpften«, in Wahrheit aber nur, weil man auf eine bestimmte Freiheit, darum auf eine neue *Herrschaft*, die »Herrschaft des Gesetzes« ausging (EE 168).

»Frei sein von etwas«, in dieser Absolutheit gesehen, ist christliche Freiheit hinter der immer wieder »die Schranken meiner *Freiheit*« (EE 164) sichtbar werden. Erst die Konkretion der Freiheit durch die willentliche Selbstbestimmung ist die Freiheit des Eigners; in diesem Akt autonomer Festlegung hebt sich Freiheit selbst auf, das sieht auch Mautz richtig,[24] und schlägt um in Eigenheit. Stirner fordert mehr als nur Freiheit, denn: »Du müsstest nicht bloß *los sein*, was Du nicht willst, Du müsstest auch *haben*, was Du willst ...«. Das ist die Peripetie der positiven und negativen Freiheitsbestimmung: das Umschlagen von Freiheit in Eigenheit, der entscheidende Unterschied zwischen dem Freien und dem Eigner (EE 164).

Welch ein Unterschied zwischen Freiheit und Eigenheit! Gar vieles kann man *los* werden, Alles wird man doch nicht los; von Vielem wird man frei, von allem nicht. ... Dagegen Eigenheit, das ist mein ganzes Wesen und Dasein, das bin Ich selbst. Frei bin ich von *dem*, was Ich *los* bin, Eigner von dem, was Ich in meiner *Macht* habe, oder dessen Ich *mächtig* bin. *Mein eigen* bin Ich jederzeit und unter allen Umständen, wenn Ich Mich zu haben verstehe und nicht an andere wegwerfe. Das Freisein kann Ich nicht wahrhaft *wollen*, weil Ich's nicht machen, nicht erschaffen kann: Ich kann es nur wünschen und danach – trachten, denn es bleibt ein Ideal, ein Spuk (EE 165).

Dieses Zitat veranschaulicht, dass der konventionelle Freiheitsbegriff mit dem Willen, so wie Stirner ihn versteht, nichts zu tun hat, weil er sich der Radikalität des Begehrens entzieht und die maximalistische Forderung[25] nicht befriedigen kann. Absolutes Freisein stünde im

---

ciologie. Bd. 14, Nr. 1. Paris 1973, p. 95); er missversteht damit Stirners Freiheitsverständnis ebenso wie K. A. Mautz.
[24] K. A. Mautz, Die Philosophie Max Stirners. Berlin 1936, p. 98.
[25] Auch W. Eßbach weist auf die »maximalistischen Forderungen« hin, die Stirner mit dem Begriff Eigenheit stellt. Wieso Stirners Strategie der Argumentation allerdings »durchgehend paradox« sei, wie Eßbach meint, bleibt mir unverständlich, denn

Der Eigenwille

Widerspruch zu einem Wollen, das eigenes, machbares Wollen in dem Bewusstsein der eigenen Potenzialität ist, einer Potenzialität, die die ihr angelegten Fesseln sprengt, aber gleichzeitig die Grenzen der Freiheit erkennt und anerkennt. Anerkenntnis der Freiheit jedoch wäre gleichzeitig Anerkenntnis der Gebundenheit des Einzelnen, wäre die Kapitulation vor der Nicht-Souveränität des Einzelnen. Stirner lehnt sich nicht gegen die auferlegten Grenzen auf, sondern erkennt sie an und hebt sie auf in einer qualitativ anderen »Freiheit«, nämlich in der Eigenheit des Eigners, weil er der Ansicht ist, in ihr eine Bestimmungslücke der Freiheit aufgespürt zu haben. Wolfgang Eßbach, der die Meinung vertritt, Stirner ziele mit dem Begriff Eigenheit »auf die qualitativen Bestrebungen des materiellen Selbst«,[26] denn den Begriff Eigenheit entwickle er »als materialistischen Gegenbegriff zur bürgerlichen Freiheit«,[27] erkennt diese von Stirner aufgespürte Lücke, verwischt aber die Demarkationslinien, wenn er Stirners »*Materialismus des Selbst*« als Bewegung *innerhalb* einer Materialismusdiskussion sieht, in der Marx und Engels einen »*Materialismus der Verhältnisse*« begründet hätten.[28] Auch Eugène Fleischmann kommt Stirners Auffassungen ziemlich nahe, wenn er schreibt: »... la liberté n'est plus un idéal situé à l'infini, mais la prise de possession de l'homme par lui-même.« Verstünde Fleischmann unter dem »homme« Stirners Eigner und unter Freiheit auch Freiheit *für* die eigenen Interessen, dann hätte er Stirners Freiheitsverständnis nicht negativeinseitig auf eine Kritik an Hegels Freiheitsbegriff reduziert, sondern

---

die von Eßbach konstatierte und das Paradox begründende »unangreifbare Minimalposition« vertritt Stirner nicht (Die Bedeutung Max Stirners für die Genese des historischen Materialismus. Göttingen 1978, p. 134).
[26] W. Eßbach, Die Bedeutung Max Stirners für die Genese des historischen Materialismus. Göttingen 1978, p. 133.
[27] a.a.O., p. 132; der Begriff Eigenheit liege »gleichsam quer zum bürgerlichen Freiheitsbegriff« (a.a.O., p. 133)
[28] a.a.O., p. 109 (vgl. p. 109–161); der Unterschied zwischen Stirners und Marxens Materialismusauffassungen liege im entgegengesetzten Ausgangspunkt begründet: »Stirners materialistische Fundierung geht gleichsam vom mikrophysischen Bereich des Selbst aus, während die Marxsche bei den makrophysischen Voraussetzungen beginnt.« (p. 111). Aber gerade von diesem Materialismusverständnis setzt sich Stirner ab (vgl. EE 344 in Bezug auf Feuerbach und EE 272f. in Bezug auf »Materialismus« und Kommunismus): *dieser* Materialismus stehe in unversöhnbarer Opposition zu den Interessen des Eigners.

Stirners positive, für den Eigner beanspruchte Bestimmung der Freiheit erkannt.[29]

Auf die Problematik der Stirnerschen Freiheitskonzeption wurde wiederholt von unterschiedlichen ideologischen Positionen her aufmerksam gemacht. Kurt A. Mautz ist der Ansicht, Stirner wolle mit seinem Begriff des »eigenen Denkens« das »freie Denken« »liquidieren«[30] und hantiere mit einem »inhaltlosen, formalen Freiheitsbegriff«[31]; nach Hans G. Helms »diffamiert« Stirner die Freiheit,[32] indem er behauptet, »der ›Freie‹ ist der wahre Habenichts« und Stirners Auffassung der Freiheit entspreche der der kapitalistischen Gesellschaft:[33] Sie sehe sich »reduziert auf Minimalfreiheit bzw. auf das materielle und ideelle Existenzminimum.«[34]

Stirners Freiheitsbegriff ist in der Tat insofern problematisch, als er sich, was weiter unten ausführlicher darzustellen sein wird, sprachlicher Paralogismen bedient, die das Neue, Ungewohnte, die gedankliche Radikalität ausdrücken sollen. Stirner gibt das gewissermaßen zu, wenn er sagt, seine Argumente gegen den Freiheitsbegriff könnten den Eindruck erwecken, sie seien eher Argumente »gegen Namen als gegen die Sache …«: »Ist aber der Name gleichgültig, und hat nicht stets ein Wort, ein Schibboleth, die Menschen begeistert und – betört?« Da das Schibboleth Freiheit durch das Schibboleth Eigenheit austauschbar ist, muss es, bei aller Bedeutung, die dieser Frage zukommt, um mehr gehen: »… zwischen der Freiheit und der Eigenheit liegt auch noch eine tiefere Kluft, als die bloße Wortdifferenz« (EE 166). Die Differenz beruht nach Stirner darauf, dass der Drang nach dem »Paradiese der *Freiheit*« idealistisch und nicht realisierbar ist. Freiheit ist ein »Phantom«, das »*Unerreichbare*«. Eigenheit dagegen ist einlösbar, »ist *praktisch*« (EE 168). Freiheit ist Sehnsucht: »ein romantischer Klagelaut, eine christliche Hoffnung auf Jenseitigkeit und Zukunft«. Eigenheit dagegen »ist eine Wirklichkeit,

---

[29] E. Fleischmann, Le rôle de l'individu dans la société pré-révolutionnaire: Stirner, Marx, Hegel, in: Archives européennes de sociologie. Bd. 14, Nr. 1. Paris 1973, p. 96.
[30] K. A. Mautz, Die Philosophie Max Stirners. Berlin 1936, p. 97.
[31] a. a. O., p. 98.
[32] H. G. Helms, Die Ideologie der anonymen Gesellschaft. Köln 1966, p. 138.
[33] Denn »die kapitalistische Herrschaft spricht pro domo durch den Mund ihres Orakels Stirner«, meint Helms (a. a. O., p. 139).
[34] a. a. O., p. 140.

die *von selbst* gerade soviel Unfreiheit beseitigt, als Euch hinderlich den eigenen Weg versperrt« (EE 171).[35]

Freiheit, im traditionellen Verständnis, ist ein utopischer Entwurf und die spekulative Beschreibung eines ersehnten Idealzustandes. Eigenheit dagegen ist realistische, die vom Eigner selbst realisierte Freiheit: »Die Eigenheit *erschuf* eine neue Freiheit ...« (EE 170).

Diese »neue Freiheit«, die einlösbare Freiheit, würde sich durch den Anspruch auf Grenzenlosigkeit und durch eine Überschätzung der rein voluntaristischen Komponente ad absurdum führen, oder, von der Freiheit her argumentiert, der Voluntarismus in seiner spekulativ maximalistischen Dimension würde sich als Spuk im Sinne Stirners entlarven.

Freiheit, in diesem qualitativ anderen Verständnis, das soll-freie Wählenkönnen in konkreten Entscheidungssituationen für die ursprünglichen Interessen des Eigners, diese »neue Freiheit« als Produkt der Eigenheit, besteht nur, wo die ihr gesteckten Grenzen akzeptiert und in die Überlegungen mit einbezogen werden. Die Souveränität des Einzelnen und die Anerkennung der Grenzen der Freiheit schließen sich nicht per se aus, sondern bedingen einander insofern, als Freiheit nur Freiheit in einer bestimmten und bestimmbaren Situation ist,[36] die von einem konkreten Einzelnen mit eigenen Interessen unter Berücksichtigung der jeweils gegebenen Beschränkungen wahrgenommen werden kann.

3.2. Eigenwille versus allgemeiner Wille

Stirners Begriff der Eigenheit, seine Bestimmung der Freiheit und des Eigenwillens sind geprägt von Hegels Willensbegriff, wie er in Hegels »Grundlinien der Philosophie des Rechts« entwickelt wird. Was weiter unten bei der Darstellung der Auseinandersetzung Stirners mit Hegel noch ausführlicher zu zeigen sein wird, die polemische Distan-

---

[35] Vgl. auch EE 311, wo weitere Unterschiede zwischen Freiheit und Eigenheit herausgearbeitet werden. Es ist demnach völlig falsch, Stirners Intentionen so zu interpretieren, als strebe er einen »extremen Individualismus« an, »in dem nur das menschliche Ich in einer grenzenlosen Freiheit existiert.« (F. A. Faisal, Max Stirner und die pluralistische Wirtschaftsgesellschaft. Graz 1971, p. 2 Summarium).
[36] W. Eßbach weist in diesem Zusammenhang nachdrücklich darauf hin, dass »die Eigenheit des Selbst ... nur situationistisch zu fassen« ist (Die Bedeutung Max Stirners für die Genese des historischen Materialismus. Göttingen 1978, p. 134).

zierung Stirners von Hegel, zeigt sich entschieden in Stirners Polemik gegen Hegels Vorstellung von der Allgemeinheit des Willens, auch dort, wo diese Polemik Hegel nicht namentlich erwähnt. »Die Beziehung des Stirnerschen Buches auf das Hegelsche System und die Rechtsphilosophie im besonderen ist eine um so tiefere, als sie nicht nur in der häufig ausdrücklichen, direkten Inanspruchnahme Hegels, sondern am stärksten sozusagen zwischen den Zeilen aufzufinden ist.«[37]

Stirners Auseinandersetzung mit Hegels Willensbegriff findet vornehmlich zwischen den Zeilen statt, wenngleich die Anspielungen oft unverkennbar sind; seine Kritik entzündet sich an Hegels Verständnis des allgemeinen Willens.

Hegels Begriffsgenese geht aus vom »*einzelnen Willen eines Subjekts*«[38] und seinem Verhältnis zu den Dingen der Natur und zu andren Einzelwillen.[39] Dieser Einzelwille ist jedoch nicht frei im Sinne der Naturrechtslehre als Willkür eines jeden und Begrenzung durch Wechselseitigkeit, sondern er ist an einen allgemeinen Willen gebunden. Wille ist die »zur *Allgemeinheit* zurückgeführte *Besonderheit; – Einzelheit* ...«

In der Einheit der beiden Momente der unbestimmten Allgemeinheit und der bestimmten Besonderheit des Willens verwirklicht sich dialektisch als drittes Moment »die *Freiheit* des Willens«.[40]

Der Einzelwille Hegels sieht sich eingebettet in einen allgemeinen Willen, der einem allgemeinen Endzweck gehorcht. Der einzelne Mensch ist demnach diesem allgemeinen Willen unterworfen; er ist nicht mehr ausschließlich interessengebunden, sondern von der allgemeinen Vernunft bestimmt. Erst auf der Stufe der Sittlichkeit als der »*Idee der Freiheit*«[41] erreicht der Wille des Subjekts seine für sich seiende Identität, d. h. »seine Subjektivität« wird »aufgehoben« und wird »Wille als in sich allgemein«.[42] »Erst im Sittlichen ist der Wille

---

[37] K. A. Mautz, Die Philosophie Max Stirners. Berlin 1936, p. 80.
[38] G. W. F. Hegel, Grundlinien der Philosophie des Rechts. Frankfurt 1970 (1821), §34, p. 92.
[39] Siehe a. a. O., §13, p. 64.
[40] a. a. O., §7, p. 54.
[41] a. a. O., §142, p. 292.
[42] G. W. F. Hegel, Grundlinien der Philosophie des Rechts. Frankfurt 1970 (1821), §142, p. 293. Vgl. dazu J. Derbolav, Hegels Theorie der Handlung. Frankfurt 1975 (1965), p. 204 f.

Der Eigenwille

identisch mit dem Begriff des Willens und hat nur diesen zu seinem Inhalte.«[43]

Hegel sieht den Begriff des Willens in Zusammenhang mit seiner Definition des Rechts, derzufolge Recht eine Realisierung des menschlichen Willens ist.[44] Da Freiheit und Wille für Hegel komplementär sind, denn »das Freie ist der Wille. Wille ohne Freiheit ist ein leeres Wort, so wie die Freiheit nur als Wille ... wirklich ist«,[45] ist Recht keine Beschränkung der Freiheit, sondern ist mit ihr identisch; im Recht verwirklicht sich der Begriff der Freiheit, es ist »überhaupt die Freiheit, als Idee.«[46] Diese Ausgangsposition macht verständlich, dass für Hegel das Rechtssystem das Reich der verwirklichten Freiheit ist.

Hegel bestimmt also Wille und Freiheit des Willens nicht vom einzelnen Individuum her, sondern »allein im Zusammenhang des Ganzen«.[47] Eingebettet in dieses »Ganze« erkennt sich der Einzelne als Teil der Allgemeinheit. »Im Willen hat das Allgemeine zugleich wesentlich die Bedeutung des Meinigen, als *Einzelheit* ...«[48] Stirners Konkretion des Willens als Eigenwille richtet sich gegen Hegels »abstrakten Begriff der Idee des Willens«[49] und unterstützt die Naturrechtstheorie Rousseaus, »nach welcher der Wille nicht als an und für sich seiender«, sondern »als Wille des Einzelnen in seiner eigentümlichen Willkür« ist.[50] Stirner irritieren Hegels Vorstellungen eines Willens, der in einer Institution oder einer Sache objektives Dasein erhält. Für Stirner ist Wille subjektgebunden, Wille ist immer nur Wille des konkreten Einzelmenschen, während bei Hegel »das Recht nicht nur subjektives Dasein in der Brust eines Menschen, sondern auch objektives Dasein als Institution hat.«[51]

Die Konsequenzen, die sich aus der Definition des Staates als das »an und für sich ... sittliche Ganze, die Verwirklichung der Frei-

---

[43] G. W. F. Hegel, a.a.O., Zusatz zu §108, p. 207.
[44] a.a.O., §29, p. 80.
[45] a.a.O., Zusatz zu §4, p. 46.
[46] a.a.O., §29, p. 80.
[47] G. W. F. Hegel, Grundlinien der Philosophie des Rechts. Frankfurt 1970 (1821), §4, p. 48.
[48] a.a.O., §13, p. 64. Vgl. §258, p. 399.
[49] a.a.O., §27, p. 79.
[50] a.a.O., §29, p. 80f.
[51] B. Liebrucks, Recht, Moralität und Sittlichkeit bei Hegel. Frankfurt 1975 (1966), p. 44.

heit ...«⁵² und des Staatsrechts ergeben als der »Freiheit in ihrer konkretesten Gestaltung, welche nur noch unter die höchste absolute Wahrheit des Weltgeistes fällt«,⁵³ müssen Stirners Opposition provozieren. Sie manifestiert sich schließlich in seiner oben dargestellten Bestimmung des Eigenwillens, weil Staat und Recht immer ein dem subjektiven Wollen Vorgeordnetes implizieren und seine Handlungs- und Entscheidungsfreiheit beschneiden.⁵⁴ Stirners Handeln toleriert keine Beeinflussung.

---

[52] G. W. F. Hegel, Grundlinien der Philosophie des Rechts. Frankfurt 1970 (1821), Zusatz zu §258, p. 403.
[53] a. a. O., Zusatz zu §33, p. 91. Siehe auch §257 und §258 (p. 398 und p. 399–404).
[54] Vgl. zum Willen als »Angelpunkt jeder Handlungs- und Entscheidungstheorie« A. Schöpf, Artikel »Wille«, in: Handbuch philosophischer Grundbegriffe. München 1974, p. 1702 und J. Derbolav, Hegels Theorie der Handlung. Frankfurt 1970 (1965). p. 201–[216].

4. Die Eigenheit und das Eigentum des Eigners

Goethes Gedicht »Vanitas! vanitatum vanitas!« in den »Geselligen Liedern« beginnt mit dem Vers »Ich hab mein Sach auf Nichts gestellt«, und die ersten Verse der letzten Strophe lauten:

Nun hab ich mein Sach auf Nichts gestellt.
Juchhe!
Und mein gehört die ganze Welt.
Juchhe![1]

Goethe greift dabei eine Formulierung aus der Sprichwort-Tradition auf, die in verschiedenen Variationen belegt ist.[2]

Dem Schriftsteller und jungdeutschen Publizisten Karl Grün sind Goethes Verse Programm zur Verwirklichung der menschlichen Freiheit.

Auf Nichts! das heißt auf Alles, was wesentlich und wirklich ist, auf den Menschen, auf die menschliche Natur, auf das menschliche Bedürfnis, auf den menschlichen Genuß, auf sonst Nichts, auf gar Nichts!
Und mein gehört die ganze Welt! Wir werden die Herren über alles sein, weil wir die Sklaven von nichts mehr sind, wir werden Götter und Könige werden, weil von Königen und Göttern nicht mehr die Rede ist.[3]

Die paradoxale Argumentation des Alles im Nichts, die Berufung auf den Menschen und dessen Kreatürlichkeit, die Beanspruchung des Rechts auf Bedürfnisbefriedigung, die hedonistische Grundtendenz, der Rechtsanspruch auf die Welt und deren Besitznahme, die prome-

---

[1] J. W. v. Goethe, Poetische Werke, Bd. 1. Stuttgart 1949 (1806), p. 98 f.
[2] Siehe dazu J.-Chr. Emmelius, »Ich hab' mein' Sach' auf nichts gestellt«. Berlin und New York 2004. Emmelius weist, wie bereits andere vor ihm, darauf hin, dass Goethe auf zwei Stellen der Vulgata-Fassung des Predigers Salomo anspielt.
[3] K. Grün, Ueber Göthe vom menschlichen Standpunkte. Darmstadt 1846, p. 256. Vgl. auch [R. Giseke], Moderne Titanen. Leipzig. 1850, 1. Theil, 2. Buch, p. 259, wo ein Freier in Hippels Weinstube, dem damaligen Treffpunkt vieler Junghegelianer, diesen Vers »trillerte«.

theische Selbsteinschätzung schließlich: das liest sich wie eine Paraphrase von Stirners »Einzigem«. Wenn Grün zum Schluss noch die Meinung äußert, kein König könne die Freiheit geben, denn diese Freiheit sei »in seiner Hand« Knechtschaft, »die Freiheit hat man, oder man nimmt sie sich«,[4] dann hantiert er mit Argumenten, die, aus ihrem Zusammenhang gelöst, Formulierungen im »Einzigen« entsprechen: diejenigen, die Freiheit verschenken können, wissen, »dass die gegebene (oktroyierte) Freiheit doch keine Freiheit ist, da nur die Freiheit, die man sich *nimmt*, also die Freiheit des Egoisten, mit vollen Segeln schifft.« (EE 173).

Stirners »Einziger und sein Eigentum« beginnt und endet mit dem Vers »Ich hab' meine Sach' auf Nichts gestellt« (EE 13 und EE 369); seine Interpretation dieses Verses hat nichts zu tun mit »holdem Leichtsinn«, den Friedrich Theodor Vischer in diesem Gedicht Goethes zu erkennen glaubt,[5] sondern deckt sich mit der Karl Grüns, dem Stirners Buch nicht unbekannt gewesen sein dürfte, sie geht aber gleichzeitig entscheidend über Grüns pathetische Freiheitsbestimmung hinaus und führt ins Zentrum von Stirners Philosophie.

Stirner erhebt mit diesem Zitat den Anspruch, sich von all dem abzusetzen, was an nicht mehr hinterfragbaren und hinterfragten Voraussetzungen dem Einzelnen zugeschrieben wird, indem er den radikalen Bruch vollzieht mit der bisherigen Geschichte und der Kontinuität des menschlichen Bewusstseins. Es ist der völlige Neubeginn, die Genesis des Eigners, der in einem selbstmächtigen kreativen Akt neue, von ihm ausgehende und für ihn bestimmte Werte schafft. »Ich bin [nicht] Nichts im Sinne der Leerheit, sondern das schöpferische Nichts, das Nichts, aus welchem Ich selbst als Schöpfer Alles schaffe.« (EE 15). Dieses Nichts ist nicht »bestimmteste Negation, ein relatives, ja, ein destruktives Nichts«, wie Ludger Lütkehaus meint,[6] denn dieses Nichts ist Ergebnis der Destruktionen, die Stirner vorgenommen hat, um ein Ich zu schaffen, dem nichts mehr vorgegeben ist, das in einer Landschaft absoluter Ungebundenheit und Bedingungslosigkeit lebt, in einer objektlosen tabula-rasa-Welt, die ihm die Möglichkeit

---

[4] K. Grün, Ueber Göthe vom menschlichen Standpunkte. Darmstadt 1846, p. 257. Vgl. zu diesem Kontext H. P. G. Quack, De socialisten. Amsterdam 1922[4], p. 350 f.
[5] F. T. Vischer, Aesthetik oder Wissenschaft des Schönen. Die lyrische Dichtung, Stuttgart 1857, p. 1352.
Zu Goethes Lied vgl. K. Eibls Kommentar in: J. W. Goethe, Sämtliche Werke Abt. I, Bd. 2, Frankfurt am Main 1988, p. 946.
[6] L. Lütkehaus, Nichts. Frankfurt am Main 2003, p. 662.

bietet, selbst schöpferisch tätig zu werden. Es ist ein konstruktives Nichts, ein Nichts, mit dem Stirner frei von Voraussetzungen eine neue Setzung vornimmt:

Ich Meinesteils gehe von einer Voraussetzung aus, indem Ich *Mich* voraussetze … Ich zehre gerade an meiner Voraussetzung allein und bin nur, indem Ich sie verzehre. Darum aber ist jene Voraussetzung gar keine; denn da Ich der Einzige bin, so weiß Ich nichts von der Zweiheit eines voraussetzenden und vorausgesetzten Ich's …, sondern, dass Ich Mich verzehre, heißt nur, dass Ich bin. Ich setze Mich nicht voraus, weil Ich Mich jeden Augenblick erst setze oder schaffe, und nur dadurch Ich bin, dass Ich nicht vorausgesetzt, sondern gesetzt bin, und wiederum nur in dem Moment gesetzt, wo Ich Mich setze, d. h. Ich bin Schöpfer und Geschöpf in einem (EE 158 f.).[7]

In dieser permanenten Selbstsetzung, die einen unverkennbaren autopoietischen Charakter besitzt,[8] erfährt der Einzige erst seine Existenz und die Einzigkeit seiner Existenz. Er erfährt sich als alleiniges Kriterium für seine Existenz, ist ganz auf sich allein gestellt und sein höchster Maßstab. Mit dem Satyros in Goethes »Satyros oder der vergötterte Waldteufel« postuliert der Einzige: »Mir geht nichts über Mich!« (EE 15).[9]

---

[7] Es ist unverständlich, wieso Sloterdijk diese Stelle als Duell Stirners mit Fichte, »dem Großmeister der modernen Subjektphilosophie« interpretiert (P. Sloterdijk, Die schrecklichen Kinder der Neuzeit. Berlin 2014, p. 459 f.). Stirner kritisiert hier Bruno Bauer.

[8] Autopoietisch weniger im Sinne eines naturwissenschaftlichen Verständnisses wie bei dem chilenischen Biologen Humberto Maturana (siehe z. B. dessen Publikation »Vom Sein zum Tun«. Heidelberg 2014), sondern mehr im Konzept der in der Soziologie diskutierten Selbstgestaltungskräfte des Individuums (siehe dazu A. Kühn, Soziologie und Humanistische Psychologe. Frankfurt a. M. 1993).

[9] In Goethes Drama lautet die entsprechende Stelle: »Mir geht in der Welt nichts über mich: / Denn Gott ist Gott, und ich bin ich.« (J. W. v. Goethe, Poetische Werke, Bd. 3. Stuttgart 1959 (1773 geschrieben, 1817 veröffentlicht), Zweiter Akt, p. 682. Vgl. zu dieser Stelle K. Viëtor, Goethe. Bern 1949, p. 29.)

W. Eßbach glaubt dieses »zentrale Diktum« Stirners unter Zuhilfenahme der psychoanalytischen Theorien von S. Freud und H. Kohut »zweifellos als narzißtisch identifizieren zu können« (Die Bedeutung Max Stirners für die Genese des historischen Materialismus. Göttingen 1978, p. 123; vgl. besonders p. 122–139). Zweifel indessen sind angebracht, weil Eßbachs psychologisierende Interpretation in die Gefahr gerät, die erkenntnis-»theoretische« Stoßrichtung Stirners aus den Augen zu verlieren.

C. A. Emge (Max Stirner. Mainz und Wiesbaden 1964) meint, diese Stelle sei »als Maxime innerhalb der Gesellschaft aufzufassen«, denn in Bezug auf den Einzelnen »wäre Stirners Formel ihres antithetischen Sinns in der Hegelzeit beraubt« (p. (24) 1254), verkennt damit aber die Radikalität von Stirners antithetischer Argumenta-

Stirner löst das philosophische Problem des Anfangs alles philosophischen Denkens mit dieser Setzung des konkreten Einzelnen in diametralem Gegensatz zu Hegel, der in der Wahrheit und der Feststellung, dass »*Gott* die Wahrheit und er *allein* die Wahrheit ist« den ersten Gegenstand der Philosophie zu erkennen glaubt. Hinzu kommen dann die »Gebiete des Endlichen«, das heißt die Natur und der menschliche Geist in ihrer Relation zu sich und zu dieser Wahrheit.[10]

Diese »Existenzphilosophie« Stirners opponiert wiederum gegen Hegel. Philosophie in dessen Verständnis bestimmt sich »zunächst im allgemeinen als denkende Betrachtung der Gegenstände«,[11] wodurch eine Selbstbewegung des Denkens stattfindet, indem sich »das *Denken* zum Gegenstand des Denkens« macht und sich damit seinen Gegenstand als Anfang der Philosophie setzt.[12]

Stirners Ausgangspunkt dagegen ist nicht das absolute Denken und die Voraussetzung des absoluten Geistes, sondern, und das betont Kurt A. Mautz in seiner Interpretation dieses Problemkreises, liegt in »der konkreten Befindlichkeit« des Einzelnen als »dem psychologischen Beziehungszentrum und Ursprungsquell aller Wertschätzungen und Umsetzungen von ›Werten‹.«[13]

Ausgehend von einer die Ursprünglichkeit und Existenz des Eigners hervorhebenden Position, die nur das eigene Ich als Voraussetzung kennt, greift Stirner die metaphysische Konzeption Hegels an und unterzieht Hegels Voraussetzung, die er als »Dogma« und »fixe Idee« bezeichnet, einer scharfen Kritik (EE 354):

Voraussetzen heißt nichts anders, als einen *Gedanken* voranstellen, oder etwas vor allen andern denken und von diesem *Gedachten* aus das Übrige denken, d. h. es daran messen und kritisieren. Mit andern Worten sagt dies so viel, dass das Denken mit einem Gedachten beginnen soll. Begönne das Denken überhaupt, statt begonnen zu werden, wäre das Denken ein Subjekt, eine eigene handelnde Persönlichkeit … (EE 354).

Zwei grundsätzliche Argumente führt Stirner gegen diese »Personifikation des Denkens« (EE 354) an: zum einen das Argument der

---

tion, die auch das einzelne Individuum auf seinen »Anfang« zurückzuführen versucht und nicht nur dessen Stellung innerhalb der Gesellschaft bestimmt.
[10] G. W. F. Hegel, Enzyklopädie der philosophischen Wissenschaften. Frankfurt 1970 (1830), §1, p. 41.
[11] a.a.O., §2, p. 41.
[12] a.a.O., §17, p. 63.
[13] K. A. Mautz, Die Philosophie Max Stirners. Berlin 1936, p. 52.

Die Eigenheit und das Eigentum des Eigners

»Voraussetzungslosigkeit«,[14] das als ein Ansatzpunkt zu verstehen ist, der die herrschenden Voraussetzungen der bisherigen Philosophie- und Menschheitsgeschichte los ist, sich von ihnen gelöst hat, um an deren Stelle sich, den Eigner, zu setzen, dem auch das Denken gehört, denn: »*Dein* Denken hat nicht ›das Denken‹ zur Voraussetzung, sondern *Dich*. ... Vor meinem Denken bin – Ich.« Stirner postuliert diesen radikalen Selbstbezug als alleiniges Beurteilungskriterium griffig in seinem Ego-mensura-Satz als Abwandlung des protagoreischen omnium rerum homo mensura est: Ich bin das Maß aller Dinge (EE 355).[15]

Zum anderen widerspricht Stirners Auflösung des Objekts im und durch den Eigner, wie sie weiter unten dargestellt wird, einer Auffassung, die dem Denken »Personalität vindiziert.«[16]

Personalität – Stirner spricht von »Persönlichkeit« (EE 354),[17] der ein »persönlicher Wille« zugeordnet wird (EE 144) – im Verständnis Stirners besagt, dass der eigenen Person, dem Egoisten und Eigner, Priorität gegenüber allen anderen Personen und Sachen zukommt. Diese ethische Entscheidung führt letztlich zu Stirners Atheismus, der Gott die Person abspricht und sie zum Sein des Eigners erklärt.

Dieser Totalitätsanspruch Stirners und die Leugnung aller außerhalb des Einzelnen liegenden Bedingungen, »die Destruktion jeder außerindividuellen Legitimation«,[18] macht den Eigner zum alleinigen Entscheidungskriterium und zum ethischen Neutrum: »Ich bin weder gut noch böse. Beides hat für Mich keinen Sinn.« (EE 15).

---

[14] J. von Kempski bemerkt richtig, dass Stirner das Wort »Voraussetzungslosigkeit« und »voraussetzungslos« nicht gebraucht (J. von Kempski, »Voraussetzungslosigkeit«. Eine Studie zur Geschichte eines Wortes, in: Brechungen, Kritische Versuche zur Philosophie der Gegenwart. Reinbek bei Hamburg 1964, p. 147); das ändert jedoch nichts daran, dass Stirner das Problem des »Anfangs« und der »Voraussetzungslosigkeit« mit aller Deutlichkeit sieht: Dem denkenden Eigner ist nicht *das* Denken vorausgesetzt, sondern der Eigner ist Voraussetzung *seines* Denkens.
[15] Vgl. dazu H. Sveistrup, Stirner als Soziologe. Berlin 1928, p. 117.
[16] K. A. Mautz, Die Philosophie Max Stirners. Berlin 1936, p. 51.
[17] Den Begriff kennt Stirner von F. Schleiermacher, der u.a. in »Über die Religion. Reden an die Gebildeten unter ihren Verächtern« (Göttingen 1920 (1799)) von Persönlichkeit und Personalismus spricht, darunter allerdings etwas völlig anderes versteht als Stirner (p. 108, 116, 144, 233, 247, 264 u.ö.); zu Schleiermachers Verständnis des Begriffes Personalismus vgl. das Kapitel 3.4. »Das unwahre Princip unserer Erziehung«.
[18] W. Eßbach, Die Bedeutung Max Stirners für die Genese des historischen Materialismus. Göttingen 1978, p. 82.

Wie er seine ethische Norm als Einziger jeweils neu setzt, setzt er auch seine Handlungs- und Entscheidungsnorm im Bewusstsein der eigenen Selbstmächtigkeit, die nicht als Isolation missverstanden werden darf, sondern geradezu Voraussetzung für die »Selbstangehörigkeit Meiner« (EE 221) ist.[19] Isoliert, nämlich von *sich*, sind die Andern, die fremden, uneigenen Interessen gehorchen. Das Handeln des Eigners kennt keinen ethischen Imperativ, der außerhalb seiner selbst läge. Jedes »Gesetz über menschliches Handeln (ethisches Gesetz, Staatsgesetz usw.)« verabsolutiert sich und verlangt meine Unterordnung; »aber über *meine* Handlungen hat niemand zu gebieten, Keiner Mir mein Handeln vorzuschreiben und Mir darin Gesetze zu geben.« (EE 200).

Stirner vertritt diesen Gedanken bis zu der als unüberbietbar skandalös dargestellten und meist missverstandenen Aussage:

Ich aber bin durch Mich berechtigt zu morden, wenn Ich Mir's nicht verbiete, wenn Ich selbst Mich nicht vorm Morde als vor einem »Unrecht« fürchte. (EE 195)

Es ist wohl einer jener Gedanken, von denen Roberto Calasso meint, sie »hätten lange nicht ... hoffen dürfen, sich überhaupt in den Büchern einzunisten.«[20] Schauen wir uns den Gedanken genauer an![21]

Morden »im Dienste der Idee«: ja, meint Hegel – und nur so.[22] Nein, meint Stirner, keiner kann mir das befehlen. Wenn ich es gegenüber meinem Gewissen vertreten kann: »*Ich* entscheide, ob es in *Mir* das *Rechte* ist« (EE 195), dann darf ich das – und nur dann. Stir-

---

[19] Bettina von Arnim behauptet in ihrem »Dies Buch gehört dem König« (1843, p. 376) »Der Verbrecher ist des Staates eigenstes Verbrechen!«. Das stimmt, meint Stirner, aber nicht im Sinne Bettinas, nämlich philanthropisch, sondern in der hier angesprochenen Bedeutung: Im Staat könne keiner sich selbst angehören. »Das zügellose Ich ... ist der nie aufhörende Verbrecher im Staat.« (EE 205). Die fälschlicherweise meist Bettina zugeschriebene ebenso empörte wie naive Replik »Die Auflösung des Einzigen durch den Menschen« (1847/1972, p. 231) stammt von ihrem Sohn Friedmund. Siehe dazu W. Bunzel/U. Landfester, Nachwort zu Bettines Briefwechsel Bd. 3. Göttingen 2001, p. 499 f.
[20] R. Calasso, Der Untergang von Kasch. Frankfurt/Main 1997, p. 322.
[21] Die folgenden Überlegungen habe ich auch in folgendem Aufsatz dargestellt: Kast, Bernd: Rechtfertigt Stirner Mord, Selbstmord, Inzest und Prostitution? Überlegungen zu provozierenden Aspekten von Stirners Ethik, in: Band 6 der Reihe: Der Einzige. Jahrbuch der Max-Stirner-Gesellschaft. Max Stirner Archiv/edition unica, Leipzig 2014, p. 28–44.
[22] G. W. F. Hegel, Grundlinien der Philosophie des Rechts 1973 (1821), §70, S. 151 f.: »Wenn der Staat daher das Leben fordert, so muß das Individuum es geben.«

ner gibt Beispiele. Kurz vor dem Zitat oben spricht er von russischen Grenzwächtern, die sich »auf höhere Autorität« berufen und flüchtende Verdächtige totschießen, »d.h. ›mit Recht‹ morden«. Er reflektiert die Ermordung Kotzebues durch Karl Ludwig Sand (EE 60); erinnern wir uns: Der radikale Jenaer Burschenschaftler Karl Ludwig Sand erdolchte 1819 den Dramatiker August von Kotzebue, weil er in seinem »Literarischen Wochenblatt« die patriotischen Ideale der Burschenschaften ins Lächerliche zog und dadurch als »Landesverräter« und Gegner der deutschen Einheit und der liberalen Bestrebungen galt. Stirner stellt die Frage, ob das nun eine sittliche oder unsittliche Tat gewesen sei, denn Sand wollte ja offensichtlich etwas Gutes. »Also dem Guten zu dienen, dem Volkswohl, wie Sand wenigstens beabsichtigte, ... das ist sittlich; aber der Mord ... ist unsittlich: der Zweck sittlich, das Mittel unsittlich. Warum?« (EE 60f.). Es folgt die grundsätzlichere Frage: »Ihr könntet dem Prinzip der Sittlichkeit nach, welches befiehlt, dem Guten zu dienen, doch nur fragen, ob der Mord nie und nimmer eine Verwirklichung des Guten sein könne, und müsstet denjenigen Mord anerkennen, der das Gute realisierte«. Die formale Argumentation, das Gesetz verbiete Mord, widerlegt Stirner: »Also das Unsittliche daran war die Ungesetzlichkeit, der Ungehorsam gegen das Gesetz? So räumt Ihr ein, dass das Gute nichts anders ist, als das – Gesetz, die *Sittlichkeit* nichts anders als *Loyalität*« (EE 61).

An einer weiteren Stelle problematisiert Stirner den Monopolanspruch auf Leben und Tod (und Mord) von Kirche und Staat:

Brandmarkt jene Offiziers-Witwe, die auf der Flucht in Russland, nachdem ihr das Bein weggeschossen, das Strumpfband von diesem abzieht, ihr Kind damit erdrosselt und dann neben der Leiche verblutet, – brandmarkt das Andenken der – Kindesmörderin. Wer weiß, wie viel dies Kind, wenn es am Leben blieb, »der Welt hätte nützen« können! Die Mutter ermordete es, weil sie *befriedigt* und beruhigt sterben wollte (EE 321).

Für Stirner ist das ein Beispiel dafür, »dass *meine* Befriedigung über mein Verhältnis zu den Menschen entscheidet, und dass Ich auch der Macht über Leben und Tod aus keiner Anwandlung von Demut entsage« (EE 322).

Peter Singer hat in seiner »Praktischen Ethik« eine »Handlungslehre« von einer »Unterlassungslehre« unterschieden.[23] Die Mutter

---

[23] P. Singer, Praktische Ethik. Stuttgart 1994², u.a. p. 263.

handelt nicht narzisstisch, sondern sie konnte die Vorstellung nicht ertragen, was mit ihrem Kind nach ihrem unvermeidlichen Tod geschehen würde. Sie handelte aus Liebe, sie wollte ihrem Kind Leid ersparen und tat das, was unter anderen Vorzeichen Fachleute heute einen erweiterten Suizid nennen.[24] Letztendlich spricht Stirner hier auch das sensible Thema Euthanasie an.

Das Zitat oben, in dem sich Stirner berechtigt, zu morden, wird fortgesetzt mit einem wenig beachteten Hinweis auf Adelbert von Chamissos 1830 entstandenes Gedicht »Das Mordtal«, dem nach Stirner genau diese Anschauung zu Grunde liege, »wo der ergraute indianische Mörder dem Weißen, dessen Mitbrüder er gemordet, Ehrfurcht abzwingt.« (EE 195).

Bleiben wir noch ein wenig bei diesem Gedicht: Im Mordtal skalpierten Indianer 30 schlafende Weiße, darunter Kinder und Greise. Das lyrische Ich, ein Weißer, übernachtet lange Zeit später in diesem Tal unter Bäumen. Bei Sonnenaufgang betrachtet ihn »der Wildnis graus'ger Sohn«, ein älterer, großer und kräftiger Mann mit Schmuck und Waffen; nach anfänglicher Unsicherheit, wie sich dieses Aufeinandertreffen gestalten würde, bietet der Indianer dem Weißen die Friedenspfeife an und führt ihn in sein Haus. Dort hängen 15 Skalpe von Weißen an der Wand. Der Indianer erzählt, dass sein schlafender Vater von einem Weißen erschlagen wurde, als er selbst noch nicht geboren war. Er schwor Rache an den Weißen und hielt seinen Schwur. Als er eines Tages von der Jagd zurückkehrte, fand er seine vier Söhne tot vor – und wieder schwor er Rache. Es kam zum Krieg, von seinem Stamm blieben nur er und seine Mutter übrig.

Eines Tages bat ein ergrauter Weißer »gastlich Schutz von unserm Dache«; die Mutter erkannte in ihm den Mörder ihres Mannes. Er führte ihn an einen Abgrund, umfasste ihn und sprang mit ihm in die Tiefe. Der Weiße war sofort tot, der Indianer überlebte wie durch ein Wunder. Das letzte Opfer, von dem er gegenüber dem Weißen spricht, ist er selbst: er begeht Selbstmord.

Der Indianer schwört, den Tod seines Vaters und den seiner Söhne zu rächen und gibt sich damit das Recht zu morden. Dabei geht es nicht um eine ethische Rechtfertigung, sondern um die grundsätzliche Frage, ob es subjektiv vertretbare Gründe für einen Mord geben kann. Zum Mord an seinem weißen Gesprächspartner fühlte sich der

---

[24] Der Begriff ist ebenso umstritten wie »Mitnahmesuizid«. Vgl. S. Bien, Der erweiterte Suizid. 1984, p. 31–39.

Die Eigenheit und das Eigentum des Eigners

Indianer nicht mehr berechtigt, zumal er den Racheschwur erfüllt zu haben glaubt und möglicherweise die Gewaltspirale, in die er sich verwickelt sah, ihn von weiteren Morden absehen ließ.

In der Literatur wird immer wieder auf Stirners Rechtfertigung des Mordes hingewiesen, selten jedoch auf die exemplarischen Erläuterungen Stirners und mit dem Versuch, dessen Intentionen nachzugehen. So meint etwa Jürgen Maruhn kryptisch und zynisch, Stirner unterstelle dem Wilden »umstandslos einzige Kasuistik«[25] und vertrete die Ansicht, mit der »Liquidierung« von Menschen könne »in dem Augenblick begonnen werden ..., in dem sich der Einzige erfolgreich den letzten Funken Unrechtsbewußtsein aus dem Kopf geschlagen hat.«[26]

Stirner sucht für seine auf den ersten Blick ungeheuerliche Aussage einen fiktionalen, lyrischen Beleg, ein tragisches und menschlich nachvollziehbares, wenn auch nicht zu rechtfertigendes Beispiel. Das macht Stirners Position angreifbar und hat in der Vergangenheit immer wieder zu unheilvollen Missverständnissen geführt.[27] Jean-Claude Wolf bemerkt in seinem originellen Beitrag »Egoismus von unten gegen Bevormundung von oben«: »Der Hinweis auf Lyrik nimmt dem Text den Charakter eines Manifests für Mord und Totschlag. Stirner denkt nicht daran, für Gewalt und Mord zu plädieren.«[28]

Wenn Karl Diehl meint, Stirner erlaube Gewalt und Mord dann, »wenn sie dem einzelnen als zweckmäßig erscheint ..., wenn sie den Zwecken und Wünschen der einzelnen entsprechen« (K. Diehl 1940, 127),[29] macht er es sich zu einfach. Stirner wendet sich vehement gegen eine utilitaristische Moral und fordert stattdessen eine dem Gewissen verpflichtete. Heinrich Rombach weist darauf hin, dass in einem Denken, in dem Handeln keiner Ursache bedarf und keine Beeinflussung von außen zulässt, »die Kategorie des ›Einzelnen‹ (Kier-

---

[25] J. Maruhn, Die Kritik an der Stirnerschen Ideologie. 1982, p. 205, Anmerkung 50.
[26] a.a.O., p. 96. Dieter Lehner findet diese Formulierung so treffend, dass er sie wortwörtlich, freilich ohne sie als Zitat auszuweisen, übernimmt (D. Lehner, Individualanarchismus und Dadaismus. 1988, p. 32).
[27] Dieser Missbrauch von Stirners Aussage ist den gewalttätigen Anarchisten der Propaganda der Tat anzulasten, etwa Jules Bonnot und seiner Bande, die sich u.a. auf Stirner beriefen. Siehe Th. Bernhard, Anarchisten. Ein Bericht. Olten/Freiburg i.Br. 1970.
[28] J.-C. Wolf, Egoismus von unten. Leipzig 2008, p. 12.
[29] So kann Diehl folgern, dass erst die Anarchisten der Tat Stirners Ansinnen verwirklicht hätten.

kegaard, Camus) oder gar des ›Einzigen‹ (Stirner) Platz greifen muss.[30]

Stirners Radikalisierung der anthropologischen Komponente liegt die Absicht zugrunde, alle Voraussetzungen zu exstirpieren, um eine Basis zu finden, von der aus unabhängig von den bisherigen Voraussetzungen vorgegangen werden kann. Diese Basis glaubt Stirner im Einzigen gefunden zu haben.

Wer ist nun Stirners Einziger und Eigner? Und was ist das, seine Eigenheit und sein Eigentum?

---

[30] H. Rombach, Artikel »Entscheidung«, in: Handbuch philosophischer Grundbegriffe. Bd. I. München 1973, p. 370.

4.1. Der Eigner

Ich ... gehe nicht in meiner Eigenschaft auf, wie auch das Menschliche meine Eigenschaft ist, Ich aber dem Menschen erst durch meine Einzigkeit Existenz gebe.
Die Geschichte sucht *den* Menschen: er ist aber Ich, Du, Wir. Gesucht als ein mysteriöses *Wesen*, als das Göttliche, erst als *der* Gott, dann als der *Mensch* (die Menschlichkeit, Humanität und Menschheit), wird er gefunden als der Einzelne, der Endliche, der Einzige.
Ich bin Eigner der Menschheit, bin die Menschheit und tue nichts für das Wohl einer andern Menschheit. (EE 270 f.)

Diese Stelle umreißt die Kritik Stirners am abstrakten Denken über den Menschen, das Gott als Projektion des Menschen, und damit das Göttliche als das eigentlich Menschliche im Sinne Feuerbachs erkennt, und das in einem nächsten Schritt bei Bruno Bauer und anderen Junghegelianern im Menschen einen Vertreter der species Mensch und ein Glied der Menschheit sieht. Stirner gibt an, von welchem Standpunkt aus dieses Verständnis vom Menschen kritisiert wird: von dem der konkreten Existenz des Einzelnen. Der Einzelne befindet sich als Existenz in seiner Singularität und bestimmt mit ihr den grundsätzlichen Unterschied zwischen einer Beschreibung der Beschaffenheit des Menschen, seiner Eigenschaft, und deren existenzieller Verwirklichung im jeweils einmaligen Einzigen. Der Einzige ist kein »mysteriöses Wesen«, er löst vielmehr die Menschlichkeit, Menschheit und Humanität, diese Abstrakta, in der Konkretion seiner selbst auf.

Das Zitat ist auch insofern aufschlussreich, als Stirner zusammengefasst den Prozess aufzeigt, der vom göttlichen Menschen Feuerbachs zum menschlichen Menschen Bruno Bauers führt, einem Prozess, dem Stirner ein radikales Ende bereitet, indem er ihm die Endlichkeit des »Einzelnen« und »Einzigen« und schließlich des »Eigners« entgegensetzt.

Den Begriff »Eigner«, den das Grimmsche Wörterbuch unter

anderem bereits bei dem Barockdichter Friedrich Freiherr von Logau nachweist,[1] hat Stirner wahrscheinlich von Adam Smith übernommen,[2] weil ihm ein entsprechender Personifizierungsbegriff mit morphologischen und semantischen Gemeinsamkeiten im philosophischen Sprachgebrauch zu seinen Begriffen Eigentum, Eigenwille, Eigenheit, Eigennutz, Eigenliebe, aneignen usw. noch fehlte.[3]

Stirner macht keinen prinzipiellen Unterschied zwischen den Begriffen »Schöpfer«, »Einziger«, »Egoist« und »Eigner«, sondern zeigt die Tendenz einer semantischen Vereinheitlichung und Zuspitzung innerhalb des »Einzigen und sein Eigentum« auf.

Bis auf wenige programmatische Vorgriffe, in denen der »Eigner« insgesamt sechsmal erwähnt wird (EE 23, 24, 76 und 103), taucht der Einzelne als Eigner im ersten Teil (Stirner redet von der »Ersten Abteilung. Der Mensch«) nicht auf,[4] während er im zweiten Teil (»Zweite Abteilung. Ich«) 25 mal vorkommt. Der Einzelne ist im ersten Teil »der Einzige« (EE 15 und EE 143), der keinen Gott und

---

[1] Vgl. J. und W. Grimm, Deutsches Wörterbuch, Bd. 3, Leipzig 1862. Sp. 105.
[2] A. Smith, An Inquiry into the Nature and Causes of the Wealth of Nations. Edinburgh and London 1828 (1776), Bd. 1, p. 77, 85, 145 et passim.
[3] Auch I. Kant kennt den Begriff Eigner, wenn auch in einer völlig anderen Bedeutung als Stirner. In seiner Abhandlung »Über den Gemeinspruch: Das mag in der Theorie richtig sein, taugt aber nicht für die Praxis« schreibt Kant, ein Mensch könne »durch keine rechtliche Tat (weder seine eigene, noch die eines anderen) aufhören, Eigner seiner selbst zu sein, und in die Klasse des Hausviehes eintreten, das man zu allen Diensten braucht« (Suhrkamp Werkausgabe Bd. XI. Frankfurt 1977, p. 149); Kants Auffassungen der »Qualität«, »*sein eigener* Herr« zu sein (a. a. O., p. 151), »Eigner seiner selbst zu sein«, setzen einen Begriff der Pflicht voraus, der den individuellen Willen den Bedingungen »einer allgemeinen, durch eine angenommene Maxime möglichen Gesetzgebung« (a. a. O., p. 133) unterwirft. Eigner sein im Sinne Kants bedeutet immer die Anerkenntnis dieser allgemeinen Gesetzgebung und die Unterordnung unter das Gebot der Pflicht.
[4] Dieser statistische Befund, der durch die Wortfamilie »Eigen-« bestätigt wird, könnte ein Hinweis darauf sein, dass »Der Einzige und sein Eigentum« in zwei verschiedenen zeitlichen Phasen entstanden ist: der erste Teil eventuell schon ab Ende 1841, mit Sicherheit aber 1842, der zweite Teil 1843 und 1844.
Da Stirners Vorarbeiten zur Übersetzung und Herausgabe der »National-Ökonomen« J. B. Say und A. Smith (erschienen 1845 bzw. 1846) zusammenfallen mit der Endphase der Niederschrift des »Einzigen«, wäre dies eine Bestätigung für die Vermutung, dass der Begriff »Eigner« eine Übersetzung von Smiths »owner« ist. Smith gebraucht das Wort »owner« in der Bedeutung von »Besitzer«, »Eigentümer«, vgl. An Inquiry into the Nature and Causes of the Wealth of Nations, a. a. O., p. 85 (»the owner of his capitel«) und p. 145 (»The owner of the stock which employs a great number of labourers …«).

keine Menschheit an seiner Seite duldet; der Einzige ist, in der Auseinandersetzung mit dem Liberalismus und Sozialismus, der Besitzlose. Er hat »gar nichts, die Menschheit alles ...« (EE 145). Der Einzige ist der Bruch mit einem Entwicklungsprozess: das Ich hat sich gelöst von dem Gedanken, als Geschöpf Gottes und als Teil der Menschheit zu existieren; es sieht sich in einem Gegensatz zur »Gemeinschaft« und hat nicht mehr »an der Gemeinschaft ein Ideal«. Stirner geht es nämlich darum, den Einzigen wirklich als auf sich gestellten Einzigen zu fassen, der sich weder durch Gemeinsamkeiten, noch durch Gegensätze definiert. Die Erfahrung, einzig zu sein, enthält nichts Gemeinsames und nichts Trennendes, kein du bist so und ich bin so. Radikal verstandene Einzigkeit entzieht sich dem Vergleich mit anderen.

Der letzte und entschiedenste Gegensatz, der des Einzigen gegen den Einzigen, ist im Grunde über das, was Gegensatz heißt, hinaus, ohne aber in die »Einheit« und Einigkeit zurückgesunken zu sein. Du hast als Einziger nichts Gemeinsames mehr mit dem andern und darum auch nichts Trennendes oder Feindliches ... Der Gegensatz verschwindet in der vollkommenen – *Geschiedenheit* oder Einzigkeit (EE 213 f.).

Der Einzige und Einzelne steht bei Stirner immer im Gegensatz zur Menschheit und zum Fortschrittsdenken (EE 151), zum Volk und zur Nation (EE 124), zum Staat und zur Gesellschaft (EE 126 und 152); er negiert die Menschheit (EE 155) und den Menschen als »Herr der Einzelnen« (EE 145) und ist deshalb der Nicht-Mensch oder »Unmensch« (EE 154 u.ö.); da bei Stirner »der Mensch gegen den Unmenschen« (EE 145) steht, wird der Begriff Mensch mit dem Unmenschen als Spuk aufgehoben.[5] Der Unmensch und Einzelne begreift sich geradezu als »ein Mensch, welcher dem *Begriff* Mensch nicht entspricht ...« (EE 183).[6]

---

[5] Die Definition des Einzigen von H. Sveistrup (Die Weltanschauung Max Stirners in Grundgebärde und Lehrgefüge. Berlin 1920, p. 16): »*Der Einzige, das ist jeder Einzelne in seiner Eigenart*« erweist sich demnach als zu harmlos, als dass sie Stirners Intentionen gerecht werden könnte.

[6] In seinen »Entgegnungen auf die Kritik des Werkes ›Der Einzige und sein Eigenthum‹ aus den Jahren 1845–1847« geht Stirner noch einmal auf dieses Problem ein. Das Buch sei in der Tat »gegen *den Menschen* geschrieben«, weil ein Wesen nie seinem Begriff entsprechen kann, in unserem Fall: dass der Einzelne »etwas Apartes« ist, das der Begriff Mensch nicht abdecken kann.
»Mutete man Dir nun zu, durchaus Mensch und nichts als Mensch zu sein, Du aber könntest dein Apartes nicht abstreifen, so wärest Du durch eben diess Aparte ein Un-

Der Eigner

Der Übergang der »Ersten Abteilung« zur »Zweiten Abteilung« ist der Übergang vom Einzigen zum Eigner. Der Einzige bleibt zwar in der oben gegebenen Beschreibung in der Diskussion, er gewinnt aber auf einer weiteren Entwicklungsstufe eine zusätzliche Dimension, indem die Beziehungen des Einzigen zu der Welt beschrieben werden, von der Stirner in einem ersten, methodisch bedingten Schritt abstrahiert hat.

Der Eigner ist derjenige Einzige, der sich als radikal auf sich selbst verwiesener Einzelner begreift, der sich frei gemacht hat von allen fremden Setzungen und den das eigene Wollen determinierenden Entscheidungen, der aber auch gleichzeitig die Welt, von der er sich gelöst hat, seinen Entscheidungsbefugnissen unterstellt und damit seiner Machtsphäre eingliedert:

> Du bist ... nicht bloß *berufen* zu allem Göttlichen, *berechtigt* zu allem Menschlichen, sondern *Eigner* des Deinigen, d. h. alles dessen, was Du Dir zu eigen zu machen Kraft besitzest ... (EE 364).[7]

Der Eigner steht außerhalb des dialektischen Prozesses, der von den »Alten« in ihrer Abhängigkeit von der Welt der Dinge über die »Neuen« in ihrer Abhängigkeit von der Welt des Geistes zu den »Neueren und Neuesten unter den ›Neuen‹« (EE 106), eben den »Freien«, den liberalen Zeitgenossen Stirners, geführt hat. Der Eigner markiert den Bruch mit dieser dialektischen Entwicklung und den radikalen Neubeginn: Stirner hat die Entzweiung als Verdunkelung der Ursprünglichkeit aufgedeckt und nimmt sie im Eigner zurück. Er, der Eigner, ist der konkrete, existenzielle Gegensatz zum dialektischen Fortschreiten von Bewusstseinsstufe zu Bewusstseinsstufe; »Ich bin Eigner der

---

mensch, d. h. ein Mensch, der nicht wahrhaft Mensch, oder ein Mensch, der eigentlich Unmensch ist.« Der Begriff Mensch hätte seine Realität gerade im Unmenschen (EE 423).
Und einige Zeilen später:
»Der Mensch ist real und wirklich im Unmenschen; jeder Unmensch ist – der Mensch. Aber Unmensch bist Du nur als die Realität des Menschen, Unmensch nur im Vergleich mit dem *Begriffe Mensch*.
Du bist Unmensch, und darum bist Du vollkommen Mensch, realer, wirklicher Mensch ... Aber du bist eben *mehr* als vollkommener Mensch, Du bist ein aparter, ein *einziger* Mensch.« (EE 423).
[7] Gerade in diesem Punkt ist Stirner leicht misszuverstehen und meist missverstanden worden; vgl. zum Beispiel W. Ziegenfuß, Artikel »Max Stirner«, in: Philosophen-Lexikon. Bd. 2, Berlin 1950, p. 641: »Den Einzelnen, der seine Sache auf nichts als auf sich selbst gestellt hat, nennt St. den ›Eigenen‹.«

Welt der Dinge, und Ich bin Eigner der Welt des Geistes,« (EE 76). Der Einzelne wird so »Eigner des Denkens« (EE 355), »Eigner der Gedanken« (EE 362), Eigner der Wahrheit (EE 356 f.) und der Ideen (EE 360), »Eigner der Dinge« (EE 362), zum Beispiel der Presse: »Die Presse ist mein eigen, sobald Ich selbst mein eigen, ein Eigener bin ...« (EE 287) und Eigner des Rechts:

Eigner und Schöpfer meines Rechts – erkenne ich keine andere Rechtsquelle als – Mich, weder Gott, noch den Staat, noch die Natur, noch auch den Menschen selbst mit seinen »ewigen Menschenrechten«, weder göttliches noch menschliches Recht (EE 210).

Kurz, er ist »Eigner von allem«, und das bedeutet letztendlich: auch Eigner seiner Einzigkeit:

Eigner bin Ich meiner Gewalt, und Ich bin es dann, wenn Ich Mich als *Einzigen* weiß. Im Einzigen kehrt selbst der Eigner in sein schöpferisches Nichts zurück, aus welchen er geboren wird (EE 369).

Der Eigner, der sich als Einziger erfahren hat und in der Erfahrung seiner Einzigkeit und Eigenheit lebt, wird wieder Einziger in einem neuen, eben um das des Eigners erweiterten Umfeld. Er ist derjenige, der in eigener Verantwortlichkeit Entscheidungen trifft und Konsequenzen trägt, er ist das konsequente Autonomieprinzip. Aus den hier genannten Gründen ist der Eigner kein Spuk und kann man ihn nur missverständlich mit einem Oxymoron als »gestaltlose Gestalt« bezeichnen.[8]

4.2. Das Eigentum des Einzigen

Das Eigentum des Einzigen ist das Eigene des Eigners. Das mir Eigene ist nur das durch meine Fähigkeiten und meine Macht Erworbene, und zwar nicht in einem Akt isolierter Setzung, sondern »im Weltzusammenhange«, das heißt: »durch den Eindruck des um Uns Befindlichen« (EE 74). Diese vordergründige Determiniertheit löst der Eigner in Eigenheit auf, indem er sie zu seinem Eigenen macht, wie er »das Fremde in Eigenes« verwandelt (EE 319); an der »*Welt des Heiligen*« demonstriert Stirner diesen Prozess der Aufhebung des nicht

---

[8] B. A. Laska, »Katechon« und »Anarch«. Nürnberg 1996, p. 42. Zutreffend hingegen ist, dass er sich nicht im geringsten von einem irrationalen Über-Ich steuern lässt (p. 46).

Eigenen: »Wenn Du das *Heilige verzehrst*, hast Du's zum *Eigenen* gemacht! Verdaue die Hostie und Du bist sie los!« (EE 106).

Stirner treibt hier die Blasphemie nicht ins Extrem, wie Albert Camus meint,[9] sondern er veranschaulicht, wie der Einzelne aus eigener Kraft eine ihn unterdrückende Autorität entmachten kann. In seiner Reaktion auf Heß' Kritik am »Einzigen« »Als ob wir nicht längst unser heiliges Eigentum verzehrten« (EE-Rezensenten 442) insistiert Stirner: Er spreche nicht vom »heiligen Eigentum«, sondern vom Heiligen, das über dem Eigenen waltet, und das gelte es in seine Verfügungsgewalt zu bekommen und zu vernichten. »Verzehren« ist da zweifellos die radikalste Weise der Destruktion.

Das Eigene ist »*meine* menschliche Tat« (EE 186), nicht die einer abstrakten Menschheit, denn »der Menschen wirklich Eigenes ist nur das Eigene *des* Menschen.« (EE 250). Eigenes ist die Totalität des Eigners und die Totalität seiner Potenzialität; in ihm konzentriert sich Materielles und Ideelles, denn nicht nur »Geld und Gut« ist Eigenes, auch »jede Meinung [ist] ein Mein, ein Eigenes« (EE 136). Das Eigene des Eigners ist dessen »Eigennutz, Eigensinn, Eigenwille, Eigenheit, Eigenliebe usw.«

Um Dich dreht sich alles, Du bist die Mitte der Außenwelt und die Mitte der Gedankenwelt. Deine Welt reicht so weit, als Dein Fassungsvermögen reicht, und was Du umfasst, das ist durch das bloße Fassen Dein eigen. Du Einziger bist »Einziger« nur *zusammen mit* »*Deinem Eigentum.*« (EE-Rezensenten 413).

Auch in dieser Argumentation zeigt sich zwar Stirners Beziehung zu Hegel, der in der Rechtsphilosophie als »absolutes *Zueignungsrecht*« dasjenige Recht bezeichnet, das die Person »auf alle Sachen« hat: »Die Person hat das Recht, in jede Sache ihren Willen zu legen, welche dadurch die *meinige* ist ...«[10] Im Zusatz heißt es dann verdeutlichend:

Alle Dinge können Eigentum des Menschen werden, ... Jeder hat ... das Recht, ... die Sache aufzuheben und zu der seinigen umzuschaffen; ... Sich zueignen heißt im Grunde somit nur die Hoheit meines Willens gegen die Sache manifestieren und aufweisen, dass dies nicht an und für sich, nicht Selbstzweck ist.[11]

---

[9] A. Camus, Der Mensch in der Revolte. Reinbek 1977, p. 53)
[10] G. W. F. Hegel, Grundlinien der Philosophie des Rechts. Frankfurt 1970 (1821), §44, p. 106.
[11] a. a. O., p. 106 f.

Aber: hinter diesen vordergründigen Parallelen in Hegels und Stirners Eigentumsbegriff verbirgt sich eine grundsätzliche Kontroverse, denn dieses »Ergreifen des ursprünglich Herrenlosen«[12] muss verstanden werden als Bestimmung des privaten Eigentums innerhalb Hegels oben dargestellter Definition des freien Willens; dadurch, dass eine Sache privates Eigentum einer Person wird, schafft sie sich die Voraussetzungen für ein freies Handeln.[13]

Wenn Hegel das Eigene als »das vom wirklichen konkreten Ich Ungetrennte« definiert,[14] ergeben sich wiederum nur vordergründige Parallelen zu Stirner, der Hegel gerade vorwirft, er verurteile »das Eigene, das Meinige« (EE 343). Stirner sprengt den Rahmen des von Hegel dargestellten Bereichs des Eigenen und versteht darunter die Totalität der Macht des Eigners, die keiner teleologischen Gesetzmäßigkeit folgt und sich nicht eingebettet sieht in eine überindividuelle Kausalität. Die »Eigentumsfrage« (EE 251, 264, 387) löst sich für Stirner anders als für Hegel, denn Stirners Eigner respektiert weder des Menschen

so genanntes Eigentumsrecht oder sein Recht auf dingliche Güter, noch auch sein Recht auf das »Heiligtum seines Innern«, ... Seine Güter, die sinnlichen wie die geistigen, sind *mein* und Ich schalte damit als Eigentümer nach den Maße seiner – Gewalt (EE 251).

Stirner unterscheidet verschiedene Eigentumsbegriffe. Da ist einmal die herrschende Vorstellung vom Eigentum und die Kritik an diesem Eigentumsbegriff vonseiten des Liberalismus und des Kommunismus. Stirner redet vom »Begriff der geheiligten Güter«, die vom Staat, der Gesellschaft und dem Menschen als »unantastbar« erklärt werden (EE 250). Nach Stirner entscheidet in der bisherigen Geschichte über das Eigentum ausschließlich die Gewalt. Und da nach den herrschenden Verhältnissen der Staat »der allein Gewaltige ist, so ist er allein Eigentümer ...«. Der Einzige geht leer aus, er ist »Lehnsmann und als solcher Dienstmann. Unter der Herrschaft des Staates gibt es kein Eigentum *Meiner*.« (EE 256 f.). Der Staat versucht zwar, diese Verhältnisse zu verschleiern, indem er die Einzelnen partizipieren lässt an diesem »Volkseigentum«: »er macht sie zu Teilnehmern

---

[12] E. Bloch, Subjekt-Objekt. Frankfurt 1977 (1951), p. 261.
[13] Vgl. dazu K.-H. Ilting, Die Struktur der Hegelschen Rechtsphilosophie. Frankfurt 1975, p. 55.
[14] G. W. F. Hegel, Enzyklopädie der philosophischen Wissenschaften. Frankfurt 1970 (1830), § 400, p. 98.

an *seinem Eigentum*.« Diese Partizipation fungiert als Druckmittel, denn nur so lange dieser Einzelne »ein ›loyales Glied der Gesellschaft‹ ist«, darf er am Eigentum teilhaben; »im Gegenfalle wird das Eigentum konfisziert oder durch peinliche Prozesse zu Wasser gemacht. Das Eigentum ist und bleibt sonach *Staatseigentum*, nicht Eigentum des Ichs.« Dieses »sonst verdeckte Prinzip« werde zum Beispiel dann transparent, wenn der Staat expropriiere und wenn der »Fiskus Erbschaften einzieht« (EE 258).

Jedoch nicht vom Staat, sondern »Vom Eigner hängt das Eigentum ab.« Stirner kritisiert den herrschenden Eigentumsbegriff als »*heiliges* Eigentum«, das respektiert werden muss und postuliert: »Eigentum ist das Meinige!« (EE 252). »Eigentum ist aber nur *mein* Eigentum, wenn Ich dasselbe *unbedingt* inne habe: nur Ich, als *unbedingtes* Ich, habe Eigentum …« (EE 258).

Dieses Eigentum erwirbt sich der Eigner in einem Willensakt, dessen Grenzen ausschließlich von der eigenen Potenzialität bestimmt werden. Auch hier, wie schon bei der Frage der Freiheit, geht Stirner aus von der Realisierbarkeit seiner Ansprüche. Eigentum des Eigners ist das vom Eigner potenziell Erreichbare *und* faktisch Erreichte. Etymologisierend heißt es: »… was du *vermagst*, ist dein Vermögen!« (EE 269). Und an anderer Stelle: »Ich muß … so viel haben, als ich Mir anzueignen vermögend bin.« (EE 268)[15] Peter Sloterdijk macht es sich allerdings zu einfach, wenn er Stirner ironisch auf einen Eigentumsbegriff reduziert, den er, wie gezeigt wurde, so simpel nicht vertritt: »In strahlender Naivität redet Stirner vom Eigentum, das der Einzige an sich selber hat.[16] Diese Bescheidenheit und Naivität ist Stirner nicht eigen:

---

[15] Auch hier radikalisiert Stirner Tendenzen der junghegelianischen Philosophie, die von Feuerbach ihre stärksten Impulse erfahren haben; wenn beispielsweise M. Heß die dem Menschen eigene Schöpferkraft und das ihm eigene Vermögen als das »Geheimniß des *Sozialismus*« bezeichnet, nachdem der Mensch die Macht »eines ihm *jenseitigen* Wesens« und eines »ihm *fremden* Wesens« abgewiesen hatte, dann ist dies eine Stirner vergleichbare Argumentation, mit dem entscheidenden Unterschied allerdings, dass Heß die soziale Komponente in seiner Argumentation in den Vordergrund stellt (M. Heß, Ueber die sozialistische Bewegung in Deutschland. Darmstadt 1845, p. 289).
Der im Mai 1844 abgeschlossene Aufsatz liest sich stellenweise wie eine vorweggenommene Kritik an Stirners Individualismus und »Egoismus«.
[16] P. Sloterdijk, Kritik der zynischen Vernunft. Frankfurt am Main 1983, p. 192. 30 Jahre später, in seinen »Schrecklichen Kindern der Neuzeit«, kommt Sloterdijk wiederum auf Stirner und mit größerer Wertschätzung zu sprechen. Dazu ausführlicher

Der Eigner

Was ist also *mein* Eigentum? Nichts als was in meiner *Gewalt* ist! Zu welchem Eigentum bin Ich berechtigt? Zu jedem, zu welchem Ich Mich – *ermächtige*. Das Eigentums-Recht gebe Ich Mir, indem Ich Mir Eigentum nehme, oder Mir die Macht des Eigentümers, die Vollmacht, die Ermächtigung gebe (EE 261).

Die Legitimation für diesen Rechtsbegriff leitet Stirner ab von seiner grundsätzlichen Positionsbestimmung des Eigners innerhalb der Subjekt-Objekt-Verhältnisse. Alle Ideen haben sich von ihrem Ursprung, dem Einzelnen, getrennt und beanspruchen Eigenexistenz. Das ursprünglich Eigene ist etwas Fremdes geworden mit einem »überindividuellen, allgemeinen Geltungsanspruch«[17], der den Einzelnen in ein Abhängigkeitsverhältnis zwingt. Die Einheit des Eigners mit sich und der Welt wurde dadurch aufgelöst, dass der Eigner einen Teil seiner Eigenheit preisgab, wodurch sich eine verselbständigte Objektwelt herausbildete.

Anhand des Rechtsverständnisses, unter das auch das Eigentumsrecht fällt (EE 251 und 387), kann diese Auflösung der ursprünglichen Einheit veranschaulicht werden:

Der Gedanke des Rechts ist ursprünglich mein Gedanke oder er hat seinen Ursprung in Mir. Ist es aber aus Mir entsprungen, ist das »Wort« heraus, so ist es »Fleisch geworden«, eine *fixe Idee*. ... So sind die Menschen des Gedankens »Recht«, den sie selber erschufen, nicht wieder Meister geworden: die Kreatur geht mit ihnen durch. Das ist das absolute Recht, das von Mir absolvierte oder abgelöste. ... das Geschöpf ist mehr als der Schöpfer, ist »an und für sich«.

Lass das Recht einmal nicht mehr frei umherlaufen, zieh' es in seinen Ursprung, in Dich, zurück, so ist es *Dein* Recht, und Recht ist, was Dir recht ist. (EE 211)

Es ist auffallend, dass Stirner mit dieser Argumentation Feuerbachs Anthropologisierung der Theologie radikalisiert, indem er das Verfahren ubiquitär handhabt; so wie bei Feuerbach im religiösen Prozess der Mensch einen Teil seiner selbst aus sich herausstellt, das heißt: einen Teil seines Subjektes zum Objekt erklärt, und sich in einem nächsten Schritt durch seine Beziehung zu diesem Gegenstand in ein Abhängigkeitsverhältnis setzt, so ist der einzelne Mensch Ursprung

---

in Kapitel 2.5. Der eigene existenzielle versus den uneigenen unheimischen Menschen.

[17] K. A. Mautz, Die Philosophie Max Stirners. Berlin 1936, p. 54.

und Ursache seines Spannungsverhältnisses mit der Außenwelt und deren Forderungen.

Diese Spannung artikuliert sich bei Stirner in seiner Auffassung der Relation zwischen Schöpfer und Geschöpf, mit der Stirner ein Verständnis des »Schöpferischen« radikalisiert, dessen Wurzeln, wie Richard Wisser in einem aufschlussreichen Aufsatz dargetan hat, bei Nicolaus Cusanus zu suchen sind,[18] der »den *modernen* Begriff des Schöpferischen« entwickelt hat.[19]

Bereits in seinem Aufsatz »Einiges Vorläufige vom Liebesstaat« hat Stirner die Identität von Schöpfer und Geschöpf angesprochen (KS 274). Diesen Gedanken greift er im »Einzigen« auf und erweitert ihn zur Lösung des erkenntnistheoretischen Problems, wie es sich ihm im Verhältnis des Einzelnen zu sich und den andern, zur Außenwelt schlechthin, darstellt: »Ich bin Schöpfer und Geschöpf in einem« (EE 159); die Reziprozität dieses Satzes demonstriert Stirner später, wenn er zu der Einsicht gelangt,

dass jedes Urteil, welches Ich über ein Objekt fälle, das *Geschöpf* meines Willens ist, und wiederum leitet Mich jene Einsicht dahin, dass Ich Mich nicht an das *Geschöpf*, das Urteil, verliere, sondern der *Schöpfer* bleibe, der Urteilende, der stets von neuem schafft (EE 340).

Wie sich der Eigner als Eigner immer wieder selbst setzt, so sind die den Eigner umgebenden Objekte seine eigensten Setzungen. Es ist dies nicht der Prozess der dialektischen Selbstbewegung, mit der Hegel die menschliche Erkenntnistätigkeit auf den Begriff bringen wollte, indem sich subjektives Tun objektiviert und diese Objektivierung

---

[18] R. Wisser, Schöpfung und Schöpfertum in der Philosophie, in: B. Kohlenberger (Hrsg.), Die Wahrheit des Ganzen. Wien, Freiburg, Basel 1976, p. 175–203; zu dem hier dargestellten Problemkreis siehe vor allem p. 192–203.

[19] a. a. O., p. 193; Hervorhebung von mir. Was Wisser von L. Feuerbach feststellt, dass er nämlich »am Ende der Entdeckung des schöpferischen Menschen« stehe (p. 193), gilt wohl in verstärktem Maße von Stirner. Wisser zeigt auf, dass bei Cusanus Selbstentfaltung kein »anthropologischer Selbstzweck« ist, sondern »dem Menschen gerade auch um Gottes und der Welt willen abverlangt« wird; erst mit der Renaissance setzte der Prozess ein, dessen Endpunkt Stirner markiert: der Mensch bricht seine Beziehung zu Gott ab; »von diesem Zeitpunkt an ist der *homo humanus* auf sich gestellt oder eindimensional an den anderen Menschen verwiesen.« (p. 194). Stirners Radikalisierung und Säkularisierung des Schöpfungsbegriffes zielt dort »auf eine integrale Ergänzung« ab, wie Wisser sie bei »der Komplexitätsphilosophie des *Cusanus*« aufzeigt, sondern ist zu verstehen als »die Totalisierung eines Teilaspektes« (p. 196), eines Aspektes, den die Darstellung der Eignerproblematik thematisiert.

wieder aufhebt, um sich so endlich als absolute Idee zu manifestieren. Stirner zielt auf die Auflösung einer Verdunkelung und auf die Herstellung des Ursprungs, das heißt: die Auflösung der Objekte und Subjekte in der »*Geschiedenheit* oder Einzigkeit« (EE 214). »Alle Prädikate von den Gegenständen sind meine Aussagen, meine Urteile, meine – Geschöpfe.« (EE 340). Wenn »das Subjekt dem Prädikate«, das heißt; »der Einzelne einem Allgemeinen« unterworfen wird (EE 189), dann ist das eine Entfremdung des Eigenen, das heißt: das genaue Gegenteil dessen, was der Eigner will, nämlich das Entfremdete, »das Fremde in Eigenes zu verwandeln« (EE 319); um die ursprüngliche Einheit wieder herzustellen, muss der Einzelne seine Geschöpfe »in ihr Nichts, d. h. in Mich, den Schöpfer, zurücknehmen.«

Stirners weitere Ausführungen zeigen diese Radikalisierung der Position Feuerbachs besonders deutlich:

Gott, Christus, Dreieinigkeit, Sittlichkeit, das Gute usw. sind solche Geschöpfe, von denen Ich Mir nicht bloß erlauben muss, zu sagen, sie seien Wahrheiten, sondern auch, sie seien Täuschungen. Wie Ich einmal ihr Dasein gewollt und dekretiert habe, so will Ich auch ihr Nichtsein wollen dürfen; Ich darf ... nicht die Schwachheit haben, etwas »Absolutes« aus ihnen werden zu lassen, wodurch sie verewigt und meiner Macht und Bestimmung entzogen würden (EE 340).

Stirner sieht hinter dieser Verewigung der Spaltung, er redet vom »Stabilitätsprinzip« (EE 340), Methode; auf diese Weise verschafft sich die »Bourgeoisie« »gehorsame Diener«. Indem Goethe und Hegel die »Abhängigkeit des Subjekts vom Objekte, den Gehorsam gegen die objektive Welt usw. zu verherrlichen« wussten, wurde Freiheit proklamiert und Abhängigkeit geschaffen (EE 113). »Weil man das Geschöpf über den Schöpfer setzt ... und ein *herrschendes Objekt* braucht, damit das Subjekt hübsch *unterwürfig* diene«, deshalb wird jeder, der gegen »das Absolute« opponiert, gebrandmarkt (EE 341).

Wer dies durchschaut hat, wird sich sein »Verhältnis zu den Objekten« nicht mehr von einer normierenden Instanz vorschreiben lassen, sondern wird die Objekte (und Subjekte) seinem Willen unterordnen (EE 338); dadurch gibt es kein allgemeingültiges Verhältnis mehr zu irgendeinem beliebigen Objekt (und Subjekt), sondern das Verhältnis wird bestimmt durch »die Eigenheit des Verhaltens«. Von dem Eigner-Prinzip aus lösen sich die Bewertungen falsch oder richtig auf. »Denn wie wir mit den Dingen umspringen, das ist die Sache unseres *Beliebens*, unserer *Willkür:* Wir gebrauchen sie nach Her-

zenslust, oder deutlicher, Wir gebrauchen sie, wie Wir eben *können*.« (EE 339).

Dieses Ausschöpfen der eigenen Potenzialität und das Aufgehen in einer geradezu prometheischen Selbstmächtigkeit ist die Voraussetzung, Eigentum als das zu erkennen, was es ist: als »unbeschränktes *Eigentum*«, so unbeschränkt und grenzenlos, wie die Grenzenlosigkeit des Lügners, keinen Gesetzen unterworfen, sondern vom eigenen Willen bestimmt; das heißt: ein Eigentum, »mit welchem Wir schalten und walten nach Unserm Wohlgefallen.« (EE 103).

In seinen »Grundlinien der Philosophie des Rechts« meint Hegel, dass »die einzelne Person … ein Untergeordnetes« sei, »das dem sittlichen Ganzen sich weihen muß. Wenn der Staat daher das Leben fordert, so muß das Individuum es geben …«.

Gleichzeitig verneint Hegel die Frage, ob der einzelne Mensch das subjektive Recht zur Aufopferung, zum Selbstmord, habe.[20] Gegen diese Auffassung Hegels, die sittliche Idee könne einerseits vom Menschen Aufopferung fordern, andererseits müsse aufgrund der Unterordnung unter diese Idee dem Menschen die Verfügung über sich selbst genommen werden, opponiert Stirner mit dem Argument, dass gerade diese existenzielle Frage vom Willen des Eigners und nicht von einem fremden Willen beantwortet werden kann: »Nur wenn ich keinem Wesen verpflichtet bin, ist die Erhaltung des Lebens – meine Sache.« (EE 327).

Das Leben des Eigners ist Sache des Eigners, ist sein Eigentum und nicht das einer sittlichen Idee. Eigentum des Eigners, das ist in erster Instanz der Eigner als dieses jeweilige konkrete Subjekt in seiner unmittelbaren Zeitlichkeit, das keinem anderen Wesen gehört, keiner Gesellschaft, keinem Staat, keiner Kirche, keinem Gott, keiner Menschheit und keiner Gattung. »Im dinglichen Eigentum steht obenan die Person: meine Person ist mein erstes Eigentum.« (EE 250; vgl. auch EE 324). Eigentum des Eigners ist aber auch alles, was der Eigner produziert an Gedanken, Gefühlen und Ideen; »wie jedes meiner Gefühle«, so ist auch die Liebe »*mein Eigentum*« (EE 295). Allerdings muss man die Gefühle und Gedanken als Produkte des eigenen Ich erkennen: »Mein eigen ist der Gedanke erst dann, wenn Ich zwar ihn, er aber niemals Mich unterjochen kann, nie Mich fanatisiert, zum Werkzeug seiner Realisation macht.« (EE 346). Das eig-

---

[20] G. W. F. Hegel, Grundlinien der Philosophie des Rechts. Frankfurt 1970 (1821), Zusatz zu §70, p. 152.

nerschaftliche Verhältnis gegenüber den eigenen Gedanken und Gefühlen zeigt erst das Eigentumsverhältnis an. »Der Eigner kann alle Gedanken, die seinem Herzen lieb waren und seinen Eifer entzündeten, von sich werfen ... weil Er, ihr Schöpfer, bleibt.« (EE 361). Stirner ersetzt, um dieses Abhängigkeitsverhältnis zu verdeutlichen, das liberalistisch belastete Wort »Gedankenfreiheit« durch das für ihn aussagekräftigere und präzisere Wort »Gedankeneigentum« (EE 346).

»Eigentum«, schreibt Wolfgang Eßbach treffend, »ist ausschließlich in der Selbstkohärenz begründet und unterliegt der Dynamik von Verfall und Rekonstitution des Selbst ... Nur im Zusammenhang mit der Selbstkohärenz erhält Eigentum für Stirner einen positiven Sinn.«[21] Eigentum des Eigners ist die gesamte durch den Eigner gesetzte materielle Objektwelt und deren historische Bedingtheit. Eigentum ist, so könnte man Stirners Vorstellungen auf einen Nenner bringen, die Totalität des potenziell Erreichbaren. Der Eigner ist seine eigene Potenzialität, sein Eigentum ist die durch diese Potenzialität entfesselte Macht als einziges Kriterium:

Meine Macht *ist* mein Eigentum.
Meine Macht *gibt* Mir Eigentum.
Meine Macht bin Ich selbst und bin durch sie mein Eigentum. (EE 191).

Der Eigner setzt sich seine eigene Welt und seine eigene Geschichte der Welt. Er ist nicht Klopstocks »Tropfen am Eimer« (EE 358)[22], sondern sein eigener Kosmos und seine eigene »Weltgeschichte« und hat »an der übrigen Weltgeschichte sein Eigentum«, denn den Einzigen interessiert »nur seine Geschichte« (EE 468).[23]

Diese geschichtslose Geschichte und die auf einen ersten Blick maximalistisch anmutende Haltung Stirners hat zum Ziel, die Augenblicklichkeit und den Momentcharakter der Interessen des Ein-

---

[21] W. Eßbach, Die Bedeutung Max Stirners für die Genese des historischen Materialismus. Göttingen 1978, p. 185; vgl. auch p. 187. Zum Begriff der Selbstkohärenz siehe Kapitel 4.4. Eigenheit als kritisch-krisische Grundbefindlichkeit des Eigners.
[22] Stirner verfremdet diese Stelle aus F. G. Klopstocks »Frühlingsfeier« allerdings, wenn er unter »Tropfen« das einzelne Individuum versteht, während Klopstock die Erde in ihrer Relation zum Sonnensystem meint. Siehe auch Stirners Kritik an Klopstock und dessen Abhängigkeit von der Objektwelt (EE 74).
[23] Die obige Darstellung der Eigentumsvorstellungen Stirners macht deutlich, dass es Stirner nicht um die Negation des Eigentums schlechthin geht, wie einige seiner Kritiker behaupten (Z.B. Eltzbacher, Der Anarchismus. Berlin 1977 (1900), p. 252 und C. Meitzel, Artikel »Max Stirner« in: Handwörterbuch der Staatswissenschaften. Bd. 7. Jena 1926, p. 1143).

zig-Eigenen, seine Distanz vom Anderen und von einer anderen Geschichte als der jeweils eigenen herauszustellen. Was wie maximalistische Anmaßung aussieht, ist erkenntnistheoretische Methode, pointiert und provokativ formuliert. Diese Haltung und dieses methodische Vorgehen zeigt sich auch dann besonders deutlich, wenn sich Stirner mit dem Problem des Normativen auseinandersetzt, einem Problem, das oben schon wiederholt berührt wurde und nun in Bezug auf seine ethischen Konsequenzen, die zu Stirners Vorstellungen von den Verkehrsformen des Einzelnen führen, exemplarisch dargestellt werden soll.

4.3. Die Überwindung der Entzweiung des Menschen in der Eigenheit des Eigners

Eigenheit ist bei Stirner die Totalität und Identität des Eigners, sie »schließt jedes eigene in sich« (EE 178) und beschreibt mit der »Selbstangehörigkeit Meiner« (EE 221) die Grundbefindlichkeit des Eigners. Eigenheit, die das materielle und geistige Eigentum des Eigners umfasst (EE 136), ist der uneingeschränkte Anspruch auf das Ganze der Welt. »... Eigenheit, das ist mein ganzes Wesen und Dasein, das bin ich selbst.« (EE 165).[24]

Eigenheit ist zwar keine Wortprägung Goethes, wie Carl A. Emge vermutet,[25] denn bereits Novalis verwendet das Wort im ersten Band der von Friedrich Schlegel herausgegebenen Zeitschrift »Athenäum« in der Bedeutung »Besonderheit«, »Merkwürdigkeit«, »Charakteristik«[26] in Beziehung auf Goethe, allerdings gewinnt das Wort bei Goethe selbst eine tiefere, umfassendere Bedeutung,[27] indem er mit diesem Begriff »gewisse Phänomene der Menschheit« bezeichnet, die Phänomene nämlich der jeweiligen Einzigartigkeit des Individuellen, die »irrtümlich nach außen, wahrhaft nach innen« sind. »Sie

---

[24] Wenn ein Stirner-Darsteller behauptet, Stirner leugne »schließlich euch jede Identität mit sich selbst« (J. Cattepoel, Anarchismus. München 1973, p. 120), dann ist das ein weiterer Beleg für die Oberflächlichkeit und Voreingenommenheit, mit der sich die Forschung vielfach Stirner nähert.
[25] C. A. Emge, Max Stirner. Mainz und Wiesbaden 1964, p. 1254 (15).
[26] Novalis, Blütenstaub, in: Werke, Briefe, Dokumente, Bd. 1: Die Dichtungen, hrsg. von E. Wasmuth. Heidelberg 1953 (1798), p. 315 (Fragment 29).
[27] Vgl. J. und W. Grimm, Deutsches Wörterbuch, Bd. 3. Leipzig 1862, Sp. 97.

sind das, was das Individuum konstituiert, das Allgemeine wird dadurch spezifiziert ...«[28]

An anderer Stelle heißt es: Eigenheiten

kann man sich vorstellen als Formen des lebendigen Daseins und Handelns einzelner, abgeschlossener, beschränkter Wesen, und in diesem Sinne gibt es Eigenheiten der Individuen sowie der Nationen. ...

Hieraus lässt sich nun schon erkennen, dass eine Eigenheit an sich, wo nicht lobenswert, doch wenigstens duldbar sein könne, indem sie eine Art zu sein ausdrückt, welche man als Bezeichnung irgendeines Teils des Mannichfaltigen gar wohl müsste gelten lassen.[29]

Sicher sind diese Äußerungen hilfreich, »Stirner besser verstehen zu können.«[30] Nur unterscheidet sich der Begriff bei Stirner von dem Goethes dadurch, dass die Dimension des jeweilig Einzigartigen und die Dimension des spezifisch Individuellen durch eine konstitutiv-kreative Dimension verdrängt wird: »Eigenheit ist die Schöpferin von Allem ...« (EE 170). Das rein deskriptive und funktionale Moment der Eigenheit, wie es Goethe betont, wird bei Stirner überlagert von einem dynamisch-konstituierenden, das zum Ziel hat, »den Wert der Eigenheit« (EE 257) zu steigern und zu optimalisieren (EE 320).

Hilfreicher und philosophiegeschichtlich verwandter sind wohl Äußerungen Hegels, der das Wort zwar öfter abwertend, weil als Prädikat subjektiver Eigenschaften, als »partikulare Eigenheit«[31] verwendet, deren Interessen denen des Allgemeinen widersprechen z. B. in der »Phänomenologie des Geistes«; er spricht dort pejorativ von der »Eigenheit des Selbsts«, einer teleologische Notwendigkeit negierenden »Kraft des Geistes«, die vorgibt, »substantiell« zu sein, wo sie nur eine zufällige Oberflächlichkeit besitzt, die »begrifflos«, begrifflos, gelöst von einem sich kausalgesetzlich entwickelnden Begriff, Eigenheit beansprucht.[32]

---

[28] J. W. Goethe, Lorenz Sterne (Schriften zu Literatur und Theater). Stuttgart o.J. (1827), p. 1029; ebenso: »Irrtümer und Wahrheiten« von Wilhelm Schulz, a.a.O., p. 743.
[29] J. W. Goethe, »Irrtümer und Wahrheiten« von Wilhelm Schulz; a.a.O., (1826), p. 743 f.
[30] C. A. Emge, Max Stirner. Mainz und Wiesbaden 1964, p. 1254 (15).
[31] G. W. F. Hegel, Vorlesungen über die Philosophie der Religion. Frankfurt 1969, 205 f.; vgl. auch p. 228: »Denn wie bei diesem [dem Opfer] ist der Zweck das Allgemeine gegen welches sich die Eigenheit und die Interessen des Subjekts im Tun aufgeben müssen«.
[32] G. W. F. Hegel, Phänomenologie des Geistes. Frankfurt 1970 (1807), p. 18; vgl. auch

Hilfreicher und verwandter sind schließlich Äußerungen Friedrich Schleiermachers, der in seinen »Monologen« von der »höhern Eigenheit der Bildung und Sittlichkeit« redet, unter der er das Herausbilden und die Aneignung der Eigentümlichkeiten der Menschheit versteht.[33] Schleiermacher meint, um diesen Gedanken zu verdeutlichen, es sei ihm

klar geworden, dass jeder Mensch auf eigne Art die Menschheit darstellen soll, in eigner Mischung ihrer Elemente ... Hätt ich stets seitdem das eigene in meinem Thun auch so bestimmt gefühlt und so beharrlich es betrachtet, wie ich immer das menschliche in mir geschaut ...[34]

Ein so verstandenes Bewusstsein der Eigenheit besitzt für Schleiermacher nicht nur aktuelles Interesse: »Nur wenn der Mensch im gegenwärtigen Handeln sich seiner Eigenheit bewusst ist, kann er sicher sein auch im künftigen nicht zu verlezen.«[35]

Hilfreich und verwandter, haben wir gesagt, sind diese Äußerungen Hegels und Schleiermachers. Sie sind es insofern, als Stirner diese Gedanken aufgreift und gleichzeitig gegen sie opponiert. Die Opposition lässt sich darin erkennen, dass Stirner dem Begriff Eigenheit eine im Gegensatz zu Hegel positive und im Gegensatz zu Schleiermacher existenzielle Konkretheit zumisst. Eigenheit fällt bei Stirner zusammen mit der völligen »Selbstangehörigkeit Meiner« (EE 221); mit ihr und durch sie gewinnt der Eigner seine Existenz und seine Identität.

Im Besitz dieser Eigenheit setzt der Eigner seine Normen und vertritt das Normative oder Normlose schlechthin: »... die Eigenheit

---

a.a.O., p. 175 und p. 398, wo Hegel von »Eigenheit und Einseitigkeit« spricht. Ähnlich in der »Enzyklopädie der philosophischen Wissenschaften im Grundrisse« von 1830, Frankfurt 1970, p. 97 und besonders deutlich in »Differenz des Fichteschen und Schellingschen System der Philosophie« von 1801, wo Hegel von »einer subjektiven Eigenheit der Anschauung« spricht »(Idiot heißt einer, insofern Eigenheit in ihm ist), statt sie zu vertilgen und wenigstens nicht anzuerkennen« (Frankfurt 1970, p. 392).

[33] a.a.O., p. 367
[34] F. Schleiermacher, Monologen, in: Sämmtliche Werke, Bd. 1, Dritte Abtheilung; Zur Philosophie. Berlin 1846 (1800), p. 366.
[35] F. Schleiermacher, Monologen, in: Sämmtliche Werke, Bd. 1, Dritte Abtheilung: Zur Philosophie. Berlin 1846 (1800), p. 372. vgl. diese Betonung des Eigenen auch p. 369 (eigenes Dasein), p. 370 (eigenes Werk), p. 371 (eigner Geist), p. 372 (eigner Plaz, eignes Wesen, eignes Leben), p. 373 (eigne Bildung), p. 374 (eigne Ansicht), p. 376 (eigner Charakter), p. 378 (»das eigne innerste Sein des Menschen«) usw.

kennt kein Gebot ..., die Eigenheit erlaubt Alles ...« (EE 241). »Ich bin ... ohne Norm, ohne Gesetz, ohne Muster ...« (EE 188).

Stirner negiert mit dieser Grundhaltung allgemeingültige Wertsetzungen und verneint die Beantwortbarkeit sittlicher Wertfragen, es sei denn, man sucht die Antwort im radikalen und ausschließlichen Selbstbezug. Weder objektive noch subjektive Gesetzmäßigkeiten und Ordnungen im Sinne Hegels kann es für Stirner von *seinem* »Prinzip« her geben. Stirners sittliche Wertvorstellungen sind außersittlicher Natur; sie sind teils hedonistisch geprägt, indem das reine Lustempfinden und der »*Genuss* des Lebens« propagiert werden (EE 323; vgl. EE 293), sie sind eudämonistischer Natur, insofern es um die Maximierung des Glücks geht;[36] sie sind aber in besonderem Maße utilitaristisch geprägt, denn der Eigner ist immer um seinen Nutzen besorgt (EE 70 u. ö.), das Kriterium der »*Zweckdienlichkeit*, Nützlichkeit« (EE 178) ist ethischer Maßstab. »Wir haben zueinander nur *eine* Beziehung, die der Brauchbarkeit, der Nutzbarkeit, des Nutzens.« (EE 300). Wie ein roter Faden durchzieht Stirners Polemik gegen die »Uneigennützigkeit«,[37] das »Uneigennützige,[38] die Uneigennützigkeitsphrasen und sein Plädoyer für den »Eigennützigen«, das »Eigennützige«,[39] die »Eigennützigkeit« (EE 70, 338) und den »Eigennutz«,[40] sein Buch, um von zum Teil synonym gebrauchten Begriffen (wie Egoismus) nicht zu reden.

An dieser Stelle ist es notwendig, um Missverständnissen zu begegnen, auf Stirners Begriff der Nützlichkeit und des Eigennutzes hinzuweisen. Stirners Utilitarismus, das bereits Dargestellte weist darauf hin, ist nicht misszuverstehen als plattes, rücksichtsloses Durchsetzen subjektivistischer Nützlichkeitserwägungen, koste es, was es wolle. Er ist nicht als »bellum omnium contra omnes« im Sinne von Hobbes' staatenlosem Dasein zu interpretieren und ist kein Schacher aus unstillbarer Profitgier. Hinter Stirners Utilitarismus und Eudä-

---

[36] Auf den Eudämonismus als Spezifikum des Stirnerschen Anarchismus weist bereits P. Eltzbacher (Anarchismus. Berlin 1977 (1900), p. 245 u. ö.) hin; allerdings vertritt er dann die irrige Ansicht, nach Stirner solle »das eigene Glück für den Menschen Gesetz sein« (p. 248; ebenso p. 250). Stirner liegt es fern, Gesetze, welchen Inhalts auch immer, aufzustellen, weder für sich, noch für »den Menschen«, den er als Abstraktum kritisiert.
[37] Vgl. EE 14, 70, 87, 178, 225, 360 u. ö.
[38] Vgl. EE 84, 150, 226 u. ö.
[39] Vgl. EE 84, 154, 225 u. ö.
[40] Vgl. EE 70, 83, 165, 177 f.

Der Eigner

monismus, die Begriffe sind weitgehend komplementär, verbirgt sich der Versuch, die Entzweiung des Menschen als Verdunkelung[41] der ursprünglich existenziellen Einheit aufzudecken; der Eigner folgt keiner außerhalb seiner Existenz liegenden Bestimmung, sondern er, der Unbestimmte (vgl. EE 177, 189, 329f.), ist mit seinen ursprünglichen Interessen und Glücksbedürfnissen seine ureigenste »Bestimmung«. Aufhebung der Verdunkelung aber bedeutet, dem Utilitarismus, dem Eigennutz, die Bedeutung zu nehmen, die ihm das Christentum gegeben hat. Utilitaristisches, eigennütziges Handeln ist nicht etwa, wie im christlichen Verständnis, ein Handeln, das nur »Mir als sinnlichem Menschen nützt.« Denn diese Sinnlichkeit erfasst nicht die Totalität des Eigners, sie ist eben noch ein Teil dieses Außer-sich-Seins, des Sich-nicht-Besitzens, kurz: der Entzweiung der eigenen Existenz.

Bin Ich bei Mir selbst, wenn Ich der Sinnlichkeit hingegeben bin? Folge Ich Mir selbst, meiner *eigenen* Bestimmung, wenn Ich jener folge? *Mein eigen* bin Ich erst, wenn nicht die Sinnlichkeit, aber ebensowenig ein Anderer (Gott, Menschen, Obrigkeit, Gesetz, Staat, Kirche usw.) Mich in der Gewalt haben, sondern Ich selbst; was Mir, diesem Selbsteigenen oder Selbstangehörigen, nützt, das verfolgt *mein Eigennutz* (EE 177).

Dieser Nützlichkeitsstandpunkt ist nicht zu verwechseln etwa mit den ethischen Anschauungen, wie sie die englischen Philosophen Jeremy Bentham und, später, John Stuart Mill vertreten haben. Ihnen geht es nicht, wie Stirner, um eine Beschreibung der existenziellen Grundbefindlichkeit des Einzelnen und um die Aufhebung einer den einzelnen Menschen mit sich selbst entfremdenden Entzweiung, wie sie der Subjekt-Objekt-Gegensatz verursacht, sondern um ein Prinzip der Sittlichkeit, das Stirner gerade ablehnt: das Streben nach einer sittlichen Qualität, eben der Nützlichkeit, und einem optimalen Quantum Glück, ohne die Frage nach den Motiven aufzuwerfen. Gerade das aber ist Stirners Absicht. Die Intentionalität seines Nützlichkeitsstrebens ist ausgerichtet auf das Zurückziehen des ursprünglichen Eigenen in seinen Ursprung, den Eigner (EE 211), der damit zu einem »Selbsteigenen oder Selbstangehörigen« (EE 177) wird.

Nach dem bereits Ausgeführten zeigt sich, dass die Behauptung

---

[41] Vgl. dazu EE 172: »Jahrtausende der Kultur haben Euch verdunkelt, was Ihr seid, haben Euch glauben gemacht, Ihr seiet keine Egoisten, sondern zu Idealisten (›guten Menschen‹) berufen. Schüttelt das ab! Suchet nicht die Freiheit, die Euch gerade um Euch selbst bringt, in der ›Selbstverleugnung‹, sondern suchet *Euch selbst* ...«

von Mautz, die von Stirner vollzogene »ethische Neuorientierung« habe »zum Ausgangspunkt die Kritik des idealistischen *Wahrheitsbegriffes* und des idealistischen Glaubens an die Wirklichkeit einer selbständigen und eigenständigen Idee«,[42] zwar nicht falsch ist, aber nicht das Grundsätzliche an Stirners neuer Positionsbestimmung erfasst. Stirner geht es um mehr als um eine Kritik an idealistischen Positionen. Er ist darum bemüht, bestehende Normen, ob bürgerliche oder sozialistische, zu entwerten und ein neues Prinzip der Wertsetzung aufzuweisen. Der Eigner ist ohne Norm, weil er seine Norm ist. Der scheinbare Paralogismus besagt: herrschende Normen sind nicht per se Normen des Eigners. Er lehnt sie als uneigen ab. Eigenes, normloses Handeln ist aber insofern normativ, als es die jeweiligen Interessen zum Ausgangspunkt und für den Interessierten – den Eigner, der seine Interessen wahrnimmt – jeweils neu und jederzeit revidierbar setzt, aber punktuell Wert, Eigenwert, beansprucht.

Der Wahrheitsbegriff Stirners ermöglicht, darin können wir Mautz zustimmen, eine zusammenfassende Charakteristik seiner Negation allgemeinverbindlicher normativer Wertungen, denn von der Position des Einzigen und Eigners »wird jedes normative ethische Ideal entmächtigt«[43] und, so müsste ergänzt werden, auch jedes Real und Material seiner normierenden, determinierenden Macht entledigt.

Stirners Versuch der Exstirpation aller Voraussetzungen erklärt auch seine Negation der Wahrheiten oder der Wahrheit. Die Suche nach Wahrheit unterstellt zumindest die Möglichkeit, dass sie zu finden sei (EE 354). Das Denken ist somit an die Voraussetzung der potenziellen Erkennbarkeit der Wahrheit gebunden und hat die Autonomie der Eigenheit verlassen. Der Eigner steht über den Wahrheiten und ihrer Machtsphäre:

Ich bin wie übersinnlich so überwahr. Die Wahrheiten sind *vor Mir* so gemein und so gleichgültig wie die Dinge, … Da ist auch nicht Eine Wahrheit, nicht das Recht, nicht die Freiheit, die Menschlichkeit usw., die vor Mir

---

[42] K. A. Mautz, Die Philosophie Max Stirners. Berlin 1936, p. 95.
[43] a. a. O., p. 96. Nach dem oben Ausgeführten zeigt sich, dass die Ansicht D. McLellans, Stirners Individualismus schließe »jede Vorstellung einer Moral« aus und nichts fülle »den Bereich des Ethischen« aus, ein grobes Missverständnis der Philosophie Stirners ist. McLellan wird an keiner Stelle Stirner, der für ihn »zweifellos (!) Solipsist und Nihilist« war, gerecht, wie punktuell in den respektiven Kapiteln dieser Arbeit aufgezeigt wird (Die Junghegelianer und Karl Marx. München 1974 (1969), p. 138).

Bestand hätte, und der ich mich unterwürfe. Sie sind *Worte,* nichts als Worte ... (EE 351).

Wahrheiten sind für Stirner Verbalisierungen von Gefühlen, Gedanken, Vorstellungen, die eine kommunikative Funktion haben; ohne Wahrheiten »kann Ich nicht denken noch sprechen. Die Wahrheiten sind der Menschen Gedanken ...« (EE 351); aber die Wahrheit ist kein selbständiger Orientierungswert, kein »être suprême«, sondern Mittel zum Zweck, Artikulationsmöglichkeiten zur zwischenmenschlichen Verständigung. Die Beziehungen zwischen dem Menschen und der Wahrheit manifestieren sich in einem Herr-Knecht-Verhältnis. Stirner antwortet »auf die Frage des Pilatus: Was ist Wahrheit?« (vgl. Joh. 18, 38): »Wahrheit ist, was von Dir frei, was nicht dein eigen, was nicht in deiner Gewalt ist.« (EE 356). In diesem Herrschaftsverhältnis ist die Wahrheit der Herr und der Einzelne der selbstverschuldete Beherrschte.

Als Du die Wahrheit suchtest, wonach sehnte sich dein Herz da? Nach deinem Herrn! Du trachtetest nicht nach *deiner* Gewalt, sondern nach einem Gewaltigen, ... Die Wahrheit, mein lieber Pilatus, ist – der Herr, und Alle, welche die Wahrheit suchen, suchen und preisen den Herrn (EE 356).[44]

Die Selbstverschuldung dieses Verhältnisses impliziert dessen Reziprozität, was nicht bedeuten soll, dass Stirner an die Stelle bestehender Herrschaftsverhältnisse andere Herrschaftsformen setzen möchte, gerade diesen Herrschaftswandel will Stirner ja vermeiden, er fordert grundsätzliche »Herrenlosigkeit« (EE 133, 151); Reziprozität bedeutet hier: die Möglichkeit, Selbstverschuldetes *selbst* rückgängig machen zu können, dann nämlich, wenn man erkennt, dass der Eigner »der *geborene Freie,* der Freie von Haus aus« ist; er ist »*ursprünglich frei,* weil er nichts als sich anerkennt« (EE 172). Ist der Einzelne zu dieser Einsicht gekommen, ist die Position des Eigners erreicht,

---

[44] Völlig anders interpretiert Hegel diese Bibelstelle in seiner Berliner Antrittsvorlesung, und ich halte es nicht für unwahrscheinlich, dass Stirner seine Interpretation in bewusster Opposition zu der Hegels schrieb, zumal Stirner auch an anderen Stellen (EE 75, 79, 83 und 342) auf die Antrittsvorlesung Hegels anspielt: Pilatus habe wie einer gefragt, »der mit solchem Worte fertig sei und wisse, dass es keine Erkenntnis der Wahrheit gebe.« In »unseren Zeiten« sei das, »was von jeher für das *Schmählichste, Unwüdigste* gegolten hat, *der Erkenntnis der Wahrheit* [zu] *entsagen«,* »zum höchsten Triumphe des Geistes* erhoben worden.« (G. W. F. Hegel, Konzept der Rede beim Antritt des philosophischen Lehramtes an der Universität Berlin. Frankfurt 1970 (1816), p. 402 f.).

verliert die Wahrheit ihren außerindividuellen Seinscharakter und verflüchtigt sich zu einem Konsum- und Kommunikationsartikel: der Eigner macht sich die Wahrheiten »mundgerecht, genießbar und eigen« (EE 357). Das neue herrschaftliche Verhältnis zwischen dem Einzelnen und der Wahrheit beruht nicht auf Abhängigkeit, sondern erweist sich als Eigentumsverhältnis. »Wahr ist, was mein ist, unwahr das, dem Ich eigen bin ...« (EE 359). Der Eigner entmachtet alle überindividuellen Wahrheiten, entzieht ihnen ihre Existenzberechtigung und macht »sie zu einem Eigentum Meiner ...« (EE 357)

Wiederholt zeigte sich Stirners teilweise direkte oder indirekte Abhängigkeit von Goethe, die sich äußert in der Übernahme und der Modifizierung von Stellen aus Goethes dichterischem Werk[45] oder in der Auseinandersetzung mit Goethes erkenntnistheoretischer und geistesgeschichtlicher Ortsbestimmung.[46]

Auf einen weiteren Berührungspunkt, der das Verständnis von Stirners Wahrheitsbegriff verdeutlicht und »ein bisher nie genug behandeltes Sinn- und Verhaltensproblem impliziert«, macht Carl A. Emge in seiner Stirner-Abhandlung aufmerksam; Goethes Wahrheitsauffassung, die sich am prägnantesten in seinem Satz ausdrückt: »Was fruchtbar ist, allein ist wahr«,[47] ein Satz, den Goethe in hohem Alter bestätigt habe (»Ich habe bemerkt, dass ich den Gedanken für wahr halte, der für mich fruchtbar ist, sich an mein übriges Denken anschließt und zugleich mich fördert.«),[48] lege er doch den Akzent auf die »*Rechtfertigung* des *für wahr haltens*, nicht des *wahr seins*.« Wie bei Stirner gehe es Goethe »um die Rechtfertigung des persönlichen Perspektivismus in den Stellungnahmen, Verhaltensweisen des Lebens.«[49]

Diese Feststellung Emges trifft zu, er verkennt auch nicht, dass die Übereinstimmungen zwischen Goethe und Stirner in Bezug auf das Wahrheitsproblem nicht weiter reichen. Stirner spitzt nämlich den Gedanken einer solchen Wahrheitsdefinition zu, indem er ihn weitertreibt und die perspektivische Dimension völlig aufgibt:

---

[45] Vgl. EE 13, 15, 47, 92, 95, 197; KS 15 f., 395.
[46] Vgl. EE 94, 113, 282.
[47] C. A. Emge, Max Stirner. Mainz und Wiesbaden 1964, p. 1239 (9).
[48] a.a.O., p. 1239 f. (9 f.)
[49] a.a.O., p. 1240 (10).

Die Wahrheit ist tot, ein Buchstabe, ein Wort, ein Material, das Ich verbrauchen kann. Alle Wahrheit für sich ist tot, ein Leichnam ... (EE 357).[50]

Was, nach Stirner, mit der Aufklärung begann, nämlich »die Überwindung des Gottes«, habe man nun zu einem siegreichen Ende« geführt; »der Mensch [hat]den Gott getötet« (EE 162).

Richard Wissers »Freilegung *philosophischer* Wurzeln einer vieldeutigen, umstrittenen Modeformel« beschreibt die drei Stationen (Hegel, Marx, Nietzsche), die »die Verlaufsgestalt« dieses »säkularen Problems« im Wesentlichen markieren. Wichtig und aufschlussreich zum Verständnis Stirners ist die Darstellung von »Hegels Entdeckung einer Grundstimmung seiner Zeit, die sich im ›Gefühl: Gott selbst ist todt‹ kundtut« und »die in genauer Umkehrung und Umstülpung der Hegelschen Philosophie vorweggenommene Religionskritik von Karl Marx, der um einer Philosophie des Menschen und des Diesseits willen das ›metaphysische Ungeheuer‹ Gott und sein Jenseits als das größte Hindernis entlarven möchte ...«[51]

Stirner indessen belässt es nicht bei dieser Religionskritik, sondern geht einen Schritt weiter. Nachdem »der Mensch den Gott getötet hat« (EE 379), das heißt, nachdem philosophiegeschichtlich eine Phase erreicht ist, für die zum Beispiel die Ansichten Bruno Bauers[52] und, wenn auch mit anderer Akzentuierung, Karl Marx repräsentativ sind, tötet der Eigner, die von Wisser bei Marx konstatierte »Umkehrung und Umstülpung der Hegelschen Philosophie« radikalisierend und ausweitend, auch den Begriff der Wahrheit, unter den auch die Wahrheit Mensch fällt. »Für Mich gibt es keine Wahrheit, denn über Mich geht nichts! Auch nicht mein Wesen, auch nicht das Wesen des Menschen geht über Mich!« (EE 358).[53]

Stirner wendet sich mit seiner Formel »Die Wahrheit ist tot« gegen Hegel, Marx *und* die Junghegelianer, die die Wahrheit Gott mit der Wahrheit Mensch austauschen wollten. Stirner betont gegenüber Marx und Bruno Bauer die »Ich-Existenz«,[54] die existenzielle

---

[50] R. Wisser, »Gott ist tot«. Philosophische Wurzeln einer Grundformel menschlicher Selbstbegegnung und die Menschwerdung des Menschen durch den Menschen, in: Areopag 1, 7. Jahrgang. Mainz 1972, p. 35.
[51] R. Wisser, »Gott ist tot«, in: Areopag 1. Jahrgang. 7. Mainz 1972, p. 36; vgl. auch a.a.O., p. 36f.
[52] B. Bauer schreibt in der »Posaune des jüngsten Gerichts«: »Gott ist todt für die Philosophie ...« (Stuttgart 1962 (1841), p. 151 und p. 169).
[53] Vgl. R. Wissers Hinweis auf Nietzsche, a.a.O., p. 43–47.
[54] B. Bauer, a.a.O., p. 48.

Konkretheit des Einzelnen und Eigners, die eben mehr ist als das Abstraktum Mensch oder das Aufgehen im Wesen des Menschen. »*Ich bin das Kriterium der Wahrheit*« (EE 359), betont Stirner und artikuliert damit die radikale Position des selbstreferentiellen autonomen Eigners, der, im Gegensatz zu der von ihm kritisierten »kritischen Kritik« Bruno Bauers, keinen ethischen Orientierungspunkt besitzt, eben weil er Eigner, Eigner auch der Wahrheit, ist.[55]

4.4. Eigenheit als kritisch-krisische Grundbefindlichkeit des Eigners

Betrachten wir uns etwas genauer, wie Stirner einerseits die »Kritik« Bruno Bauers, worunter dessen philosophische und theologische Ansichten schlechthin verstanden werden (vgl. EE 148 et passim), auf die Schippe nimmt, andererseits aber in Opposition zu Bauers »Kritik« ein Verständnis von Kritik entwickelt, das die oben bereits dargestellte Selbstsetzung und Selbstaufhebung des Eigners von einem anderen Einfallswinkel her zu verdeutlichen und zu konkretisieren in der Lage ist.

Die Kritik Bruno Bauers, »und zwar die ›freie, menschliche Kritik‹, wie sie (Judenfrage S. 114) genannt wird« (EE 148),[56] ist egoismusfeindlich (EE 148) und dogmatisch, weil sie »von einem Gedanken, einer fixen Idee, einer Voraussetzung« ausgeht (EE 354f.). Die Kritik hat ein Kriterium, an dem sie sich orientiert und von dem aus sie kritisiert; sie hat einen bestimmten Maßstab, einen »Prüfstein« (EE 354), an dem das zu Kritisierende gemessen und nach dem es beurteilt wird. Die Kritik hat einen Fixpunkt, Stirner redet von »dem ›rechten‹ Kriterium«, dem jeder nachjagt.

---

[55] Missverständlich äußert sich E. von Hartmann, wenn er schreibt, Stirners »Lehre« (schon diese Bezeichnung ist irreführend) wolle »in keinem Sinne Ethik sein« (Stirners Verherrlichung des Egoismus, in: Ethische Studien. Leipzig 1898 (1897), p. 80). Stirner geht es um die Überwindung einer ethischen Norm, die verpflichtet und begrenzt. Der Eigner setzt sich seine eigene Ethik und hebt Ethik im traditionellen Sinne auf. Keinesfalls ist es aber so, dass Stirners Eigner von vornherein ethisches Verhalten negieren würde: ethisches Verhalten ist eigenes Verhalten und umgekehrt.
[56] Vgl. B. Bauer, Die Judenfrage. Braunschweig 1843, p. 114f.: »Die rohe religiöse Kritik, die das Judenthum ausübte, und damit das Judenthum selbst ist endlich überflüssig gemacht durch die freie menschliche Kritik, die die Sache des Christenthums entschieden ... hat ...«.

Dies rechte Kriterium ist die erste Voraussetzung. Der Kritiker geht von einem Satze, einer Wahrheit, einem Glauben aus. Dieser ist nicht eine Schöpfung des Kritikers, sondern des Dogmatikers ... Der Kritiker hat nicht »den Menschen gefunden«, sondern als »der Mensch« ist diese Wahrheit vom Dogmatiker festgestellt worden, und der Kritiker, der übrigens mit jenem dieselbe Person sein kann, glaubt an diese Wahrheit, diesen Glaubenssatz. In diesem Glauben und besessen von diesem Glauben kritisiert er.

Stirner unterscheidet »zwischen *dienstbarer* und *eigener* Kritik.« (EE 353). Bauers Kritik, auf die die zitierte Stelle wiederum anspielt (Bauer nämlich hat »den Menschen gefunden«; vgl. EE 17 et passim), ist »dienstbare Kritik«, denn sie steht im Dienst einer fixen Idee, dient der Idee der Menschheit. In der »Judenfrage« schreibt Bauer: »Bisher hat die Geschichte noch keine Wahrheit hervorgebracht, die nicht dem Feuer der Kritik verfallen müßte, und die höchste Wahrheit, die sie jetzt – durch die Kritik – zu erzeugen im Begriffe ist, der Mensch, die Freiheit, das Selbstbewußtseyn ...«[57]: diese »höchste Wahrheit« glaubt Bauer sicher vor »dem Feuer der Kritik«, sie wird nicht weiter hinterfragt und wird so zum Dogma.

Diese voraus-setzende, dogmatische, nicht mehr hinterfragende Kritik ist in den Augen Stirners religiös, sie glaubt an die Wahrheit. Sie ist Höhepunkt und Abschluss der Religiosität, denn »mit der vollendeten Kritik schließt die Religiosität.« (EE 190).

Was folgt, ist eine Anti-Kritik, eine *andere* Kritik, die die Kritik kritisiert, ohne einen »dogmatisch feste[n] Punkt« (EE 334) zu kennen, das heißt: eine Kritik, die sich an keiner vorgegebenen Wahrheit und keinem Voraus-Gesetzten orientiert, sondern, positiv formuliert, eine Kritik, deren ausschließliches Kriterium der Eigner ist, der, wie wir dargetan haben, sich selbst setzt und selbst aufhebt. Übertragen auf das Kriterium der Kritik bedeutet dies: auch dieses Kriterium existiert nicht für sich, ist nicht voraus-gesetzt, sondern gesetzt und als Setzung aufhebbar: das Kriterium der Kritik ist eine Schöpfung des Eigners, ist, wie die Wahrheit, »eine – Kreatur.« (EE 358): »Für alle freie Kritik war ein Gedanke das Kriterium, für die eigene Kritik bin Ich's, Ich, der Unsagbare, mithin nicht bloß Gedachte ...«. Der Eigner als derjenige, der sich nicht auf den Begriff bringen lässt, der sich keiner Invarianz unterordnet, er setzt sich und sein Kriterium jeden Augenblick neu, deshalb ist das Kriterium der Kritik auch nicht definierbar, sondern nur fassbar durch den Selbstbezug; als Eigentum

---

[57] B. Bauer, Die Judenfrage. Braunschweig 1843, p. 81.

des Eigners. »*Meine* Kritik ist keine ›freie‹, nicht frei von Mir, und keine ›dienstbare‹, nicht im Dienste einer Idee, sondern eine *eigene*.« (EE 359).

Richard Wisser hat in einem grundlegend-programmatischen Aufsatz dargetan, dass Kritik als eine »Grundbefindlichkeit« des Menschen in einer engen innerlichen Beziehung zu sehen ist mit dem, was er Krise nennt, dass der Mensch, und damit kommen wir zu Wissers These, »als *Mensch kritisch-krisisch*« ist.[58]

An einigen wenigen knapp dargestellten Etappen hat Wisser aufgezeigt, und in diesem Zusammenhang gewinnt Stirners Kritikverständnis einen ersten Stellenwert, wie Philosophen mit Hilfe der Kritik inhaltlich »schwierige(n) Positionen« anderer Philosophen in eine Krise bringen und aufheben können:

Wenn beispielsweise Kants »Kritik der reinen Vernunft«[59] von Hegel einer Kritik unterzogen wird,[60] diese »kritische Kritik« dann von Hegelianern, etwa den Junghegelianern »Bruno Bauer und Konsorten«, übernommen und ihrerseits mit einer »Kritik der kritischen Kritik«[61] bekämpft wird, dann geht es hier nicht um rein verbale »Potenzierungen des Kritisierens«, sondern, berücksichtigt man Inhaltliches, um eine Kontroverse, deren Ergebnis »das Phänomen ans Licht« kommen lässt, »um das es hier geht: Der Mensch ist nur da ganz Mensch, wo er *Kritik* übt und wo *er* Kritik übt.«[62]

Einen ersten Stellenwert innerhalb dieser Problematik gewinnt

---

[58] R. Wisser, Kritik und Krise als Wege zum Selbstverständnis des Menschen, in: Wissenschaft und Weltbild, 27. Jg., Heft 4. Wien, Oktober bis Dezember 1974, p. 292.
[59] In der »Kritik der reinen Vernunft« kritisiert Kant »die bislang ungeprüften Voraussetzungen der metaphysischen Erkenntnis, also der Erkenntnis, die über den Bereich menschlicher Erfahrung guten Gewissens, aber unkritisch hinausschreitet ...« (R. Wisser, a. a. O., p. 292).
[60] Hegel kritisiert Kant »als zu kurzschlüssig, als vorzeitigen Verzicht auf weiter ausholende Möglichkeiten des Denkens.« Für Hegel ist das »Menschliche nur eine Durchgangsstation des absoluten Geistes, des »in der Geschichte in Erscheinung tretenden Weltgeist[es]« (a. a. O.).
[61] K. Marx und F. Engels, Die heilige Familie oder Kritik der kritischen Kritik. Gegen Bruno Bauer und Konsorten, in: MEW 2. Berlin (Ost) 1970 (1845).
[62] R. Wisser, a. a. O., p. 292.
Diese »Potenzierungen des Kritisierens« werden freilich dann zu reinen Wortgefechten und verbalen Kraftmeierei, wenn von der Bauerschen Position aus apologetisch gegen Marx und Engels polemisiert wird und sich eine solche Polemik dann »Kritik der Kritik der kritischen Kritik« nennt (G. Julius, Der Streit der sichtbaren mit der unsichtbaren Menschenkirche oder Kritik der Kritik der kritischen Kritik«, in: Wigand's Vierteljahrsschrift, Bd. 2. Leipzig 1845, p. 326–333).

Stirners Kritikverständnis insofern, als er in dieser »Krise von Positionen durch Kritik« mit Marx und Engels *gegen* Bruno Bauer »das in konkretem Verhältnissen lebende und leidende Individuum«[63] in den Mittelpunkt seiner Überlegungen rückt, aber dann *gegen* Bauer und *gegen* Marx (und Engels) auch im Menschen als Gattungswesen einen Spuk und Sparren zu erkennen glaubt, der ein Erkennen der eigenen »kritisch-krisischen Grundbefindlichkeit« verhindert.

Stirners »Kritik der kritischen Kritik« ist, wie wir gesehen haben, wesentlich eigene Kritik. Mit dem, was Wisser »die Grundkrise« nennt, deutet sich bei Stirner eine weitere Dimension innerhalb der »kritisch-krisischen Grundbefindlichkeit« des Einzelnen an: »das Fehlen des absoluten Punktes einer griffbereite Sicherheit verbürgenden ›positiven‹ Position« und die hieraus ableitbare »Konsequenz, auf relative Kriterien zurückgreifen zu müssen, also Kritik als Grund«.[64]

Das »relative Kriterium« von Stirners Eigner ist der Momentcharakter dieses Eigners selbst: seine permanente Selbstsetzung und Selbstaufhebung als Ausdruck des Unfixierten, und Standort-losen; dieser Eigner lebt ohne fixe Idee in Opposition zur »Stabilität« (EE 378) als religiösem Prinzip (Stirner redet vom »Stabilitätsprinzip« als »dem eigentlichen Lebensprinzip der Religion«; EE 340 f.).[65]

»Der Mensch erfährt stets zweierlei: dass Kriterien ›nötig‹ sind, weil er ein *kritisch*-krisisches Wesen ist, dass aber kein Kriterium absolut ›notwendig‹ ist, weil er ein kritisch-*krisisches* Wesen ist.«[66]

---

[63] R. Wisser, a.a.O., p. 292.
[64] R. Wisser, a.a.O., p. 295. »Aus der Begrenztheit jeder Kritik auf ein Kriterium«, führt Wisser weiter aus, »das seinerseits Inbegriff einer besonderen Situation ist, ergibt sich, was man die Perspektivität genannt hat. Perspektiven sind zugleich Ausdruck von Kritik wie von Krise. Sie stellen nicht einfach falsche oder unzulängliche Auffassungen dar. Sie werden allerdings dazu, wenn in ihnen das Ich für die Sache selbst oder ein Aspekt für die Totale ausgegeben werden.« (a.a.O.).
[65] W. Eßbach sagt das mit anderen Worten, wenn er Stirners Anliegen als »*Konzeption der Kohärenz des Selbst*« beschreibt: »In Stirners Auffassungen ist das Selbst kein fester Ausgangspunkt, sondern eine unstete Größe, ohne sichere Kohärenz, fragil. Es ist ein ›sterblicher Schöpfer‹, nicht nur im Sinne begrenzter Lebenszeit, sondern weil seine Selbstkohärenz verletzbar ist.« (Die Bedeutung Max Stirners für die Genese des historischen Materialismus. Göttingen 1978, p. 118 f.). Eßbach führt weiter aus, die Kohärenz unterliege »einer Dynamik von Zerfall und Neukonstitution. Bei diesem Geschehen handele es sich nicht um eine Entwicklung im Sinne der Dialektik, sondern um eine unruhige Bewegung von gegenläufiger Dekomposition und Kreation einer neuen Grenze des Selbst.« (a.a.O., p. 120).
[66] R. Wisser, a.a.O., p. 296.

Der Eigner

Für den Eigner gilt entsprechend: er weiß, dass er der Schöpfer seiner Kriterien ist und dass er sein eigenes Kriterium ist; dadurch kritisiert er sich und ist sich kritisch. Der Eigner weiß auch, dass er sich selbst setzt und aufhebt; dadurch setzt er sich in eine ständige Krise und erfährt sich als »krisisch«.

Der Eigner als »das Kriterium der Wahrheit« (EE 359) beansprucht für sich einen Machtbereich, den nur die Durchsetzung des eigenen Willens garantieren kann. Auch in dieser beanspruchten und realisierbaren Durchsetzungssphäre des Einzelnen wird das oben ausführlicher dargestellte Thema der Auflösung der Objekte im Eigner aktuell, denn diese »Gewalt«, wie Stirner jenen beanspruchten Einflussbereich nennt, ist »nicht ein für sich Existierendes«, sondern existiert »lediglich im *gewaltigen Ich*, in Mir, dem Gewaltigen ...«.

Mein Eigentum aber ist kein Ding, da dieses eine von Mir unabhängige Existenz hat; mein eigen ist nur seine Gewalt. Nicht dieser Baum, sondern meine Gewalt oder Verfügung über ihn ist die meinige (EE 279).

Nicht an die Eigenständigkeit des Gegenständlichen richtet sich der Besitzanspruch, sondern er liegt im Bewusstsein der potenziellen Verfügungsgewalt, mit anderen Worten: im Aufbegehren gegen die Fremdheit des Gegenständlichen als selbständiger Macht und in der Aufhebung dieser Entfremdung durch das Wissen um die eigene Überlegenheit und der dadurch ermöglichten Verwertbarkeit.

An diesem Punkt werden die Verkehrsformen des Eigners mit seinem Eigentum angesprochen und die Frage, wie in einem derart radikal egozentrischen Wollen der Bereich des sozialen Kontakts und Handelns Berücksichtigung findet. Versucht, könnte man einwenden, Stirner nicht dem Einflussbereich sozialer Regeln nur zu entfliehen, wenn er schreibt, dass sein »Verkehr mit der Welt« darauf hinausläuft, dass er sie genießen will? »Ich will nicht die Freiheit, nicht die Gleichheit der Menschen; ich will nur *meine* Macht über sie, will sie zu meinem Eigentum, d.h. *genießbar* machen.« (EE 321).

Wird nicht jedwede Kommunikation dadurch aufgelöst, dass er, wie Ahlrich Meyer, der Herausgeber der Reclam-Ausgabe des »Einzigen« im Nachwort meint, in Metaphern des Konsums«[67] schreibt; »Du bist für Mich nichts als – meine Speise, gleichwie auch Ich von Dir verspeiset und verbraucht werde.« (EE 300)?[68] Und ist die Auf-

---

[67] A. Meyer, Nachwort zu EE. Stuttgart 1970, p. 449.
[68] Die Stelle ist eher als eine Reminiszenz an die Kommunion aufzufassen (vgl. auch

Der Eigner

forderung; »Wisse denn, Du hast soviel Geld als Du – Gewalt hast ...« (EE 270) keine sozialdarwinistische Positionsbestimmung? Der Rekurs auf Hobbes ist in der Tat verschiedentlich feststellbar, so wenn Stirner dem »besitzlosen Pöbel« vorschlägt, nicht auf eine Änderung der Besitzverhältnisse durch einen Eingriff der »Billigkeitsbehörde« zu warten, »sondern: Greife zu und nimm, was Du brauchst! Damit ist der Krieg Aller gegen Alle erklärt. *Ich* allein bestimme darüber, was Ich haben will.« (EE 262),[69] oder wenn er an anderer Stelle das Recht als Macht interpretiert und damit die Naturrechtsdefinition Hobbes' aufgreift und radikalisiert:

EE 106: »Wenn Du das *Heilige verzehrst*, hast Du's zum *Eigenen* gemacht! Verdaue die Hostie und Du bist sie los«). Es ist eine Säkularisation des »Consummatum est« (Joh. 19,10), des Vollbracht-Seins im Sinne der oben dargestellten Aufhebung der Entzweiung und der »sinnlichen Gewißheit« Hegels (Phänomenologie des Geistes. Frankfurt 1970 (1807), p. 86), deren Dialektik (p. 90) Stirner destruiert, indem er das »Hier und Jetzt« (p. 88), den ständigen Momentcharakter seiner Existenz, zum ausschließlichen Prinzip« erklärt. Auch hier säkularisiert Stirner des Motiv des »Vollbringens« und »Aufzehrens«, wie es Hegel am Beispiel der »Eleusinischen Mysterien« darstellt (»das Geheimnis des Essens des Brotes und des Trinkens des Weines«) (a.a.O., p. 91).

[69] Ein Beleg dafür, wie die Aufforderung Stirners »Greife zu und nimm, was du brauchst« kriminalisiert und verfälscht werden kann, liefert der Roman »Noface – Nimm was du brauchst« von W. E. Richartz, in dem ein Arzt auf widrig phantastische Weise seine Identität aufgeben muss und den Stirnerschen Imperativ zur Maxime seines kriminellen Handelns erklärt. Berücksichtigt man weitere Beweggründe und Verhaltensweisen, z. B. das Prinzip der »*Gedankenlosigkeit*« (p. 48; vgl. EE 342, 349, 350 u. ö.), das Motiv des Individualitätsverlustes p. 61 f.) usw., scheint mir ein Einfluss Stirners nicht ausgeschlossen. (W. E. Richartz, Noface – nimm was du brauchst. München 1976).

W. Eßbach vertritt die Meinung, dass »Stirners Expropriationsthesen« einhergehen »mit einer vorbehaltlosen Anerkennung des Verbrechens.« Gleichzeitig betont er, dass es sich »bei diesen Thesen Stirners nicht um einen solitären Immoralismus, sondern um ein prominentes Thema der fourieristischen Bewegung handelt (die Bedeutung Max Stirners für die Genese des historischen Materialismus. Göttingen 1976, p. 294, Anm. 105). Das ist nur zum Teil richtig: »vorbehaltlos« kann Stirner das Verbrechen nicht anerkennen, denn ein solcher Schritt unterliegt, wie jeder andere auch, der vollen Verantwortung des Einzelnen; dieser Vorbehalt ist, wie oben dargestellt wurde, von entscheidender Bedeutung. Dass es sich bei Stirner nicht um einen »solitären Immoralismus« handelt, ist eine sicher richtige und wichtige Bemerkung, nur ist Eßbachs Begründung keine Begründung, sondern bestenfalls ein fragwürdiges Alibi, denn Fouriers Einfluss auf Stirner ist nirgendwo manifest; es handelt sich um keinen »solitären Immoralismus« und um keinen Immoralismus, sondern um eine konsequente Haltung, die sich aus der »Selbstangehörigkeit Meiner« (EE 221) ergibt.

Der Eigner

Berechtigt oder unberechtigt – darauf kommt Mir's nicht an; bin Ich nur *mächtig*, so bin Ich schon von selbst *ermächtigt* und bedarf keiner anderen Ermächtigung oder Berechtigung.
Recht – ist ein Sparren, erteilt von einem Spuk; Macht – das bin Ich selbst, Ich bin der Mächtige und Eigner der Macht (EE 214 f.).

Stirners Verkehrsformen sind großenteils wegen all der Problematik, die ihnen anhaftet, am leichtesten misszuverstehen und führen dann zu einem Verständnis der Eignerthematik, das die notwendige Einbettung dieser Problematik in die Gesamtkonzeption der Philosophie Stirners aufgibt und insofern wirkungsgeschichtliche Bedeutung gewinnt, als sich die jeweiligen ideologischen Ansichten des Rezipienten verselbstständigen und die Gesamtkonzeption des »Einzigen« überlagern. Denn in keiner Situation »gleicht das Stirnersche Ideal dem Hobbesschen ›bellum omnium contra omnes‹«, wie Kurt A. Mautz meint,[70] oder erweist sich eine Verwirklichung von »Stirners Postulat des Egoismus, alles an sich zu reißen, was man begehrt«, als das Ende der menschlichen Existenz, wie der Marxist Hans Heinz Holz fürchtet; Holz begründet seine Befürchtung mit dem Hinweis, der von Stirner und »Hobbes als Urzustand gedachte ›Krieg aller gegen alle‹« würde den »Endzustand der Geschichte« beschreiben.[71]

Die auf einen ersten Blick negativ erscheinende Beziehung des Eigners gegenüber seiner sozialen Umwelt und seine gesellschaftliche Desintegration, die Stirner mit dem Begriff Egoismus ankündigt, sind jedoch nicht als Selbstzerfleischung der Menschen untereinander zu verstehen, »Stirners Egoismus ist nicht reduzierbar auf das Moment der Selbsterhaltung«, betont Wolfgang Eßbach richtig;[72] denn, so führt er an anderer Stelle aus, »es wäre eine grobe Vereinfachung anzunehmen, in Stirners Materialismus des Selbst sei die Tatsache der Beziehungen völlig ausgeblendet.«[73] Schauen wir uns Stirners Egoismusverständnis genauer an.

---

[70] K. A. Mautz, Die Philosophie Max Stirners. Berlin 1936, p. 14. Schon E. von Hartmann meinte, Stirner wolle »den ›Krieg Aller gegen Alle‹ entfesseln« (E. von Hartmann, Stirners Verherrlichung des Egoismus, in: Ethische Studien. Leipzig 1898 (1897), p. 79), um damit nicht zuletzt die »Eigentumsfrage« zu lösen (a.a.O., p. 60)!
[71] H. H. Holz, Der französische Existenzialismus. Speyer und München 1958, p. 110.
[72] W. Eßbach, Die Bedeutung Max Stirners für die Genese des historischen Materialismus. Göttingen 1978, p. 136.
[73] a.a.O., p. 155.

4.5. Eigenheit und Egoismus

Stirners Begriff des Egoismus hat von Anfang an zu den schwerwiegendsten Missverständnissen seiner Philosophie geführt.[74] Stärker noch als bei allen anderen Begriffen, die Stirner gebraucht und teilweise neu in die philosophische Diskussion einführt, gilt für das Wort Egoismus die Feststellung von Kurt A. Mautz, dass »jeder Begriff Stirners ... in hervorragendem Maße historisch geladen« sei. »Abgelöst von seinem geschichtlichen Gegenbegriff muß er zum Trugbild werden.«[75]

Der »geschichtliche Gegenbegriff«, gegen den Stirner oppositionell seine Egoismusvorstellungen entwickelt, ist der idealistische – vor allem von Hegel postulierte – Begriff der Allgemeinheit und der damit implizierten Unterordnung des Besonderen.[76] Auf diesen Zusammenhang weist Richard Wisser nachdrücklich in einem Aufsatz hin, in dem Stirner als eine der »Wegmarken der Selbstentdeckung des Menschen« dargestellt wird[77] (die andere Wegmarke in diesem »zweipoligen Vorgang im 19. Jahrhundert«[78] ist Ludwig Feuerbach):

Indem er mit Hegels Begriff des Allgemeinen bricht, das das Besondere uebergreift und sich unterordnet, bringt Stirners »Egoismus« auf eine noch nie dagewesene Weise den einzelnen Menschen ins Spiel. Stirner vollzieht eine radikale Losloesung von allen uebergeordneten Herrschaftsprinzipien,

---

[74] Auf diese Missverständnisse und Fehlinterpretationen des Egoismusbegriffs weisen zuerst nachdrücklich H. Sveistrup (Stirners drei Egoismen. Lauf bei Nürnberg, Bern und Leipzig 1932, p. 7 f. et passim), Max Adler (Artikel »Max Stirner«, in: Encyclopaedia of the Social Sciences, Bd. 14. New York 1931, p. 393) und G. Lehmann (Die deutsche Philosophie der Gegenwart. Stuttgart 1943, p. 175 f.) hin.
[75] K. [A.] Mautz, Max Stirner in der Ursprungsgeschichte der modernen Lebensphilosophie, in: Geistige Arbeit, Nr. 16. Berlin und Leipzig 1936, p. [1].
[76] Dagegen ist W. Windelband der Ansicht, Stirner gelange »durch eine Verdrehung der Fichteschen Lehre vom ›allgemeinen Ich‹ zum ›Egoismus‹ im theoretischen und im praktischen Sinne des Wortes: er spielt den Solipsisten und predigt die skrupellose Selbstsucht ...« (Lehrbuch der Geschichte der Philosophie. Tübingen 1957[16] (1892), p. 575 f.). Zwar spricht auch Fichte vom »allgemeinen Ich«, und Stirner setzt sich mit »dem vergänglichen Ich« entschieden von Fichtes »Ich« ab (EE 188), aber nicht Fichte ist der eigentliche Kontrahent Stirners, sondern Hegel und die Hegelschule (vgl. dazu das Kapitel 6. Stirners Auseinandersetzung mit der Un-Eigentlichkeit der Philosophie).
[77] R. Wisser, Die Selbstentdeckung des Menschen und Arnold Gehlens Kultur-Anthropologie, in: Spectrum. Essays presented to Sutan Takdir Alisjahbana. Jakarta [1978], p. 430.
[78] a. a. O., p. 434.

Der Eigner

und sein Anarchismus, der sich gegen alles zur Wehr setzt, was den hic et nunc lebenden Menschen um seine Eigenheit bringt, ist die aeusserste Gegenposition zu jeder generalisierenden Abstraktion, sie mag idealistisch »Weltgeist« heissen oder materialistisch »oekonomische Gesetzlichkeit«.[79]

Zum »Trugbild« hingegen wurde Stirners Egoismus für all jene Interpreten, die Stirner aus den junghegelianischen Auseinandersetzungen lösten und seine Frontstellung gegen Hegel übersahen, oder die sich, wie Moses Heß, »mit Hegelschen Kategorien« (EE-Rezensenten 442) – um mit Stirner zu reden – Stirners Egoismusvorstellungen näherten. Der Begriff Egoismus wird so leicht zu einem plakativen Bewertungskriterium, das nicht mehr auf seinen Bedeutungsgehalt und seine Funktion innerhalb der Auseinandersetzungen im Vormärz hinterfragt wird.

Nach Eduard von Hartmann müsste sich Stirners Egoist und Eigner bemühen, »ein blutdürstiger, grausamer, listiger, verräterischer, heimtückischer und eroberungswütiger Tyrann« zu werden oder sich damit bescheiden, »in völliger Verachtung der Menschen als skeptischer Philosoph und grübelnder Einsiedler ... mit den Dingen und Gedanken humoristisch zu spielen«, oder, als dritte und letzte Möglichkeit, er müsste zwischen diesen beiden Extremen abwechseln: einmal blutrünstiger Vampir, das andere Mal weltfremder Misanthrop. Jedenfalls versteht Eduard von Hartmann Stirners Egoisten als einen Menschen, der »keine noch so teuflische Handlungsweise scheut, und Lüge, Meineid, Eidbruch als selbstverständlich hinstellt ...«, der »sich ausserhalb Recht und Gesetz, Staat und Gesellschaft stellt, niemandes Ehre achtet, und den Krieg gegen alle erklärt ...«[80]

Schon der Freund Theodor Fontanes, Heinrich Beta, Redakteur des literarisch-kritischen Teils von *Der Gesellschafter* und Korrespon-

---

[79] a.a.O., p. 435f.
[80] E. von Hartmann, Stirners Verherrlichung des Egoismus, in: Ethische Studien. Leipzig 1898 (1897), p. 86. E. von Hartmann stellt Stirner dann seine alternative Philosophie gegenüber, die in dem Bekenntnis gipfelt; »Das geschöpfliche Ich oder das Selbstbewusstsein ist eine bloss subjective Erscheinung und verhält sich zu dem unbewussten, es produzierenden Subjekt, wie das Bild der Kerze im Brennpunkt des Hohlspiegels zu der lichtausstrahlenden Kerze selbst.« Das »unbewusste, schöpferische Subjekt« ist für E. von Hartmann kein »Ich«, sondern es ist »überwirklich und überseiend«; »wirklich sind nur seine Funktionen«, und zwar insofern, als »sie interindividuell kollidieren, d.h. die Welt der vielen Individuen konstituieren.« Damit glaubt E. von Hartmann bewiesen zu haben, dass die Welt wirklich ist, »aber das Ich unwirklich.« (a.a.O., p. 88).

dent der *Trierschen Zeitung*,[81] nannte Stirner den »Verfasser und Erfinder der Haifischphilosophie«,[82] und der Amerikaner James Huneker, angetan von einer solchermaßen charakterisierten Philosophie des Egoismus, beschreibt die vermeintlich masochistischen Tendenzen des »Egoisten« Stirner mit sichtlichem Wohlgefallen: »the grim, cruel Stirner, after he makes a jab at his opponent, twists the steel in the wound. Having no mercy for himself, he has no mercy for others.«[83]

Auch der Philosoph Arthur Drews, ein Schüler und Verehrer Eduard von Hartmanns, möchte Stirners Egoismus in diesem Sinne verstanden wissen, wenn er »von der Bestialität des radikalen Egoismus« bei Stirner spricht.[84] »Den krassesten Egoismus in nacktester Reinkultur als System« vertritt Stirner schließlich in den Augen von Rudolf Bovensiepen,[85] und als Vertreter des »absoluten«,[86] »kon-

---

[81] Vgl. T. Fontane, Von Zwanzig bis Dreißig. München 1973 (1898), p. 40f. Über Beta vgl. a.a.O., p. 475f., Anm. zu p. 41.
[82] H. Beta, Ein deutscher Freihandelsapostel, in: Die Gartenlaube, Nr. 17. Leipzig 1863, p. 267.
Auch der Königsberger Hegelianer K. Rosenkranz interpretiert Stirners Philosophie als eine Position, die »beim Naturzustande, bei der brutalen Gewaltherrschaft, bei der rücksichtslosen Licenz für alle Begierde und Leidenschaft, bei der Apotheose des Egoismus und des Nichts angelangt« sei (Aus einem Tagebuch. Leipzig 1854, p. 132), und K. Fischer bezeichnet Stirner als den »*Dogmatiker* des Egoismus, dieses Dogma ergreift ihn enthusiastisch, begeistert ihn für Verbrechen des Egoismus« (Moderne Sophisten, in: Die Epigonen, Bd. 5. Leipzig 1848, p. 297).
[83] J. Huneker, Egoists. London 1909, p. 359. Das Ergebnis einer solchen von Huneker positiv bewerteten egoistischen Philosophie sei die Liquidation des kulturellen Lebens schlechthin: Stirner ist der Mann, »whose theories would make a *tabula rasa* of civilisation« (a.a.O., p. 352).
[84] A. Drews, Die deutsche Spekulation seit Kant. Leipzig 1895, p. 251. Schon K. Fischer verstand Stirners Egoismus als ein Synonym für Brutalität (Moderne Sophisten, in: Die Epigonen, Bd. 5. Leipzig 1848, p. 315).
[85] [R.] Bovensiepen, Wissenschaftlicher Sozialismus, Kommunismus, Anarchismus und Bolschewismus. Neumünster und Leipzig 1919, p. 28.
[86] W. Ziegenfuß, Artikel »Max Stirner«, in: Philosophen-Lexikon, Bd. 2. Berlin 1950, p. 641; ebenso in der von T. K. Österreich herausgegebenen 12. Auflage von Ueberwegs Grundriß der Geschichte der Philosophie. Bd. 4. Berlin 1923, p. 230. Die Bezeichnung »absoluter Egoismus« geht wohl auf K. Fischer zurück (Moderne Sophisten, a.a.O., p. 282 und p. 296); auch E. von Hartmann spricht von einem absoluten Egoismus bei Stirner (Stirners Verherrlichung des Egoismus, in: Ethische Studien. Leipzig 1898 (1897), p. 87).

sequentesten«[87] und »extremsten Egoismus«[88] ist er schließlich in Wörterbüchern und Nachschlagewerken anzutreffen.

Für all diese Rezipienten gilt nach wie vor das, was Stirner bereits 1845 seinen Rezensenten (Szeliga, Feuerbach und Heß) auf die Egoismus-Vorwürfe antwortete:

Statt auf den Egoismus, wie er von Stirner aufgefasst wird, näher einzugehen, bleiben sie bei ihrer von Kindesbeinen an gewohnten Vorstellung von demselben stehen und rollen sein allem Volke so wohlbekanntes Sündenregister auf. Seht hier den Egoismus, die gräuliche Sünde – den will uns Stirner »empfehlen!« (EE-Rezensenten 411)[89]

Es gehört zu dem widersprüchlichen Rezeptionsverhalten gegenüber der Philosophie Stirners, dass es auch völlig andere, aber darum nicht minder problematische Einschätzungen seiner Egoismusauffassungen gibt. Wenn Max Nettlau schreibt, er halte es für »eine Verzerrung« Stirners, in ihm einen Lobredner des Egoismus zu sehen …«[90] und Fritz Mauthner, die Tatsache, dass er das Wort »Egoist« zwischen Anführungszeichen setzt, damit erklärt, dass er Stirner nicht »einer selbstsüchtigen Lebensweise willen tadeln möchte, oder weil er – was

---

[87] R. Eisler, Wörterbuch der philosophischen Begriffe. Bd. 1. Berlin 1927⁴, p. 299.
[88] [anon.], Artikel »Max Stirner«, in: Der große Herder. Freiburg im Breisgau 1935, Sp. 591.
[89] So wundert sich auch R. Springer in seinem Buch »Berlin's Strassen, Kneipen und Clubs im Jahre 1848«, dass Stirner, der im »Einzigen« »den Egoismus als das einzige und wahre Princip hingestellt« habe, »gerade der Gemüthlichste und Bescheidenste« im Kreise der Besucher von Hippels Weinstube gewesen sei; »seine Theorie scheint bei ihm am wenigsten zur Praxis geworden zu sein.« (Berlin 1850, p. 234). Auch der Journalist Friedrich Sass, ein guter Bekannter Stirners (er gehörte zum »inneren Ring« der Freien und verkehrte ebenso wie Stirner in der so genannten rothen Stube der »Stehely'schen Conditorei«, einem Treffpunkt der Berliner Freien, Literaten usw. (vgl. dazu J. H. Mackay, Max Stirner. Freiburg/Br. 1977³ (1898), p. 64 f. und p. 92)) glaubt eine Diskrepanz zwischen Stirners »Theorie des Egoismus« (die »zur Atomistik, zur Brutalität, zur entschiedensten Thierwerdung führen« muss) und Stirners Persönlichkeit (Stirner sei »gar kein Einziger, sondern von der liebenswürdigsten Humanität durchdrungen«) feststellen zu können (Berlin in seiner neuesten Zeit und Entwicklung. Leipzig 1846, p. 74 f.). Eine Untersuchung schließlich sieht in Stirners Philosophie geradezu »das Gegenteil seiner Natur, hier herrscht der schrankenlose egoistische Trieb«; »die Wünsche und Ideale« unserer Philosophen, ist der Autor geneigt zu schließen, können nicht in Einklang gebracht werden »mit der Wirklichkeit des Lebens, mit der realen Welt …«(F. F. A. Faisal, Max Stirner und die pluralistische Wirtschaftsgesellschaft. Graz 1971, p. 6 f.).
[90] M. Nettlau, Der Vorfrühling der Anarchie. Glashütten im Taunus 1972 (1925), p. 173.

ebenso falsch wäre – den Egoismus gepredigt hätte«,[91] dann würde interessieren, wie sonst der Egoismusbegriff bei Stirner näher bestimmt werden könnte.[92] Jedenfalls wird Mauthner so dem Ruf »eines Exzentrikers der Philosophie« gerecht.[93]

Schon der an der Aufstellung des »Gothaer Programms« der SPD beteiligte Eduard Bernstein, Herausgeber der Zeitschrift »Der Sozialdemokrat«, vertrat die vage und unverbindliche Meinung, von Stirners Buch sei »weder im guten noch im schlechten Sinne« zu viel gesagt, »wenn man es als das Hohelied des Egoismus bezeichnet.«[94] Wie aber ist nun Stirners »Hohelied des Egoismus« zu verstehen? Ist es ein »abstraktes Prinzip«, wie Hans-Martin Saß vermutet, mit dem »Stirners Geist(!) ... alles Objektive als das je Seinige in das eigene Sein« zurückholt?[95] Stirner kennt jedoch nur ein Prinzip: das Prinzip der Prinzipienlosigkeit. Er ist prinzipien-los, ist sie los, hat

---

[91] F. Mauthner, Der Atheismus und seine Geschichte im Abenlande, Bd. 4. Stuttgart und Berlin 1923, p. 210; vgl. auch a.a.O., p. 213: Stirner »hat weder hier noch sonst die Selbstsucht gepredigt, den sogenannten Egoismus«. Deutlicher war Mauthner in seinen »Beiträgen zu einer Kritik der Sprache« (Bd. 1: Zur Sprache und zur Philosophie), wo er Stirner einen Solipsismus vorwirft, der »die halb lachende, halb weinende Skepsis eines Verzweifelten darstellen kann, dessen praktischer Idealismus die Bestien seiner Sinne gern los werden möchte« (Berlin 1906² (1901), p. 669). Hier zeigt sich, dass Mauthner Stirners »Sinnlichkeit« (vgl. dazu EE 177, 51 und 344) nicht begriffen hat, denn Stirners Eigner ist »sinnlich«, er möchte »die Bestien seiner Sinne« nicht »los werden«, sondern er will von ihnen los sein und nicht in ihnen aufgehen (»Ist denn aber die Sinnlichkeit meine ganze Eigenheit?« EE 177); von einer »Mystifikation« des Ich bei Stirner kann demnach ebensowenig die Rede sein (vgl. a.a.O., p. 670), wie von einem Einzigen, der allein (solipsistisch) ist (a.a.O., p. 673).
[92] Auch H. Falkenfeld widerspricht der Ansicht, »als ob Stirner der Vertreter des rohen radikalen Egoismus sei, als ob er die Selbstsucht heilig spreche.« (Einführung in die Philosophie. Berlin 1926). Aber auch seine Begründung kann nicht überzeugen; er meint, Stirner unterscheide genau zwischen dem »Selbst« und »Ich«, sein Einzelner sei immer »ichsüchtig«. Falkenfelds Fehlinterpretation der Philosophie Stirners zeigt sich vollends, wenn er Stirners Einzigen als ein Ich bezeichnet, das »Stirner als Ideal (!) im Auge hat« (p. 313).
[93] So bezeichnet ihn Roberto Calasso (Die neunundvierzig Stufen. München/Wien 2005, p. 301), übrigens mit guten Gründen durchaus voll des Lobes (a.a.O. p. 300–302, 305).
[94] E. Bernstein, Die soziale Doktrin des Anarchismus, in: Die Neue Zeit, Nr. 14. Stuttgart 1891–92, p. 423. Die Bezeichnung »Hohelied des Egoismus« klingt gut, so übernimmt sie K. Diehl in seinem Artikel »Anarchismus« im »Handwörterbuch der Staatswissenschaften«, Bd. I. Jena 1923⁴, p. 280.
[95] H.-M. Saß, Untersuchungen zur Religionsphilosophie in der Hegelschule 1830–1850. Münster 1963, p. 207. Vgl. auch a.a.O., p. 212.

sich von ihnen gelöst und lehnt sich gegen sie als herrschende Setzungen auf:

die Hierarchie wird dauern, solange man an Prinzipien glaubt, denkt, oder auch sie kritisiert: denn selbst die unersättlichste Kritik, die alle geltenden Prinzipien untergräbt, *glaubt* schließlich doch an *das* Prinzip (EE 353).

Stirner handhabt keine Grundsätze, negiert allgemeinverbindliche Existenzbedingungen, wendet sich gegen das Normative und macht »das Axiom selbst fraglich« (EE 82). Stirners Egoismus bedeutet nichts anderes als das, was im vorigen Kapitel mit dem Begriff »Eigenheit« beschrieben werden sollte: die Grundbefindlichkeit des Eigners, desjenigen also, der von sich sagen kann: »Ich bin Mir Alles und ich tue Alles *Meinethalben*.« Dieser Standpunkt ist der Standpunkt, den Stirner »Egoismus oder Eigenheit« nennt. Die Christen haben sich einst von den heidnischen griechischen Göttern befreit, sie verdammten »Apollo oder die Minerva oder die heidnische Moral«. Welchen Grund hatten die Christen für diese Abwendung von der heidnischen Religion? Sie taten es, meint Stirner, »um *ihres* Seelenheils willen«. »Und dieser Egoismus, diese Eigenheit war's, durch die sie die alte Götterwelt *los* und von ihr *frei* wurden.« (EE 170).

Jetzt geht es darum, von den übergeordneten Mächten und Idealen frei zu werden, die die Christen an die Stelle der antiken Götter und die heidnische Moral gesetzt haben: frei vom Christentum und frei von der »Freiheit«; Egoismus und Eigenheit lösen den Begriff der Freiheit aus seiner idealen Umschreibung und beziehen Freiheit auf die jeweiligen konkreten Bedürfnisse des jeweils konkreten Einzelnen: »Ich also bin der Kern, der aus allen Verhüllungen erlöst, von allen beengenden Schalen – befreit werden soll. Was bleibt übrig, wenn Ich von Allem, was Ich nicht bin, befreit worden? Nur Ich und nichts als Ich.«

Erst dann, wenn Freiheit meine Freiheit, das heißt: egoistische Freiheit, Eigenheit, geworden ist, erst dann wird aus einem Traum ein Entschluss, wird aus einem schönen, aber wirkungslosen Ideal ein für den Einzelnen entidealisiertes, aber Wirkung zeigendes, ins Leben eingreifendes, das Leben beeinflussendes Verhalten.

Bedenkt das wohl und entscheidet Euch, ob Ihr auf eure Fahne den Traum der »Freiheit« oder den Entschluß des »Egoismus«, der »Eigenheit« stecken wollt. Die »Freiheit« weckt euren *Grimm* gegen alles, was Ihr nicht seid; der »Egoismus« ruft Euch zur *Freude* über Euch selbst, zum Selbstgenuss« (EE 171).

Stirner geht es demnach auch mit dem Begriff Egoismus darum, in Opposition gegen Heilserwartungen und Zukunftshoffnungen auf eine gegenwärtige, erlebbare und gelebte Konkretheit hinzuweisen. Es geht ihm um ein hic et nunc, um eine eingeschränkte dafür aber realisierbare Freude am Leben. Egoismus bedeutet das Wahrnehmen dieser Möglichkeit, er wendet sich gegen den Aufschub von Bedürfnissen. Der Egoismus, die Eigenheit »ist ein Apartes, befriedigt nur einige oder einen, oder wenn es alle befriedigt, so tut es dies an ihnen nur als Einzelnen, nicht als Menschen ...« (EE 137). Ganz deutlich versucht Stirner mit dieser Stelle dem Missverständnis zu begegnen, Egoismus schließe gemeinsame Interessen aus und sei asozial. Der »Standpunkt des souveränen *Egoismus*«, wie Kuno Fischer auch noch über 50 Jahre nach Erscheinen seines Aufsatzes »Moderne Sophisten«, in dem er von einem »absoluten Egoismus« gesprochen hatte,[96] die Position Stirners missverständlich nennt, kennt nicht nur, wie Fischer behauptet, »sein eigenes unvergleichliches Ich« und huldigt auch nicht »nur diesem allein«,[97] sondern der Egoismus Stirners sucht aus »egoistischen« Beweggründen geradezu den Verkehr mit andern, weil Isolierung von andern ebenso wie Rücksichtslosigkeit gegenüber andern die Freude am Leben, und das ist immer auch: Freude am Zusammen-Leben, beeinträchtigen würde. »Isolation«, bemerkt Wolfgang Eßbach richtig, »ist für Stirner geradezu das Gegenteil eines entgrenzenden Egoismus.« Stirner geht es um die Beseitigung des Isoliertseins von sich und den andern. »Das Aufbrechen der Isolation und die grenzgewinnende Verausgabung des Selbst zielen auf eine soziale Synthesis, die keines äußeren Bandes mehr bedarf.«[98] Egoismus und Eigenheit sind identifizierbar mit Interesse, Interesse an sich, dem andern und der Welt; »die *gänzliche* Uninteressiertheit« bezeichnet Stirner als menschlich, »weil nur der Mensch uninteressiert ist; der Egoist immer interessiert.« (EE 133). Ein Allgemeines, ein Abstraktum, kann nicht von sich aus Interesse entwickeln, das kann nur das Besondere, das Konkrete. Stirner verdeutlicht diese Opposition in einer dialogischen Einlage, die potenzielle Einwände des Rezipienten parieren soll:

---

[96] K. Fischer, Moderne Sophisten, in: Die Epigonen, Bd. 5. Leipzig 1848, p. 282 und 296.
[97] K. Fischer, Hegel's Leben, Werke und Lehre, zweiter Theil. Heidelberg 1901, p. 1166.
[98] W. Eßbach, Die Bedeutung Max Stirners für die Genese des historischen Materialismus. Göttingen 1978, p. 156.

Der Eigner

Willst Du an nichts Interesse mahnen, für nichts begeistert sein, nicht für die Freiheit, Menschheit usw.? »O ja, das ist aber kein egoistisches Interesse, keine *Interessiertheit*, sondern ein menschliches, d. h. ein – *theoretisches*, nämlich ein Interesse nicht für einen Einzelnen oder die Einzelnen (»alle«), sondern für die *Idee*, für *den* Menschen!« (EE 133).

Der Uninteressiertheit in Bezug auf die eigenen Interessen steht eine Interessiertheit in Bezug auf ein Übergeordnetes, ein Prinzip, ein Abstraktum gegenüber: »Und ferner merkst Du nicht, dass deine Uninteressiertheit wieder ... eine himmlische Interessiertheit ist?« Den Kaiser Ferdinand I. zugeschriebenen »pfäffische[n] Grundsatz« (EE 87) »Fiat iustitia, et pereat mundus« abwandelnd,[99] fährt Stirner fort: »Der Nutzen der Einzelnen lässt Dich allerdings kalt, und Du könntest abstrakt ausrufen: fiat libertas, pereat mundus.« (EE 133).

Dieser »Nutzen der Einzelnen« ist der Eigennutz, ein weiteres Synonym für Egoismus und Eigenheit.[100] Mit diesem Wort veranschaulicht Stirner einen weiteren Zusammenhang zwischen Egoismus und qualitativen Veränderungen: »der Eigennutz«, meint Stirner, ist »gewaltiger ... als jedes andere Motiv« (EE 177). In dem Zwiespalt, sich für »das persönliche Interesse« oder ein »ideales Interesse« zu entscheiden, wird dem Einzelnen beigebracht, das Persönliche zu verurteilen und dem Ideal Opfer zu bringen (EE 89). Das Ergebnis einer solchen Verteufelung der eigenen Interessen ist, dass der einzelne Mensch seine Möglichkeiten nicht optimal verwirklicht und damit auch die Möglichkeiten aller nicht zum Tragen kommen. »Zu einer Sache, die Ich eigennützig betreibe, habe Ich ein anderes Verhältnis, als zu einer, welcher Ich uneigennützig diene.« (EE 178)[101]

Es sind, neben erkenntnistheoretischen Überlegungen, demnach Argumente qualitativer und effektiver Natur, mit denen Stirner sein Eintreten für Egoismus (Eigennutz) und Eigenheit rechtfertigt.

Deshalb gilt Stirner auch der jahrhundertelange Streit um das

---

[99] Vgl. ähnlich EE 89: »Weil die revolutionären Pfaffen oder Schulmeister dem Menschen dienten, darum schnitten sie den Menschen die Hälse ab.« Siehe auch EE 87: »*Der Mensch* muß in Uns hergestellt werden, und gingen Wir armen Teufel darüber auch zu Grunde.«
[100] Zum synonymen Gebrauch der Begriffe Eigennutz und Egoismus vgl. auch EE 271 et passim.
[101] Vgl. auch EE 226: »Die Schwachen aber, das wissen Wir längst, das sind die Uneigennützigen. Für sie, diese ihre schwachen Glieder, sorgt die Familie, weil sie der Familie *angehören*, Familienangehörige sind, nicht sich angehören und für sich sorgen.« (Zu der Gegenüberstellung von Egoismus und Pietät vgl. EE 224–228).

Verhältnis von idealisierter Person und konkreter Person, um Idee und Existenz, Denken und Leben – um diese Alternativen geht es Stirner – für entschieden:

Wie haben die Menschen gerungen und gerechnet, um diese dualistischen Wesen zu *ermitteln*. Idee folgte auf Idee, Prinzip auf Prinzip, System auf System, und keines wusste den Widerspruch des »weltlichen« Menschen, des so genannten »Egoisten« auf die Dauer niederzuhalten.

Das Fortbestehen des Widerspruchs beweist, »dass alle jene Ideen zu ohnmächtig waren« (EE 89), die konkreten Interessen der Einzelnen zu verwirklichen.[102] Diese Erkenntnis impliziert für Stirner gleichzeitig die Aufhebung des Widerspruchs: durch die Negation der Idee, des Prinzips, des Systems, des Allgemeinen. Was bleibt ist der Egoist und Eigner, der gegen allgemeinverbindliche Normen verstößt, »um eigen zu handeln, d. h. ... um sich selbst zu bestimmen, statt von sittlichen Rücksichten bestimmt zu werden« (EE 241).

Es war vor allem der Begriff des Egoismus, gegen den sich Widerspruch vonseiten der Zeitgenossen Stirners regte. Bei allen Unterschieden in der Rezeption des »Einzigen«: Übereinstimmung lässt sich in der Verurteilung des Stirnerschen Egoisten feststellen. Stirner fühlte sich vor allem durch »höchst populäre Characteristiken des Egoismus« (EE-Rezipienten 412) von Szeliga,[103] Ludwig Feuerbach[104] und Moses Heß[105] herausgefordert, seine Egoismusvorstellungen in den »Recensenten Stirners«[106] zu präzisieren und zu verdeutlichen. Nach einer kurzen Wiedergabe der von Szeliga, Feuerbach und Heß geäußerten Kritik an Stirners Egoismusbegriff soll Stirners Erwiderung als Verdeutlichung und Präzisierung – es sei denn, es handelt sich um eine Wiederholung von Argumenten des »Einzigen« – schon

---

[102] Dieses optimistische Moment findet sich öfter; vgl. EE 158: »Der theoretische Kampf kann nicht den Sieg vollenden und die heilige Macht des Gedankens unterliegt der Gewalt des Egoismus.«

[103] Szeliga, Der Einzige und sein Eigenthum, in: Norddeutsche Blätter, Bd. II, IX. Heft. Berlin, März 1845, p. [1]–34.

[104] [L. Feuerbach], Über das »Wesen des Christenthums« in Beziehung auf den »Einzigen und sein Eigenthum«, in: Wigand's Vierteljahrsschrift, Bd. 2. Leipzig 1845, p. [193]–205

[105] Moses Haß, Die letzten Philosophen. Darmstadt 1845.

[106] Zuerst veröffentlicht in Wigand's Vierteljahrsschrift, Bd. 3. Leipzig 1845, p. [147]–194 (= KS [343]–396; EE-Rezensenten p. 395–446). Die »Recensenten Stirners« und die Kritiken von Szeliga, Feuerbach und Heß liegen in einer von mir kommentierten und mit einer ausführlichen Einleitung versehenen Ausgabe vor (M. Stirner, Recensenten Stirners, Leipzig 2003).

Der Eigner

hier erwähnt werden, weil sie das oben dargestellte Egoismusverständnis bestätigen und ergänzen kann.

Szeliga[107] reagierte im Namen der »Kritik« (so nannte sich die philosophische Fraktion der Junghegelianer um Bruno Bauer) und meinte, der Einzige, gemeint ist Stirner, wolle in seinem Egoismus »die Welt für sich benutzen – betrügen und immer betrügen, über's Ohr hauen.«[108] Es bezeichne geradezu den »Gattungsmenschen, den Theologen, den Egoisten, dass er die Welt und die Menschen nimmt, wie sie sein sollen, d. h. nach Seinem Sinn, um Seines Egoismus willen sein sollen, so, wie Er will, dass sie also *nicht* sie selbst, nicht *andre* als Er, sondern Er sein sollen.«[109]

Das Verfahren Szeligas ist leicht durchschaubar: er versucht Stirner das in die Schuhe zu schieben, was Stirner im »Einzigen« einer polemischen Kritik unterzogen hat. Es ist eher Hilflosigkeit als Ironie, es ist philisterhafter Ernst: ihr Egoisten seid »arbeitsscheu«, ruft Szeliga entrüstet aus, »Ihr hofft auf gebratene Tauben, die Euch in den Mund fliegen sollen.« Seine Entrüstung gipfelt in den Worten, der Egoist hoffe »auf ein sorgenfreies, glückliches Leben. Er heirathet ein reiches Mädchen – und hat nun eine eifersüchtige, keifende Frau, d. h. seine Hoffnung ist realisirt, getäuscht worden.«[110]

Hans G. Helms urteilt scharf und bündig, die »kritische Kritik« habe mit dem Offizier von Zychlinski »ihr schwächstes Regiment ins

---

[107] »Unter dem Pseudonym Szeliga schrieb in den vierziger Jahren der damalige junge Offizier, spätere General der Infanterie Franz Zychlin von Zychlinski, der 1900 in Berlin verstarb, eine sehr bekannte Persönlichkeit. Er war ein alter Freund Fontane's, der in seiner gewohnten liebenswürdigen Art unsere Bekanntschaft vermittelte ...« (J. H. Mackay, Max Stirner. Freiburg i. Br. 1977³ (1898), p. XVf.)
[108] Szeliga, Der Einzige und sein Eigenthum, in: a. a. O., p. 23.
[109] a. a. O., p. 27.
[110] Szeliga, Der Einzige und sein Eigenthum, in: a. a. O., p. 28. Diese läppische Kritik hindert Szeliga nicht, ein Jahr später genau das Gegenteil vom Egoismus zu behaupten: »Die Vermenschlichung ist durch den Egoismus nicht mehr blos eine Hoffnung, ein frommer Wunsch«, schreibt Szeliga, »sondern eine Möglichkeit.« (Die Universalreform und der Egoismus. Charlottenburg 1846, p. 27). »Der Egoismus ist ja der factische Beweis, dass der Einzelne wirklich die Macht besitzt, aus sich selber etwas zu machen.« (p. 25; vgl. auch p. 26). Stirner wird zwar dort, wo er namentlich erwähnt wird, noch kritisiert (p. 3 f.), gleichzeitig vertritt jedoch Szeliga, wenn auch banalisiert, Stirners Ansichten, so wenn er meint, die Geschichte habe »den Einzelnen ein unermeßliches Eigenthum übergeben, die ganze Welt ist sein. Alles, was mit ihm in Berührung kommt, wird von der Willkür seiner Subjectivität an sich gerissen, wird seine Domaine, mit der er schalten und walten kann. Denn alles, was ist, ist nur, wie es für ihn ist ...« (a. a. O., p. 18).

Der Eigner

Feld« geschickt; Szeliga habe »einen unglaublich dämlichen Verriß« veröffentlicht.[111] Mit Stirners Buch, das zeigen beispielhaft die zitierten Stellen, hatte Szeliga seine Verständnisschwierigkeiten.

Feuerbach reagierte, was den Egoismus betrifft, vorsichtiger, zumal ja auch er den »Egoismus« in seinen Schriften proklamierte.[112] »Wenn Du den ›Egoismus‹, d.h. die Selbstliebe schlechtweg verdammst, so musst Du consequent auch die Liebe zu Anderen verdammen«, schreibt Feuerbach etwa zur gleichen Zeit, als Stirner den Einzigen zum »Egoisten« erklärt.[113] Allerdings versteht Feuerbach, das obige Zitat deutet es an, unter Egoismus etwas völlig anderes, als Stirner; Feuerbach versöhnt seinen Egoismus mit dem Kommunismus, unter dem er die Verantwortung des Individuums gegenüber der Gemeinschaft versteht; »Individuum seyn heißt zwar allerdings ›Egoist‹ seyn, es heißt aber auch zugleich und zwar nolens volens *Communist* seyn.«[114]

Schließlich wird Stirner von Moses Heß in der 1845 erstmals veröffentlichten Schrift »Die letzten Philosophen« vorgeworfen, er verteidige »den praktischen Egoismus;[115] »Stirner hat nichts gegen den bestehenden praktischen Egoismus einzuwenden, als dass ihm das ›Bewußtsein‹ des Egoismus fehle.«

Heß ist demnach der Ansicht, Stirner proklamiere das platte egoistische Verhalten, das rücksichtslose Durchsetzen der eigenen Interessen auch auf Kosten anderer, mit dem man tagtäglich konfrontiert wird, mit dem Unterschied, dass er, Stirner, noch zusätzlich ein Bewusstsein dieses egoistischen Verhaltens, das heißt: eine bewusste

---

[111] H. G. Helms, Die Ideologie der anonymen Gesellschaft. Köln 1966, p. 46.
[112] Wieso das »Epitheton ›egoistisch‹« die Anthropologie Feuerbachs »klassenpolitisch« kennzeichnet, wie A. Schmidt behauptet (Emanzipatorische Sinnlichkeit. München 1973, p. 201), bleibt unverständlich.
[113] L. Feuerbach, Fragmente zur Charakteristik meines philosophischen Entwicklungsgangs. Stuttgart 1904 (1843/44), p. 391. Feuerbach fährt fort: »Lieben heisst Anderen wohlwollen und wohltun, also die Selbstliebe Anderer als berechtigt anerkennen. Warum willst Du aber an Dir verleugnen, was Du an Anderen anerkennst?«
[114] [L. Feuerbach], Über das »Wesen des Christenthums« in Beziehung auf den »Einzigen und sein Eigenthum«, in: a.a.O., p. 198; vgl. auch a.a.O., p. 205: Feuerbach ist, da er »nur in die Gemeinschaft das Wesen des Menschen versetzt –: Gemeinmensch, *Communist*.«
[115] M. Heß, Die letzten Philosophen. Darmstadt 1845. Zitiert wird die Veröffentlichung in den von A. Cornu und W. Mönke herausgegebenen »Philosophischen und sozialistischen Schriften Berlin (Ost) 1961, p. 384.

Bejahung und nicht nur eine instinktive egoistische Grundhaltung möchte.

Dem stellt Heß die These gegenüber, die er dann zu begründen versucht, dass nämlich »nicht dem bestehenden Egoismus, sondern ihm, dem *eingebildeten* Egoisten, das Bewußtsein des Egoismus fehlt.«

Die Definition, die Heß von diesem »praktischen Egoismus« gibt, wie er ihn bei Stirner zu erkennen glaubt, zeigt, wie Stirner selbst sagt, »dass er nicht im entferntesten begriffen hat, worauf es in Stirners Buche ankommt« (EE-Rezensenten, 423); Heß zeigt, dass er sich an einem herrschenden Egoismusbegriff festbeißt und *dagegen*, nicht gegen Stirners Egoismusverständnis, opponiert.[116]

Dem Prinzip des Egoismus stellt Heß das Prinzip der Liebe gegenüber. »Wodurch unterscheidet sich also der Egoismus von der Liebe?«, fragt Heß und antwortet:

Dadurch, dass der Egoist das Leben ohne Liebe, Genuß ohne Arbeit, Consumtion ohne Production, dass er immer nur zu sich nehmen und nimmer von sich geben, d. h. niemals sich *hingeben* will. Als Egoist *kann* er's aber auch nicht; er hat keinen Inhalt und muß stets fremden Inhalt zu erhaschen streben, weil er als Egoist sich selber fremd gegenüber steht.[117]

Heß unterstellt Stirners Egoismus, und zwei Jahre später wird Kuno Fischer diese Unterstellung wiederholen, er schließe die Liebe aus, er wolle genießen, ohne zu arbeiten (was ja wohl bedeutet: er wolle auf Kosten anderer leben!), er konsumiere und sehe nicht die Notwendigkeit, das Konsumierte auch herzustellen. Diese Egoismusauffassung führt dann konsequenterweise zu dem Vorwurf der Entfremdung: ein so verstandener Egoist gibt seine Einheit auf und entfremdet sich von sich selbst und seiner Umgebung, weil er auf Fremdes, Nicht-Eigenes spekuliert.

Dagegen bemüht sich Stirner ja gerade um die Überwindung dieser Entfremdung, indem er die Liebe nicht als abstrakten Begriff und nicht als moralische Verpflichtung, sondern als »Eigenliebe« versteht (EE 186), das heißt aber doch: als Liebe, die er, der Eigner, will, hinter der er steht, die er besitzt, und keine Liebe, die man von ihm

---

[116] Stirner wendet dann in seinen »Entgegnungen« auch ein, dass »Hess Stirners Worte verdreht hat«, denn Stirner spricht nicht vom »Bewußtsein des Egoismus, sondern vom Bewußtsein des Zugreifens, das heißt darüber, dass das Zugreifen keine Sünde ist.« (EE-Rezensenten 440; vgl. EE 282).
[117] M. Heß, Die letzten Philosophen. Berlin (Ost) 1961, p. 386.

fordert und zu der man ihn verpflichtet. Deshalb spricht Stirner auch in seiner »Entgegnung« auf Heß' Kritik von *meiner* Liebe«, die »real« im Einzigen und Eigner ist. Die Pflicht zur Liebe dagegen, das Gebot der Liebe, das Beherrschtwerden durch die Liebe: das sind für Stirner Zeichen einer »mystischen Besessenheit«, die die »Neuen« charakterisiert: sie sind »besessen«, sie besitzen nicht: »Die Besessenheit der Liebe liegt in der Entfremdung des Gegenstandes oder in meiner Ohnmacht gegen seine Fremdheit und Übermacht.« (EE 297).[118]

Stirner jedoch geht es um die Aufhebung der Abstraktheit, auch bei dem Begriff der Liebe, er wendet sich gegen ein Verständnis »der Liebe an und für sich.« (EE 296). Mit aller Deutlichkeit sagt Stirner, dass er nicht die Liebe schlechthin ablehnt, wie Heß unterstellt,[119] sondern nur »die uneigennützige Liebe«, die Liebe, in der die Subjekt-Objekt-Beziehungen auf den Kopf gestellt sind:

Blind und toll wird die Liebe dadurch, dass ein *Müssen* sie meiner Gewalt entzieht ..., romantisch dadurch, dass ein *Sollen* in sie eintritt, d. h. dass der »Gegenstand« Mir heilig wird, oder Ich durch Pflicht, Gewissen, Eid an ihn gebunden werde. Nun ist der Gegenstand nicht mehr für Mich, sondern Ich bin für ihn da.

Egoismus, »eigennützige Liebe«, bedeutet: die Aufhebung der Entzweiung zwischen dem Objekt der Liebe und dem Liebenden. »Nicht als meine Empfindung ist die Liebe eine Besessenheit – als jene behalte Ich sie vielmehr im Besitz als Eigentum –, sondern durch die Fremdheit des Gegenstandes.« (EE 296).

Wie Heß Stirners Absichten in Bezug auf die Liebe verkennt, verkennt er auch Stirners Einstellung gegenüber der Arbeit und den Produktionsverhältnissen. »Was ich schaffe,« sagt Stirner, »Mehl, Leinwand oder Eisen und Kohlen, die Ich der Erde mühsam abgewinne, usw. es ist *meine* Arbeit, die ich verwerten will.« (EE 259). Auch hier deutet Stirner an, dass es um die eigene Arbeit geht, nicht um eine fremde: um Arbeit, die dem Eigner etwas wert ist, die er ver-

---

[118] Wenn Heß schreibt, er wolle »das *Sein für Andere* das *Füreinandersein* der Menschen« (a. a. O., p. 389), gibt er ein Beispiel für die von Stirner kritisierten entäußerten Beziehungen. Statt zu diesem »Sein-für-einander fortzuschreiten«, kehre Stirner zum »›Anderssein‹ der Natur, zur Habsucht, zur Geistlosigkeit zurück.« (a. a. O., p. 390).
[119] Auf Heß' Gegenüberstellung von Egoismus und Liebe reagiert Stirner in seinen »Entgegnungen« mit der erstaunten Frage: »Wie kann gegen Stirner ein solcher Gegensatz von egoistischem Leben und Leben in der Liebe geltend gemacht werden, da sich bei ihm beide vielmehr vollständig vertragen?« (EE-Rezensenten 412).

wertet und der er dadurch Wert verleiht. Der Eigner lehnt ja gerade das ab, was nicht durch ihn erworben wurde, was er nicht selbst zu seinem Eigentum gemacht hat: »Deine Arbeit ist dein Vermögen! Du bist nur Herr oder Inhaber des *Erarbeiteten*, nicht des *Ererbten*.« (EE 268). Deshalb wirft Stirner dem »humanen Liberalismus« vor, eine »auf das Wohl der Menschheit berechnete, der geschichtlichen, d. h. menschlichen Entwicklung dienende, kurz eine *humane* Arbeit« zu fordern (EE 138). Bei allem Fortschritt, den Stirner in dieser Auffassung der Arbeit sieht, besitzt diese Arbeit »keinen befriedigenden Gehalt, weil sie nur von der Gesellschaft aufgetragen, nur ein Pensum, eine Aufgabe, ein Beruf ist ...« (EE 138); den Bedürfnissen des Einzelnen muss diese Arbeit dabei nicht gerecht werden, und der Arbeiter solchen Schlages ist nicht ›egoistisch‹, weil er nicht für Einzelne, weder für sich noch für andere Einzelne, also nicht für *private* Menschen arbeitet, sondern für die Menschheit und den Fortschritt derselben ...« (EE 139). Stirner geht es um die Überwindung der Trennung von Arbeit und Arbeiter, um die Aufhebung der entfremdeten Arbeit: im Produkt des Eigners, sei es Kunstwerk oder »Handwerk«, in seinem »Werke seht Ihr *Mich* möglichst vollständig ...«, denn: »Bin Ich es nicht wiederum, den die Tat ausdrückt? Und ist es nicht egoistischer, *sich* der Welt in einem Werke darzubieten, *sich* auszuarbeiten und zu gestalten, als hinter seiner Arbeit versteckt zu bleiben?« (EE 140).[120]

Heß schreibt: »Das egoistische Leben ist das mit sich zerfallene, sich selbst verzehrende Leben der Thierwelt.« Das Gegenteil jedoch ist richtig. Das egoistische Leben ist das bewusst auf den Eigner bezogene Leben, das mit sich einige und das eigene Leben.

»Wissen soll man's eben«, heißt es im »Einzigen« (EE 262), und Stirner wiederholt diese Stelle gegenüber Heß in seinen Entgegnungen, wissen, »dass jenes Verfahren des Zugreifens nicht verächtlich sei, sondern die reine Tat des mit sich einigen Egoisten bekunde« (EE-Rezensenten 440).[121] Der Egoist ist der sich eigene Einzelne, der Eigner, dessen Gefühle und Handlungen nicht gespalten sind in Soll-

---

[120] Dieses »egoistische« Verständnis der Arbeit, in dem es um die Befriedigung *eigener* Bedürfnisse geht, ist für Stirner eine Voraussetzung, um auch die Bedürfnisse anderer befriedigen zu können. »Dass er damit auch andern ... nützlich war, nimmt seiner Arbeit den *egoistischen* Charakter nicht.« (EE 140); vgl. dazu das Kapitel 5. Die Verkehrsformen des Eigners.
[121] Stirner meint, Heß verstehe »von dem *mit sich einigen* Egoisten nichts weiter«, als was Marx bereits an anderer Stelle (in den Deutsch-Französischen Jahrbüchern) aus-

Postulate und eigene Interessen, die sich mit diesen Postulaten nicht versöhnen lassen.

Heß meint, der Egoismus habe »keinen Inhalt, sein (!) Inhalt ist ihm (!) entfremdet ...«[122]

Auch hier (versteht man den Satz so, dass der Inhalt des Egoismus dem Egoisten entfremdet ist) ist das Gegenteil richtig. »Subjekt« und »Objekt« fallen bei Stirner zusammen, nicht wie bei Heß in grammatikalischer Unkorrektheit, sondern durch inhaltliche Übereinstimmung: der Inhalt des Egoismus wird identisch mit dem Bedürfnis und Interesse des Egoisten, wodurch sich die Entfremdung aufhebt:

Der Egoismus, wie ihn Stirner geltend macht, ist kein Gegensatz zur Liebe, kein Gegensatz zum Denken, kein Feind eines süßen Liebeslebens, kein Feind der Hingebung und Aufopferung, kein Feind der innigsten Herzlichkeit, ... kein Feind des Sozialismus, kurz, kein Feind eines *wirklichen Interesses:* er schließt kein Interesse aus. Nur gegen die Uninteressiertheit und das Uninteressante ist er gerichtet: nicht gegen die Liebe, sondern gegen das heilige Denken, nicht gegen die Sozialisten, sondern gegen die heiligen Sozialisten usw. (EE-Rezensenten 429).

Auch hier pocht Stirner auf die Authentizität des Interesses: sie allein ist für den Einzelnen Bewertungsmaßstab und Orientierungspunkt. Authentische Interessen, eigene Interessen, nicht Interessen einer abstrakten Idee (was ja nicht bedeutet: Interessen anderer, denn sie können aus eigenen Interessen meine Interessen werden[123]) charakterisieren den Egoismus, nicht irgendwelche Inhalte, über die Stirner

---

gesprochen habe; »er wiederholt das, ohne jedoch im mindesten die scharfsinnige Gewandheit seines Vorgängers zu erreichen« (EE-Rezensenten 440).

[122] a.a.O., p. 387. Für Heß ergibt sich als »›Consequenz‹ des ›Einzigen‹, rationell ausgedrückt, ... der kategorische Imperativ: Werdet Thiere!« (a.a.O., p. 389).

[123] Stirner verdeutlicht diesen Gedanken anhand des folgenden Beispiels: »Sehe Ich den Geliebten leiden, so leide Ich mit, und es lässt Mir keine Ruhe, bis Ich alles versucht habe, um ihn zu trösten und aufzuheitern; sehe Ich ihn froh, so werde auch Ich über seine Freude froh. ... weil Ich aber die kummervolle Falte auf der geliebten Stirn nicht ertragen kann, darum, also um Meinetwillen, küsse Ich sie weg.« (EE 294f.). Einer Anekdote zufolge, die John Aubrey, ein Zeitgenosse Hobbes', in seinen *Brief Lives* berichtet, hat auch Thomas Hobbes ähnlich argumentiert: Hobbes wurde beobachtet, wie ein armen alten Mann Geld schenkte. Einem Geistlichen, der das beobachtete, antwortete er auf die Frage: »Would you have done this, if it had not been Christ's command?« mit Ja und erklärte: »Because I was in paine to consider the miserable condition of the old man, and now my alms, giving him some relief, doth also ease me.« (J. Aubrey, Brief Lives. Oxford 1898, p. 350).

mit dem Begriff des Egoismus überhaupt keine Aussagen trifft. Der Inhalt des Egoismus ist immer identisch mit dem Inhalt des jeweiligen Interesses des Eigners: durch diese Deckungsgleichheit wird die Entzweiung aufgehoben.

»Hess' Kritik ist nicht objektiv«, konzediert Edmund Silberner in seiner Heß-Monographie.[124] Mehr noch: Heß sieht auch nicht andeutungsweise Stirners Problemstellung. Er versucht immer wieder, Stirner zu banalisieren und auf den Arm zu nehmen, kurz: ihm »Trivialitäten« zu unterstellen und »›Unsinn‹« zu unterschieben, wie Stirner es selbst ausdrückt (EE-Rezensenten 441). Um der Gefahr zu entgehen, seinen Gegner ernster zu nehmen, als der es nach Heß' Ansicht verdient, korrigiert sich Heß deshalb gegen Ende seiner oft philisterhaft-belehrenden Polemik: Stirner wolle ja überhaupt keinen Egoismus, »ich muß mein Wort wieder zurücknehmen. Stirner will überhaupt Nichts. Er renommiert nur.«[125]

Wozu, möchte man fragen, braucht sich Heß überhaupt mit so wunderlichen Käuzen abzugeben, in denen er schwerlich jemals anders einen Sinn finden wird, als wenn er ihnen, wie er's in der Broschüre gethan hat, *seinen* Sinn unterschiebt ... ?

Wozu, wenn Stirner nichts will, wenn Stirner überhaupt nicht ernstzunehmen sei, wenn alles nur Renommisterei ist, wozu schreibt Heß eine solch geharnischte Polemik, »wozu, da er doch ein so weites menschliches Feld menschlichsten Wirkens vor sich hat?« (EE-Rezensenten 446)

Stirners Ironie, seine superlativische Wendung deutet es an, genießt die Überlegenheit und mokiert sich über den offensichtlichen Widerspruch. Heß schrieb seine Polemik wohl unter dem Einfluss von Engels und Marx und deren kritischer Beurteilung Stirners und wusste, wie ernst Stirner gerade von diesen beiden genommen wurde.[126]

---

[124] E. Silberner, Moses Hess. Leiden 1966, p. 206. Silberner meint, Heß fasse »das Wort ›Egoismus‹ im alltäglichen und nicht im Stirnerschen Sinne auf. Mit Recht hat Stirner in seiner Erwiderung betont, Heß unterschiebe ihm seinen eigenen Sinn, um ihn dann des Unsinns zu überführen.« Die Diskrepanzen indes zwischen Stirner und Heß sind, wie zu zeigen sein wird, grundsätzlicherer Natur, als diese »Unterschiebung« vermuten lässt. »Das entideologisierte oder enttheologisierte ›Ich‹ Stirners« ist weiter »von dem freien Menschen, wie ihn Hess sich vorstellt« entfernt, als E. Silberner glauben machen möchte (a.a.O.).
[125] M. Heß, Die letzten Philosophen. Berlin (Ost) 1961, p. 392.
[126] Am 17. Januar 1845 schreibt Heß aus Köln an Marx in Paris: »Als Engels mir Ihren

Stirner reagiert ausgesprochen sarkastisch auf Heß' Vorwürfe. Heß, der von sich behauptet, »die geschichtliche Entwicklung des Christenthums und der deutschen Philosophie hinter sich« zu haben,[127] bekommt die volle Schärfe von Stirners Kritik zu spüren: »›Existenzform der Gattung, Entfremdung der Gattung, Sichindividualisieren der Gattung‹«, alles Begriffe, die Heß in seiner Schrift gegen Stirner ins Feld führt, »das holt er sich alles aus der Philosophie hinter ihm ...«. Mit dieser »Philosophie *hinter ihm*« meint Stirner »z. B. Feuerbach«, von dem Heß Gedanken »›raubt‹ und zugleich alles, was daran wirklich Philosophie ist, ›mordet‹.« Ironisch greift Stirner Heß' Vorwurf auf, er sei nicht deshalb »gegen die freie Concurrenz, weil sie *Raubmord*, sondern nur deshalb, weil sie kein *unmittelbarer* Raubmord ist«[128] und zerlegt das schwere Geschütz, das Heß aufgefahren hatte.

Heß, meint Stirner weiter,

> hätte gerade aus Stirner lernen können, dass die pomphafte Redensart von der »Entfremdung der Gattung« ein »Unsinn« ist; aber wo hätte er die Waffen gegen Stirner hernehmen sollen, wenn nicht aus der Philosophie hinter ihm, natürlich mittelst eines sozialistischen Raubmordes–? (EE-Rezensenten 441).

Mit den »Waffen« Feuerbachs und Hegels, mit Heß' »Waffen ... aus der Philosophie hinter ihm« ist Stirner deshalb nicht beizukommen, weil Stirner außer Reichweite ist: er hat den Kampfplatz der Hegelschen Philosophie verlassen, nachdem er das spekulative Gebäude des Hegelschen Systems – in dem er auch die Hegelschule ansiedelt – destruiert hat. Was für Heß »Gedanken« sind, die er »auf dem Papiere« sehen möchte,[129] sind für Stirner reale Gegebenheiten, existen-

---

Brief zeigte, hatte ich gerade eine Beurtheilung Stirners zu Ende gebracht et j'avais la satisfaction de voir, dass Sie den Einzigen ganz von demselben Gesichtspunkte aus ansehen. Er hat das *Ideal* der bürgerlichen Gesellschaft im Kopfe und bildet sich ein, mit seinem idealistischen ›Unsinn‹ den *Staat* zu verachten ...« (M. Heß, Brief an Karl Marx in Paris, in: MEGA III, 1. Berlin (Ost) 1975, p. 450). Heß lernte den ›Einzigen‹ noch vor Erscheinen des Buches kennen, wie Engels in einem Brief an Marx mitteilt: »Wigand schickte mir die Aushängebogen, die ich mit nach Köln nahm und bei Heß ließ.« (Brief vom 19.11.1844, in: MEGA III, 1, Berlin (Ost) 1975, p. 251). Mit Recht weist E. Silberner darauf hin, dass Heß sich in der Meinung täuscht, »dass seine und Marxens Kritik an Stirner von den gleichen Voraussetzungen ausgingen.« (Moses Hess. Leiden 1966, p. 207).

[127] M. Heß, Die letzten Philosophen. Berlin (Ost) 1961, p. 381.
[128] a. a. O., p. 386; vgl. auch p. 388.
[129] M. Heß, Die letzten Philosophen. Berlin (Ost) 1961, p. 392.

zielle Interessen eines leibhaftigen Einzelnen, die ein neues soziales Umfeld durch die Verkehrsformen des Eigners und über den Begriff des Vereins gewinnen.

5. Die Verkehrsformen des Eigners

Am 20. Oktober 1830 erwidert Goethe auf die Bemerkung Eckermanns, die Hauptrichtung der Saint-Simonisten gehe dahin, »dass jeder für das Glück des Ganzen arbeiten solle«, um das eigene Glück zu verwirklichen:

Ich dächte, ... jeder müsse bei sich selber anfangen und zunächst sein eigenes Glück machen, woraus denn zuletzt das Glück des Ganzen unfehlbar entstehen wird. ... Wenn jeder nur als einzelner seine Pflicht tut und jeder nur in dem Kreise seines nächsten Berufes brav und tüchtig ist, so wird es um das Wohl des Ganzen gut stehen. ... ich habe immer nur dahin getrachtet, mich selbst einsichtiger und besser zu machen, den Gehalt seiner eigenen Persönlichkeit zu steigern und dann immer nur auszusprechen, was ich als gut und wahr erkannt hatte.[1]

Goethe erwidert auf Eckermanns Charakteristik des Saint-Simonismus' dasselbe, was er über drei Jahrzehnte zuvor in einem Distichon umschrieb;[2] es ist Friedrich Rückerts lyrische Metapher aus dem Gedicht »Welt und Ich«:

Wenn die Rose selbst sich schmückt,
Schmückt sie auch den Garten.[3]

Stirner, der die Gedanken Goethes aufgreift und das Distichon in seinem Aufsatz »Das unwahre Prinzip unserer Erziehung« auszugsweise zitiert (KS 237 f.), bezeichnet das Verhältnis des Teiles gegenüber dem Ganzen, hier: des Einzelnen gegenüber der Gesellschaft als das wichtigste Problem bei der Beantwortung der sozialen Frage. Mit Goethe beantwortet Stirner die Frage vom Einzelnen aus, weil Stirner in diesem Einzelnen einen konkreten Ausgangspunkt findet, dessen

---
[1] J. P. Eckermann, Gespräche mit Goethe. [Gütersloh] 1960 (1836, 1949), p. 533.
Ähnliche Gedanken entwickelt Adam Smith in »Der Reichtum der Nationen«, Bd. 2, 2. Kapitel. Leipzig 1924; siehe vor allem p. 27 f.
[2] Siehe dazu das Kapitel 3.4. »Das unwahre Princip unserer Erziehung«.
[3] F. Rückert, Welt und Ich, in: Werke. Leipzig und Wien [1897], p. 85.

Die Verkehrsformen des Eigners

Interessen und Bedürfnisse sich präzise umschreiben lassen, während die Gesellschaft nur eine Abstraktion darstellt, eben die Abstraktion der Interessen und Bedürfnisse ihrer einzelnen Individuen.

Stirners Egoist, Einziger und Eigner sieht sich hier besonderen Missverständnissen ausgesetzt. Martin Buber, der Stirners Einzigen mit Kierkegaards Einzelnem vergleicht, meint, bei Stirner sei »die Frage nach einer wesentlichen Beziehung zwischen ihm und dem Andern ausgelöscht«, weil »es ja den Andern für ihn primär gar nicht gibt«.[4] Auch die gewissenhafte Studie »Von Hegel zu Nietzsche« von Karl Löwith kommt zu dem Fehlurteil von »dem sich von jeder Gemeinschaft ausschließenden Ich (Stirner)«;[5] immer wieder wird behauptet, er sei ein isoliertes, solipsistisches Wesen, das in einem sozialen Vakuum Existenz beansprucht und in der Berührung mit anderen dem Prinzip des homo homini lupus eines Hobbes' gehorcht. »Was in aller Welt hat ... der Egoismus mit der Isoliertheit zu schaffen?«, fragt Stirner gereizt in seinen »Entgegnungen«. »Werde Ich (Ego) dadurch z. B. ein Egoist, dass Ich die Menschen fliehe?« (EE-Rezensenten 428). Wenn ein Interpret behauptet, Stirner sei ein »antimoralischer, überhaupt jenseits von Gut und Böse wandernder Fanatiker des rohen Faustrechts«,[6] verkennt auch er, dass Stirners Einziger als Teil des Ganzen seine Relation gegenüber diesem Ganzen beschreibt: der Einzige ist einzig inter pares. Der ansonsten recht problematischen, weil unhistorischen und mystifizierenden Interpretation Carl A. Emges darf man in der Beschreibung des Verhältnisses des Einzelnen zum Gesellschaftlichen zustimmen, wenn es heißt, Stirner gebe sich »mit seiner These von Einzigen *intersubjektiv.* ... *Jeder ist ja so ein Einziger!*« Nach der Beschreibung des Einzelnen und dessen Standortbestimmung innerhalb der Subjekt-Objekt-Beziehungen wird die Gesellschaft als Summe dieser Einzelnen gesehen, das heißt: das Problem *»transzendiert ins Soziale.«*[7] Um die Gedankenführung

---

[4] M. Buber, Die Frage an den Einzelnen. Berlin 1936, p. 12. Als gläubiger jüdischer Religionsphilosoph wird Buber dem religiösen Kierkegaard eher gerecht als dem atheistischen Stirner.

[5] K. Löwith, Von Hegel zu Nietzsche. Stuttgart 1958, p. 344.

[6] W. E. Biermann, Anarchismus und Kommunismus. Leipzig 1906, p. 54.

[7] C. A. Emge, Max Stirner. Mainz und Wiesbaden 1964, p. (32) 1262. Schon früher hatte der Volkswissenschaftler K. Diehl Stirners Egoismus als »Quelle der größten Wohlfahrt aller« verstanden (p. 280) und sein Prinzip der »Selbsthilfe« als das »Ideal menschlichen Gesellschaftslebens (p. 281) interpretiert (Artikel »Anarchismus«, in: Handwörterbuch der Staatswissenschaften, Bd. I, hrsg. von L. Elster, A. Weber und F. Wieser. Jena 1923[4]).

Die Verkehrsformen des Eigners

und Terminologie von Hobbes wieder aufzugreifen und in die Argumentation Stirners zu übersetzen: der Mensch wird dem Menschen deshalb kein Wolf, weil gerade ein Wolf unter Wölfen die Grenzen seiner Macht erfährt. Der Krieg aller gegen alle findet seine »einschränkende Macht«[8] als Souverän im jeweiligen Einzigen unter Einzigen. Der Eigner ist dem Eigner Korrektiv. Stirner formuliert diese Verkehrsformen inter pares folgendermaßen:

Von deinem und eurem Eigentum trete Ich nicht scheu zurück, sondern sehe es stets als mein Eigentum an, woran Ich nichts zu »respektieren« brauche. Tut doch desgleichen mit dem, was Ihr mein Eigentum nennt!
   Bei dieser Ansicht werden Wir Uns am leichtesten miteinander verständigen. (EE 252)

Dieser regulative Appell ist eine in den Bereich der Verkehrsformen des Eigners transponierte Beschreibung des Eigennutzes und Egoismus. Auch hier hat Goethe die Argumentation Stirners vorweggenommen, wenn er in den »Zahmem Xenien« schreibt:

Sie schelten einander Egoisten;
will jeder doch nur sein Leben fristen.
Wenn der und der ein Egoist,
So denke, dass du es selber bist.
Du willst nach deiner Art bestehn,
Mußt selbst auf deinen Nutzen sehn!
Dann werdet ihr das Geheimnis besitzen,
Euch sämtlich untereinander zu nützen;
Doch den laßt nicht zu euch herein,
Der andern schadet, um etwas zu sein.[9]

Stirner geht es primär um die Brauchbarkeit und Nutzbarkeit (EE 300), auch die seines Mitmenschen, wodurch, wie sich Ahlrich Meyer ausdrückt, »die unvermittelte Beziehung ... mit der Verdinglichung« übereinkommt:[10] »Es ist Keiner für Mich eine Respektperson, auch der Mitmensch nicht, sondern lediglich wie andere Wesen ein *Gegenstand*, ... ein brauchbares oder unbrauchbares Subjekt.« (EE 315). Aber diese verdinglichten eigennützigen Kommunikationsformen des Eigners, in denen es um die »Befriedigung *seines* Bedürfnisses« geht, haben zur Folge, jetzt wieder ganz im Sinne Goethes, »dass er

---

[8] T. Hobbes, Leviathan. Stuttgart 1976 (1651), p. 115 (13. Kapitel).
[9] J. W. Goethe, Zahme Xenien III, in: Poetische Werke Bd. 1. Stuttgart 1949 (1823), p. 660.
[10] A. Meyer, Nachwort zu EE. Stuttgart 1970, p. 449.

damit auch Andern, ja der Nachwelt nützlich« wird, was »seiner Arbeit den *egoistischen* Charakter nicht« nimmt (EE 140), denn dieser historisch-gesellschaftliche Nutzen ist ein Sekundäreffekt, um den es dem Eigner nicht in erster Linie geht. Durch die Reziprozität der verdinglichten Verhältnisse, denen es ausschließlich auf die Postulierung des Eigners ankommt, wird diese Verdinglichung wieder aufgehoben, ohne dadurch kommunikative Beziehungen herzustellen, die von Stirner kaum thematisiert werden.

Stirner, der sich dem Vorwurf ausgesetzt sah, der Eigner ziehe seinen Nutzen auf Kosten anderer, betont in der »Entgegnung an Feuerbach, Szeliga und Hess« noch einmal den regulativen Charakter seiner dem Eigner zugeschriebenen Verkehrsformen: Der Eigner setze sich für seine Interessen ein und kämpfe für seinen Nutzen. »Ja, zunächst aber nur darum nicht auf Kosten Anderer, weil die Andern keine solchen Narren mehr sein wollen, ihn auf ihre Kosten leben zu lassen« (EE-Rezensenten 428). Stirner predigt keinen rücksichtslosen Utilitarismus, weil er sonst in Konflikt geraten würde mit dem Bedürfnis, zwischen und mit anderen die jeweils realisierbaren Möglichkeiten des Lebens zu »genießen«, was bedeutet: frei von Verpflichtungen und Soll-Postulaten das verwirklichen, was an Wünschen verwirklicht werden kann; in Stirners Verkehrsformen lassen sich Formen von Regel-Utilitarismus erkennen, die zwar als verbale und nicht hinterfragte Forderung dem bellum omnium contra omnes eines Thomas Hobbes entsprechen (vgl. EE 282), ihren »Souverän«, d. h. ihr ordnendes Prinzip, jedoch im jeweiligen Eigner finden.

5.1. Die »heilige Liebe« im Gegensatz zur »Eigenliebe«

Stirner entwickelt in der Kritik an den herrschenden »Sozialtheorien« (EE 142, 176) seine eigenen Vorstellungen des Umgangs mit anderen. Als »das wahre Sozialprinzip« erkennt Stirner, dass im Liberalismus nach wie vor »das Liebesprinzip des Christentums« wirksam ist, das sich äußert in einem »Kampf gegen den Egoismus«, vor allem in seiner ausgeprägtesten, »härtesten Form, in der Form der Einzigkeit, der Ausschließlichkeit ...«. Die soziale Absicht der liberalistischen Bestrebungen drückt sich in der imperativischen Haltung aus, »›menschlich‹ zu sein«, die »›menschliche Gesellschaft‹« herzustellen (EE 142). »Der schöne Traum von einer ›Sozialpflicht‹ wird noch fortgeträumt« (EE 131). Der Einzelne sieht sich einer abstrakten

Gesellschaft verpflichtet, in der Hoffnung, diese Gesellschaft werde ihm seine Bedürfnisse befriedigen. Bemerkenswert ist Stirners Koppelung von »Liebes- und Sozietätsprinzip« (EE 144), in der seine spezifische Kritik an den herrschenden Verkehrsformen zum Ausdruck kommt: die Verkehrsformen haben ausschließlich imperativische Qualität und existieren als Konstruktion von Denkern und Theoretikern (vgl. EE 289 f.).

Die geistlichen Menschen haben sich Etwas in *den Kopf gesetzt*, was realisiert werden soll. Sie haben *Begriffe* von Liebe, Güte u. dergl., die sic *verwirklicht* sehen möchten; darum wollen sie ein Reich der Liebe auf Erden errichten, wo keiner mehr aus Eigennutz, sondern jeder »aus Liebe« handelt. Die Liebe soll *herrschen*.« (EE 83).

Die Fixierung des Menschen auf einen Soll-Zustand lässt ihn seine Ist-Welt mit ihren realen und konkreten Bedürfnissen verleugnen; seine eigenen jetzigen Bedürfnisse werden negiert durch idealisierte Forderungen, die eschatologischen Charakter tragen. Das Prinzip der Liebe, alle »Liebesmotive, wie Barmherzigkeit, Mildtätigkeit, Gutmütigkeit oder selbst Gerechtigkeit und Billigkeit ...« führen zur Verleugnung der eigenen Wünsche und Ansprüche, denn »die Liebe kennt nur *Opfer* und fordert ›Aufopferung‹« (EE 261; vgl. EE 291).

Dieser »heiligen (religiösen, sittlichen, humanen) Liebe«, die »alle Menschen *glücklich machen*« will (EE 291) und damit den Einzelnen um sein eigentliches Glück betrügt, stellt Stirner die »eigennützige Liebe« alternativ entgegen.

Ich liebe die Menschen auch, nicht bloß einzelne, sondern jeden. Aber Ich liebe sie mit dem Bewusstsein des Egoismus; Ich liebe sie, weil die Liebe Mich glücklich macht, Ich liebe, weil Mir das Lieben natürlich ist, weil Mir's gefällt. Ich kenne kein »Gebot der Liebe« (EE 294).

Berücksichtigt man die »Intersubjektivität« der Aussagen Stirners, bedeutet diese perspektivische Verschiebung des Anlasses, dass Liebe ihres postulatorischen Charakters befreit wird und einer zwischenmenschlichen Beziehung weicht, die, frei von ethischen Verpflichtungen, einzig von den konkreten augenblicklichen Interessen jedes Einzelnen bestimmt wird. Damit versucht Stirner auch diesem Begriff seine Abstraktheit zu nehmen: Das Gebot der Sittlichkeit wird ersetzt durch eine konkret-personale Beziehung, deren Konkretheit dadurch akzentuiert wird, dass die Empfindungen des Eigners zum Ausgangspunkt genommen werden.

Egoistische Liebe realisiert sich nach Stirner hic et nunc als spontane Äußerung eines Bedürfnisses des konkreten Einzelnen. Die Liebe als Postulat hingegen bleibt ein »Spuk«, der mit seinem idealisierten metaphysischen Anspruch auf Realität »mit dumpfer Unbarmherzigkeit den Einzelnen, den wirklichen Menschen« verfolgt (EE 291) und nicht nur nicht eingelöst werden kann, sondern in der Praxis ins Gegenteil umschlägt:

»Ihr liebt den Menschen, darum peinigt Ihr den einzelnen Menschen, den Egoisten; eure Menschenliebe ist Menschenquälerei« (EE 294).

Stirners Begriff der Liebe zeichnet sich aus durch eine unmittelbare Offenheit, die die völlige Freiwilligkeit und totale Negation von Konventionen voraussetzt.

Jede Liebe, an welcher auch nur der kleinste Flecken von Verpflichtung haftet, ist eine uneigennützige, und so weit dieser Flecken reicht, ist sie Besessenheit. Wer dem Gegenstand seiner Liebe etwas *schuldig* zu sein glaubt, der liebt romantisch oder religiös.

Zu dieser romantischen und religiösen Liebe zählt auch die auf der pietas beruhende, die Anhänglichkeit und Abhängigkeit spiegelnde Familienliebe und die als Hingabe an den Staat gepredigte Vaterlandsliebe, der Patriotismus. Diese altruistische Beziehung zur Außenwelt ist in Stirners Augen geheuchelt und beruht auf Selbsttäuschung, denn in ihr zeigt sich »ein Interesse am Gegenstande um des Gegenstandes willen ...«. Das bedeutet aber nichts anderes, als dass der Gegenstand mich beherrscht und ich meine Entscheidungen unter dem Einfluss seiner Autorität treffe.

Dagegen besteht ein authentisches Interesse nur in einer Beziehung, in der alles »um Meinet- und zwar allein um Meinetwillen« geschieht (EE 296).

Mein eigen ist meine Liebe erst, wenn sie durchaus in einem eigennützigen und egoistischen Interesse besteht, mithin der Gegenstand meiner Liebe wirklich *mein* Gegenstand oder mein Eigentum ist. Meinem Eigentum bin Ich nichts schuldig und habe keine Pflicht gegen dasselbe ...

Um keinen Zweifel an diesem Besitzanspruch des Eigners auf die Liebe aufkommen zu lassen, um zu verdeutlichen, dass Ursprung und Ziel dieser Liebe ausschließlich der Eigner und dessen Interessen sind, schreibt Stirner in seiner bildhaften und anschaulichen Sprache: »Die Liebe des Egoisten quillt aus dem Eigennutz, flutet im Bette des Eigennutzes und mündet wieder in den Eigennutz« (EE 297).

Die Liebe beschreibt so eine Grundbefindlichkeit des Eigners; sie folgt keiner anderen Aufgabe als der, diese Grundbefindlichkeit auszudrücken: der Eigner liebt, weil er liebt oder weil er lieben will. Eine positive Wertbejahung, ein imperativisches »Du sollst«, eine ethische Norm lehnt er auch hier als (nicht-eigene) Beschneidung seiner Eigenheit ab.

5.2. Die integrativen Tendenzen des Eigners im Verein

Die Verkehrsformen des Eigners, die sich über die Liebe artikulieren, liefern das Vorverständnis für Stirners integrative Tendenzen. Denn Stirners Eigner, das deuten seine Äußerungen über sein Verständnis der Liebe an, ist keinesfalls »antisocial et asocial«, wie Victor Basch unterstellt,[11] und attackiert auch nicht jede Zusammenarbeit, wie der Stirner-Artikel in der »Encyclopedia Americana« meint.[12] Der sozialen Desintegration hinsichtlich eines radikalen Emanzipationsdenkens, das im Bewußtsein der Einzigkeit und Eigenheit kulminiert, folgt das Bedürfnis nach sozialer Integration, das freilich nicht als übermächtiger »Traum von der Gemeinschaft« interpretiert werden darf;[13] es ist Desintegration in Bezug auf die herrschende Gesellschaft und den bestehenden Staat, es ist gleichzeitig die Integration in eine antizipierte bzw. rudimentär vorhandene Sozialität.[14] Erst mit einem antizipierten Sozialitätsmodell lässt sich die aktuelle Desintegration rechtfertigen und ertragen. Dieses Modell der Verkehrsformen ist Stirners Verein.

---

[11] V. Basch, L'individualisme anarchiste. Max Stirner. Paris 1904, p. 154. M. Kurtschinsky kritisiert offensichtlich V. Basch, allerdings ohne den Namen an dieser Stelle zu nennen, wenn er schreibt, man dürfe Stirner »nicht asozial oder antisozial nennen, oder man muß es wenigstens mit einem gewissen Vorbehalt tun …« (Der Apostel des Egoismus. Berlin 1923, p. 111).

[12] [anon.], Artikel »Max Stirner«, in: Encyclopedia Americana, Bd. 25. New York 1971, p. 653 f.: »The work [»Der Einzige und sein Eigentum«] is apparently an anarchist attack … on cooperation … of every kind.«

[13] H. Otto meint, Stirner habe »zum Kampf gegen die Gesellschaft« aufgerufen, weil in ihm »der Traum von der Gemeinschaft übermächtig war. Dem erträumten Gemeinschaftserlebnis schienen nur die sozialen Gegebenheiten der Gesellschaft entgegenzustehen.« (Geleitwort zu J. Cattepoel, Anarchismus. München 1973, p. [5]).

[14] Das erkennt auch M. Messer, der von »der Zukunftsorganisation des Egoisten« redet, von der manches »schon heute in einer gewissen Schicht der Gesellschaft herrscht …« (Max Stirner. Berlin 1907, p. 56). Dagegen definiert G. Beck Stirners Verein ausschließlich als »Zukunftsorganisation« (Die Stellung des Menschen zu Staat und Recht bei Max Stirner. Köln 1985, p. 160).

Die Verkehrsformen des Eigners

Franz Mehring unterliegt dem Missverständnis, dem zur gleichen Zeit Eduard von Hartmann unterliegt[15] und dem sich später Karl Vorländer anschließt[16], dass nämlich der Verein Stirners eine contradictio in adjecto sei,

denn es ist die Voraussetzung jedes Vereins, der als solcher handeln und schaffen will, dass die einzelnen Mitglieder soviel von ihren persönlichen Zwecken opfern, als die gemeinsamen Zwecke gebieten. In einem Verein hört das Ich eben auf, der Einzige zu sein.[17]

Das Missverständnis beruht darauf, dass der Unterschied zwischen einem Desintegrationsbedürfnis aus herrschenden Gesellschaftsstrukturen – d.h. der Desintegration, der Auflösung von und Ausgliederung aus Organisationsformen, die den Interessen des Eigners zuwiderlaufen –, und die Vorwegnahme potenzieller, den Intentionen des Eigners entgegenkommender Integrationsformen nicht erkannt und Stirners Einziger und Eigner insofern solipsistisch interpretiert wird, als man seinen »Solipsismus« nicht als provozierendes methodisches Prinzip versteht.

Der Eigner sucht den sozialen Kontakt zum eigenen, das heißt: vereinten Nutzen. Auch in dieser Beziehung dominiert das Prinzip der gegenseitigen Brauchbarkeit; wenn der Eigner einen anderen

gebrauchen kann, so verständige Ich wohl und einige Mich mit ihm, um durch die Übereinkunft *seine Macht* zu verstärken und durch gemeinsame Gewalt mehr zu leisten, als die einzelne bewirken könnte. In dieser Ge-

---

[15] E. von Hartmann glaubt in seinem Aufsatz »Stirners Verherrlichung des Egoismus« (in: Ethische Studien. Leipzig 1898 (1897)) einen »Bruch oder Riss« in Stirners Argumentation erkennen zu können, wenn »Stirner den Versuch macht, auf seiner Grundlage den Verkehr, den Verein und die Liebe zu retten.« Die Grundlage, auf die von Hartmann anspielt, ist ein rücksichtsloser Egoismus, der, koste es, was es wolle, seine Interessen durchsetzt (p. 85). »Es gehört eine kindliche Naivität von unglaublicher Harmlosigkeit und ein gänzlicher Mangel an praktischem Verstand und natürlicher Lebensklugheit dazu, sich einzubilden, dass mit einem Individuum von solchen Grundsätzen jemand anders Beziehungen irgend welcher Art freiwillig anknüpfen werde. ... Wer vor allem seine Eigenheit ... zu wahren bedacht ist, der betrügt jeden, dem gegenüber er seinen Willen kontraktlich bindet; denn er macht den Vorbehalt, seinen Vertrag zu brechen, sobald sein Wille sich ändert. ... Eine liebreiche Vereinigung von lauter Egoisten, deren jeder mit absoluter Rücksichtslosigkeit auf die Unvernunft seines Beliebens pocht, ist ein unendlich komischer Einfall.« (p. 86).
[16] K. Vorländer meint, der Verein sei »doch eigentlich schon ein Widerspruch zu dem souveränen Ich oder dem Einzigen« (Von Machiavelli bis Lenin. Leipzig 1926, p. 261).
[17] F. Mehring, Geschichte der Deutschen Sozialdemokratie Bd. 1. Berlin und Stuttgart 1922[12] (1897), p. 269.

meinsamkeit sehe Ich durchaus nichts anderes, als eine Multiplikation meiner Kraft, und nur solange sie *meine* vervielfachte Kraft ist, behalte Ich sie bei. So aber ist sie ein – Verein (EE 315).

Diese Definition (vgl. auch EE 263) lässt erkennen, dass unser heutiges Verständnis des Wortes Verein von dem Stirners und dem der damaligen Zeit abweicht und nicht mit diesem verwechselt werden darf. Stirners Verein, dessen Konzept – folgt man Wolfgang Eßbach, der wiederum eine Bemerkung von Marx/Engels aufgreift – »zweifellos aus der fourieristischen Bewegung stammt«,[18] kennt keine Verfassung und kein Vereinsrecht, das die Willensbildung der Gemeinschaft regelt; er kennt kein Vereinsregister und besitzt keine Rechtsfähigkeit; er kennt keine Satzungen und keinen Vorstand. Die oben zitierte Beschreibung von Stirners Verein, und damit kommen wir von der negativen Bestimmung zur positiven, enthält die drei charakteristischen Merkmale des Vereins:

- Er beruht auf der freiwilligen »Übereinkunft« der einen Verein gründenden Personen.
- Er ist rein utilitaristisch ausgerichtet, das heißt, er folgt ausschließlich den eigenen Nützlichkeitserwägungen.
- Er ist zeitlich begrenzt auf die Dauer seines funktionellen Charakters (Verstärkungsmultiplikator).

Indem Stirner den Bund als Gemeinschafts- und Organisationsform mit dem Verein vergleicht, verdeutlicht er den Charakter des Vereins, der die »Auflösung der *Gesellschaft*« (EE 310; ähnlich EE 185) und deren Alternative darstellt:[19]

---

[18] W. Eßbach, Die Bedeutung Max Stirners für die Genese des historischen Materialismus. Göttingen 1978, p. 241, Anm. 93; vgl. auch p. 242.
Bei Marx/Engels lautet die Stelle, die Stirners Verein mit Fourier in Beziehung setzt: »Die hier nach Berliner Hörensagen verstirnerte Idee, die ganze Gesellschaft in freiwillige Gruppen aufzulösen, gehört Fourier an. (Die deutsche Ideologie, in: MEW 3. Berlin (Ost) 1969, p. 401).
[19] Stirner gebraucht die Begriffe Gemeinschaft, Gesellschaft und – seltener – Bund nebeneinander, auch wenn ab und zu ein Bedeutungsunterschied zu erkennen ist. Die Unterschiede, die H. Sveistrup (Stirner als Soziologe. Berlin 1928) zwischen Gemeinschaft und Gesellschaft glaubt konstatieren zu können und in denen er eine Vorwegnahme der soziologischen Grundbegriffe von F. Tönnies sieht, lassen sich jedoch bei Stirner ebensowenig nachweisen wie etwa H. Schmalenbachs Kategorie des Bundes. Sieht man von dem synonymen Gebrauch ab, würde Gemeinschaft das Moment der Gleichheit, eben das Gemeinschaftliche, umfassen (EE 145): »Ein Glaube, Ein Gott, Eine Idee, Ein Hut für alle!« (EE 213), während Gesellschaft die Beziehung zwischen Heterogenem bezeichnet (vgl. Stirners etymologische Erklärung des Begriffes Gesell-

Die Verkehrsformen des Eigners

Den Verein hält weder ein natürliches noch ein geistiges Band zusammen, und er ist kein natürlicher, kein geistiger Bund. Nicht *ein Blut*, nicht *ein Glaube* (d.h. Geist) bringt ihn zu Stande. In einem natürlichen Bund, – wie einer Familie, einem Stamm, einer Nation, ja der Menschheit – haben die Einzelnen nur den Wert von *Exemplaren* derselben Art oder Gattung; in einem geistigen Bund – wie einer Gemeinde, einer Kirche – bedeutet der Einzelne nur ein *Glied* desselbigen Geistes; was Du in beiden Fällen als Einziger bist, das muss unterdrückt werden. Als Einzigen kannst Du Dich bloß im Vereine behaupten, weil der Verein nicht Dich besitzt, sondern Du ihn besitzest oder Dir zu Nutze machst (EE 315 f.).

Diese Stelle veranschaulicht, dass der Verein nicht zu verstehen ist als zusätzliche Interessenvertretung innerhalb der bestehenden sozialen, gesellschaftlichen und staatlichen Organisationen und Gemeinschaftsformen, sondern den Anspruch auf ein ubiquitäres Sozietätsmodell erhebt, das alle Sozialaktivitäten bestimmt. Der Verein antizipiert Stirners Vorstellungen der in der künftigen Epoche der Eigenheit geltenden Verkehrsformen der Eigner. Der antizipatorische Charakter des Vereins impliziert eine »sozial-axiologische Stellungnahme«,[20] die der oben zitierte Passus deutlich artikuliert: Der denunzierten herrschenden Form von Sozietät, in der »höchstens die menschliche Forderung befriedigt« wird, »indes die egoistische stets zu kurz kommen muss« (EE 215), wird das Zukünftig-Bessere alternativ gegenübergestellt.

Die Vorteile, die nach Stirner dem Verein gegenüber anderen Formen der Gemeinsamkeit eignen, sind folgende:
- Der Ein- und Austritt in den Verein ist völlig frei, es entstehen keine Verpflichtungen (EE 240): »den Verein benutzest Du und gibst ihn, ›pflicht- und treulos‹, auf, wenn Du keinen Nutzen weiter aus ihm zu ziehen weißt« (EE 316 f.).

---

schaft EE 239: »Schließt *ein* Saal viele Menschen ein, so macht's der Saal, dass diese Menschen in Gesellschaft sind«). Gesellschaft beschreibt den »*Naturzustand*« des Menschen (Beziehung Mutter-Kind), und das Heraustreten aus diesem »innigste[n] Verband« bedeutet »Auflösung der ursprünglichen Gesellschaft« (EE 309).

[20] H. Sveistrup, Stirner als Soziologe. Berlin 1928, p. 111. Allerdings entproblematisiert Sveistrup Stirners »soziologische« Position, wenn er ausschließlich das aus dem »Einzigen« herausdestilliert, was Sveistrups Argumentationsführung folgt; so klammert Sveistrup völlig die Problematik aus, die, wie weiter unten ausführlicher darzustellen sein wird, R. Stammler zuerst in die Diskussion brachte: die ungleichen Voraussetzungen bestimmter Bevölkerungsgruppen (Kinder, Alte, Kranke usw.) in diesem Aufeinanderprallen heterogener Interessen, diesem »*Zweikampf*«, in dem »man Mann an Mann aneinander« gerät und die Entscheidung sucht (EE 192; ähnlich EE 259).

- Der Einzelne bestimmt die Grundsätze, Pläne und Ausführungen des Vereins, er ist (und hier liegt der große Vorteil gegenüber der Partei) nicht an feste Prinzipien gebunden (EE 240 und 317).
- Der Verein ist flexibel (eine »stets flüssige Vereinigung allen Bestandes« (EE 228), dynamisch (in ihm dominiert die »rastlose Zurücknahme aller sich verfestigenden Gedanken«) und permanent (»denn Vereinigung ist ein unaufhörliches Sich-Vereinigen« (EE 310)).
- Der Verein bezweckt und garantiert die Eigenheit, er ist in der bildhaft-personifizierenden Sprache Stirners geradezu ihr »Sohn und Mitarbeiter«, er bringt aber keineswegs die totale Freiheit.

In Bezug aber auf die *Freiheit* unterliegen Staat und Verein keiner wesentlichen Verschiedenheit. Der Letztere kann ebenso wenig entstehen oder bestehen, ohne dass die Freiheit auf allerlei Art beschränkt werde, als der Staat mit ungemessener Freiheit sich verträgt. Beschränkung der Freiheit ist überall unabwendbar, denn man kann nicht alles *los* werden (EE 311).

Durch den Wegfall von nicht rationalisierbaren Verpflichtungen – rationalisierbar bezüglich der eigenen Interessen – entsteht doch ein Mehr an Freiheit als im bisherigen Staats- und Gesellschaftsleben, »›eine neue Freiheit‹« (EE 311).

- Der Verein »multipliziert« die Macht des Einzelnen, ist also Mittel zur Durchsetzung von Interessen, zu denen der solipsistische Einzelne nicht in der Lage wäre (EE 263, 315 und 316f.): »der Verein ist nur dein Werkzeug oder das Schwert, wodurch Du deine natürliche Kraft verschärfst und vergrößerst ...« (EE 317).

Der Verein greift, obwohl er »für Dich und durch Dich da« ist (EE 317), über die Bedürfnisse der Einzelnen hinaus, ist expansiv insofern, als die Multiplikationen der Macht die Realisierbarkeit der Bedürfnisse für alle »Vereinten« (EE 278) erst garantiert.[21] Je stärker der Verein, desto größer sind die Chancen auf Durchsetzung der ange-

---

[21] K. Fischers Kritik, Stirners Verein bilde »des Maß aller Andern«, wird Stirner deshalb nicht gerecht, weil es Stirner weder um Majorisierung von Minderheiten geht (ganz im Gegenteil!), noch um normative, maß-gebende und maß-gebliche Setzungen. Dass sich Stirners Verein in einen »Mäßigkeitsverein« auflösen würde, wie Fischer spöttelt, ist eine Konsequenz dieses Missverständnisses (K. Fischer, Moderne Sophisten, in: Die Epigonen, Bd. 5. Leipzig 1848, p. 298 (vgl. auch p. 312).

strebten Ziele. Die transitorische Qualität der Bedürfnisse und Intentionen des Eigners und die prinzipielle Negation eines Definitivum in Bezug auf den Charakter der Verkehrsformen[22] stempelt den Verein zu einem sich permanent ändernden Interessenverband, der mit anderen Vereinen konkurriert und sich ihnen gegenüber durchzusetzen versucht.[23] Die statische Struktur der bestehenden Gemeinschaftsformen, die Änderungen abweisend gegenübersteht, weicht mit dem Verein einer potenziellen Variabilität, die die jeweils aktuellen Interessen der den Verein konstituierenden Einzelpersonen spiegelt.[24]

Diese angestrebte Variabilität beweist, dass sich Stirners Eigner nicht Mehrheitsentscheidungen zu unterwerfen gedenkt, die ja seinen individuellen Spielraum einengen würden; Stirner geht es nicht, wie das Brockhaus-Lexikon in seiner Ausgabe von 1957 behauptet, um eine Demokratie »selbstbewußter Individuen«,[25] sondern um ein Organisationsmodell, das nicht an Entscheidungen bindet, und wären es die eigenen (»Mein Geschöpf, nämlich ein bestimmter Willensausdruck, wäre mein Gebieter geworden«), das die Möglichkeit der unmittelbaren Revidierbarkeit dieser Entscheidungen bietet (»Weil Ich gestern ein Narr war, müsste Ich's zeitlebens bleiben.«), das also eine permanente Dynamik garantiert (»mein Wille in diesem Falle wäre *erstarrt. Die leidige Stabilität!* ... Ich aber in meinem Flusse und meiner Auflösung gehemmt«), ein Modell demnach, das Wahlen weder kennt noch wünscht, Volksentscheide als für den Einzelnen nicht

---

[22] Vgl. dazu M. Kurtschinsky, Der Apostel des Egoismus. Berlin 1923, p. 111.

[23] Die Konkurrenz wird innerhalb des Vereins demnach negiert, von gegenseitiger Ausbeutung kann keine Rede sein; F. Engels will das nicht sehen, wenn er schreibt, »die freie Konkurrenz ... wäre am vollkommensten in einem ganz staatenlosen Zustande, wo jeder den andern nach Herzenslust ausbeuten kann, wie z.B. in Freund Stirners ›Verein‹.« (Die Lage der arbeitenden Klasse in England, in: MEW 2. Berlin (Ost) 1970 (1845), p. 488).

[24] Diese Charakteristik des Vereins verdeutlicht, wie falsch die Behauptung von R. Schellwien ist, dass nämlich »der Staat seinem innern Wesen nach ein solcher Verein ist« und dass der »Individualwille« im Sinne Stirners »den Verein überhaupt nicht wollen kann.« (!) (R. Schellwien, Der Wille, in: Pädagogische Studien. XX. Jg., 2. Heft. Dresden 1899, p. 99).

[25] Artikel »Max Stirner«, in; Der große Brockhaus, Bd. 11. Wiesbaden 1957, p. 245. Eine völlig identische Darstellung bringt der Stirner-Artikel des dtv-Lexikons. Ein Konversationslexikon in 20 Bänden. Bd. 17. München 1968, p. 301. Der Austromarxist Max Adler behauptete als erster, »Stirner's individual is of a democratic character« (Artikel »Max Stirner«, in: Encyclopaedia of the Social Sciences, Bd. 14. New York 1934, p. 394); als »highly democratic« bezeichnet auch I. L. Horowitz Stirners Philosophie (The Anarchists. New York 1970² (1964), p. [29]).

verbindlich und eine herrschende Mehrheit als nicht akzeptierbare Bevormundung sehen würde; denn auch die Vorstellungen einer Republik sind Vorstellungen despotischer Herrschaft (vgl. auch EE 201 f.): in einer Republik sind nämlich

alle die Herren, d.h. despotisere einer den andern. Es ist dies nämlich dann der Fall, wenn das jedes Mal gegebene Gesetz, die ausgesprochene Willensmeinung etwa einer Volksversammlung fortan für den Einzelnen *Gesetz* sein soll, dem er *Gehorsam schuldig* ist, oder gegen welches er die *Pflicht* des Gehorsams hat. Dächte man sich auch selbst den Fall, dass jeder Einzelne im Volke den gleichen Willen ausgesprochen hätte und hiedurch ein vollkommener »Gesamtwille« zu Stande gekommen wäre: die Sache bliebe dennoch dieselbe (EE 201).

Stirners Verein als umfassendes Modell hat sich wiederholt den Vorwurf eingehandelt, es sei konkretionsfeindlich und seine Qualität liege in seiner Abstraktion. »Stirner hat es nicht versucht, den Bau seines ›Vereines des Egoisten‹ zu entwerfen«, schreibt Max Messer.[26] Er sei sich bewusst gewesen, »dass er noch kein detailliertes Programm einer egoistischen Zukunftsorganisation gegeben hat. Es genügt ihm, den gesunden Gedanken, das gesunde Prinzip *gefunden* zu haben.«[27]

Eine solche Zurückhaltung kennt Stirner nicht. Bereits im »Einzigen«, vor allem in seiner Reaktion auf die auf den »Einzigen« folgende Kritik wird Stirner, wenn auch nur in Ansätzen, konkreter: In den Bestrebungen der »so genannten Nationalen«, die unter anderem der ökonomisch-sozialen Nachteile wegen den Partikularismus bekämpften,[28] erkennt Stirner ansatzweise seine Vorstellungen vom Verein. »Denn die Vereinigung zu materiellen Zwecken und Interessen, welche sie von den Deutschen fordern, geht ja auf nichts Anderes, als einen freiwilligen Verein hinaus« (EE 236).

Nach seiner Polemik gegen die Verkehrsform der freien Konkurrenz demonstriert Stirner den Unterschied zwischen der Konkurrenz und dem Verein am Beispiel der Bäcker: Die Einwohner einer Stadt

---

[26] M. Messer, Max Stirner. Berlin 1907, p. 57.
[27] a.a.O., p. 58. Vgl. auch G. Beck, Die Stellung des Menschen zu Staat und Recht bei Max Stirner. Köln 1965; dass Stirner den Beweis für die Funktionstüchtigkeit seines Vereins schuldig bleibe, sei »ein Schweigen der Verlegenheit, die uneingestandene Kapitulation vor der zwingenden Macht der Wirklichkeit des Lebens …« (p. 157).
[28] Vgl. dazu Th. Schieder, Partikularismus und Nationalbewußtsein im Denken des deutschen Vormärz. Stuttgart 1962, p. 9–38. Vgl. zu diesem Problemkreis auch das Kapitel 4. Zeitungskorrespondenzen.

überlassen »die Lieferung des Bedarfs den konkurrierenden Bäckern.«

Durch das Wettbewerbsprinzip versprechen sich die Einwohner einen Vorteil (darin beruht der Vorteil gegenüber der Zunft, »die *gänzlich und allein* im Eigentum der Backgerechtigkeit« war). Dagegen sollten die Einwohner ihre Interessen selbst wahrnehmen und sich »miteinander *verständigen*. Brot ist z. B. das Bedürfnis aller Einwohner einer Stadt; deshalb könnten sie leicht übereinkommen, eine öffentliche Bäckerei einzurichten.« Der Unterschied zum Prinzip der freien Konkurrenz liegt für Stirner darin, dass die Interessen jetzt von denen vertreten werden, die ein unmittelbares Bedürfnis am Brot haben, es ist Sache »Derer, welche Gebackenes brauchen, also meine, deine Sache ..., ... Sache der *Vereinten*.« Durch diese direkte Wahrnehmung der eigenen Interessen erst wird die Garantie dafür geschaffen, dass diese Interessen auch befriedigt werden. Denn: »Wenn *Ich* Mich nicht um *meine* Sache bekümmere, so muss Ich mit dem *vorlieb* nehmen, was andern Mir zu gewähren beliebt.«

Auch hinter dieser Motivation steht Stirners Bemühen, dem Eigner Eigenständigkeit und Autonomie zuzuerkennen. Die Gewährleistung einer unabhängigen und autarken Existenz liegt ausschließlich in seinen Händen; die Garantie dafür darf er nicht anderen überlassen, ohne sich in Abhängigkeit zu begeben. Stirners »genialer Gedanke«[29] lautet zusammengefasst: »Was Jeder braucht, an dessen Herbeischaffung und Hervorbringung sollte sich auch Jeder beteiligen; es ist *seine* Sache, sein Eigentum ...« (EE 278 f.).

Stirners Prämisse der Voraussetzungslosigkeit, die sich in dem Goethewort »Ich hab' Mein Sach' auf Nichts gestellt« artikuliert, gewinnt durch diesen Kontext eine neue Dimension.

Gefragt nach dem Sitz im Leben seines Vereins, antwortet Stirner seinem Kritiker Moses Heß,[30] der an anderer Stelle für seine »For-

---

[29] G. Adler, Stirners anarchistische Sozialtheorie. Jena 1907, p. 20.
[30] M. Heß forderte Stirner in »Die letzten Philosophen« (Darmstadt 1845) auf: »Einziger, Du bist groß, originell, genial! Aber ich hätte Deinen ›Verein von Egoisten‹ gerne, wenn auch nur auf Papiere, gesehen. – Da mir dies nicht vergönnt ist, erlaube ich mir, den eigentlichen Gedanken Deines ›Vereines von Egoisten‹ zu charakterisieren.« Heß meint dann, Stirners Absichten nicht erkennend oder böswillig verdrehend, die »ganze bisherige Geschichte war nichts, als die Geschichte von egoistischen Vereinen, deren Früchte – die antike Sklaverei, die romantische Leibeigenschaft und die moderne, principielle, universelle Leibeigenschaft – uns Allen bekannt sind.« Nach Heß beabsichtigt Stirner »ganz im Ernste die ursprüngliche Form des egoistischen

mel des vernünftigen Vereines« plädiert hatte,[31] schon Goethe habe Faust in einem solchen Verein beschrieben, wenn er ihn ausrufen lässt: »Hier bin ich Mensch, hier darf ichs sein!«[32] Faust kommt, Stirner zufolge, zu dieser intensiven Selbsterfahrung erst durch den Verkehr mit andern, und doch war sein Ziel ausschließlich ich-gerichtet, egoistisch: Er suchte diese Intensität der Erfahrung, Mensch zu sein, im Umgang mit andern und methodenbewusst ausschließlich für sich.

Stirner wird jedoch noch konkreter und zeigt Heß, dass es bereits »Hunderte von solchen theils flüchtigen, theils dauernden egoistischen Vereinen« gibt:[33]

Vielleicht laufen in diesem Augenblicke vor seinem Fenster Kinder zu einer Spielkameradschaft zusammen; er sehe sie an und er wird lustige egoistische Vereine erblicken. Vielleicht hat Hess einen Freund, eine Geliebte; dann kann er wissen, wie sich das Herz zum Herzen findet, wie ihrer zwei sich egoistisch vereinen, um aneinander Genuss zu haben, und wie keiner dabei »zu kurz kommt.« Vielleicht begegnet er ein paar guten Bekannten auf der Straße und wird aufgefordert, sie in ein Weinhaus zu begleiten: geht er etwa mit, um ihnen einen Liebesdienst zu erweisen, oder »vereint« er sich mit ihnen, weil er sich Genuss davon verspricht? Haben sie sich wegen der »Aufopferung« schönstens bei ihm zu bedanken, oder wissen sie's, dass sie zusammen auf ein Stündchen einen »egoistischen Verein« bildeten? (EE-Rezensenten 445).

Verkehrs, den aller unmittelbarsten Raubmord« wiederherzustellen (zitiert nach: M. Heß, Philosophische und sozialistische Schriften. Berlin (Ost) 1961, p. 392).

[31] Zitiert nach E. Silberner (Moses Hess. Leiden 1966, p. 204). Heß meinte am 28.12.1844, »die Formel des *vernünftigen Vereines*« sei »Arbeit nach der Fähigkeit und Genuß nach dem Bedürfnis«. Der Satz fehlt nach Silberner im Wiederabdruck in den Rheinischen Jahrbüchern. Wollte sich Heß damit von Stirners Verein absetzen und Assoziationen verhindern?

[32] J. W. Goethe, Faust I. Vers 940, in: Poetische Werke, Bd. 5., p. 189. Vgl. Stirners Definition des Vereins im Vergleich zu den »Gesellschaften: *Staat* und *Kirche*«: »Kann und darf Ich in ihnen Ich selbst sein?« (EE 217). Das »Ich selbst sein«, die Verwirklichung der Eigenheit, ist Stirners wichtigstes Kriterium zur Bestimmung des Vereins.

[33] Im Gegensatz zu dem, was D. McLellan behauptet, zeigt die Reaktion Stirners auf Heß' Kritik, dass sich Stirner einer angeblichen »Widersprüchlichkeit, die in der Vorstellung des ›Vereins von Egoisten‹ enthalten ist«, nicht »im klaren« sein konnte, weil es diese Widersprüchlichkeit nicht gab. (Die Junghegelianer und Karl Marx. München 1974 (1969), p. 148 f.); der Verein war für Stirner, auch noch in seinen »Entgegnungen«, die einzige logische Organisationsform, die sich für den Eigner anbot.

Die Verkehrsformen des Eigners

Stirner räumt die Trivialität seiner Beispiele selbst ein, betont aber gleichzeitig, »wie inhaltsschwer und wie himmelweit verschieden sie von den heiligen Gesellschaften« seien (EE-Rezensenten 445).[34] Es geht Stirner um das Prinzip seines Modells; gerade die Trivialität veranschaulicht dessen Charakteristika: Spontaneität, auf Gegenseitigkeit beruhender Utilitarismus, das Prinzip der völligen Freiwilligkeit, zeitliche Begrenzung, keine Festlegung auf bindende Prinzipien, potenzielle Durchsetzbarkeit der eigenen Interessen, was nicht zuletzt bedeutet: die Verwirklichung hedonistischer Bedürfnisse.

Stirners Verkehrsformen greifen zurück auf »die unmittelbare Form des ursprünglichen Begegnens von Ich zu Ich«.[35] Wiederholt beschreibt Stirner diese Unmittelbarkeit und Direktheit als die von ihm bevorzugte kommunikative Beziehung:

Es ist ein anderes, ob Ich an einem Ich abpralle, oder an einem Volk, einem Allgemeinen. Dort bin Ich der ebenbürtige Gegner seines Gegners, hier ein verachteter, gebundener, bevormundeter; dort steh' Ich Mann gegen Mann, hier bin Ich ein Schulbube ... (EE 217).

Es ist »das Spiel der Individuen untereinander, ihr Hin- und Hersummen«, das Stirner zum Prinzip erklären möchte; der Staat duldet zwar das freie Spiel, er verbietet aber, dass daraus Ernst wird: »Der Mensch darf nicht *unbekümmert* mit dem Menschen verkehren, nicht ohne ›höhere Aufsicht und Vermittlung‹.« (EE 231). Die zwischenmenschliche Kommunikation verliert durch das Recht und den Staat ihre Spontaneität und direkte Bezogenheit; an die Stelle des Potenziellen tritt das Permittierte, Fremdes übernimmt die Funktion des Eigenen.

Der unvermittelten Begegnung tritt der Staat besonders dann entgegen, wenn »keine Ausgleichung stattfindet« und die Opponenten »sich bei den Köpfen fassen. Der Staat kann es nicht dulden, dass der Mensch zum Menschen in einem direkten Verhältnisse stehe; er muss dazwischen treten als – *Mittler*, muss – intervenieren.« (EE 259). Der Staat zerstört Stirners Vorstellung der direkten Konfrontation, er »lässt nicht zu, dass man Mann an Mann aneinander gerate; er widersetzt sich dem Zweikampf.« (EE 192; ähnlich auch EE 245 f.)

---

[34] An anderer Stelle, in seiner Auseinandersetzung mit Feuerbach, bezeichnet Stirner auch die Ehe als einen egoistischen Verein; aus der Ehe wird dann eine »›heilige Verbindung‹«, wenn »das Interesse der Personen an einander« aufhört, das heißt, wenn die Ehe nur noch aus formalen und konventionellen Gründen aufrechterhalten wird (EE-Rezensenten 415).

[35] K. A. Mautz, Die Philosophie Max Stirners. Berlin 1936, p. 17.

Stirners erkennbare Prämisse sieht die Gesellschaft als Summe potenziell-paritätischer Einzelner, die, nach Auflösung der Gesellschaft, im Verein und in der Auseinandersetzung von Vereinen, ohne die Intervention eines Mittlers, ihre Bedürfnisse und Intentionen zu realisieren versuchen. Zwar gilt es, der Verzeichnung von Stirners Gedanken und Missverständnissen zu wehren, aber es zeigt sich doch, dass an dieser Stelle Stirners Utilitarismus in die Gefahr gerät, in puren Sozialdarwinismus umzuschlagen. Mit Recht moniert in diesem Zusammenhang der dem Marburger Neukantianismus nahestehende Rechtsphilosoph Rudolf Stammler, der eine soziale Ordnung, die im Sinne von Stirners Verein nur Konventionalregeln folgt, zwar für durchaus realistisch einschätzt, dass eine solche Ordnung aber doch »nur für bestimmte, empirisch besonders qualifizierte Menschen zugänglich« sei; denjenigen, die dieser Qualifikation nicht genügen, biete der Verein keinen Schutz und keine Hilfe.[36]

Neben Stirners Postulat, dass dem Potenziellen zugleich Faktizität zukomme (»Wenn sie es haben *könnten*, so hätten sie's.« EE 146), gehört dieses Pathos der unmittelbaren Begegnung[37] sicher zum Problematischsten innerhalb von Stirners »Sozialtheorie«. Seine als Selbstverständlichkeit verkündete These der gegenseitigen Brauchbarkeit: »Als ob nicht immer einer den andern suchen wird, weil er ihn *braucht*, als ob nicht einer in den andern sich fügen muss, wenn er ihn *braucht*« (EE 144), vergisst, dass die Brauchbarkeit als Kriterium bei all denen versagt, die dem Kriterium der Parität in Bezug auf den selbstmächtigen Eigner nicht entsprechen;[38] die Rede ist von all denen, die begründete Interessen haben und die den anderen aus den unterschiedlichsten Beweggründen »brauchen«, deren »Gebrauchswert« jedoch nicht hoch veranschlagt wird, weil sie *nur* brauchen und nicht zu gebrauchen sind; die Rede ist von all denen, die nicht »zum gleichen Genuss« berechtigt sind, weil sie nicht in der Lage

---

[36] R. Stammler, Die Theorie des Anarchismus, Berlin 1894, p. 42; Stammler tritt deshalb für »das Recht des Rechtes« ein, weil »die *rechtliche* Organisation *die einzige* ist, welche *allen Menschen ohne Unterschied besonderer zufälliger Eigenschaften offen steht.*« (p. 43).
[37] Vgl. zu diesem Problemkreis auch A. Meyer, Nachwort zu EE. Stuttgart 1970, p. 448f., der ähnliche Bedenken anmeldet, ansonsten aber Stirners Vorgehen gründlich missversteht als »eine Restituierung direkter, ›unbekümmerter‹ Gewaltverhältnisse« und als Auflösung jeder »Kommunikation« (a.a.O., p. 449).
[38] In diesem Sinne ist K. Joëls apodiktische Formulierung zu verstehen: »Stirners Verein der Egoisten ist entweder die Despotie des Starken über den Schwachen oder er ist – Papier.« (Stirner. Berlin 1901, p. 258).

Die Verkehrsformen des Eigners

sind, sich »ihr Recht«, ihren Genuss zu sichern, weil der Aufforderung des Eigners: »Genieße, so bist Du zum Genuss berechtigt« (EE 196), allein und ohne Hilfe des anderen nicht nachgekommen werden kann.

So ist denn die Frage nach »der Nutzanwendung jener Doktrin auf das soziale Leben«,[39] das heißt, die Frage nach der Praktikabilität von Stirners Verein wiederholt gestellt – und aufs Unterschiedlichste beantwortet worden. »Die Antwort auf diese Frage ergibt sich zwingend als zusammengefasstes Ergebnis aller bisher aufgezeigten Fehlbeurteilungen, Falschinterpretationen und Trugschlüsse Stirners; sie kann nur lauten: »Nein.«[40]

Freilich stimmen diesem entschiedenen Verdikt über Stirners Verein nicht alle Interpreten von Stirners Modell zu, wie die oben bereits angeführten Bemerkungen Max Messers, Georg Adlers, Rudolf Stammlers und Hans Sveistrups andeuten.[41]

So hat beispielsweise Hans G. Helms, wenn auch in ganz anderem Sinn, davon gesprochen, dass Stirners Verein als politische Organisationsform realisiert worden ist:

Stirners Dynamismus, sein bedingungsloser *élan vital* unaufhörlichen »Sich-Vereinigens«, das sind Merkmale der um Parteikader gruppierten faschistischen Politorganisation. Den Rausch dieses autoritativen, gänzlich unheraklitischen πάντα ρεῖ hat zuerst Stirners Anhänger Mussolini als politisches Movens auf die Unpolitischen angewandt, danach die Miniaturdiktatoren im Balkan und im Baltikum und der von Stirner möglicherweise nichtsahnende Hitler.[42]

Dadurch, dass Helms die Stirners Philosophie unterstellten faschistoiden Tendenzen zu einer nicht mehr hinterfragbaren Grundvoraussetzung seiner Interpretation erhebt, verkennt er Stirners Intentionen völlig; auch hier setzt sich seine Analyse der Gefahr aus, über Stirner die primären Ursachen für faschistische Gewaltherrschaften aus den Augen zu verlieren. Stirners Verein jedenfalls hat mit den

---

[39] R. Stammler, Die Theorie des Anarchismus. Berlin 1894, p. 20.
[40] G. Beck, Die Stellung des Menschen zu Staat und Recht bei Max Stirner. Köln 1965, p. 155; vgl. auch p. 160: »Ein ›Drittes Reich‹ Stirnerscher Prägung wird es niemals geben.«
[41] Auch L. Oppenheimer (Die geistigen Grundlagen des Anarchismus. München 1924) räumt Stirners Verein als Konkretisierung des föderalistischen Prinzips Realisierbarkeit ein (vgl. vor allem p. 289–292).
[42] H. G. Helms, Die Ideologie der anonymen Gesellschaft. Köln 1966, p. 132 f.

von Helms genannten Bewegungen nicht nur nichts gemeinsam, sondern widerspricht ihnen geradezu, und zwar aus mehreren Gründen:
- Im Gegensatz zu Stirners Verein, dessen wesentliches Kennzeichen darin liegt, dass er durch den Einzelnen beeinflusst wird, ist der Grundzug der faschistischen Bewegung und deren ideologisches Programm autoritär vorgeschrieben und fordert blinden Gehorsam; ein »geistiger Bund«, »*ein Blut*«, »*ein Glaube*« (EE 315) sind Charakteristika der von Stirner bekämpften Organisationen, die dem Ideal faschistischer Bewegungen ähneln, dem Verein Stirners jedoch völlig widersprechen.
- Das Prinzip des freiwilligen Ein- und Austritts, der jederzeitigen Aufkündbarkeit ist kein konstitutives Element faschistischer Bewegungen.
- Der auf Gegenseitigkeit beruhende, objektiv nachprüfbare utilitaristische Charakter fehlt; die Primärmotivationen faschistischer Bewegungen entspringen nicht den oben dargestellten von Stirner intendierten Motivationen der einen Verein konstituierenden Einzelnen.
- Usw.

Es bliebe die Möglichkeit, dass entgegen der Stirnerschen Intention sein Modell faschistisch missbraucht worden ist; aber auch diesen Nachweis bleibt Helms schuldig.[43] Helms versucht zwar, den offensichtlichen »Widerspruch zwischen Stirner und den Nazis als scheinbaren [zu] durchschauen«,[44] greift dabei aber zu Sophismen und »Lesarten«, die einer näheren Analyse nicht standhalten; Stirner wird so gelesen, wie Helms glaubt, dass er gelesen werden muss. Max Horkheimer und Theodor W. Adorno bezeichnen mit der ihnen eigenen Tendenz, Dialektik sibyllinisch einzusetzen und ohne Stirner selbst zu erwähnen, aber in offensichtlicher Anspielung auf seine

---

[43] Die Interpretation des Vereins als »das blutvolle Inbild einer organischen Gemeinschaft, die auch den Deutschen seine Wiedergeburt und Selbsterneuerung ... schenken kann«, d. h. der Verein Stirners als Antizipation des Dritten Reiches Hitlers findet sich bei W. Cuypers (Max Stirner als Philosoph. Köln 1937, p. 55): »In dieser Gemeinschaft wirken die Erd- und Blutkräfte ...« (a.a.O.). Wieso W. J. Brazill gerade dieser, dem Nationalsozialismus verpflichteten, Arbeit bescheinigt, sie behandle Stirner »in a convincing way«, ist mir völlig unverständlich (The Young Hegelians. New Haven und London 1970, p. 292). Auf die faschistischen Tendenzen von Cuypers Dissertaion weist ausführlich Jürgen Mümken hin (Stirner ein »deutscher Egoist«, in: Der Einzige Mümken, Jürgen: Stirner – ein »Deutscher Egoist«?, in: Der Einzige. Vierteljahresschrift des Max-Stirner-Archivs Leipzig 2004 p. 11–13).

[44] H. G. Helms, Die Ideologie der anonymen Gesellschaft. Köln 1966, p. 135.

»Idee des Vereins freier Menschen«, in dem Exkurs »Juliette oder Aufklärung und Moral« diese Idee als eine Utopie, die, »irrational und vernünftig zugleich ... alle Wut der Ratio auf sich« gezogen habe.[45] Sie formulieren damit die Bedenken, in denen vom Erscheinen des »Einzigen« an[46] die meisten Arbeiten, die nicht nur dem »solipsistischen« Stirner, sondern auch dessen soziale Komponente berücksichtigen, konvergieren:[47] Stirners Verein sei ein utopischer Entwurf, irrational und nicht praktikabel.[48]

Auch der um eine deutsch-französische Verständigung bemühte französische Stirnerforscher Victor Basch kritisiert, Stirners soziale Ideen würden eine positive Lösung ausschließen:[49]

Stirner, cependant, ne se demande pas ce que ces associations sont capables de réaliser, comment elles pourront fonctionner et vivre en commun, comment un état social réglé et ordonné pourra sortir de ces créations momentanées et toujours changeantes du caprice individuel.[50]

Georg Adler räumt ein, dass es nach Auflösung der »Zwangsinstitutionen« zu Verbindungen kommen würde, wie sie Stirners Verein beschreibt: »aber alles das würde keineswegs ausreichen, um die verschiedenartigen Bedürfnisse der Menschen auch nur im Entferntesten so zu befriedigen, wie das heute geschieht.« Adler vermisst eine Schlichtungsinstanz, wenn es zu Übergriffen rivalisierender Vereine komme, »während heute doch wenigstens innerhalb einer Nation ein

---

[45] M. Horkheimer und Th. W. Adorno, Dialektik der Aufklärung. Frankfurt 1971 (1947), p. 82. Für G. Bartsch (Anarchismus 2, Hannover 1973) wird diese Stelle ein Beleg für die »anarchistischen Elemente« der Kritischen Theorie.
[46] Zu den ersten Kritikern von Stirners Verein gehört der Gründer der »Hallischen Jahrbücher«, Arnold Ruge, der in einem Brief an Karl Ludwig Theodor Nauwerk vom 21.12.1844 Stirners Idee vom Verein für »unhaltbar« erklärt: »Worte und nichts weiter! ... Der Verein der Egoisten ist allerdings der Staat des *Helvetius*; aber das ist nicht die Stärke des Buchs, es ist die schwache Seite. Er möchte das Allgemeine zerschlagen, um den Egoisten allmächtig zu machen, aber zum Verein gehören zwei, und erst zwei vereint haben den Einzigen gemacht.« (in: A. Ruge, Briefwechsel und Tagebuchblätter, Bd. I. Berlin 1886, p. 379). Die späteren Missverständnisse kündigen sich in dieser Kritik Ruges bereits an.
[47] W. Eßbach überzieht seine Kritik gehörig, wenn er behauptet, es sei charakteristisch, dass »regelmäßig Stirners Konzeptionen über die Vereinigung ... unterschlagen« würden (Das Prinzip der namenlosen Differenz. Gesellschafts- und Kulturkritik bei B. Traven. Reinbek 1976, p. 378).
[48] So z. B. auch E. Bloch, für den Stirners Ich »sich selbst sein Über-Ich und auch sein utopischer Staat« ist (Das Prinzip Hoffnung. Frankfurt 1977 (1947), p. 663).
[49] V. Basch, L'individualisme anarchiste. Max Stirner. Paris 1904, p. 165.
[50] a. a. O., p. 164.

einheitlicher schiedsrichterlicher Wille hergestellt ist.« Die Auflösung des Staates würde nach Adler unvermeidlich »zur Proklamierung des Faustrechts führen.«[51]

Stirners Modell müsse jedoch in erster Linie an der Natur des Menschen selbst scheitern, denn die Menschen seien nun einmal keine Eignen »sondern – Schablonenmenschen.«

Merkwürdigerweise wirft Adler, nachdem er dieses unhistorisch-statische und pessimistische Menschenbild gezeichnet hat, im nächsten Abschnitt Stirner »die unbedingte Vorherrschaft des abstrakt-deduktiven Kalküls« vor: Stirner habe aus der Geschichte keine Konsequenzen gezogen, sonst hätte er zu dem Ergebnis kommen müssen, dass menschlicher Fortschritt und kulturelles Leben an die Autorität des Staates gebunden sind.[52]

Michail Kurtschinsky, der sich bei seiner Darstellung des Vereins insofern in Widersprüche verwickelt, als er Stirners Kritik an einem alternativen Vereinsmodell – nämlich dem an Proudhons Eigentumsvorstellungen abgeleiteten – als die Beschreibung von Stirners Verein missversteht,[53] prophezeit, »dass bei der Schöpfung und Entstehung der Egoistenvereine es nicht wenig Schwierigkeiten geben wird.«[54] Stirners radikale Freiheitsbestimmung hebe sich mit dem Verein, der Zugeständnisse auch bezüglich der Freiheit fordert, zu einem großen Teil wieder auf. Entweder Freiheit oder Verein; Freiheit *im* Verein im Sinne Stirners sei eine Utopie.[55]

---

[51] G. Adler, Stirners anarchistische Sozialtheonie. Jena 1907, p. 32.
[52] a. a. O., p. 33.
[53] M. Kurtschinsky, Der Apostel des Egoismus. Berlin 1923, p. 110 f. und 118.
[54] a. a. O., p. 117.
[55] Vgl. a. a. O., p. 117–119.

6. Stirners Auseinandersetzungen mit der Un-Eigentlichkeit der Philosophie

Stirners Auseinandersetzungen mit der Philosophie, und das bedeutet wesentlich eine Auseinandersetzung mit der spekulativen Philosophie Hegels und dem Anthropologismusansatz Feuerbachs als der angeblichen Überwindung Hegels, ist Kritik an der Un-Eigentlichkeit dieser Philosophie und der Philosophie schlechthin,[1] das heißt Kritik an dem, was Philosophie in den Augen Stirners nicht ausmacht und was Philosophie *eigentlich* nicht ist: die Überwindung der Entfremdung des *Eigenen*, des Eigners, mit sich selbst, denn nicht die Philosophie gibt mir »meinen *eigentlichen* Wert, meine Eigenheit« (EE 294),[2] sondern Ich, der Eigner, der die Philosophie als uneigen und uneigentlich durchschaut und auflöst.

Als Kurt A. Mautz in seiner Dissertation darauf hinwies, dass Stirners »Gedankengänge und seine ganze Begriffswelt aus der Opposition geboren sind, dass sie bis in Formulierungen und Wortgebrauch hinein von einer polemischen Haltung diktiert sind«,[3] hat er das als richtig erkannt und beschrieben, was vor ihm Max Messer bildhaft mit »einem fruchtbaren Ressentiment gegen die überwuchernde deutsche Metaphysik und Moraltheorie (Hegel)« zu charakterisieren versuchte[4] und Hans Sveistrup pathetisch als eine Philosophie bezeichnete, »die ihre Gedanken wesentlich an den Gedanken Fremder sich aufranken und großtenteils im Gegensatz zu

---

[1] Philosophie ist für Stirner gleichbedeutend mit »spekulative[r] Philosophie, d.h. Theologie« (EE 58); ein Philosoph ist entsprechend derjenige, der »in dem Weltlichen das – *Göttliche* sieht« (EE 94), der nur »an das Ideal« denkt und »das absolute Ich« sucht (EE 324f.; vgl. EE 339). Die Beschäftigung des Philosophen (und Theologen) »mit einer heiligen Glaubenswahrheit« ist ein Kampf »mit Gespenstern, Dämonen, *Geistern*, Göttern« (EE 343). So lange Pfaffen »»d.h. Theologen, Philosophen ... usw.«) »das große Wort führen«, so lange währt die »Hierarchie«, das heißt »die Herrschaft der Theorien und Prinzipien, die Oberherrlichkeit des Geistes ...« (EE 352 f.).
[2] »*Eigentlich*« ist eine Hervorhebung von mir.
[3] K. A. Mautz, Die Philosophie Max Stirners. Berlin 1916, p. 77.
[4] M. Messer, Max Stirner. Berlin 1907, p. 50 f.

ihnen sich entwickeln« lässt.[5] Dieses methodische Verfahren unterscheidet Stirner wesentlich von Bruno Bauer, der, wie Horst Stuke bemerkt, »seine radikale Philosophie der Tat nicht in der direkten Kritik an Hegel entwickelt, sondern umgekehrt versucht hat, Hegels Philosophie selbst im Sinne seines philosophisch-politischen Radikalismus auszulegen.«[6]

Weil Stirner in Hegels Philosophie den Höhepunkt der Entwicklung der Philosophie sieht, und weil Stirner in Hegel *den* Repräsentanten der Philosophie schlechthin, den Kulminationspunkt der spekulativen Geistphilosophie erkannt zu haben glaubt, ist Stirners konkreter Bezugspunkt in seiner Polemik gegen die Philosophie als solche immer Hegel. Mit Hegel kritisiert Stirner immer die Philosophie als solche. »Höheres kann die Philosophie nicht mehr leisten, denn ihr Höchstes ist die *Allgewalt des Geistes,* die Allmacht des Geistes.« (EE 83).[7]

Abgesehen von Hegel und den Junghegelianern Bruno und Edgar Bauer, Ludwig Feuerbach, Moses Heß und Arnold Ruge beschäftigt sich Stirner mit der griechischen Philosophie, allerdings nur marginal,[8] mit Francis Bacon und David Hume, die er beide mit Vorbehalten lobt (EE 94f.), mit Descartes (EE 31, 48–50, 93–95)[9] und mit Hobbes, den er zwar nicht namentlich nennt, dessen »Krieg aller gegen alle« er aber wiederholt zitiert (EE 262, 264); in einer Fußnote erwähnt er Rousseau (EE 83) und spielt an einer Stelle auf dessen

---

[5] H. Sveistrup, Die Weltanschauung Max Stirners. Berlin 1920, p. [1].
[6] H. Stuke, Philosophie der Tat. Stuttgart 1963, p. 178. Vgl. besonders Bauers Schriften »Die Posaune des Jüngsten Gerichts über Hegel den Atheisten und Antichristen« (Stuttgart-Bad Cannstadt 1962 (1841)) und »Hegels Lehre von der Religion und Kunst vom Standpunkt des Glaubens aus beurteilt« (Aalen 1967 (1842)).
[7] Diese Kritik deckt sich mit der jungdeutschen Polemik gegen Hegels Philosophie, wie sie Theodor Mundt exemplarisch formuliert, für den Hegels Logik »die systematische Geschichte der Philosophie selbst, aber zugleich auch der Hades der ganzen Philosophie« darstellt. Th. Mundt, Moderne Lebenswirren. Leipzig 1834, p. 216. Vgl. zu diesem Themenkreis den Abschnitt 2.5. Der eigene existenzielle versus den uneigenen unheimischen Menschen.
[8] Bis auf Randbemerkungen oder die beiläufige Erwähnung von Aristoteles (EE 192), Archimedes (EE 72), Protagoras (EE 355), Sokrates (EE 27f., 36, 66, 219f.) und den Stoikern (EE 32–34, 101, 366) beschäftigt sich Stirner nur mit der griechischen Philosophie im Rahmen seiner Periodisierung der Weltgeschichte (vgl. dazu den Abschnitt 2.1. Die Zäsur in der ontogenetischen und phylogenetischen Entwicklung durch den Eigner).
[9] Vgl. dazu den Abschnitt 2.3. Die »Gedankenlosigkeit« des Eigners im Gegensatz zum sich selbst denkenden Denken.

»Gesellschaftsvertrag« an (EE 14). Ausführlicher setzt sich Stirner mit Pierre-Joseph Proudhon auseinander (EE 57, 86, 131, 234, 253–256, 318, 353), dem er vorwirft, er bekämpfe »wie die Kommunisten« »den *Egoismus*«: Deshalb seien Proudhon und die Kommunisten »Fortsetzungen und Konsequenzen des christlichen Prinzips, des Prinzips der Liebe, der Aufopferung für ein Allgemeines, ein Fremdes« (EE 255).

Schließlich wird noch Fichte erwähnt, um mögliche Verwechslungen zwischen dessen Satz »Das Ich ist alles« und Stirners eigenen Ich-Vorstellungen zu verhindern.

Allein nicht das Ich ist alles, sondern das Ich zerstört alles, und nur das sich selbst auflösende Ich, das nie seiende Ich, das – endliche Ich ist wirklich Ich. Fichte spricht vom »absoluten« Ich, Ich aber spreche von Mir, dem vergänglichen Ich (EE 188).[10]

Diese Kritik an Fichte wiederholt Stirner dann noch einmal in einem anderen Kontext: Fichtes Ich sei ein »Wesen außer Mir, denn Ich ist Jeder, und hat nur dieses Ich Rechte, so ist es ›das Ich‹, nicht Ich bin es.« Stirner bekämpft die Abstraktion Fichtes und betont die Singularität des Einzelnen: »Ich bin aber nicht ein Ich neben andern Ichen, sondern das alleinige Ich: Ich bin einzig.« (EE 364). Zwar rückt mit Fichte philosophiegeschichtlich das Ich zum erstenmal in den Mittelpunkt des Denkens und Fragens, aber es »ist« nur, indem es sich setzt.

Fichtes Ich existiert nur als »freie Setzung«, es ist also keine Tat-Sache, sondern Tat-Handlung. Diese Selbstsetzung impliziert auch die Möglichkeit der Nicht-Selbstsetzung, also die Setzung eines Nicht-Ich; wie das Nicht-Ich, unter dem Fichte die gesamte gegenständliche Welt versteht, das Ich ausschließt, so schließt das Ich das Nicht-Ich aus, auch wenn die Welt, begriffen als Setzung, immer auf ein ursprünglich Setzendes verweist. An diesem Punkt setzt Stirners Kritik an:

---

[10] Roberto Calasso versucht mit dieser Gegenüberstellung von Fichtes und Stirners Ich die grundsätzliche Frage »Wieso ist ›der Einzige‹ einzig« zu beantworten (R. Calasso, Der Untergang von Kasch. Frankfurt/Main 1997, p. 343) und kommt zu der einseitigen und kurzsichtigen Schlussfolgerung, »das Ich des Einzigen [bestehe] nur als negative und zerstörerische Kraft«. Einseitig und kurzsichtig ist diese Schlussfolgerung deshalb, weil sie nur den Bruch mit dem Idealismus dingfest macht und kryptisch festhält, »bei Stirner sei keine »Substantialität des Subjekts« zu finden, sondern nur »eine verlassene und stumme Höhlung«, was immer das sei (R. Calasso, Der Untergang von Kasch. Frankfurt/Main 1997, p. 343). Meine Beschreibung des Eigners kommt zu einem gegenteiligen Ergebnis.

Stirners Auseinandersetzungen mit der Un-Eigentlichkeit der Philosophie

Der Wert *Meiner* kann unmöglich hoch angeschlagen werden, solange der harte Demant des *Nicht-Ich* so gewaltig im Preise steht, wie dies sowohl mit dem Gotte als mit der Welt der Fall war. Das Nicht-Ich ist noch zu körnig und unbezwinglich, um von mir verzehrt und absorbiert zu werden ... (EE 77).

Stirners Eigner setzt sich jeden Augenblick neu, er ist »nur in dem Moment gesetzt, wo Ich Mich setze, d. h. Ich bin Schöpfer und Geschöpf in Einem« (EE 159). In der unmittelbaren Selbsterfahrung, die sich äußert im Selbstsetzen *und* im Bewusstsein des Gesetzt-Habens, negiert Stirner die Existenz eines Nicht-Ich. Stirners Vorgehen legitimiert sich auch hier methodisch: als radikale Reduktion der Erkenntnistheorie auf den konkreten Einzelnen, um von ihm aus zu den Einzelnen transzendierenden Aussagen zu kommen; nur so ist Stirners Vorgehen nicht als Schritt hinter Fichte zurück zu interpretieren.

Eduard von Hartmann vertritt die Ansicht, bei Stirner bleibe »das absolute unbewusste Ich Fichtes ... als unbewusstes, schöpferisches Ich (Subjekt) hinter dem bewussten, geschöpflichen Ich (Selbstbewusstsein) bestehen; nur der Gegensatz von Absolutheit und Endlichkeit hört zwischen beiden auf, und zwar darum, weil das endliche Ich selbst verabsolutiert ist.«[11] E. von Hartmann verkennt den existenziellen Charakter von Stirners Ich, das alle Handlungen als bewusste Handlungen verstanden wissen will (EE 262 f.), die aber jeweils nur Momentcharakter besitzen und nur dem konkreten Einzelnen zukommen, das heißt aber: gerade keinen Anspruch auf Verabsolutierung erheben. »Egoistisch ist es«, heißt es bei Stirner ausdrücklich, »keiner Sache einen eigenen oder ›absoluten‹ Wert beizulegen, sondern ihren Wert in Mir zu suchen« (EE 176).

Wie groß der Abstand zwischen Fichte und Stirner ist, zeigen Fichtes »Grundzüge des gegenwärtigen Zeitalters«, in denen »das vernünftige Leben« mit Hilfe der Frage nach dem Verhältnis zwischen Individuum und Gattung definiert wird: es bestehe darin, dass das Individuum »in der Gattung sich vergesse«, sein »Leben an das Leben des Ganzen setze und es ihm aufopfere ...«.

Wer auch nur überhaupt an sich als Person denkt, und irgend ein Leben und Seyn, und irgend einen Selbstgenuss begehrt, ausser *in* der Gattung und für

---

[11] E. von Hartmann, Stirners Verherrlichung des Egoismus, in: Ethische Studien. Leipzig 1898 (1897), p. 75.

die Gattung, der ist ... nur ein gemeiner, kleiner, schlechter und dabei unseliger Mensch ...«.[12]

Einen größeren Gegensatz zu Stirner kann man sich kaum vorstellen,[13] und gerade an dem Motiv des Aufopferns, das Hegels »Gesetz des Herzens und der Wahnsinn des Eigendünkels« wieder aufgreift,[14] entzündet sich Stirners Polemik.

6.1. Hegels »Wohl der Menschheit« und Stirners Wohl des Eigners

Hegel markiert philosophiegeschichtlich den Punkt, wo eine einschneidende Perspektivenverschiebung in Bezug auf die Erörterung der Subjektivität des Menschen stattfindet. Zwar wird dem Menschen noch nicht die konkrete Bedeutung zugemessen, wie in den philosophischen Überlegungen nach Hegel, aber er rückt »an die Stelle *Gottes – als des zentralen ›metaphysischen Begriffs‹, der im absoluten Geist rückerinnernd noch einmal seine sublimste Reflexion erfährt* ...«.[15] Richard Wisser hat diesen Perspektivenwechsel in seiner Abhandlung »Grund-Richtungen des 19. Jahrhunderts in Abkehr von Hegel« als eine Veränderung des Richtungsbewusstseins dargestellt, indem er den »Weg des absoluten Geistes« als einen Weg

---

[12] J. G. Fichte, Die Grundzüge des gegenwärtigen Zeitalters. Sämtliche Werke, Bd. 7. Berlin 1846 (1804), p. 35. Vgl. dazu und zu den entgegengesetzten Vorstellungen Schillers und Herders H. Popitz, Der entfremdete Mensch. Basel 1953, p. 22 f.
[13] Ein »Zusammenhang Stirners mit Fichte«, den F. Ueberweg in folgendem Punkte glaubt feststellen zu können, besteht nur vordergründig: »nur ist es bei Stirner nicht das absolute Ich, welches die Welt schafft, sondern das individuelle ...« (Grundriss der Geschichte der Philosophie. Theil 3, Bd. 2. Berlin 1897, p. 291). Das individuelle Ich Stirners schafft nicht *die* Welt, sondern *seine* Welt, mit allen damit verbundenen Konsequenzen der Verfügungsgewalt, Auflösbarkeit usw.
Der Publizist und Philosoph L. Marcuse dagegen erkennt die gravierenden Unterschiede zwischen Stirners »Rebellion des atmenden Einzelnen« (Philosophie des Glücks. Zürich 1972 (1949), p. 300) und Fichtes Auffassungen, wenn er feststellt, Fichtes »Ich« sei »menschliche und zugleich ewige Person«. Wenn er dann allerdings fortfährt: »Mit dem späteren Individualismus und Subjektivismus Stirners ... hat Fichtes Ich-Philosophie nichts gemein«, zeigt er, dass er Stirners Philosophie nicht verstanden hat, denn mit »Individualismus« und mehr noch »Subjektivismus« werden Stirners Absichten verzeichnet und verzerrt (Aus den Papieren eines bejahrten Philosophie-Studenten. München 1964, p. 165).
[14] G. W. F. Hegel, Phänomenologie des Geistes. Frankfurt 1970 (1807), p. 283.
[15] A. Hager, Subjektivität und Sein. Freiburg, München 1974, p. 152.

beschreibt, »um den sich alles dreht und der sich durch alles hindurch um sich dreht ...«, einen Weg also, der »sich am besten durch das Bild des Kreises symbolisieren« lässt, wie denn »auch Hegel immer wieder auf den Kreis als *Bewegungsfigur des absoluten Geistes* hingewiesen« habe.[16] Beim Kreis kommt »alles auf die systematische wie auf die historische Aufhebung des Richtungsgegensatzes an«; erst das Aufgeben dieses Richtungsbewusstseins, das Aufbiegen des »Kreis [es] *zur Linie*« durch die Hegelianer, lässt neue Richtungsangaben zu, nämlich die Richtungsangaben »links« und »rechts«.[17] Die Rolle des Menschen in Hegels System beschreibt Wisser so:

Wohl nimmt auch der Mensch seinen Platz im System der Gesamtwirklichkeit ein, ... aber die Gesamt-Dialektik ist *nicht* eine *menschlich-gesellschaftliche*, sie ist vielmehr der Weg, den der *absolute Geist selbst* beschreitet. Er, der *über* den individuellen Menschen und *über* die Probleme der Gesellschaft hinweg seine Bahn zieht, ist alles übergreifend ...[18]

Erst nach Hegel, nach der »Aufsprengung des Kreises«,[19] tritt das menschliche Selbstbewusstsein an die Stelle des absoluten Geistes, verdrängt der zeitliche Mensch den ewigen Gott: mit Feuerbach zuerst, dann mit Bruno Bauer, Stirner und Marx: Feuerbachs Anthropologisierung der Theologie, sein »Bestehenlassen der christlichen Prädikate, unter Abstraktion von ihrem Subjekt«,[20] war der erste Schritt in Richtung auf die »Tötung« Gottes, wie sie weiter oben dargestellt worden ist.[21] Der konkrete Mensch rückt jetzt in das Zentrum der Philosophie, als die eigentliche Realität einer Individualität, die in Hegels »Phänomenologie« noch einem Allgemeinen untergeordnet war.

Stirner, der sich Ende 1826 in der philosophischen Fakultät in Berlin immatrikulierte, hörte in seinem zweiten Semester (Sommersemester 1827) »Religionsphilosophie« und im dritten Semester (Wintersemester 1827/28) »Psychologie und Anthropologie der Phi-

---

[16] R. Wisser, Grund-Richtungen des 19. Jahrhunderts in Abkehr von Hegel, in: Alte Fragen und neue Wege des Denkens. Festschrift für Josef Stallmach. Bonn 1977, p. 221.
[17] R. Wisser, a.a.O., p. 223.
[18] a.a.O., p. 221.
[19] a.a.O., p. 226.
[20] K. Löwith, Nachwort zu L. Feuerbach, Das Wesen des Christentums. Stuttgart 1974, p. 532.
[21] Vgl. das Kapitel 4.3. Die Überwindung der Entzweiung des Menschen in der Eigenheit des Eigners.

losophie des Geistes« und »Geschichte der Philosophie«.[22] Wir wollen im Folgenden das ausführlicher nachweisen, was bereits oben bei den respektiven Themenkreisen aufgezeigt werden konnte, dass sich nämlich Stirner ausführlich mit Hegels Philosophie auseinandergesetzt hat und dass mit einiger Sicherheit angenommen werden darf, dass Stirner Hegels »Phänomenologie des Geistes«, seine »Enzyklopädie des philosophischen Wissenschaften« und seine »Grundlinien der Philosophie des Rechts« ganz oder in Auszügen kannte.

Um Stirners »Front gegen das idealistische Denken und, als dessen hervorragenden Repräsentanten, das Hegelsche System«[23] zu erkennen, sollen Hegels Vorstellungen von der über die Einzelheit hinausgreifenden Allgemeinheit in gebotener Kürze dargestellt werden.

Geschichte existiert für Hegel als geschlossenes, finalistisch determiniertes und von der Vernunft regiertes System. »Die Weltgeschichte ist der Fortschritt im Bewußtsein der Freiheit ...«.[24] Ihr Ablauf ist deswegen vernünftig, weil er dem Plan Gottes folgt; »Gott regiert die Welt, der Inhalt seiner Regierung, die Vollführung seines Plans ist die Weltgeschichte.«[25] Weltgeschichte ist »die wahrhafte Theodizee«,[26] der sich die Interessen der Individuen, Völker, Staaten und geschichtlichen Epochen unterordnen. Kein Individuum hat nach Hegel in sich selbst Sinn, sondern ist Moment einer Gesamtentwicklung und bezogen auf ein Ende, von dem her es einen Sinn erfährt. Die Weltgeschichte verlangt das Opfer unzähliger Individuen, die ihre Rechtfertigung im Ende und Sinn, im Eschaton der Weltgeschichte finden. »Dieser Endzweck ist das, worauf in der Weltgeschichte hingearbeitet worden, dem alle Opfer auf dem weiten Altar der Erde und in dem Verlauf der langen Zeit gebracht worden.«[27] Die Erhabenheit des Endzustandes rechtfertigt alle Sehnsüchte und Entbehrungen.

---

[22] Am 06.08.1828 bescheinigt Hegel im »Zeugnis der Dozenten über den Besuch der Vorlesungen« »den fleißigen Besuch ...« (zitiert wird der Anmeldebogen der Friedrich-Wilhelms-Universität Berlin des »Studiosus Philosophiae Joh. Casp. Schmidt«; Abdruck einer maschinenschriftlichen Abschrift des Anmeldebogens aus der so genannten Darmstaedter Sammlung in: Festschrift für Ludwig Darmstaedter, dargebracht von Hermann Degering, Karl Christ und Julius Schuster. Berlin 1922).
[23] K. A. Mautz, Die Philosophie Max Stirners. Berlin 1936, p. 79.
[24] G. W. F. Hegel, Vorlesungen über die Philosophie der Geschichte. Frankfurt 1970 (1837), p. 32.
[25] a.a.O., p. 53.
[26] a.a.O., p. 540.
[27] a.a.O., p. 33, vgl. p. 35, wo Hegel von der »Schlachtbank« spricht, »auf welcher das

Stirners Auseinandersetzungen mit der Un-Eigentlichkeit der Philosophie

Die Opfer haben funktionalen Sinn, der vom Ende her legitimiert werden kann.

Hegel versteht diese Aufopferung für ein Allgemeines durchaus existenziell, so wenn er beschreibt, wie der Krieger dem Tode entgegengeht, »indem er sich für das Allgemeine aufopfert ...«.[28]

Der Prozess des Reinigens »von der Einzelheit«,[29] den Hegel in dem Kapitel »Das Gesetz des Herzens, und der Wahnsinn des Eigendünkels« beschreibt, ist ein Prozess, der in einem diametralen Gegensatz zu Stirners undialektischen Vorstellungen verläuft. Erst in der »Aufhebung der Individualität« kann das Allgemeine »wirklich werden«.[30] Von diesem Bewußtsein aus setzt Hegel seine Kritik am »Eigendünkel« an: »Das Herzklopfen für das Wohl der Menschheit geht darum in das Toben des verrückten Eigendünkels über ...«.[31]

Das Herz des Eigners jedoch klopft nicht für »das Wohl der Menschheit« (EE 290, EE-Rezensenten 427) und nicht für *den* Menschen, sondern »Mein Herz«, sagt Stirner, klopft »aus egoistischer Lust« (EE 52) in mir und für mich; dieser »*Herzenslust*«, dieser »*eigenen Willkür*« (EE 339), geht es ausschließlich um den eigenen Willen, um die eigenen Interessen: um das Wohl des Eigners.

Wie steht es mit der Menschheit, deren Sache Wir zur unsrigen machen sollen? ... Nein, die Menschheit sieht nur auf sich, die Menschheit will nur die Menschheit fördern ... Damit sie sich entwickle, lässt sie Völker und Individuen in ihrem Dienste sich abquälen, und wenn diese geleistet haben, was die Menschheit braucht, dann werden sie von ihr aus Dankbarkeit auf den Mist der Geschichte geworfen (EE 14).

Stirner meldet das Recht auf die Durchsetzung der eigenen Bedürfnisse und Wünsche an und setzt sich gegen eine »Idee der Menschheit« zur Wehr, die von mir, dem konkreten Einzelnen fordert, dass ich »›Mich opfern‹ soll« (EE 104). Für den »kühne[n] Denker« (lies: Hegel) ist »die Menschheit, die Idee ... jenes Etwas, von dem er sagen muß: es geht Mir über Mich.« Er arbeitet »zur Förderung des Menschengeschlechts« im Bewusstsein, »dass seine Verwüstung der Menschheit ›zu Gute komme‹« (EE 308).

Glück der Völker, die Weisheit der Staaten und die Tugend der Individuen zum Opfer gebracht worden ...«. Vgl. auch p. 49.
[28] G. W. F. Hegel, a.a.O., p. 482
[29] G. W. F. Hegel, Phänomenologie des Geistes. Frankfurt 1970 (1807), p. 277.
[30] a.a.O., p. 283; vgl. auch a.a.O., p. 339.
[31] a.a.O., p. 280.

Stirners Auseinandersetzungen mit der Un-Eigentlichkeit der Philosophie

In der Kritik Stirners stellt Hegels Philosophie »die äußerste Gewaltsamkeit des Denkens, die höchste Despotie und Alleinherrschaft desselben« dar; sie ist – und jetzt attackiert Stirner das Geistdenken Hegels mit Hegels eigenen Formulierungen, indem er gleichsam den Spieß umdreht – »der Triumph des Geistes, und mit ihm der Triumph der Philosophie« (EE 83). Hegel hatte nämlich 1818 in seiner Berliner Antrittsvorlesung die damaligen Zeitverhältnisse gebrandmarkt, in denen die Absage an das Geistdenken, die »*Erkenntnis der Wahrheit*« »zum *höchsten Triumphe des Geistes* erhoben worden sei.[32] Stirner wendet seine Ironie in erster Linie gegen Hegels Tendenz der Versöhnung von Subjekt und Substanz, wie sie Hegel in der »Phänomenologie« beschreibt, und seine Koppelung von »Begriff« und »Wirklichkeit«. Für Hegel ist Wirklichkeit nur als »begriffene« und auf den Begriff gebrachte, nur unter dem Gesichtspunkt des Begriffs kann von »Wirklichkeit« gesprochen werden.[33] Der Begriff ist das, »was auf die scheinbar ansichseiende Realität übergreift und sie ›herleitet‹ ...«.[34]

Stirner, für den philosophisch-uneigenes Denken, wie oben dargestellt, nur eine scheinbare Befriedigung menschlicher Bedürfnisse bewirkt, das heißt: sich letztlich religiös bestimmt, ironisiert Hegels Gleichsetzung von Denken und Wirklichkeit: »Bei Hegel ... soll dem Gedanken ganz und gar die Wirklichkeit, die Welt der Dinge, entsprechen, und kein Begriff ohne Realität sein.« (EE 83). Für Stirner ist real das sich selbst setzende und sich konkret erfahrende Ich: »kein *Begriff* drückt Mich aus« (EE 369), denn das Ich selbst ist der Begriff und dessen gleichzeitige Auflösung, wodurch es ihn auch nicht mehr realisieren kann (vgl. EE 335).

Begriffe sollen überall entscheiden, Begriffe das Leben regeln, Begriffe *herrschen*. Das ist die religiöse Welt, welcher Hegel einen systematischen Ausdruck gab, indem er Methode in den Unsinn brachte und die Begriffssatzungen zur runden, festgegründeten Dogmatik vollendete. Nach Begriffen wird alles abgeleitet, und der wirkliche Mensch, d.h. Ich werde nach diesen Begriffsgesetzen zu leben gezwungen (EE 105).

Der Begriff steht für Stirner, vergleichbar dem (spekulativen) Denken, dessen Inhalt und Ergebnis er ja ist, in schroffem Gegensatz zur

---

[32] G. W. F. Hegel, Konzept der Rede beim Antritt des philosophischen Lehramtes an der Universität Berlin. Frankfurt 1970 (1818), p. 403.
[33] Vgl. dazu A. Hager, Subjektivität und Sein. Freiburg, München 1974, p. 72.
[34] a.a.O., p. 94; vgl. p. 204.

Stirners Auseinandersetzungen mit der Un-Eigentlichkeit der Philosophie

Unmittelbarkeit und Spontaneität des Lebens. Diese »Lebensphilosophie« jedoch ist für Stirner nicht systematisiert und nicht auf den Begriff zu bringen, denn unmittelbares und spontanes Verhalten entzieht sich begrifflichen Setzungen. Das dogmatische Abweisen des Befragen-Könnens, das nach Stirner den Begriff bestimmt, fordert die Unterwerfung des Einzelnen unter den Zwang, den dieser Begriff ausübt. Der Einzelne lebt den Begriff und orientiert sich an ihm, anstelle sich selbst zu leben und damit seinen eigenen Begriff zu verwirklichen und ihn damit zugleich als solchen zu negieren.

Einen weiteren Angriffspunkt liefert Stirner Hegels Glaube an die Gesetzmäßigkeiten des Denkens und die Allmacht der Vernunft. Stirner hält Hegel, für den »die Vernunft die Welt regiert und so auch die Weltgeschichte regiert hat«,[35] entgegen, er errichte die Tyrannei der Vernunft: »Man will nicht eine freie Bewegung und Geltung der Person oder Meiner, sondern der Vernunft, d.h. eine Vernunftherrschaft, eine Herrschaft.« (EE 114).

Obwohl sich die Kritik dieser Stelle an den politischen Liberalismus richtet, trifft sie doch in weit stärkerem Maße Hegel, denn er hat der Vernunft erst diese Dimension der Totalität gegeben, die jetzt alles beherrscht und überlagert, er führt »am Schlusse, die Idee in alles, in die Welt, ein und beweist, ›dass die Idee, dass Vernunft in allem sei‹« (EE 366). Für den »Lutheraner Hegel« herrscht in allem die »Vernunft, d.h. heiliger Geist, oder ›das Wirkliche ist vernünftig‹« (EE 101; vgl. EE 93).

Stirner zitiert Hegels umstrittenen Satz aus den »Grundlinien der Philosophie des Rechts« (»Was vernünftig ist, das ist wirklich; und was wirklich ist, das ist vernünftig«),[36] um die Auffassung Hegels, dass in allem Vernunft sei, auf einer Ebene mit Luthers Auffassung, dass in allem Geist sei, und mit Descartes' »Ausspruch, dass nur das cogitare, das Denken, der Geist – sei« (EE 94), kritisieren zu können. Geist, Denken und Vernunft sind verabsolutierende Abstraktionen, die sich der Natur und dem Menschen entgegenstellen und ihm die Möglichkeit versperren, eigene Werte zu setzen und diese wieder mit den bestehenden Werten zu ent-werten und aufzulösen.

---

[35] G. W. F. Hegel, Vorlesungen über die Philosophie der Geschichte. Frankfurt 1970 (1837), p. 40. Vgl. a.a.O., p. 20 und p. 27.
[36] G. W. F. Hegel, Grundlinien der Philosophie des Rechts. Frankfurt 1970 (1821), p. 24. Vgl. dazu Enzyklopädie der philosophischen Wissenschaften 1. Frankfurt 1970 (1830), §6, p. 47. Vgl. dazu E. Bloch, Subjekt – Objekt. Frankfurt 1977 (1951), p. 253 f. und H. Kiesewetter, Von Hegel zu Hitler. Hamburg 1974, vor allem p. 82–95.

Einer solchen Philosophie, Hegel markiert nur ihren Kulminationspunkt, gilt nichts »die *Natur*, nichts die Meinung der Menschen, ... und sie ruht nicht, bis sie in Alles Vernunft gebracht hat ...« (EE 93).[37]

Es führt leicht in die Irre bzw. zu Mißverständnissen, wenn man Formulierungen Hegels, etwa »Das Eigene ist das vom wirklichen konkreten Ich Ungetrennte«,[38] in Zusammenhang bringt mit Stirners Ansichten, denn die terminologischen Übereinstimmungen können leicht über die Unversöhnbarkeit des von Stirner bzw. Hegel Intendierten hinwegtäuschen; nur isoliert vom Textzusammenhang besteht Kongruenz. Das Eigene ebenso wie das Ich haben bei Hegel transitorische Bedeutung und finden ihre Bestimmung erst in der absoluten Subjektivität des Geistes. Stirners Einwand: »Hegel verurteilt das Eigene, das Meinige ...« ist durchaus berechtigt, denn schon in dem zitierten Paragraphen schreibt Hegel, »dass das *Denken* das *Eigenste* ist«,[39] ein Denken, das als Denken des Denkens letztlich identisch wird mit dem absoluten Geist. Stirner kann deshalb fortfahren: »Das ›absolute Denken‹ ist dasjenige Denken, welches vergisst, dass es *mein* Denken ist, dass *Ich* denke und dass es nur durch *Mich* ist.« (EE 343).

Bereits Kurt A. Mautz hat in seiner Dissertation darauf hingewiesen, dass »die von Stirner befehdeten Rechts-, Staats-, Gesellschaftsauffassungen usw.« stark von Hegels »Rechtsphilosophie« geprägt sind »und zu dauernden Hegelreminiszenzen und -travestien Anlaß« geben. Wollte man die Beziehungen zwischen Hegel und Stir-

---

[37] K. Löwith meint, die Spaltung der Hegelschen Schule in einen rechten und einen linken Flügel beruhe darauf, »dass die bei Hegel in *einem* metaphysischen Punkt vereinigten Sätze von der Vernunft des Wirklichen *und* der Wirklichkeit des Vernünftigen nach rechts und nach links vereinzelt wurden ... Die Rechte betonte, daß nur das Wirkliche auch das Vernünftige und die Linke, daß nur das Vernünftige auch das Wirkliche sei ... (Von Hegel zu Nietzsche. Stuttgart 1958⁴ (1941), p. 83). Diese Ansicht zeigt die bereits an anderer Stelle (siehe dazu die »Einleitung« zu dieser Arbeit) dargestellte Fragwürdigkeit solch pauschalisierender Richtungsangaben. Entweder ist nach diesen Unterscheidungskriterien Stirner kein Linkshegelianer (denn ihn interessiert ja, wie oben gezeigt werden konnte, ein völlig anderer Aspekt an dieser Auffassung Hegels), oder Löwiths Kriterien können den Rechts- und Linkshegelianismus nicht zureichend erfassen. Löwith wird Stirner ohnehin nicht gerecht, wenn er die Meinung vertritt, Stirner lasse »die Philosophie überhaupt in einem radikalen Kritizismus und Nihilismus *verenden* ...« (a.a.O., p. 84).
[38] G. W. F. Hegel, Enzyklopädie der philosophischen Wissenschaften III. Frankfurt 1970 (1830), § 400, p. 98.
[39] a.a.O., p. 99.

ner aufzeigen, müsste man Stirners Gesamtwerk mit Hegels Philosophie konfrontieren. »Denn auch da, wo Hegel nicht genannt wird, bedienen sich Stirners Formulierungen, in polemisch anspielendem Ton bisweilen, Hegelscher Definition.«[40]

»Der Einzige und sein Eigentum« ist Opposition gegen Hegel, er, der Einzige, ist der extreme Anti-Hegel.

6.2. Feuerbachs Wesen des Menschen als »Eigenthum des Seins« und die Überwindung des Seins durch den wesenlosen Eigner

»Der Mensch ist dem Menschen das höchste Wesen, sagt Feuerbach«; mit diesem leicht modifizierten Zitat aus Feuerbachs 1843 in zweiter, überarbeiteter Fassung erschienenem Hauptwerk »Das Wesen des Christenthums« – Feuerbach bestimmt darin »das Wesen des Menschen [als] das *höchste Wesen* des Menschen«[41] – charakterisiert Stirner Feuerbachs radikalisierte Tendenzen der Anthropologisierung von Theologie und Philosophie; zusammen mit Bruno Bauers These, dass der Mensch »nun erst gefunden« sei, stellt er das Feuerbach-Zitat als zu überprüfendes Motto an den Anfang des ersten Teils seines »Einzigen und sein Eigentum«, der die Überschrift »Der Mensch« trägt (EE [17]).[42]

Friedrich Jodl, Philosoph und Mitherausgeber von Feuerbachs Werken, überschätzt allerdings den Stellenwert, den Feuerbach inner-

---

[40] K. A. Mautz, Die Philosophie Max Stirners. Berlin 1936, p. 80.
[41] L. Feuerbach, Das Wesen des Christenthums. Stuttgart 1903 (1841), p. 326; vgl. ähnlich a. a. O., p. 153 (Der Glauben ist »*die Selbstgewissheit des Menschen, ... dass sein eigenes subjectives Wesen ... das Wesen der Wesen ist*«) und L. Feuerbach, Grundsätze der Philosophie der Zukunft. Stuttgart 1904 (1843), p. 252 (»Wem das höchste Wesen Gegenstand ist [nämlich dem Wesen des Menschen], das ist selbst das höchste Wesen.«).
[42] Stirner zitiert diese Stelle aus Feuerbachs »Wesen des Christenthums« wiederholt (vgl. EE 43, 46, 48 f., 57, 67 u. ö.) oder pointiert sie (EE 364: »Der Mensch ist des Liberalen höchstes Wesen ...«).
Für Marx endet mit diesem Standpunkt »die Kritik der Religion«; den Satz interpretiert er als »*kategorischen Imperativ, alle Verhältnisse umzuwerfen*, in denen der Mensch ein erniedrigtes, ein geknechtetes, ein verlassenes, ein verächtliches Wesen ist ...« (K. Marx, Zur Kritik der Hegelschen Rechtsphilosophie. Einleitung, in: MEW 1. Berlin (Ost) 1970 (1844), p. 385).

halb dieser »Ersten Abteilung« (EE [17]) von Stirner bekommt, wenn er schreibt, »gerade diese Abteilung [sei] fast durchgängig eine Polemik gegen Feuerbach«;[43] Stirner setzt sich in diesem Teil ebenso auseinander mit Hegel und dessen Triade (EE 19–159), mit der griechischen Philosophie (EE 15–35), Pierre-Joseph Proudhon (EE 37 und 86 u. ö.), Bruno Bauer (EE 84, 92, 109, 131, u. ö.), Descartes (EE 91–94), dem Liberalismus (EE 107 ff.) usw.

Stirners Argumentation bewegt sich schrittweise, zuerst ganz im Sinne Feuerbachs, auf den Punkt zu, wo seine Ansichten mit denen Feuerbachs kollidieren:

Der Geist, so beginnt Stirner seinen Angriff auf Feuerbachs Menschen, der Geist ist »Dein besser Teil« (EE 40), die Projektion deiner Bedürfnisse auf ein Ideal, das all das beinhaltet, was du zu realisieren nicht in der Lage bist. Da du immer versuchst, dich diesem Ideal anzunähern, verfolgst du nicht eigene Interessen, sondern die Interessen dieses idealen Zustandes: »Du lebst nicht Dir, sondern Deinem *Geiste* und dem, was des Geistes ist, d. h. Ideen.« (EE 40). Ergriffen von der Begeisterung für dieses Ideal, ist deine ganze Sehnsucht darauf gerichtet,

ganz Geist zu werden und im Geiste aufzugehen. Der Geist ist Dein *Ideal*, das Unerreichte, das Jenseitige: Geist heißt Dein – Gott, »Gott ist Geist«.

Gegen alles, was nicht Geist ist, bist Du ein Eiferer, und darum eiferst Du gegen Dich *selbst*, der Du einen Rest von Nichtgeistigem nicht los wirst (EE 41).

Stirner operiert hier noch ganz mit Feuerbachs Argumenten: »*In der Persönlichkeit Gottes*«, so heißt es im »Wesen des Christenthums«, »*feiert der Mensch die Uebernatürlichkeit, Unsterblichkeit, Unabhängigkeit und Unbeschränktheit seiner eigenen Persönlichkeit.*«[44] Dadurch, dass sich der Mensch seiner Unzulänglichkeiten bewusst wird, entsteht in ihm das Bedürfnis, sie zu überwinden. Gott ist des Menschen Wunsch, die Schranken des Menschseins zu durchbrechen

---

[43] F. Jodl, Max Stirner und Ludwig Feuerbach. Stuttgart und Berlin 1916 (1911), p. 279.
[44] L. Feuerbach, Das Wesen des Christenthums, p. 219. Vgl. a.a.O., p. 219: »Wie Gott nichts Anderes ist als das Wesen des Menschen, gereinigt von dem, was dem menschlichen Individuum, sei es nun im Gefühl oder Denken, als Schranke, als Uebel erscheint: so ist das Jenseits nichts Anderes als das Diesseits, befreit von Dem, was als Schranke, als Uebel erscheint.«

und die Beschränkung aufzuheben. »Gott entspringt aus dem *Gefühl eines Mangels*; was der Mensch *vermisst* ... das ist Gott.«[45]

Das Bedürfnis des Menschen, diesen Mangel zu beseitigen, ist die Ursache für

> *die Entzweiung* des Menschen *mit sich selbst*: er setzt sich Gott als ein ihm *entgegengesetztes Wesen* gegenüber. Gott ist *nicht*, was der *Mensch* ist – der Mensch *nicht*, was *Gott* ist.[46]

Bis zu diesem Punkt ist Stirner bereit, Feuerbach zu folgen, denn auch Stirner spricht von einem »Zwiespalt«, der »Ich und Geist« trennt; gleichzeitig markiert diese Feststellung jedoch den Punkt, wo die Ansichten Stirners und Feuerbachs beginnen auseinander zu laufen. Für Stirner ist die psychologisch erklärbare Entzweiung des Menschen[47] in Ich und Geist nicht irreversibel wie für Feuerbach, der, ganz Dialektiker im Sinne Hegels, den aus dem Menschen hinausprojizierten Gott wieder in seinen Ursprung zurückführt.[48] »Der Mensch trennt sich in der Religion von sich selbst, aber nur, um *immer wieder auf denselben Punkt zurückzukommen, von dem er ausgelaufen.*«[49]

Das Ende dieses dialektischen Prozesses ist die Versöhnung des Menschen mit seiner Projektion Gott: »wie Gott daher wieder Mensch wird, so kehrt die Seele wieder in ihren Leib zurück – und die *vollkommene Einheit* des Dies- und Jenseits ist jetzt wieder hergestellt.«[50]

Stirner sprengt den erkenntnistheoretischen Zirkel Feuerbachs vom sich entzweienden Menschen, der sich von sich selbst entfernt, »*um auf einem Umweg wieder auf sich zurückzukommen!*«[51]

---

[45] a.a.O., p. 90.
[46] L. Feuerbach, a.a.O., p. [41].
[47] Vgl. K. A. Mautz, Die Philosophie Max Stirners. Berlin 1936, p. 26 und 29.
[48] Das erkennt auch W. Eßbach richtig: »Stirner verzichtet auf das dialektische Modell, das der Feuerbachschen Philosophie zugrundeliegt. Die ›Aufhebung‹ der Entfremdung kann niemals den gleichen Weg nehmen wie die Entfremdung. ... Stirners Thesen ... drohten vor allem das grundlegende dialektische Modell vom Gleichgewicht der Entfremdung und ihrer Aufhebung als eine spekulative Illusion zu erweisen.« (Die Bedeutung Max Stirners für die Genese des historischen Materialismus. Göttingen 1978, p. 60f.).
[49] L. Feuerbach, a.a.O., p. 219.
[50] a.a.O., p. 221.
[51] a.a.O., p. 250.

Stirners Auseinandersetzungen mit der Un-Eigentlichkeit der Philosophie

Aus dem Zwiespalt von »Ich und Geist«, den Stirner konstatiert, erklärt sich »ganz tautologisch die Notwendigkeit, dass der Geist im Jenseits haust, d. h. Gott ist.« (EE 42). Das von Feuerbach gelöste »*Geheimniss der Theologie*«, dass Theologie nämlich »nichts Anderes als die *Anthropologie* ist«[52] (vgl. EE 150 f.), bezeichnet Stirner als »durchaus theologisch, d. h. gottesgelahrt«;[53] den radikalen Bruch mit Feuerbachs Anthropologisierung der Theologie signalisieren die rhetorisch gestellten und so harmlos klingenden Fragen: »Was gewinnen Wir denn, wenn Wir das Göttliche außer Uns zur Abwechslung einmal in Uns verlegen? Sind *Wir* das, was in Uns ist?« (EE 42).

Die Fragen implizieren die gegenüber Feuerbach radikalisierte Problemstellung Stirners; Stirner interessiert nicht mehr die Frage: Was ist der Mensch in Bezug auf Gott und in welchem Verhältnis stehen Gott und der Mensch zueinander? – dieses Problem stellt sich Stirner nicht mehr, er sieht es im Sinne Feuerbachs gelöst: Gott ist der idealisierte Mensch –, sondern ihn beschäftigt die auf den Menschen selbst bezogene Frage: Bin ich der Mensch, der sich in Gott idealisiert und frei von Wünschen und Mängeln wiederfindet? Auf eine einfache Formel gebracht: Bin ich identisch mit Feuerbachs Menschen, diesem höchsten Wesen?[54]

Stirners Antwort negiert die Frage entschieden: Ich bin nicht identisch mit dem, was in mir ist,

so wenig als Wir das sind, was außer Uns ist. Ich bin so wenig mein Herz, als Ich meine Herzgeliebte, dieses mein »anderes Ich« bin. Gerade weil Wir nicht der Geist sind, der in Uns wohnt, gerade darum mussten Wir ihn außer Uns versetzen: er war nicht Wir, fiel nicht mit Uns in Eins zusammen, und darum konnten Wir ihn nicht anders existierend denken als außer Uns, jenseits von Uns, im Jenseits (EE 42).

Der Bruch Stirners mit dem dialektischen Denken Hegels und Feuerbachs ist der Bruch mit der Vorstellung eines in das Bewusstsein des

---

[52] a. a. O., p. 250.
[53] An anderer Stelle meint Stirner, Feuerbachs Satz von der Theologie als Anthropologie (vgl. dazu auch L. Feuerbach, Das Wesen des Christenthums, p. 107, 129, 279; ebenso »Vorläufige Thesen zur Reform der Philosophie« p. 222 und »Grundsätze der Philosophie der Zukunft« p. 245 und 315) heiße nichts anderes als »›die Religion muß Ethik sein, die Ethik ist allein Religion.‹« (EE 68).
[54] Auf diese Feuerbach radikalisierende Tendenz weisen auch K. A. Mautz (Die Philosophie Max Stirners. Berlin 1936, vgl. p. 29 und p. 34) und W. Eßbach (Die Bedeutung Max Stirners für die Genese des historischen Materialismus. Göttingen 1978, p. 57 f.) hin.

Menschen zurückkehrenden Gottes und die »Weitertreibung des anthropologischen Standpunktes Feuerbachs«:[55] Ich bin ich und Gott ist Gott. Zwischen Gott und dem Eigner gibt es keine Möglichkeit einer dialektisch motivierbaren Versöhnung. Gott bleibt außerhalb des Einzelnen, seine Wohnung ist nicht im Ich, sondern im Himmel. Mit bissiger Ironie banalisiert Stirner das von Feuerbach aufgedeckte »*geheime* Wesen der Religion« (die Rückkehr Gottes in den Menschen und »die *Einheit* des göttlichen Wesens mit dem menschlichen«):[56]

Er wohnt im Himmel und wohnt in Uns; Wir armen Dinger sind eben nur seine »Wohnung«, und wenn Feuerbach noch die himmlische Wohnung desselben zerstört, und ihn nötigt, mit Sack und Pack zu Uns zu ziehen, so werden Wir, sein irdisches Logis, sehr überfüllt werden (EE 43).

Das Theologische an der von Feuerbach anthropologisierten Theologie zeigt sich für Stirner darin, dass Feuerbach den »gesamten Inhalt des Christentums« nicht etwa aufgibt, sondern an sich reißt, »um ihn, den langersehnten, immer ferngebliebenen, mit einer letzten Anstrengung aus seinem Himmel zu ziehen und auf ewig bei sich zu behalten.« Dieser »Griff der letzten Verzweiflung« beweist Stirner nur, dass in Feuerbach »die christliche Sehnsucht und Begierde nach dem Jenseits« bestehen bleibt (EE 42). Der von Feuerbach signalisierte »Wendepunkt der Weltgeschichte« (EE 43)[57] bedeutet für Stirner somit nichts anderes als eine Wende in Bezug auf die Lokalisierung Gottes, wenn auch »zum *homo* als *Deus*.« (EE 67). Gott außerhalb des Menschen oder im Menschen bedeutet keinen wesentlichen erkenntnistheoretischen Fortschritt, denn noch immer existiert Gott und der Mensch oder der Gottmensch, »der Mensch als Gott« (EE 43);

was dem Gott genommen wurde, ist dem Menschen zugesetzt worden, und die Macht der Humanität vergrößerte sich in eben dem Grade, als die der Frömmigkeit an Gewicht verlor; »der Mensch« ist der heutige Gott, und Menschenfurcht an die Stelle der alten Gottesfurcht getreten (EE 191).[58]

---

[55] K. A. Mautz, Die Philosophie Max Stirners. Berlin 1936, p. 30.
[56] L. Feuerbach, a.a.O., p. 297.
[57] L. Feuerbach, a.a.O., p. 326.
[58] H.-M. Saß, der Stirner als den Endpunkt eines mit der Spaltung der Hegelschule einsetzenden »subjektivistischen Standpunktes« interpretiert, versteht Stirner dann falsch, wenn er dessen Philosophie als »»Anthropotheismus«« bezeichnet (Untersuchungen zur Religionsphilosophie in der Hegelschule 1830–1850. Münster 1963, p. 200). Stirner geht es gerade um die Negation einer Verabsolutierung, wie sie der Begriff »Anthropotheismus« beansprucht.

Stirner sieht in Feuerbachs Anthropologisierung bestenfalls eine qualitative, jedoch keine grundsätzliche Änderung in der Erkenntnis der Stellung des Einzelnen zur Welt. Der Einzelne hat seine Beziehungen zu Gott und zur Welt noch nicht radikal zu Ende gedacht, er ist noch abhängig von der Objektwelt und seiner Bestimmung als Mensch; der Einzelne ist noch nicht Eigner der Welt und Eigner seiner selbst, weil er sich seiner Macht noch nicht bewusst ist, weil er sich nicht selbst bestimmt, sondern sich dem Diktat eines abstrakten Menschseins beugt. Mit Feuerbachs Definition des Menschen als Gottmenschen ist »der letzte böse *Geist* oder Spuk, der täuschendste oder vertrauteste, der schlaueste Lügner mit ehrlicher Miene, der Vater der Lügen« (EE 190) definiert worden. Denn geändert hat sich nichts am Bewusstsein eines »höchsten Wesens«; an ihm, diesem »höchsten Wesen«, ist »nichts als eine Metamorphose vor sich gegangen« (EE 191).

Feuerbach sieht den Einzelnen nicht in seiner Einzigkeit und Eigenheit, erkennt das Verhältnis des Eigners zur Außenwelt nicht als vom Eigner bestimmt, sondern denkt sich

das Prädikat nur ins Subjekt verwandelt, und statt des Satzes »Gott ist die Liebe« heißt es »die Liebe ist göttlich«, statt »Gott ist Mensch geworden« – »der Mensch ist Gott geworden« usw. Es ist eben nur eine neue – *Religion* (EE 68).[59]

Stirner formuliert die Kritik an Feuerbach mit dessen eigenen Worten; in seinen »Vorläufigen Thesen zur Reform der Philosophie« aus dem Jahre 1842 beschreibt Feuerbach die Methode, mit der er Hegels spekulatives Denken und die spekulative Philosophie überhaupt ihres

---

[59] Stirners Kritik bezieht sich auf Feuerbachs Satz: »ist das Wesen des Menschen das *höchste Wesen* des Menschen, so muß auch praktisch das *höchste* und *erste Gesetz die Liebe des Menschen zum Menschen* sein«; »der oberste praktische Grundsatz« Feuerbachs, sein »*Homo homini Deus est*« (L. Feuerbach, a. a. O., p. 326) verändert nach Stirner nur Gott, »der Deus, die Liebe ist geblieben; dort Liebe zum übermenschlichen Gott, hier Liebe zum menschlichen Gott, zum homo als Deus.« (EE 67). Eine fast gleichlautende Kritik an Feuerbach findet sich EE 57.
Der Philosoph und Staatsmann Thomás G. Masaryk unterstützt Stirner in dessen Religions-Vorwurf:
»Stirner hat demnach nicht ganz Unrecht, wenn er in Feuerbach einen Theologen sieht; thatsächlich hat Feuerbach die Philosophie mit der Theologie auf's Innigste verbunden. So innig, dass ihm die Philosophie schliesslich verloren geht – sie wird ... vernünftige Theologie und geradezu Religion.« (Die philosophischen und sociologischen Grundlagen des Marxismus. Wien 1899, p. 68).

spekulativen Charakters zu entkleiden und in ein »zu Fleisch und Blut gewordenes Bewußtsein« zu verwandeln gedenkt:[60]

Wir dürfen nur immer das *Prädicat* zum *Subject*, und so als *Subject* zum *Object* und *Princip* machen – also die speculative Philosophie nur *umkehren*, so haben wir die unverhüllte, die pure, blanke Wahrheit.[61]

Nach Stirner, der diese Stelle im »Einzigen« zitiert, ist mit der Übergabe der göttlichen Attribute an den Menschen grundsätzlich nichts verändert. Ob das »höchste Wesen ein übermenschliches oder ein menschliches« ist, ändert nichts an der Tatsache, dass es ein »Wesen über Mir, gleichsam ein übermeiniges ist« (EE 57); zwar geben wir damit Gott als Subjekt auf, »allein Wir tauschen dafür die andere Seite des religiösen Standpunktes, den *sittlichen* ein.« (EE 57). Wenn ich die Liebe zu Gott als Illusion entlarve und sie dadurch desillusioniere, dass ich sie nicht mehr auf Gott, sondern auf den Menschen beziehe,[62] habe ich die religiöse Liebe eben lediglich in eine sittliche verwandelt, mit anderen Worten: Aus einem religiösen Imperativ ist ein ethischer Imperativ geworden. Das Subjekt wird Prädikat, das Prädikat Subjekt: der Imperativ bleibt. Was ändert sich mit dem Bewusstsein »der sittlichen Liebe? Liebt sie den Menschen, *diesen* Menschen um *dieses* Menschen willen; oder um der Sittlichkeit willen, um *des* Menschen willen, also – denn homo homini Deus – um Gottes willen?« (EE 68 f.).

Wird in dem Satz »Gott ist die Liebe« nicht nur das Subjekt in das Prädikat verwandelt, sondern

setzen Wir noch an die Stelle des Prädikats »göttlich« das gleichbedeutende »heilig«, so kehrt der Sache nach alles Alte wieder zurück. Die Liebe soll danach das *Gute* am Menschen sein, seine Göttlichkeit, das was ihm Ehre macht, seine wahre Menschlichkeit ... (EE 58).

Gerade das aber geschieht bei Feuerbach: Das in das Prädikat verwandelte Subjekt ist das Heilige schlechthin: »*Heilig* ist und sei Dir die Freundschaft, heilig das Eigenthum, heilig die Ehe, heilig das Wohl jedes Menschen, aber heilig *an und für sich* selbst.«[63]

---

[60] L. Feuerbach, Vorläufige Thesen zur Reform der Philosophie. Stuttgart 1904, p. 226.
[61] a.a.O., p. 224.
[62] Vgl. L. Feuerbach, Das Wesen des Christenthums, p. 331.
[63] L. Feuerbach, Das Wesen des Christenthums, p. 327; vgl. a.a.O., p. 330 f.: »Das Richtige, Wahre, Gute hat überall seinen *Heiligungsgrund in sich selbst, in seiner Qualität*.«

Diese Heiligsprechung des Menschen und der menschlichen Beziehungen musste Stirners Kritik herausfordern, weil diese »Herausstellung allgemeinverbindlicher ›heiliger‹ Wertvorstellungen ... den Menschen an ein überindividuelles Ideal, das dem Einzelnen als absolut gegenübersteht«, verpflichtet »und ihn seiner Individualität entfremdet.«[64] Nachdem Stirner den Satz Feuerbachs zitiert hat, stellt er rhetorisch die Fragen; »Hat man da nicht wieder den Pfaffen? Wer ist sein Gott? *Der* Mensch! Was das Göttliche? *Das* Menschliche!« (EE 68).[65]

In einem anderen Zusammenhang, bei der Gegenüberstellung von Katholizismus und Protestantismus, greift Stirner, Feuerbachs »aufgeklärter Protestantismus« (EE 99) hat ihn sichtlich angespornt, diese Stelle noch einmal auf und zitiert den gesamten Abschnitt über die »*durch sich selbst*« heilige Ehe und das Heilige zwischenmenschlicher Beziehungen.[66]

Stirner hält diesen Gedanken Feuerbachs insofern für »ein sehr wesentliches Moment«, als er die prinzipielle Übereinstimmung zwischen Katholizismus und Protestantismus erkennen lässt; der Unterschied besteht nur im Verfahren der Heilig-Erklärung: Im Katholizismus heiligt der Priester das Weltliche, im Protestantismus (Feuerbachs) »sind [die] weltliche[n] Verhältnisse *durch sich selbst* heilig, heilig durch ihre bloße Existenz.« Während der Protestant (Feuerbach) »im Sinnlichen selbst eine Heiligkeit zu entdecken« sucht, »um dann nur an Heiligem zu hängen« (EE 100), vollzieht der Eigner gerade »unbarmherzig die maßloseste – *Entheiligung*. Nichts ist ihm heilig!« (EE 190).

Stirner stellt der »theologische[n] Ansicht Feuerbachs« und seiner These vom »Wesen des Menschen als des Menschen *höchstes* Wesen« folgenden »Widerspruch« gegenüber:

Das höchste Wesen ist allerdings das Wesen des Menschen, aber eben weil es sein *Wesen* und nicht er selbst ist, so bleibt es sich ganz gleich, ob Wir es außer ihm sehen oder als »Gott« anschauen, oder in ihm finden und »We-

---

[64] K. A. Mautz, Die Philosophie Max Stirners. Berlin 1936, p. 31.
[65] Die Zeichensetzung und Hervorhebungen habe ich gegenüber dem inkonsequenten und irreführenden Vorgehen aller bisherigen Ausgaben, die der edition princeps (p. 76) folgen (»Wer ist der Mensch? *Der* Mensch? Was das Göttliche? *Das* Menschliche!«), geändert, da Stirner seine rhetorisch gestellten Fragen selbst beantwortet unter Betonung des Artikels und damit des *allgemeinen* Anspruchs, den er Feuerbach vorwirft.
[66] L. Feuerbach, Das Wesen des Christenthums, p. 327.

sen des Menschen« oder »der Mensch« nennen. *Ich bin weder Gott, noch der Mensch, weder das höchste Wesen, noch Mein Wesen, und darum ist's in der Hauptsache einerlei, ob Ich das Wesen in Mir oder außer Mir denke* ... (EE 43).

Der Philosoph Wilhelm Windelband, Mitbegründer der Südwestdeutschen Schule des Neukantianismus, meint, Stirner ziehe mit dem »Einzigen« »die Konsequenz, welche die Prämisse [Feuerbachs] auf den Kopf stellt.« Stirner indessen ist noch radikaler: Mit seinem Eigner kritisiert er die »Prämisse« Feuerbachs, die davon ausgeht, dass »das Abstrakte und Unwirkliche« vom »lebendigen, sinnlichen Menschen von Fleisch und Blut«[67] abgelöst worden sei. Stirner kritisiert mit dem Eigner in erster Instanz nicht Feuerbachs Ethik, sondern Feuerbachs Menschen. »*Der* Mensch ist ja keine Person, sondern ein Ideal, ein Spuk« (EE 87).

Im Gegensatz zu Feuerbachs abstraktem höchsten Wesen ist der Eigner, dieser radikale »*Entheiliger*« (EE 190), wesenlos, weil in seiner Endlichkeit und Unmittelbarkeit unbestimmbar; der Eigner in seiner Einzigkeit versagt sich jeder Definition und Festlegung, weil er durch seine jeweilige und ständige Neusetzung Bleibendes ausschließt. Der Eigner ist nicht mit dem Begriff der essentia zu erfassen, sondern er ist existentia: »Wesen« und »Existenz«, »Begriff« und »Erscheinung« bilden für den Eigner unversöhnbare Gegensätze;[68] der Eigner ist gebunden an sein jeweiliges Dasein, er existiert nur dadurch, dass er sich »zum Berechtiger, zum Mittler und zum eigenen Selbst« erklärt (EE 191). Auch Ludger Lütkehaus stellt diesen wichtigen Gedankengang Stirners richtig dar, wenn er sagt, der Einzige könne »sich nicht in einer Bestimmung seines ›Wesens‹, gar einer Definition seiner selbst ausdrücken, weil ihn das fixieren und kommensurabel machen würde«, greift dann aber das ständig kolportierte solipsistische Klischee auf und bezeichnet »Stirners Existenzialismus avant la lettre, zugleich [als] die Fortsetzung der negativen Theologie mit solipsistischen Mitteln.«[69]

Stirner wirft Feuerbach vor, er poche in seinen 1843 in der Schweiz erschienenen »Grundsätzen der Philosophie der Zukunft« »immer auf *das Sein*. Darin bleibt auch er, bei aller Gegnerschaft ge-

---

[67] F. Windelband, Lehrbuch der Geschichte der Philosophie. Tübingen 1957¹⁶ (1892), p. 575.
[68] Vgl. K. A. Mautz, Die Philosophie Max Stirners. Berlin 1936, p. 34.
[69] L. Lütkehaus, Nichts. Frankfurt am Main 2004, p. 663.

gen Hegel und die absolute Philosophie, in der Abstraktion stecken; denn ›das Sein‹ ist Abstraktion, wie selbst ›das Ich‹.« (EE 343).[70] Stirners Kritik zielt auf Äußerungen Feuerbachs, in denen Sein und Existenz als identisch angesehen werden:

Das Sein ist *kein allgemeiner, von den Dingen abtrennbarer Begriff. Es ist Eins mit dem, was ist.* Es ist nur mittelbar denkbar – nur denkbar durch die Prädicate, welche das Wesen eines Dinges begründen. Das Sein ist die Position des Wesens. *Was mein Wesen, ist mein Sein.*[71]

Diesem »Eigenthum des Seins«[72], dem auch das Dasein des Menschen zuzurechnen ist,[73] stellt Stirner den Eigentumsbegriff des Eigners gegenüber, der alles umfasst, Feuerbachs Abstraktion des Seins, seine Abstraktion des Ich und deren Negation:

Nur *Ich bin* nicht Abstraktion allein, *Ich bin* alles in allem, folglich selbst Abstraktion oder Nichts, Ich bin alles und Nichts; Ich bin kein bloßer Gedanke, aber Ich bin zugleich voller Gedanken, eine Gedankenwelt (EE 343).

Diese fünfmalige Wiederholung des »Ich bin« in einem Satz akzentuiert den Existenzcharakter des Einzelnen, betont dieses reale, konkrete Dasein und die Ursache, das heißt: den Schöpfungsanspruch des Eigners für Abstraktionen und Gedanken und damit den vom Schöpfungsakt abgeleiteten Besitzanspruch.

Feuerbach will Hegels »absolutes Denken« durch das *unüberwundene Sein* schlagen. Das Sein ist aber in Mir so gut überwunden als das Denken. Es ist *mein* Sein[74], wie jenes *mein* Denken (EE 343).

---

[70] Im Grundsätzlichen stimmt diese Kritik an Feuerbach überraschenderweise mit der von Marx und Engels in der »Deutschen Ideologie« überein: Feuerbach komme nie »zu den wirklich existierenden, tätigen Menschen«, heißt es an einer Stelle, »sondern bleibt bei dem Abstraktum ›der Mensch‹ stehen ...«. MEW 3, Berlin (Ost) 1969 (1932), p. 44. Vgl. auch Engels Brief an Marx vom 19. November 1844, in: MEW 27, Berlin (Ost) 1965, p. 12.
[71] L. Feuerbach, Grundsätze der Philosophie der Zukunft. Stuttgart 1904 (1843), p. 296 (27. Grundsatz).
Vgl. auch a.a.O., p. 270, 274, 285 und 288. Siehe zur Rezeption der »Grundsätze« von Stirner und den Linkshegelianern S. Rawidowicz, Ludwig Feuerbachs Philosophie. Berlin 1964 (1931), p. 155.
[72] L. Feuerbach, Grundsätze der Philosophie der Zukunft, p. 288 (29. Grundsatz).
[73] Vgl. a.a.O., p. 285 (26. Grundsatz).
[74] In der editio princeps und späteren Ausgaben steht Sinn, was aber keinen Sinn ergibt.

Stirner spielt auf eine Stelle in den »Grundsätzen« an, mit der Feuerbach den Nachweis zu liefern versucht, dass das Denken vom Sein unterschieden werden muss, da das Sein als Prädikat der Vernunft »nur ein *gedachtes abstractes* Sein« ist, kein seiendes Sein.

Die Identität von Denken und Sein drückt daher nur die *Identität des Denkens mit sich selbst* aus. Das heißt: das absolute Denken kommt *nicht von sich weg, nicht aus sich heraus zum Sein*. Sein bleibt ein Jenseits.[75]

Bezogen auf den konkreten Einzelnen verweigert Stirner dieser prinzipiellen Unterscheidung von Sein und Denken seine Zustimmung. Der Eigner erkennt Sein und setzt Sein, der Eigner denkt Sein und Sein ist unabhängig vom Denken:

Durch das *Sein* wird gar nichts gerechtfertigt. Das Gedachte *ist* so gut als das Nicht-Gedachte, der Stein auf der Straße *ist* und meine Vorstellung von ihm *ist* auch. Beide sind nur in verschiedenen *Räumen*, jener im luftigen, dieser in meinem Kopfe, in *Mir*: denn ich bin Raum wie die Straße (EE 344 f.).[76]

Nach Stirners Ansicht ist Feuerbachs Pochen auf das Sein genauso wenig geeignet, einen entscheidenden Schritt über die spekulative Philosophie hinaus zu gehen, als sein Versuch, die Theologie zu anthropologisieren. So kommt Feuerbach denn, nach Stirners Ansicht, auch nicht weiter als zu »dem an sich trivialen Beweis, dass Ich die *Sinne* zu allem brauche ...« (EE 343).

Feuerbachs Prinzip der Sinnlichkeit, das leitmotivisch seine Schriften durchzieht,[77] verstanden als Prinzip des »*unmittelbaren* Wissens«,[78] als »das Wirkliche *in seiner Wirklichkeit* oder *als Wirkliches*«,[79] ist für Stirner deshalb eine Trivialität, weil Erkenntnis immer mit dem sinnlich existierenden Einzelnen verbunden ist. Die

---

[75] L. Feuerbach, Grundsätze der Philosophie der Zukunft, p. 282 (24. Grundsatz).
[76] R. Schellwien kritisiert, dieses Zitat völlig aus seinem Zusammenhang reißend, es handle sich hier um assertorische Sätze ohne jede Begründung«, weil Stirner auf die Frage, »warum ... dieser Parallelismus von Sein und Denken« sei und woher er komme, »aus den Sein oder aus dem Denken« (!) die Antwort verweigere (Der Wille, in: Pädagogische Studien. XX. Jg., 2. Heft. Dresden 1899, p. 92). Zu solchen banalen Fehlschlüssen gelangt, wer die Polemik dieses Satzes gegen Feuerbach außer Acht lässt und Stirner eine ontologische Fragestellung unterschiebt, die Stirner weder hier noch sonstwo in seinen Schriften interessiert.
[77] Vgl. dazu A. Schmidt, Emanzipatorische Sinnlichkeit. München 1973.
[78] L. Feuerbach, a.a.O., p. 301 (38. Grundsatz).
[79] a.a.O., p. 296 (32. Grundsatz); vgl. a.a.O., p. 295 und 273.

Differenz Stirners zu Feuerbach beruht darin, dass Stirners sinnlicher Einzelner der jeweilige Eigner in seiner Singularität ist:

Allein zum Denken wie zum Empfinden, also zum Abstrakten wie zum Sinnlichen brauche Ich vor allen Dingen Mich, und zwar Mich, diesen ganz Bestimmten, Mich diesen *Einzigen*. (EE 343)

Sinnlichkeit als Prinzip ist, so paradox es klingt, eine weitere idealistisch belastete Abstraktion, da dem Sinnlichen nur als fortwährender konkreter Selbsterfahrung und Selbstwahrnehmung des jeweiligen Einzelnen Realität zukommt.

Feuerbach begehe den gleichen Fehler, den er seinerseits Hegel vorwirft: die Sprache missbrauchen, »indem er anderes unter manchen Worten verstehe, als wofür das natürliche Bewusstsein sie nehme« (EE 344);[80] wenn Feuerbach das Sinnliche negativ umschreibt als das nicht »*Unmittelbare* im Sinn der speculativen Philosophie, *in dem Sinn*, dass es das *Profane*, das *auf platter Hand liegende*, das *Gedankenlose*, das *sich von selbst Verstehende* sei«,[81] misst er ihm einen so eminenten Sinn zu, »wie er nicht gebräuchlich ist.« Stirner geht es jedoch nicht um diesen ungebräuchlichen Wortgebrauch, sondern um die dahinter stehende philosophische Intention: Es ist Feuerbachs Versuch, auch das Sinnliche zu transzendieren, es als »das Heilige, das Gedankenvolle, das verborgen Liegende, das nur durch Vermittlung Verständliche« zu bestimmen (EE 344). Vermittelte Sinnlichkeit ist jedoch keine Sinnlichkeit mehr, sondern etwas »Unsinnliches, welches indes wieder sinnliche Wirkungen haben kann« (EE 383); Sinnliches ist gebunden an die Unmittelbarkeit der Sinne des jeweils sinnlich Erfahrenden. Stirner setzt sich noch an einigen anderen Stellen mit Feuerbach auseinander (vgl. EE 26, 180, 188, 247, 297, 313, 340 und 366), ohne allerdings der oben dargestellten Kritik an Feuerbachs »neuer Philosophie« (EE 344)[82] neue Momente hinzuzufügen.

---

[80] Vgl. a.a.O., p. 281 f. (23. Grundsatz): Bestimmungen werden bei Hegel dadurch zu Bestimmungen des Absoluten, »dass sie in einem anderen Sinn als ihrem wirklichen Sirn, d.i. einem gänzlich verkehrten Sinn genommen werden. ... Daher die *grenzenlose Willkür* der Speculation, dass sie den Namen einer Sache gebraucht, ohne doch den Begriff gelten zu lassen, welcher mit diesem Begriff verbunden ist.« Vgl. auch p. 282.
[81] L. Feuerbach, a.a.O., p. 305 (43. Grundsatz).
[82] Feuerbach bezeichnet vor allem in den »Grundsätzen der Philosophie der Zukunft« seine Anthropologie wiederholt als »neue Philosophie«, als die »*Realisation* der Hegelschen, überhaupt bisherigen Philosophie« (p. 274, 20. Grundsatz); vgl. auch p. 291,

Seine vornehmliche Kritik richtet sich gegen Feuerbachs »höchstes Wesen«, das zur Abwechslung nicht Gott, sondern der Mensch ist. Dieser Feuerbachsche Mensch ist jedoch nichts anderes als »das absolute Ich, die Gattung«, während Stirner »das vergängliche, einzelne Ich« zum Ausgangspunkt seines philosophischen Denkens macht;

nach Feuerbach kann der Einzelne (das »Individuum«) »sich nur über die Schranken seiner Individualität erheben, aber nicht über die Gesetze, die positiven Wesensbestimmungen seiner Gattung.«[83]

Stirner entgegnet Feuerbach: »*Der* Mensch ist nur ein Ideal, die Gattung nur ein Gedachtes. *Ein* Mensch sein, heißt nicht das Ideal *des* Menschen erfüllen, sondern *sich,* den Einzelnen, darstellen.« (EE 188). Der Stirner gegenüber ansonsten recht skeptisch eingestellte Max Scheler lobt in diesem Zusammenhang »das hochanzuschlagende Verdienst« Stirners, »Feuerbachs Begriff ›Mensch‹ und ›Menschheit‹, diesen mit bunten und tönernen Phrasen aufgezäumten Götzen, zu zersetzen und einmal wieder die klare Wahrheit zu lehren, daß die sog. ›Menschheit‹ aus Hinz, Kunz und Peter bestehe!«[84]

Mit keinem Philosophen, Hegel ausgenommen, hat sich Stirner so intensiv auseinandergesetzt wie mit Feuerbach;[85] von keinem hat er sich, wiederum Hegel ausgenommen, so scharf abgesetzt wie von Feuerbach. Wolfgang Eßbachs These, Stirner sei 1844 (wie Marx und Engels) »im Feuerbachlager anzusiedeln«,[86] ist aufgrund des oben

---

p. 299, p. 315, p. 317, p. 319 (»Die neue Philosophie …, als die Philosophie des Menschen, ist auch wesentlich die *Philosophie für den Menschen* …«).
[83] Stirner zitiert hier den Anfang der »Schlußanwendung« des »Wesens des Christenthums«, wo Feuerbach »das Bewußtsein Gottes« identifiziert mit dem »Bewußtsein der Gattung« und feststellt, »dass der Mensch sich nur über die Schranken seiner Individualität oder Persönlichkeit erheben kann und soll, aber nicht über die Gesetze, die *Wesensbestimmungen seiner Gattung,* dass der Mensch kein anderes Wesen als *absolutes,* als *göttliches Wesen* denken, ahnen, vorstellen, fühlen, glauben, wollen, lieben und verehren kann als das *menschliche Wesen.*« (p. 325 f.).
[84] M. Scheler, Liebe und Erkenntnis. Bern 1955, p. 116.
[85] W. Eßbach vertritt die Ansicht, »Feuerbach ist der Hauptbezugspunkt für Stirner« (Die Bedeutung Max Stirners für die Genese des historischen Materialismus. Göttingen 1978, p. 58), und H. Arvon weist darauf hin, dass »Das Wesen des Christentums« das am häufigsten zitierte Buch bei Stirner ist (Max Stirner, An den Quellen des Existenzialismus.Rangsdorf 2012, p. 58).
[86] W. Eßbach, a.a.O., p. 42. Überzeugender ist H. P. Adams Darstellung des »schism of the left« in eine Feuerbachfraktion (zu der Marx gehörte), eine Bauerfraktion (mit u.a. Szeliga) und schließlich Stirner – *außerhalb* dieser Fraktionsbildungen (Karl Marx and his earlier writings. London 1965² (1940), p. 122).

Dargestellten nicht haltbar: Stirner steht außerhalb dieses Lagers und attackiert es mit seiner Thematik des Eigners.

Allerdings ist die exponierte Stellung, die Feuerbach in Stirners »Einzigem« einnimmt, nicht zufällig, berücksichtigt man die nachhaltige Wirkung, die das »Wesen des Christenthums« auf seine Zeitgenossen und besonders die Junghegelianer ausgeübt hat. Friedrich Engels bestätigt diesen Einfluss in seiner Schrift »Ludwig Feuerbach und der Ausgang der klassischen deutschen Philosophie«, wenn er schreibt:

Man muß die befreiende Wirkung dieses Buches selbst erlebt haben, um sich eine Vorstellung davon zu machen. Die Begeisterung war allgemein: Wir waren alle momentan Feuerbachianer.[87]

Stirners Feuerbach-Kritik ist demnach Kritik an einem der einflussreichsten philosophischen Werke der Hegelschule zu Beginn der vierziger Jahre, gleichzeitig aber Kritik am protestantischen Prinzip des Staates, dem Liberalismus;[88] Feuerbachs Kult des Menschen ist für Stirner identisch mit der nach dem bürgerlichen und kommunistischen Liberalismus dritten Form des Liberalismus, dem Kult des Menschen im »humanen Liberalismus« (EE 131–160).

6.3. Gemeinmensch und Eigner

Feuerbachs Reaktion auf Stirners »Einzigen« und seine Kritik am Eigner wird bestimmt durch Feuerbachs Betonung des gesellschaftlichen und geselligen Menschen, des Menschen als Gattungswesen, der Definition des Menschen als »Gemeinmensch« und, was für Feuerbach eine synonyme Bezeichnung ist, als »*Communist*«.[89] Feuerbachs Fehleinschätzung der Überlegungen Stirners sind der Beginn

---

[87] F. Engels, Ludwig Feuerbach und der Ausgang der klassischen deutschen Philosophie, in: MEW 21. Berlin (Ost) 1969 (1886), p. 272; zur Rezeption Feuerbachs von seinen Zeitgenossen und den Linkshegelianern vgl. auch S. Rawidowicz, Ludwig Feuerbachs Philosophie. Berlin 1964² (1931), p. 84. D. McLellan bezweifelt die Richtigkeit dieser Feststellung Engels', sie stehe »in ausgesprochenem Widerspruch zu den Tatsachen.« Allerdings sucht man in McLellans Darstellung vergeblich nach einem überzeugenden Beleg für seine Behauptung (Die Junghegelianer und Karl Marx. München 1974 (1969), p. 110).
[88] Vgl. K. A. Mautz, Die Philosophie Max Stirners. Berlin 1936, p. 26.
[89] L. Feuerbach, Ueber das Wesen des Christenthums in Beziehung auf den »Einzigen und sein Eigenthum«. Stuttgart 1903 (1845), p. 310.

hartnäckiger Missverständnisse, wie sie die Rezeption der Philosophie Stirners dokumentiert. Anhand Feuerbachs Kritik des Eigners und Stirners Kritik dieser Kritik einerseits, anhand der Rezeption der Stirner-Feuerbach-Kontroverse bzw. der Beziehungen zwischen Stirner und Feuerbach andererseits, versuchen wir beispielhaft Ursachen dieser Missverständnisse und Fehleinschätzungen aufzudecken *und* Stirners Position zu profilieren und seine Intentionen zu verdeutlichen.

Die Sekundärliteratur beurteilt die Beziehungen zwischen Feuerbach und Stirner mit äußerster Disparität: Man sieht den »Einzigen« einerseits »als Fortsetzung der Feuerbachschen Schrift«[90] und als Weiterentwicklung Feuerbachscher Gedanken[91] bzw. weist lediglich auf Stirners Beeinflussung durch Feuerbach hin;[92] eine zeitgenössische Darstellung meint, »im Prinzip« sei Stirners »Abweichung von der neuen Feuerbachschen Philosophie nur eine scheinbare«.[93]

Andererseits glaubt man gar, Stirner erkenntnistheoretisch einen Rückfall hinter Feuerbachs philosophisches Denken nachweisen zu können; während Stirner solipsistisch und »in illusionärer Unabhängigkeit von der Außenwelt sein ›Sach‹ auf nichts gestellt« ansehe und »Menschen und Dinge als pures Material seines Verbrauchs und Genusses« betrachte, verkörpere Feuerbachs Denken »den Geist radikaler ›Weltlichkeit‹«. Feuerbachs Gattungsbegriff bezeuge »den

---

[90] W. Eßbach, Die Bedeutung Max Stirners für die Genese des historischen Materialismus. Göttingen 1978, p. 58. Eßbach meint, nicht nur der Titel »Der Einzige und sein Eigentum« sei« in kritischer Korrespondenz zu Feuerbachs ›Das Wesen des Christentums‹ gewählt«, eine Korrespondenz, die ich nicht zu sehen vermag, »auch der zweiteilige Aufbau der Stirnerschen Schrift folgt der Feuerbachs«, worauf zum erstenmal H. Arvon aufmerksam gemacht hat (Max Stirner. An den Quellen des Existenzialismus. Rangsdorf 2012, p. 61).

[91] W. Moog, Das Leben der Philosophen. Berlin 1932, p. 209; R. Steiner, Artikel »Litteratur«, in: B. Kraemer, Das XIX. Jahrhundert in Wort und Bild. Berlin, Leipzig, Stuttgart, Wien o. J. 1898, p. 345.

[92] Z. B. in den Artikeln »Max Stirner« von R. Eisler (in: Philosophen-Lexikon. Berlin 1912, p. 718) und W. Ziegenfuß (in: Philosophen-Lexikon. Berlin 1950, p. 641); vgl. auch G. Adler, Stirners anarchistische Sozialtheorie. Jena 1901, p. 36–38.

[93] [R. Gottschall], Die deutsche Philosophie seit Hegel's Tode, in: Die Gegenwart, Bd. 6. Leipzig 1851, p. 310. Stirner, so heißt es, habe sich zwar »gegen die Ethik, welche Feuerbach an die Stelle der Theologie gesetzt, gegen die kategorischen Imperative des absoluten Menschenthums« erhoben, aber »wie Feuerbach von dem unsagbaren Sein, so geht Stirner von dem unsagbaren Ich, diesem bestimmten Einzelnen ... aus« (a. a. O.).

konkret-gattungsmäßigen Gehalt seines am ›sinnlichen Individuum‹ orientierten Humanismus.«[94]

Der Mitherausgeber von Feuerbachs »Sämtlichen Werken« und Interpret Feuerbachs, Wilhelm Bolin, der Stirners »Einzigen« ausführlich beschreibt,[95] wenn er ihn auch als Philosophie des »entschiedensten und rücksichtslosesten Egoismus« missversteht,[96] hält Stirner für einen bedeutenden Gegner Feuerbachs.[97] »Sämmtliche Einwände Stirners sind zunächst von seinem Standpunkt aus ganz folgerichtig ...«;[98] deren Haltlosigkeit zeige sich erst dann, wenn man sie, und damit stellt Bolin Stirner auf den Kopf, von der Position Feuerbachs her beurteile.[99]

Kurt A. Mautz ist der Ansicht, Feuerbachs »Wesen des Christenthums« habe »einen unmittelbaren Anlass zur Entstehung des ›Einzigen und seines Eigentums‹« geboten; das »Wesen des Christenthums« habe »in Stirners geistigem Entwicklungsgang einen Umschwung, die endgültige Kristallisation seiner Anschauungen zur Philosophie des ›Egoismus‹ bewirkt«;[100] für beide Behauptungen, die unseres Erachtens den Einfluss Feuerbachs gehörig überschätzen, bleibt Mautz allerdings den Nachweis schuldig.

Dagegen unterschätzt Wilhelm Cuypers den Einfluss Feuerbachs auf Stirner völlig, wenn er unverständlicherweise behauptet, Stirner komme lediglich »an einer Stelle seines Werkes auf seine Beziehung zu Feuerbach zu sprechen«, und höchstens Feuerbachs »Gedanke der Ganzheit kann Stirner durch Feuerbach zugekommen sein«.[101]

---

[94] A. Schmidt, Emanzipatorische Sinnlichkeit. München 1973, p. 176f.
[95] W. Bolin, Ludwig Feuerbach. Stuttgart 1891, p. 98–105.
[96] a.a.O., p. 99; vgl. auch p. 109.
[97] a.a.O., p. 98. Bolins Einschätzung der Philosophie Stirners übernimmt eine andere Darstellung von Feuerbachs Leben und Werk fast wörtlich. A. Kohut spricht von Stirner als einem Vertreter »des schrankenlosen Egoismus«, der »ein viel beachtenswerterer Gegner« Feuerbachs gewesen sei als die »Pfaffen«, die keine deutliche Position einnehmen wollten (Ludwig Feuerbach. Leipzig 1909, p. 184).
[98] W. Bolin, Ludwig Feuerbach, a.a.O., p. 109.
[99] Vgl. a.a.O., p. 110–112.
[100] K. A. Mautz, Die Philosophie Max Stirners. Berlin 1936, p. 29; dagegen ist Mautz zuzustimmen, wenn er die Beziehungen Stirners zu Feuerbach zusammenfasst: »Stirner kommt *mit* den von Feuerbach geschaffenen Voraussetzungen, die er *gegen* Feuerbach radikalisiert, zu einer ausgesprochen antiidealistischen Position.« (a.a.O., p. 34).
[101] W. Cuypers, Max Stirner als Philosoph. Köln 1937, p. 41.

Nachdem bereits Friedrich Ueberwegs »Grundriß der Geschichte der Philosophie« Stirners »Einzigen« als »eine ironische Caricatur der feuerbachschen Religionskritik« abqualifiziert hatte,[102] wiederholen einige Interpreten Stirners dieses Urteil und sprechen von Stirners »Einzigem« als »eine[r] grandiose[n] parodistische[n] Kritik Feuerbachs«[103] und einer »Ironisierung des berühmten oder bei anderen auch berüchtigten Hauptwerkes von Feuerbach ›Das Wesen des Christenthums‹.«[104]

Noch kurioser gibt sich eine Stirner und Feuerbach »vergleichende« Studie: Die »wüste, zerfahrene, haltlose Erscheinung« Stirners,[105] »durch den Wein der neuen Philosophie, d. i. der Feuerbachs, in Trunkenheit versetzt«,[106] und dessen »phantastisch ruchlosen Tiraden« haben mit Feuerbach, dieser »edlen, von reinster Menschlichkeit durchdrungenen, von wahrer Erkenntnis umflossenen Lichtgestalt« und dessen Philosophie »nichts gemein ..., als ein Wort, nämlich das Wort Egoismus.« Weitergehende Zusammenhänge schmieden nur diejenigen, die Feuerbach »in Verruf bringen« wollen, »weil man ihn nicht auf sachliche Weise widerlegen kann.«[107]

Die sich mit Stirner und Feuerbach auseinandersetzende Literatur hat sich bisher, von wenigen Ausnahmen abgesehen, nur mit der Frage beschäftigt, ob und inwieweit Stirners Denken von Feuerbach Impulse erfahren hat oder abhängig ist;[108] umgekehrt wäre zu prüfen, inwieweit nicht die bei Feuerbach feststellbare und in den Heidelber-

---

[102] F. Ueberweg, Grundriß der Geschichte der Philosophie. Berlin 1880⁵, p. 373; W. Windelband schmeckt einen »gemachten Zynismus« und hält es für fragwürdig, »ob das Buch ernst genommen werden solle.« (Lehrbuch der Geschichte der Philosophie. Tübingen 1957 (1892), p. 576).
[103] F. Mauthner, Der Atheismus und seine Geschichte im Abendlande. Bd. 4. Stuttgart und Berlin 1923, p. 215 wenn Mauthner meint, Stirners »Ich, dieses Nichts ist gleichbedeutend mit Gott« (a.a.O., p. 210), dann beruht dieses grobe Missverständnis darauf, dass er den »Einzigen« lediglich als Parodie Feuerbachs interpretiert.
[104] M. Kronenberg, Max Stirner. München 1899, p. 193.
[105] A. Rau, Ludwig Feuerbach und Max Stirner. Leipzig 1888, p. 646.
[106] a.a.O., p. 645.
[107] a.a.O., p. 646.
[108] So erkennt G. Lehmann zwar, dass Stirners Denken geeignet sei, »den bei Feuerbach angelegten Existentialismus ›fortzuführen‹ ..., im übrigen aber nicht aus Feuerbachs Philosophie entspringt und in seiner begrifflichen Schärfe, seinen gedanklichen Konsequenzen, den Anthropologismus weit hinter sich läßt.« (G. Lehmann, Die deutsche Philosophie der Gegenwart. Stuttgart 1943, p. 175); dass Stirner möglicherweise Feuerbach beeinflusst hat, liegt jedoch außerhalb Lehmanns Argumentationsbereich.

ger Vorlesungen (1848/49) über das »Wesen der Religion« manifeste Ablösung der abstrakt verstandenen menschlichen Gattung durch den konkreten Einzelnen von Stirner beeinflusst ist;[109]

Feuerbach deutet eine Beeinflussung in einem von Wilhelm Bolin wiedergegebenen Brief an seinen Bruder vom 13. Dezember 1844 an, in dem es heißt:

das einzige Gute bei Angriffen ist, dass sie die Entwicklung eigener Gedanken befördern. So hat auch der *Einzige*, nach dessen Urtheil ich zu den zahllosen noch im Dunkel des »Jenseits« umherflatternden Fledermäusen

---

[109] S. Rawidowicz interpretiert Feuerbachs Egoismusbegriff als »Hauptspitze ... gegen *Stirner* und die ihm nahestehenden Radikalen« (Ludwig Feuerbachs Philosophie. Berlin 1964² (1931), p. 192); einen Einfluss Stirners auf Feuerbach bestreitet er (vgl. p. 344).

In seinen Heidelberger »Vorlesungen über das Wesen der Religion« gibt Feuerbach zu, er habe früher die Sinnlichkeit deswegen nicht anerkennen können, »weil ich selbst noch ... auf dem Standpunkt des abstracten Denkers stand, noch nicht die volle Bedeutung der Sinne erfasst hatte« (Sämtliche Werke, Bd. 8. Stuttgart 1908, p. 16; vgl. vor allem seine Ausführungen über den Egoismus p. 63 f.; Feuerbach redet von sich »zu eigen machen«, »Aneignung« usw.).

Zwei Beispiele mögen die konkrete Beeinflussung Feuerbachs durch Stirner veranschaulichen:

Stirner antwortet Feuerbach auf dessen Vorwürfe: »Namen nennen Dich nicht; ... Was Stirner *sagt*, ist ein Wort, ein Gedanke, ein Begriff; was er *meint* ist kein Wort, kein Gedanke, kein Begriff. Was er sagt, ist nicht das Gemeinte, und was er meint, ist unsagbar.« (EE-Rezensenten 407). Und später: »Kannst *Du Dich* aber definiren, bist *Du* ein Begriff?« (EE-Rezensenten 406).

In seiner 1861–1869 geschriebenen Abhandlung »Zur Ethik: Der Eudämonismus« bezeichnet dann Feuerbach das Individuum als »unübersetzbar, unnachahmlich ... unbegreiflich, undefinirbar« (Sämtliche Werke, Bd. 10. Stuttgart 1911, p. 144). Feuerbach beschreibt damit präzise und großenteils mit Stirners eigenen Worten die Singularität des Eigners und distanziert sich von seiner Definition und der Definierbarkeit des Einzelnen in den Schriften vor 1845. Ein weiteres Beispiel:

Stirner sagt, er liebe die Menschen »mit dem Bewusstsein des Egoismus; Ich liebe sie, weil die Liebe *Mich* glücklich macht ...« (EE 294). Und: »Sehe Ich den Geliebten leiden, so leide Ich mit. ... Weil *Ich* aber die kummervolle Falte auf der geliebten Stirn nicht ertragen kann, darum, also um Meinetwillen, küsse Ich sie weg.« (EE 295).

In der oben bereits zitierten Abhandlung schreibt Feuerbach, dem Mitleid liege der eigene Glückseligkeitstrieb des Menschen zugrunde. »Und nur weil ihm die Schmerzen Anderer selbst wehe thun oder wenigstens ihn in seinem Glücke stören, weil er sich selbst unwillkürlich wohlthut, indem er ihnen wohlthut, leistet er ihnen thätigen Beistand.« Feuerbach zieht aus diesen Überlegungen, die er vor 1845 nicht kannte, den Schluss: »Macht was ihr wollt – ihr bringt nimmermehr allen und jeden Egoismus vom Menschen los; ... Wer allen Eigenwillen (!) aufhebt, hebt damit auch das Mitleid auf.« (L. Feuerbach, a. a. O., p. 277 f.).

gehöre, mir Gelegenheit gegeben, mehrere Erläuterungen über mein Wesen des Christenthums niederzuschreiben.[110]

Zu den oben angedeuteten wenigen Ausnahmen, die von »einer fühlbaren Einwirkung Stirners auf Feuerbach« sprechen, gehört Friedrich Jodl; er vertritt die Ansicht, Feuerbachs Entwicklung nach dem Erscheinen des »Einzigen« lasse eine Annäherung an Stirner erkennen.[111] Vor allem Feuerbachs Eudämonismus sei möglicherweise auf Stirner zurückzuführen;[112] durch den Einfluss Stirners sei »ein mehr realistischer, männlicher, mit den Tatsachen der Sittengeschichte besser in Einklang stehender Zug in die Ethik Feuerbachs gekommen«.[113]

Dagegen bestreitet Simon Rawidowicz, der Darsteller der Feuerbachschen Philosophie, gerade Stirners Einfluss auf Feuerbachs Prinzip des Eudämonismus, denn »diese Tendenz beherrschte Feuerbachs Denken lange vor dem Erscheinen« von Stirners »Einzigem«;[114] den von einigen Kritikern konstatierten Bruch zwischen dem »Wesen des Christenthums« und dem 1845 erschienenen »Wesen der Religion« interpretiert er als »eine radikale *Erweiterung* und Weiterbildung des

---

[110] W. Bolin, Ludwig Feuerbach. Stuttgart 1891, p. 108.
[111] F. Jodl, Max Stirner und Ludwig Feuerbach. Stuttgart und Berlin 1916 (1911), p. 282 f.
[112] »Vielleicht darf man dieses nachdrückliche Herausarbeiten des seit Kant in der deutschen Ethik verpönten Glückseligkeitsprinzips als eine Fortwirkung des Stirnerschen Buches betrachten.« (a. a. O., p. 284).
[113] a. a. O. Schon 1866 meinte der Philosoph Johann Eduard Erdmann, entweder Stirner oder der in jener Phase radikale Gegner des Christentums Georg Friedrich Daumer, der 1858 zum Katholizismus konvertierte, habe Feuerbach veranlasst, »weiter zu gehn.« (Erdmann denkt vor allem an Daumers 1844 erschienenes, in erster Linie gegen Bruno Bauer und Feuerbach gerichtetes Buch »Der Anthropologismus und Kriticismus der Gegenwart«). Allerdings geht Erdmann auf diesen möglichen Einfluss nicht näher ein (J. E. Erdmann, Grundriß der Geschichte der Philosophie. Bd. 2: Philosophie der Neuzeit. Berlin 1870 (1866), p. 682).
S. Rawidowicz schreibt zwar bei Erdmann ab (»Max *Stirners* Kritik einerseits und die von Georg Friedrich *Daumer* andererseits scheinen ihn bewogen zu haben, einen Schritt weiter zu tun, vom Anthropologismus zum radikalen Naturalismus fortzuschreiten.« (Ludwig Feuerbachs Philosophie. Berlin 1964² (1931), p. 344)), kommt dann aber zu genau den entgegengesetzten Schlussfolgerungen.
E. von Hartmann, offensichtlich von Erdmanns Darstellung beeinflusst, konkretisiert dann später, Stirner habe Feuerbach genötigt, »sich in seinen späteren Schritten als reinen Egoisten zu bekennen« (Stirners Verherrlichung des Egoismus, in: Ethische Studien. Leipzig 1898 (1891), p. 73).
[114] S. Rawidowicz, Ludwig Feuerbachs Philosophie. Berlin 1964² (1931), p. 344; die weitere »Widerlegung« Jodls geschieht mit Jodls eigenen Worten, (vgl. F. Jodl, a. a. O., p. 284 und S. Rawidowicz, a. a. O.).

religionsphilosophischen Standpunktes des ›Wesen des Christenthums‹.«[115]

Henri Arvon glaubt einen 1845 einsetzenden Bruch in Feuerbachs Denken erkennen zu können, »sujétion terrestre« einerseits, »aspiration divine« andererseits: »Cette rupture est accélérée, sinon provoquée par *L'unique et sa propriété*.«[116] Allerdings geht auch Arvon nicht weiter auf seine Vermutung ein.

Eine theologische Untersuchung gliedert Feuerbachs Werk in drei Perioden, deren letzte 1843 mit dem Erscheinen der »Grundsätze der Philosophie der Zukunft« beginnt.[117] Ein Kriterium, um eine Zäsur 1843 anzunehmen, ist die von diesem Zeitpunkt an datierende Akzentverschiebung: »die ›menschliche Gattung‹ stellt für Feuerbach nun weniger das ›Essentielle‹ in seinem qualitativen Unterschied zum ›Existentiellen‹ dar als vielmehr das ›Natürliche‹ oder das ›Sinnliche‹ in seiner unendlichen Mannigfaltigkeit.«[118] Diese Akzentverschiebung glaubt Xhauffiaire von Stirner beeinflusst; Feuerbach

hat die Relevanz der Kritik Stirners gefühlt. Durch die Gleichsetzung der menschlichen Wirklichkeit mit den Wesen der Menschheit riskierte er, weiterhin in einer Form theologischen oder idealistischen Denkens zu verharren, von dem er doch künftig befreit zu sein glaubte. Hatte er nicht wiederum die »natürliche« Wirklichkeit des Menschen dem Zauber eines Begriffs geopfert: den Menschen? Begann die Menschheit in diesem neuen Abschnitt ihrer Geschichte wiederum, den wirklichen Menschen zum Sklaven eines Produktes des Menschen zu machen, nämlich der Idee vom Menschen? Um gerade diesen unheilvollen Prozeß zu vermeiden, verzichtete Feuerbach von nun an auf die Begriffe Wesen und menschliche Gattung.

Feuerbach handelt sich durch dieses Aufgeben einer abstrakten Vorstellung des Menschen und seine Akzentuierung des konkreten Einzelnen den Vorwurf ein, er habe »dem anarchischen Nominalismus Stirners zu große Zugeständnisse« gemacht, »wenn er der Ideologie des abstrakten Selbstbesitzes des Ich oder der Subjektivität gerade das

---

[115] a.a.O., p. 163. W. Eßbach bezieht sich auf diese Stelle bei Rawidowicz und spricht von einer »Verschärfung der naturalistischen Tendenz« bei Feuerbach »nach der Stirnerlektüre« (Die Bedeutung Max Stirners für die Genese des historischen Materialismus. Göttingen 1978, p. 254, Anm. 105; vgl. auch a.a.O., p. 271, Anm. 11).
[116] H. Arvon, Ludwig Feuerbach ou la transformation du sacré. Paris 1957, p. [142].
[117] M. Xhauffiaire, Feuerbach und die Theologie der Säkularisation. München und Mainz 1972, p. 82 f.
[118] M. Xhauffiaire, a.a.O., p. 163.

Argument der natürlichen Beschaffenheit des Menschen entgegengesetzt.«[119]

Aber wie schon Jodl und Rawidowicz belässt es Xhauffiaire bei diesen doch vagen Andeutungen und Vermutungen; ausgehend von den »Erläuterungen« Feuerbachs zu seinem »Wesen des Christenthums« bleibt nach wie vor die Aufgabe, der Frage nachzugehen, ob nicht das schrittweise Aufgeben der idealistisch befrachteten Abstraktionen Feuerbachs in den Schriften *nach* den »Grundsätzen der Philosophie der Zukunft« Stirners »Einzigem« verpflichtet ist.

Mit Recht weist Simon Rawidowicz auf die Ausmaße und die Kontinuität dieser »Feuerbach-Stirner-Polemik« hin:

Sie ist in mehr als einer Hinsicht lehrreich für die Erforschung der Ideenkämpfe in den verschiedenen philosophischen Lagern der Radikalen jener Tage. Nicht nur die beiden Antipoden allein, sondern auch die »Feuerbach-Partei« und die Stirner-Anhänger haben unter sich diesen Kampf erbittert fortgesetzt.[120]

Die Polemik gewinnt Brisanz über den von Rawidowicz intendierten Bereich hinaus, abstrahiert man von den Kontrahenten selbst und verfolgt die Auseinandersetzung, wie sie sich, von den philosophischen Standpunkten Feuerbachs und Stirners beeinflusst oder nicht, im Laufe des letzten Jahrhunderts entwickelte und sich in unverminderter Aktualität auch heute präsentiert: die Problematik des existenziellen Vorbehalts in einer wie immer strukturierten Gesellschaft, in der technokratische Kalkulationen öffentliches Interesse über die spontanen Bedürfnisse konkreter Individuen stellen, weil das Kalkül die Verluste einzelner Individuen gegenüber den quantitativ größeren Gewinnen der anderen verrechnet und legitimiert. Diese Richtwerte einer Administration, die die existenziellen Jetzt-Bedürfnisse zugunsten allgemeiner langfristiger Planungen denunziert, enthalten abgeleitete und aktualisierte Probleme, die die Kontroverse zwischen Stirner und Feuerbach unter anderen gesellschaftlichen Bedingungen und mit anderen Absichten thematisierte.

Feuerbach hat Stirners »Einzigen« gleich nach Erscheinen gelesen; einem Brief Ludwig Feuerbachs an seinen Bruder zufolge, von

---

[119] a.a.O., p. 164.
[120] S. Rawidowicz, Ludwig Feuerbachs Philosophie. Berlin 1964² (1931), p. 172. Auf die Polemik selbst, soweit sie von Rawidowicz wiedergegeben wird (vgl. a.a.O., Fußnote 4), gehen wir an dieser Stelle nicht weiter ein, da sie zum großen Teil oben schon dargestellt wurde.

dem Feuerbachs Interpret und Herausgeber Wilhelm Bolin zu berichten weiß, war »Feuerbachs Gesammteindruck von dem Buch« überwiegend positiv. Eine Kontroverse ist noch nicht in Sicht; »noch im Spätjahre 1844« schreibt Feuerbach seinem Bruder, der »Einzige« sei

ein höchst geistvolles und geniales Werk ... Dieses bestimmte Individuum, das mit keinem zu vergleichen, wie er sich trefflich ausdrückt, »Gattung, Gesetz, Norm seiner selbst sei« ... Du siehst, daß es im Grunde nichts andres ist, als was wir wollen. Ich gebe ihm recht, bis auf eines. Im *Wesen* trifft er *mich nicht.* ... Er ist der genialste und freieste Schriftsteller, den ich kennengelernt.[121]

Einige Wochen später hält er das Buch zwar noch immer für »sehr geistreich«, habe es doch »die Wahrheit des Egoismus, aber extremistisch, einseitig, unwahr fixiert, für sich«. Aber er zeigt auch seine Verletztheit und distanziert sich stärker: »... seine Polemik gegen die Anthropologie, namentlich mich, beruht auf purem Unverstand, Leichtsinn oder Eitelkeit, um sich auf Kosten meines Namens einen Namen zu machen.«[122]

Im Band 2 von »Wigand's Vierteljahrschrift« erscheint jedoch bald darauf Feuerbachs ausführliche Reaktion auf die Angriffe Stirners: »Über das ›Wesen des Christenthums‹ in Beziehung auf den ›Einzigen und sein Eigenthum‹«.[123] In einem weiteren Brief an seinen

---

[121] L. Feuerbach: [Brief] an Friedrich Feuerbach vom [November 1844], in: Bd. 18 der Gesammelten Werke. Berlin [DDR] 1988, p. 416 f.
[122] L. Feuerbach: [Brief] an Friedrich Feuerbach vom 2. Dezember 1844, in: a.a.O., p. 418,
[123] Leipzig 1845, p. 193–205; die Entgegnung wurde 1846 in den ersten Band der bei Otto Wigand in Leipzig erschienenen »Sämmtlichen Werke« (»Erläuterungen und Ergänzungen zum Wesen des Christenthums«) aufgenommen (p. 342–359). Feuerbach beabsichtigte zuerst, so jedenfalls berichtet W. Bolin, »ein offenes Sendschreiben« an Stirner zu richten, dessen Anfang folgendermaßen gelautet haben soll: »›Unaussprechlich‹ und ›unvergleichlich‹ liebenswürdiger ›Egoist‹! – Wie ihre Schrift überhaupt, so ist auch insbesondere Ihr Urtheil über mich wahrhaft ›unvergleichlich‹ und ›einzig‹. Zwar habe ich auch dieses, wenn gleich noch so originelle Urtheil längst vorausgesehen und zu Freunden gesagt: ich werde noch so verkannt werden, dass man mich, dermalen den ›fanatischen, leidenschaftlichen‹ Feind des Christenthums, sogar unter die Apologeten desselben rechnen wird; aber dass es schon so bald, dass es schon jetzt geschehen würde, das hat mich – ich gestehe es – überrascht. Das ist ›einzig‹ und ›unvergleichlich‹ wie Sie selbst. So wenig ich nun auch Zeit und Lust habe, Urtheile, die nicht mich selbst, sondern nur meinen Schatten treffen, zu widerlegen, so mache ich doch bei dem ›Einzigen‹, dem ›Unvergleichlichen‹ eine Ausnahme.« (Nach W. Bolin, Ludwig Feuerbach. Stuttgart 1891, p. 108). Dem Feuerbach-Interpreten A. Kohut scheint die Entgegnung Feuerbachs an Stirner völlig entgangen zu sein; er

Bruder teilte er bereits Mitte Dezember mit, dass er als Reaktion auf den »Einzigen« »mehrere Erläuterungen über mein ›Wesen d[es] Christentums‹ niedergeschrieben habe.[124]

Es sind vornehmlich vier Punkte, die Feuerbach aus dem »Einzigen« und der dort vorgebrachten Kritik an seiner Anthropologie aufgreift und mit denen er sich auseinandersetzt:
Punkt 1: Er hebe nur das Subjekt auf, lasse aber die Prädikate bestehen.
Punkt 2: Religion und Ethik würden inhaltlich austauschbar und damit identisch.
Punkt 3: Er habe die Macht des Glaubens zerstört und dafür die Macht der Liebe errichtet.
Punkt 4: Sein Mensch sei Abstraktum und Gattungswesen, aber nicht der jeweilige konkrete Einzelne.

ad Punkt 1:

Feuerbach konzediert Stirner (vgl. EE 42 und 57 f.), dass er die Prädikate des Göttlichen bestehen lasse; das müsse er auch, sonst würde er auch die Natur und den Menschen negieren, »denn Gott ist ein aus Realitäten, d. i. Prädicaten der Natur und Menschheit zusammengesetztes Wesen«.[125] Selbst dieses Nichts, auf das Stirner seine Sache gestellt habe, sei ein göttliches Prädikat und der Ausdruck eines »religiösen Bewusstseins«; so hat also der »Egoist« doch noch seine Sache auf *Gott* gestellt! So gehört also auch Er noch zu den »*frommen Atheisten!*«

Es geht Feuerbach, der seine Reaktion in der dritten Person verfasst, nicht um das Dass, sondern um das Wie; die Frage: »Wie lässt F[euerbach] die Prädicate bestehen?«, beantwortet er sofort mit dem Hinweis auf deren »natürliche, menschliche« Beschaffenheit. »Werden sie aus Gott in den Menschen versetzt, so verlieren sie eben den Charakter der Göttlichkeit …«.[126]

---

schreibt: »doch fühlte sich Feuerbach, der nur im äußersten Falle zu einer Abwehr bereit war, nicht veranlaßt, die von Max Stirner vorgebrachte (!) Gründe zu widerlegen.« (Ludwig Feuerbach. Leipzig 1909, p. 184).
[124] L. Feuerbach: [Brief] an Friedrich Feuerbach vom 13. Dezember 1844, in: Bd. 18 der Gesammelten Werke. Berlin [DDR] 1988, p. 421. »Das Gute ist bei Angriffen, daß sie die Entwicklung eigner Gedanken befördern.«
[125] L. Feuerbach, Ueber das Wesen des Christenthums in Beziehung auf den »Einzigen und sein Eigenthum«. Stuttgart 1903 (1845), p. 294.
[126] L. Feuerbach, a.a.O., p. 295.

Feuerbach konzediert Stirner in diesem Zusammenhang auch (vgl. EE 63), dass er eine Illusion vernichte, nämlich »die Grundillusion, das Grundvorurtheil, die Grundschranke des Menschen«, dass »Gott als Subject« existiere. Die Auflösung dieser »Grundillusion« sei aber erst die Voraussetzung für die Auflösung der von ihr »abgeleiteten Illusionen«.[127]

ad Punkt 2:

Dem Vorwurf Stirners, Feuerbachs Anthropologisierung der Theologie besage nichts weiter, als dass die Religion Ethik und die Ethik Religion sein müsse (vgl. EE 68f.), versucht Feuerbach mit dem Hinweis zu begegnen, er setze im Gegensatz zum Christenthum »den Menschen *über* die Moral«; der Mensch setzt die Normen und unterwirft sich nicht mehr dem »Wesen des Moralgesetzes«.

F[euerbach] macht also nicht die Moral zum Maassstab des Menschen, sondern umgekehrt den Menschen zum Maassstab der Moral: gut ist, was dem Menschen gemäss ist, entspricht; schlecht, verwerflich, was ihm widerspricht. Heilig sind ihm also die ethischen Verhältnisse, heilig nur um des Menschen willen, heilig nur, weil und wiefern sie Menschen zum Menschen ... sind.

Feuerbach mache die Ethik deshalb zur Religion, »weil ihm das wirkliche, sinnliche, individuelle *menschliche Wesen* das *religiöse*, d.i. *höchste Wesen* ist.[128]

ad Punkt 3:

Feuerbach gibt zu, dass er der Liebe eine große Bedeutung zumißt; nur verstehe ihn Stirner falsch (vgl. EE 67), denn Liebe bedeute für Feuerbach den einzigen

praktischen und organischen, durch den Gegenstand selbst dargebotenen Uebergang vom Gottesreich zum Menschenreich ..., denn die Liebe ist der praktische Atheismus, die Negation Gottes im Herzen, in der Gesinnung, in der That.

Zwar beanspruche das Christentum, »die Religion der Liebe« zu sein, in Wirklichkeit habe erst Feuerbach diesen Anspruch dadurch einge-

---

[127] a.a.O., p. 296.
[128] a.a.O., p. 308f.

löst, dass er »das Wort zur Sache, den Schein zum Wesen« gemacht habe.[129]

Weil er die Liebe dem wirklichen Wesen des Menschen zurückgegeben habe, wird diese Liebe eine egoistische Liebe, »denn ich kann nicht lieben, was mir widerspricht; ich kann nur lieben, was mich befriedigt, was mich glücklich macht; d.h. ich kann nicht Anderes lieben, ohne eben damit zugleich mich selbst zu lieben.«[130]

Wenn Stirner im »Einzigen« sagt, er liebe die Menschen »mit dem Bewusstsein des Egoismus«, weil die Liebe ihn glücklich mache, weil es ihm Spaß mache (EE 294), so sind die Übereinstimmungen nur scheinbare; Feuerbach zerstört die vordergründige Harmonie dann auch sofort, wenn er den Unterschied von eigennütziger und uneigennütziger Liebe an einem Beispiel zu veranschaulichen versucht:

in der eigennützigen Liebe ist der Gegenstand deine Hetäre, in der uneigennützigen deine Geliebte. Dort befriedige ich mich, wie hier, aber dort unterordne ich das Wesen einem Theil, hier aber den Theil, das Mittel, das Organ dem Ganzen, dem Wesen, dort befriedige ich eben deswegen auch nur einen Theil von mir, hier aber mich selbst, mein volles, ganzes Wesen.

Feuerbach wird noch deutlicher, und wir zitieren die Stellen deshalb so ausführlich, weil Stirner sich an ihrem Unverstand in seiner Entgegnung delektieren und festbeißen wird:

in der eigennützigen Liebe opfere ich das Höhere dem Niederen, einen höheren Genuss folglich einem niedrigeren, in der uneigennützigen aber das Niedere dem Höheren auf.[131]

ad Punkt 4:

Am schwersten getroffen fühlt sich Feuerbach durch Stirners Vorwurf, sein Mensch sei nach wie vor ein Abstraktum, Gegenstand spekulativer philosophischer Reflexion, das Gattungswesen, das We-

---

[129] a.a.O., p. 307.
[130] Vgl. auch L. Feuerbach, Fragmente zur Charakteristik meines philosophischen Entwicklungsgangs. Stuttgart 1904 (1843/44), p. 391: »Wenn Du den ›Egoismus‹, d.h. die Selbstliebe schlechtweg verdammst, so musst Du consequent auch die Liebe zu Anderen verdammen. Lieben heisst Anderen wohlwollen und wohltun, also die Selbstliebe Anderer als berechtigt anerkennen; warum willst Du aber an Dir verleugnen, was Du an Anderen anerkennst?«
[131] L. Feuerbach, Ueber das Wesen des Christenthums in Beziehung auf den »Einzigen und sein Eigenthum«. Stuttgart 1903 (1845), p. 308.

sen schlechthin, aber nicht ausschließlich der jeweilige konkrete Einzelne aus Fleisch und Blut, das einmalige, einzige Ich (vgl. EE 42 f. und 344 f.). »›Einziger!‹« hast Du das Wesen des Christenthums *ganz* gelesen?«, fragt Feuerbach vorwurfsvoll und rhetorisch. Es ist dies die einzige Stelle in der »sehr gemäßigten Gegenschrift«,[132] wo Feuerbach seine trockene Zurückhaltung aufgibt, persönlich wird und Betroffenheit zeigt. Feuerbach fühlt sich missverstanden: »unmöglich«, beantwortet er seine Frage, »denn was ist gerade das Thema, der Kern dieser Schrift? Einzig und allein die Aufhebung der Spaltung in ein wesentliches und unwesentliches Ich – die Vergötterung, d. h. die Position, die Anerkennung des *ganzen* Menschen vom Kopfe bis zur Ferse.«[133] »Warum sagt er aber nicht«, wenn er doch dieses wirkliche konkrete Ich meint, »*dieses* ausschliessliche Individuum?«

Mit der Beantwortung dieser Frage greift Feuerbach noch einmal die Argumentation des »Wesen des Christenthums« auf:

Darin besteht gerade ... das Wesen der Religion, dass sie aus einer Klasse oder Gattung ein *einziges* Individuum auswählt und als heilig, unverletzlich den übrigen Individuen gegenüberstellt. *Dieser* Mensch, dieser »Einzige«, »Unvergleichliche«, dieser Jesus Christus ausschließlich und allein ist Gott, *diese* Eiche, *dieser* Ort, *dieser* Hain, *dieser* Stier, *dieser* Tag ist heilig, nicht die übrigen.

Die Betonung des einen, ausschließlichen Individuums würde für Feuerbach einen Rückfall in die Religion bedeuten; die Religion kann für ihn nur dadurch aufgehoben werden, dass die Identität eines »geheiligten Gegenstandes oder Individuums« mit der Gattung nachgewiesen wird.[134]

Der Glaube des Menschen an Gott sei der Glaube des Menschen an sich selbst. Mit anderen Worten: Feuerbach habe gezeigt, »dass das Göttliche *nicht* Göttliches, Gott *nicht* Gott, sondern nur das ... sich selbst liebende, sich selbst bejahende und anerkennende menschliche Wesen ist ...«.[135]

---

[132] M. Reding, Der politische Atheismus. Graz, Wien, Köln 1957, p. 109; über Feuerbach und Stirner vgl. a. a. O., p. 106–110.
[133] L. Feuerbach, Ueber das Wesen des Christenthums in Beziehung auf den »Einzigen und sein Eigenthum«. Stuttgart 1903 (1845), p. 297.
[134] L. Feuerbach, a. a. O., p. 299.
[135] a. a. O., p. 296. Einige Stellen sind nahezu identisch mit Passagen im »Wesen des Christenthums«, so, wenn Feuerbach schreibt, Gott sei »nichts anderes, als das die Wünsche des Menschen erfüllende, das seine Bedürfnisse ... befriedigende Wesen.« Vgl. auch Feuerbachs Interpretation seiner These: »Der Mensch ist dem Menschen

Immer wieder kehrt Feuerbach zu seiner Devise, dass das Geheimnis der Religion die Anthropologie sei, zurück; in immer neuen Variationen versucht er seine Position zu rechtfertigen und zu verdeutlichen, aber immer wieder wird sein auch hier herausgestelltes Prinzip der Sinnlichkeit überlagert von dem Anspruch, Sinnliches und Absolutes gleichermaßen erfasst zu haben. Das »Wesen des Christenthums« sei die einzige Schrift, so heißt es, in der die Individualität des Menschen aufgehört habe, »eine *sinnlose Floskel* zu sein«; erst in dieser Schrift sei er »*zur Wahrheit* der Sinnlichkeit vorgedrungen ..., erst in ihr habe er das absolute Wesen als sinnliches Wesen, das *sinnliche Wesen als absolutes Wesen* erfasst ...«.[136]

Feuerbach glaubt Stirner mit seinem Imperativ »Folge den Sinnen!« schlagen zu können: der »Einzige« behauptet, er sei mehr als Mensch. »Bist Du aber auch mehr als Mann? Ist Dein Wesen oder vielmehr ... Dein Ich nicht ein männliches?« Stirners Egoist hingegen sei abgesondert von den Sinnen, unsinnlich, unmännlich, ein Neutrum, sei »ein Product der Abstraction, das genau so viel oder so wenig Realität hat wie die platonische Tischheit im Unterschiede von den wirklichen Tischen.« Stirners »einziges unvergleichliches« Ich erweise sich als »geschlechtloses Ich, als ein verdauter Rest des alten christlichen Supranaturalismus«, denn als Mann müsse man sich »*wesentlich, nothwendig* auf ein *anderes* Ich oder Wesen – auf das Weib« beziehen. »Die Anerkennung des Individuums ist nothwendig die Anerkennung von wenigstens *zwei* Individuen.«[137]

Feuerbach versteht Stirner nicht, der ihm vorwirft, er bleibe deswegen abstrakt, weil er die Gattung über das einzelne Individuum stelle. »Die Gattung bedeutet nämlich bei F[euerbach] nicht ein Abstractum, sondern nur dem Einzelnen für sich selbst fixirten Ich gegenüber das Du, den Anderen, überhaupt die ausser mir existirenden menschlichem Individuen.«[138]

---

das höchste Wesen«: Dieser Satz sei identisch mit der Formulierung »es ist kein Gott, kein höchstes Wesen im Sinne der Theologie. Aber dieser letzte Satz ist nur der atheistische, d. i. *negative*, jener der praktische und religiöse, d. i. *positive* Ausdruck.« (a. a. O., p. 297).
Vgl. auch a. a. O., p. 298: Feuerbach gehe es nur darum, »Gott oder die Religion auf ihren menschlichen Ursprung zurückzuführen und durch diese Reduction im Menschen theoretisch und praktisch aufzulösen.«

[136] L. Feuerbach, a. a. O., p. 298.
[137] a. a. O., p. 301.
[138] a. a. O., p. 302.

Stirners Auseinandersetzungen mit der Un-Eigentlichkeit der Philosophie

Für Feuerbach, und hier zeigt sich noch deutlich der Einfluss Hegels, ist die Gattung ein notwendiger und unentbehrlicher Gedanke, weil nur in der Gattung die individuelle Beschränktheit und Unzulänglichkeit aufgehoben sei. »Wer die Gattung daher nicht an die Stelle der Gottheit setzt, der lässt in dem Individuum eine Lücke, die sich nothwendig wieder durch die Vorstellung eines Gottes, d.h. des personificirten Wesens der Gattung ausfüllt.«

Feuerbach geht sogar noch einen Schritt weiter, indem er die Religion geradezu zurückführt auf die zwischenmenschlichen Beziehungen: »Zwei, Unterschied ist der Ursprung der Religion – das Du der Gott des Ich, denn Ich bin nicht ohne Dich; ich hänge vom Du ab; kein Du – kein Ich.«[139]

So gipfelt Feuerbachs Apologie seiner Schriften im Bekenntnis zum Gattungsmenschen und in seinem missverständlichen und oft missverstandenen Versuch einer Positionsbestimmung, mit der er sich »von Stirners Egoismus und den Anschauungen der andern Radikalen seiner Zeit« distanziert;[140] er sei »weder Materialist, noch Idealist, noch Identitätsphilosoph«, sondern Mensch, »oder vielmehr, da F[euerbach] nur in der Gemeinschaft das Wesen des Menschen versetzt –: Gemeinmensch, *Communist.*«[141] An anderer Stelle bereits hat sich Feuerbach, um sich von Stirners Egoismus zu distanzieren, als Kommunist bezeichnet.

Gieb dem einzelnen Individuum nicht weniger, als ihm gebührt, aber auch nicht mehr. So nur befreist Du Dich von den Ketten des Christenthums. Individuum sein heisst zwar allerdings »Egoist« sein, es heisst aber auch zugleich und zwar unwillkürlich »*Communist*« sein. ... Schlage Dir den »Einzigen« im Himmel, aber schlage Dir auch den »Einzigen« auf Erden aus dem Kopfe![142]

Feuerbachs Reaktion auf die scharfen Angriffe Stirners sind überraschend zurückhaltend; Johann Eduard Erdmann, ein Vertreter des so genannten rechten Flügels der Hegelschule, meint, Feuerbach habe

---

[139] L. Feuerbach, a.a.O., p. 303.
[140] S. Rawidowicz, Ludwig Feuerbachs Philosophie. Berlin 1964 (1931), p. 171.
[141] L. Feuerbach, a.a.O., p. 309f.
[142] a.a.O., p. 300. Vgl. dazu auch L. Feuerbach, Fragmente zur Charakteristik meines philosophischen Entwicklungsgangs. Stuttgart 1904 (1843/44), p. 391: »Was mein Princip ist? *Ego und Alter Ego;* ›Egoismus‹ und ›Communismus‹, denn beide sind so unzertrennlich wie *Kopf* und *Herz.* Ohne Egoismus hast Du *keinen Kopf,* und ohne Communismus *kein Herz.*«

»nie so gemässigt, ja so kleinlaut replicirt, wie damals«,[143] und Wilhelm Bolin vermutet, dass »Feuerbach in Stirner keinen böswilligen Feind sehen« wollte, »da er in dessen aggressivem Vorgehen gegen die mannigfache Verlogenheit der herrschenden Denkrichtungen an ihm einen bedeutenden Bundesgenossen erkennen musste.« Außerdem, führt Bolin weiter aus, seien »Stirners Angriffe« ohnehin nur »Lufthiebe« gewesen, die »die Wahrheit von Feuerbachs Forschungsergebnissen unberührt und unerschüttert« gelassen hätten.[144]

Nur eine unkritische, im Übrigen unverhohlen geäußerte Sympathie gegenüber Feuerbach konnte zu solchen Urteilen gelangen; prompt widerspricht sich dann auch Bolin, wenn er wenige Seiten später behauptet, »Feuerbachs Feder« sei »wahrlich zu gut« gewesen,[145] um »das Haltlose« von Stirners »Evangelium(s) des Egoismus[146] aufzuzeigen. Aber gerade das versucht er ja in seiner zwölfseitigen Entgegnung auf Stirners Angriffe in »Wigand's Vierteljahrschrift«; die Entgegnung Feuerbachs zeigt eher Unverständnis und Hilflosigkeit gegenüber Stirners Argumentation.[147] Seine Gegenargumente sind keineswegs »achtungsvoll«, wie Friedrich Jodl glauben machen möchte,[148] sondern zum Teil von einer geradezu peinlichen Sentimentalität, Naivität und, wie der Schweizer Theologe Karl Barth von der gesamten Lehre Feuerbachs meint, von einer »Plattheit sondergleichen.«[149]

---

[143] J. E. Erdmann, Grundriss der Geschichte der Philosophie. Bd. 2; Philosophie der Neuzeit. Berlin 1870² (1866), p. 681.
[144] W. Bolin, Ludwig Feuerbach. Stuttgart 1891, p. 109.
[145] a. a. O., p. 112.
[146] a. a. O., p. 110. Auch andere Feuerbach-Darstellungen versuchen Stirner dadurch zu kritisieren, dass sie seinen vermeintlichen Egoisten Feuerbachs gesellschaftlichen Menschen entgegenhalten. Vgl. z. B. A. Schmidt, Emanzipatorische Sinnlichkeit. München 1973, p. 176f. (»Die objektive, zumal gesellschaftliche Welt, deren – kleinbürgerlich vermittelter – Widerschein« Stirners Denken sei, kümmere ihn nicht (p. 177); ähnlich, wenn auch nicht unter dem Einfluss vulgärmarxistischer Klischees, siehe E. Kamenka, The Philosophy of Ludwig Feuerbach. London 1970, p. 119.
[147] W. Eßbach meint, Feuerbachs Reaktion schwanke »zwischen Bewunderung und einem hilflosen Unverständnis gegenüber der weitertreibenden Intention Stirners.« (Die Bedeutung Max Stirners für die Genese des historischen Materialismus. Göttingen 1978, p. 58f.).
[148] F. Jodl, Max Stirner und Ludwig Feuerbach. Stuttgart und Berlin 1916 (1911), p. 280.
[149] K. Barth, Ludwig Feuerbach, in: Zwischen den Zeiten. München 1927, p. 30. Barth, der Stirner für »*noch* radikaler« als Feuerbach hält, schreibt Stirner das Verdienst zu, das »Wesen des Menschen« als »zu abstrakt, zu ideal, zu fern von der eigentlichen

Hans G. Helms formuliert drastisch aber durchaus zutreffend: »Feuerbachs öffentliche Erwiderung auf den ›Einzigen‹ ist vollends lächerliche Apologie ...«[150] Feuerbach sieht sich in die Defensive gedrängt. Was er Stirner entgegenzusetzen hat, ist nichts als eine biedere, harmlose Verteidigungsschrift, die einige Stellen aus dem »Wesen des Christenthums« ins Feld führt und damit vor dem radikalen erkenntnistheoretischen Vorgehen Stirners kapitulieren muss.

Stirners Reaktion auf Feuerbachs Apologie folgt wenige Monate später im Band 3 von »Wigand's Vierteljahrschrift«.[151] Stirner präsentiert sich gelassen und überlegen; Mackay formuliert seinen Eindruck von den Entgegnungen Stirners zwar in dem bei ihm gewohnten martialischen Pathos, trifft aber den Sachverhalt richtig, wenn er meint, Stirner zeige sich in der Pose des Siegers, »wie er durch das Schlachtfeld seines Sieges nach beendetem Kampfe schreitet: die Waffe noch in der Hand und nur hier und da noch zu neuem Streiche ausholend« (KS 338).

Stirner braucht nicht »zu neuem Streiche ausholen«, denn Feuerbach hat es ihm mit seiner apologetischen Schrift leicht gemacht; der Eigner wurde von Feuerbach nicht als radikales und konsequentes Ergebnis seiner und der anderen »Linkshegelianer« Anthropologisierungsversuche erkannt. Stirner, der seine Entgegnung wie Feuerbach in der dritten Person schreibt, kann mit Genugtuung feststellen:

Wirklichkeit« erkannt zu haben (a.a.O., p. 31). Stirner habe »den Finger auf den Punkt gelegt, der Feuerbachs schwacher Punkt ist, auf die Frage nämlich, ob der Feuerbachsche ›Mensch‹ denn auch *wirklich* der wirkliche Mensch sein möchte« (a.a.O., p. 32).
Vgl. L. Feuerbach, Ueber das Wesen des Christenthums in Beziehung auf den »Einzigen und sein Eigenthum«, p. 301 f.; den oben dargestellten Gedanken, dass sich der Mann notwendig und wesentlich auf die Frau beziehe, führt Feuerbach dann so weiter aus: »Die Anerkennung des Individuums ist nothwendig die Anerkennung von wenigstens *zwei* Individuen. Zwei hat aber keinen Schluss und Sinn; auf zwei folgt Drei, auf das Weib das Kind. Aber nur ein *einziges, unvergleichliches* Kind? Nein! die Liebe treibt Dich unaufhaltsam über dieses Eine hinaus. Selbst schon der Anblick des Kindes ist so lieblich, so mächtig, dass er das Verlangen nach mehreren seines Gleichen unwiderstehlich in Dir erzeugt.« Vgl. auch a.a.O., p. 306.
[150] H. G. Helms, Die Ideologie der anonymen Gesellschaft. Köln 1966, p. 46; wenn Helms jedoch dann die Entgegnung Feuerbachs als »beflissene Selbstbezichtigung fast wie einer erfolgreichen modernen Gehirnwäsche« bezeichnet (a.a.O., p. 46), verkennt er den ausschließlich apologetischen Charakter der Schrift.
[151] M. St[irner], Recensenten Stirners, in: Wigand's Vierteljahrschrift. Bd. 3, Leipzig 1845, p. 147–194 (entspricht KS p. [343]–396 und EE-Rezensenten p. 395–446).

Stirners Auseinandersetzungen mit der Un-Eigentlichkeit der Philosophie

Um den Punkt, auf welchen es allein angekommen wäre, nämlich um die Behauptung Stirners, dass das Wesen des Menschen nicht Feuerbachs oder Stirners oder irgend eines Menschen Wesen ist, so wenig als die Karten das Wesen eines Kartenhauses sind, um diesen Punkt geht Feuerbach herum, ja er ahnt ihn nicht einmal. Er bleibt bei seinen Kategorien von Gattung und Individuum, Ich und Du, Mensch und menschlichem Wesen in völliger Ungestörtheit stehen (EE-Rezensenten 438).

Stirner beschränkt seine Entgegnung nahezu ganz auf die Problematik, die er mit Feuerbachs These, dass der Mensch dem Menschen das höchste Wesen sei, als das Zentrum seiner Polemik im »Einzigen« ausgewiesen hatte (EE 17). Anspielend auf Feuerbachs Rat, er solle sich »den ›Einzigen‹ im Himmel« und »den ›Einzigen‹ auf Erden aus dem Kopfe« schlagen,[152] meint Stirner nicht ohne Ironie, das gelinge selbst Feuerbach nicht: »nolens volens« müsse er sich »des Stirnerschen Einzigen« annehmen, weil er sich seiner selbst annehmen muss. Feuerbach müsste es schon »wunderlich anstellen ..., wenn er sich *seinen Einzigen* aus dem Kopfe schlagen wollte« (EE-Rezensenten 411).

Schon diese Stelle zeigt die grundsätzliche Differenz: Feuerbach sieht in Stirners Einzigem ein Abstraktum, einen irrealen Begriff, den man, abhängig von den jeweiligen Ansichten, annehmen oder verwerfen könne. Stirner dagegen macht mit diesem banalen Hinweis deutlich, um welche existenzielle Konkretheit es ihm in seinem Buch gegangen ist: ich, Max Stirner, und du, Ludwig Feuerbach, wir sind konkrete Einzige; ich kann mich mir und du kannst dich dir nicht aus dem Kopfe schlagen, es sei denn, wir heben spekulativ unsere Existenz auf.

Lebt Feuerbach in einer andern als in *seiner* Welt? Lebt er etwa in Hess', in Szeligas, in Stirners Welt? Ist die Welt nicht dadurch, dass Feuerbach in ihr lebt, die *ihn* umgebende, die von ihm d. h. Feuerbachisch empfundene, angeschaute, gedachte Welt? Er lebt nicht bloß mitten in ihr, sondern ist ihre Mitte selbst, ist der Mittelpunkt *seiner* Welt. Und wie Feuerbach, so lebt niemand in einer andern, als in seiner Welt, wie Feuerbach, so ist jeder das Centrum seiner Welt. Welt ist ja nur das, was er nicht selber ist, was aber zu ihm gehört, mit ihm in Beziehung steht, für ihn ist.

Um Dich dreht sich alles, Du bist die Mitte der Aussenwelt und die Mitte der Gedankenwelt. deine Welt reicht so weit, als Dein Fassungsvermögen reicht, und was Du umfassest, das ist durch das bloße Fassen Dein

---

[152] L. Feuerbach, Ueber das Wesen des Christenthums in Beziehung auf den »Einzigen und sein Eigenthum«. Stuttgart 1903 (1845), p. 300.

Stirners Auseinandersetzungen mit der Un-Eigentlichkeit der Philosophie

eigen. Du Einziger bist »Einziger« nur *zusammen mit* »*Deinem Eigentum*« (EE-Rezensenten 413).[153]

Ich habe diese Stelle deswegen in ihrer vollen Länge zitiert, weil Stirner hier eine prägnante und unmissverständliche Zusammenfassung der Egoismus- und Eignerproblematik gibt; er veranschaulicht, ohne die sicher problematische Integrationsform des Vereins zu bemühen, die Intersubjektivität seiner aus methodischen und erkenntnistheoretischen Überlegungen aufs Ich reduzierten Philosophie: Mein Verständnis der Welt ist »ego-istisch« und situativ, d. h. abhängig von *meiner* jeweiligen Situation, von *meinen* jeweiligen veränderbaren Bedürfnissen, Gefühlen, Gedanken, Erkenntnissen usw. All das, was ich nicht bin, aber durch mich determiniert wird, ist Welt. Und da sie auf mich bezogen ist, weil ich sie auf mich beziehe, ist sie meine Welt, mein Eigentum. »Indessen entgeht es Dir nicht, dass, was Dein eigen ist, zugleich *sein* eigen ist oder ein eigenes Dasein hat, ein Einziges ist gleich Dir.« (EE-Rezensenten 433): »ein Einziges« deswegen, weil Welt, ausgehend von der jeweiligen eigenen Situation, niemals identisch ist, niemals auf den Begriff gebracht werden kann und sich in einer endgültigen Definition verschließt. Die erkannte Objektwelt unterscheidet sich in diesem Sinne überhaupt nicht vom erkennenden Subjekt, das sich ebenfalls jeder Fixierbarkeit und Definierbarkeit entzieht.

Deswegen »ist Stirners Buch gegen *den Menschen* geschrieben« (EE-Rezensenten 422) und plädiert für »etwas Apartes ..., etwas, was mit dem Worte Mensch nicht ausgedrückt werden kann ...«. Deswegen, weil man »das Aparte, d.h. das *Einzige*, zu Gunsten des Begriffes« verworfen hat, weil man, wie Feuerbach, »eine wahrhaft menschliche Realität des Menschen« wollte (EE-Rezensenten 423), deswegen polemisiert Stirner gegen den Menschen. Der Einzige, den Stirner meint, lässt sich nicht anders definieren als mit seiner Undefinierbarkeit, mit seiner zeitlichen und räumlichen Andersartigkeit und seiner Singularität.

---

[153] Ähnlich fällt Stirners Antwort auf Heß' Vorwürfe aus: »Der Mensch kann nicht vollkommener sein, als Hess ist; es gibt keinen vollkommneren Menschen als – Hess: Hess ist der vollkommene, ja, wenn man einen Superlativ gerne hört, der vollkommenste Mensch. In Hess ist alles, alles – was zum Menschen gehört; dem Hess fehlt auch nicht ein Titelchen von dem, was den Menschen zum Menschen macht.« Freilich, schränkt Stirner dann ein und trivialisiert seine Darstellung, dasselbe gelte entsprechend für jede Gans, jeden Hund und jedes Pferd (EE-Rezensenten 439).

»Kannst *Du Dich* aber definieren, bist *Du* ein Begriff?«, fragt Stirner provokativ (EE-Rezensenten 407). Du bist jeweils deine eigene Definition und dein eigener Begriff, aber du bist gleichzeitig mehr, weil deine jeweilige Definition und dein jeweiliger Begriff noch nicht die Gesamtheit deiner faktischen und potenziellen Existenz ausmacht;[154] »denn nur im *Augenblick* bist Du Du, nur als *Augenblicklicher* bist Du wirklich; als ›allgemeines Du‹ wärest Du vielmehr in jedem Augenblick ein ›anderer‹« (EE-Rezensenten 424).[155]

Feuerbach hingegen glaubt das Wesen des Menschen definieren zu können; weil seine Wesensbestimmung eine allgemeingültige Wertskala kennt, kann er »das Höhere dem Niederen«[156] gegenüberstellen.

Soll hiernach das Feuerbachsche »Höhere« einen Sinn haben, so muss es ein von Dir, dem Augenblicklichen, getrenntes und freies Höheres, es muss ein *absolut* Höheres sein. Ein *absolut* Höheres ist ein solches, bei welchem Du nicht erst befragt wirst, ob es Dir das Höhere sei, welches vielmehr *trotz Dir* das Höhere ist (EE-Rezensenten 425).[157]

---

[154] Wenn Feuerbach gegenüber Stirner zugibt, dass er mehr als Mensch sei und fragt, ob er auch mehr als Mann sei (a.a.O., p. 301), antwortet Stirner ganz in dem hier dargestellten Zusammenhang: »Du bist mehr als Mensch, daher bist *Du auch* Mensch; Du bist mehr als Mann, aber *auch* Mann: die Menschlichkeit und die Männlichkeit drücken Dich nicht erschöpfend aus ... Da er *dieser einzige* Feuerbach ist so ist er *ohnehin zugleich* ein Mann, ein Mensch, ein lebendiges Wesen, ein Franke u. dergl.; aber er ist *mehr* als alles das, da diese Prädikate erst durch seine Einzigkeit Realität haben ...« (EE-Rezensenten 436).
[155] Auf diesen Zusammenhang gehe ich im Kapitel 2.5. Der eigene existenzielle versus den uneigenen unheimischen Menschen ausführlicher ein.
[156] L. Feuerbach, Ueber das Wesen des Christenthums in Beziehung auf den »Einzigen und sein Eigenthum«. Stuttgart 1903 (1845), p. 308.
[157] Feuerbach hatte (a.a.O.) die Liebe zu einer Hetäre als eigennützig und nieder hingestellt, die zur Geliebten als uneigennützig und höher. Stirner, der die Diskussion um »Höheres« und »Niederes« erst im Grundsätzlichen geführt hat, nämlich von der Problematik der wertsetzenden Norm her, greift Feuerbachs Vergleich auf und führt ihn ad absurdum: »Dass Dir vielleicht die Hetäre der Genuss ist, dass Dir es in diesem Augenblicke der einzige Genuss ist, den Du begehrst: – was kümmert das große und edle Herzen, wie Feuerbach, die nur an der ›Geliebten‹ Gefallen finden und nach dem Maßstabe des reinen Herzens dekretieren, dass die Geliebte das ›Höhere‹ sein müsse! Nur wer an einer Geliebten, nicht wer an einer Hetäre hängt, befriedigt sein volles, ganzes Wesen. Und worin besteht dies volle, ganze Wesen? Eben nicht in Deinem augenblicklichen Wesen, nicht in dem, was Du augenblicklich für ein Wesen bist, sondern im ›menschlichen Wesen.‹ Für das menschliche Wesen ist die Geliebte das Höhere.« (EE-Rezensenten 425)

Auch hier, wie schon im »Einzigen«, verwirft Stirner das Normative, ent-wertet die Wertvorstellungen und verweist auf den »egoistischen« Momentcharakter des Interesses. Feuerbachs Mensch ist eben deshalb Abstraktum, weil es zwar den konkreten Menschen sucht, ihn aber nicht im sich jeweils neu setzenden, jeden Augenblick potenziell anders denkenden, fühlenden, wollenden Einzigen findet. Die Gefährlichkeit der Feuerbachschen Argumentation beruht nach Stirner darin, und hier ziehen die Abstraktionen à la Feuerbach konkrete Folgen nach sich, dass Abweichungen von einem allgemeingültigen ethischen Kodex Sanktionen rechtfertigen. Wer das menschliche Wesen definieren kann, muss alles, was sich dieser Definition nicht unterordnet, als unmenschlich abqualifizieren. Was dem Wesen des Menschen gemäß ist, so argumentiert Feuerbach, ist auch dem Wesen des konkreten Einzelmenschen gemäß. »Dieser Beweis ist so gründlich und praktisch, dass er schon seit Jahrtausenden die Gefängnisse mit ›Unmenschen‹, d.h. mit Leuten, die nicht *sich* gemäss finden wollten, was doch dem ›menschlichen Wesen‹ so gemäss ist, bevölkert hat.« (EE-Rezensenten 437).

Wieder einmal betont Stirner die realpolitischen Konsequenzen einer spekulativen Philosophie, die sich im Namen des Menschen menschlich geriert, aber dadurch, dass sie vorzugeben vermeint, was das Menschliche ist, was dem Menschen gemäß ist, Unmenschlichkeit provoziert und praktiziert, jedenfalls: individuelle Konkretheit einer menschlichen Allgemeinheit opfert und damit Unmenschlichkeit im Namen der Menschlichkeit nicht zu verhindern weiß.

C. Das Thema des Eigners in Stirners Veröffentlichungen nach dem »Einzigen«

Der »Einzige und sein Eigentum« ist das philosophische Hauptwerk Stirners und zeigt ihn auf dem Höhepunkt seines Schaffens. Was folgt, ist ein langsamer Rückzug aus dem gesellschaftlichen Leben, zunehmende Zurückhaltung innerhalb der philosophischen Auseinandersetzungen, Unverständnis, jedenfalls: Uninteressiertheit an den politischen Auseinandersetzungen im Vormärz und den Jahren danach. Stirner musste sich – dieses Urteil lassen die spärlichen Informationen zu – missverstanden fühlen, seine Zukunftserwartungen wurden enttäuscht. Die andere Zeit, die Zeit des Eigners, ließ auf sich warten.

Bei der Untersuchung von Stirners Veröffentlichungen nach dem »Einzigen« wird sich zeigen, dass Stirner mit den 1845 geschriebenen und veröffentlichten »Recensenten Stirners« zum letzten Mal engagiert die Thematik des Eigners aufgegriffen hat, um seine Ansichten zu präzisieren und zu verdeutlichen.[1] Mit den darauf folgenden Veröffentlichungen verlässt Stirner die Eignerthematik in ihrer im Rahmen dieser Arbeit dargestellten Fragestellung und wendet sich mit den »Nationalökonomen der Franzosen und Engländer«, der »Geschichte der Reaction« und den Zeitungskorrespondenzen einer anderen Thematik und Problematik zu, die nur marginal für die Reflexion des Eignerthemas von Interesse ist, es sei denn, man versteht diese Phase nach 1845 als eine Phase, in der Stirner aus seinen philosophischen Ansichten realpolitische Konsequenzen zu ziehen versuchte.

Die Frage, ob Stirner außer den bisher bekannt gewordenen Arbeiten nicht noch weitere Aufsätze und Korrespondenzen veröffentlicht hat, ist eher zu verneinen. Jedenfalls führten intensive Recherchen zu keinem diesbezüglichen Erfolg.

---

[1] Vgl. dazu das Kapitel 4.5. Eigenheit und Egoismus.

1. »Recensenten Stirners«

Die Beiträge, »denen Stirner die erste Ehre einer Entgegnung angethan hat« (KS 340), wie Mackay ehrfurchtsvoll in der Einleitung zu den »Recensenten Stirners« schreibt, sind drei Kritiken des »Einzigen und sein Eigentum« von Szeliga,[1] Ludwig Feuerbach[2] und Moses Heß.[3] Stirner reagierte unmittelbar auf diese Beiträge und veröffentlichte seinen »langen apologetischen Kommentar« des »Einzigen«[4] – geschrieben in der Objektivität und Distanz heischenden dritten Person – im Band 3 von »Wigand's Vierteljahrschrift«.[5]

Da Stirner seine Antwort auf die missverstandene Rezeption vor allem seines Egoismusverständnisses zusammenfasst[6] und die Zusammenfassung zur Präzisierung seines Egoismusbegriffes herangezogen werden kann, wurde diese Thematik bereits in dem Kapitel »Eigenheit und Egoismus« vorweggenommen und ausführlich dar-

---

[1] Szeliga, Der Einzige und sein Eigenthum, in: Norddeutsche Blätter, Bd. II, IX. Heft. Berlin, März 1845, p. [1]–34.
[2] [L. Feuerbach], Über das »Wesen des Christenthuns« in Beziehung auf den »Einzigen und sein Eigenthum«, in: Wigand's Vierteljahrschrift, Bd. 2. Leipzig 1845, p. [193]–205.
[3] Moses Heß, Die letzten Philosophen. Darmstadt 1845.
[4] So nennen Marx und Engels die »Recensenten Stirners« in Anspielung auf das Bild vom »Heiligem Max«, wie sie Stirner ironisch nennen, und dessen Bibel, dessen »Heiliges Buch«; wie die Apologeten Justin, Athenagoras, Theophilus und Tatian im 2. Jahrhundert das Christentum gegen die Vorwürfe des Heidentums verteidigten, so möchten Marx und Engels suggerieren, verteidigt Stirner mit seinen »Recensenten seines Einzigen« (K. Marx und F. Engels, Die deutsche Ideologie, in: MEW 3. Berlin (Ost) 1969, p. 101 und p. 430–436).
[5] M. St[irner], Recensenten Stirners, in: Wigand's Vierteljahrschrift, Bd. 3. Leipzig 1845, p. [147]–194 (= KS [343]–396 und EE-Rezensenten 405–446).
[6] (»Ueber diejenigen Worte, welche in Stirners Buche die auffälligsten sind, über den ›Einzigen‹ nämlich und den ›Egoisten‹, stimmen die drei Gegner unter einander überein.« Stirner hält es deswegen am besten, »diese Einigkeit zu benutzen und die berührten Punkte vorweg zu besprechen« (EE-Rezensenten 405)).

gestellt.[7] Ebenso wurden oben auch die Stellen aus den »Recensenten« berücksichtigt, die zentrale Aussagen seines Hauptwerkes erläutern und präzisieren, so dass hier nicht ausführlicher auf diesen wichtigen Beitrag eingegangen wird. »Cette réponse de Stirner à ses détracteurs exprime son projet plus clairement peut-être que *L'Unique et sa proriété* dans son ensemble.«[8] Annabel Herzog, die diese Behauptung aufstellt, spricht zugespitzt einen wahren Kern an: Die »Recensenten« sind kein apologetischer, sondern ein punktuell exegetischer Kommentar zu Stirners Hauptwerk, der wesentliche Erläuterungen, Verständnishilfen und Ergänzungen bietet.

---

[7] Vgl. Kapitel 4.5. Eigenheit und Egoismus.
[8] A. Herzog, Penser autrement la politique. Paris 1997, p. 102.
Dankenswerterweise hat der Alber-Verlag die »Recensenten« als integralen Bestandteil zu Stirners Ausgabe von »Der Einzige und sein Eigentum« (Freiburg 2009[1], 2013[2], 2016[3]) herausgegeben.

2. »Die National-Ökonomen der Franzosen und Engländer«

Zwischen 1845 und 1847 erschien im Verlag Otto Wigand in Leipzig eine zehnbändige Reihe über »Die National-Ökonomen der Franzosen und Engländer«. Stirner fungierte bei den ersten acht Bänden als Herausgeber und übersetzte die Werke von Jean Baptiste Say und Adam Smith.

Bei den Bänden 1–4 handelt es sich um eine Übersetzung des 1828 in sechs Bänden veröffentlichten »Cours complet d'économie politique pratique« des französischen Nationalökonomen Jean Baptiste Say, der als Begründer der »Klassischen Lehre« in Frankreich gilt. Er machte vor allem die Wirtschaftslehren von Adam Smith, die er zum Teil weiterentwickelte, einem größeren Publikum bekannt (seit 1815 hielt Say Vorlesungen über »Politische Ökonomie«).[1]

Bei den Bänden 5–8 handelt es sich um eine Übersetzung des 1776 veröffentlichten Hauptwerkes »An Inquiry into the Nature and Causes of the Wealth of Nations« des englischen Moralphilosophen und Volkswirtschaftlers Adam Smith, in dem Smith systematisch die liberalen Wirtschaftslehren des 18. Jahrhunderts analysiert und die klassische Nationalökonomie begründet.[2]

---

[1] M. Stirner, Die National-Ökonomen der Franzosen und Engländer. 1.–4. Band. Ausführliches Lehrbuch der praktischen Politischen Ökonomie. Von J. B. Say. Deutsch mit Anmerkungen von Max Stirner. Leipzig 1845/46.
Die vier Bände erschienen ab Februar 1845 in insgesamt 8 Lieferungen, sechs davon 1845, zwei 1846.
[2] M. Stirner, Die National-Ökonomen der Franzosen und Engländer. 5.–8. Band. Untersuchungen über das Wesen und die Ursachen des Nationalreichthums. Von Adam Smith, Deutsch mit Anmerkungen von Max Stirner. Leipzig 1846/47.
Bereits 1776 war die erste deutsche Übersetzung von Johann Friedrich Schiller erschienen. 1794 erschien eine dreibändige Übersetzung von Christian Garve. Ob eine dieser Übersetzungen von Stirner zu Rate gezogen wurde, konnte ich nicht ermitteln. Zu den Übersetzungen und zur Smith-Rezeption in Deutschland vgl. W. Roscher, Geschichte der National-Oekonomik in Deutschland (Kapitel 25: Aufnahme Adam Smith's in Deutschland). München 1874, p. 593–625. Vgl. auch G. Kade, Glanz und

»Die Uebersetzungen von Say und Smith galten und gelten als die besten der existierenden«, schreibt Mackay wohl nicht ohne Berechtigung,[3] denn noch 1908 und 1910 erschienen Übersetzungen von Adam Smith' Hauptwerk, denen Stirners Übersetzung zugrunde lag,[4] und 1919 erschien eine Ausgabe, die ausschließlich auf die Übersetzung Stirners zurückgriff.[5]

Mackay vermutet, Stirner habe den Plan für dieses, was die Übersetzungen Stirners betrifft, nahezu 3000 Seiten umfassende Projekt »wahrscheinlich schon 1844 während des Druckes des ›Einzigen‹, mit seinem Verleger Otto Wigand ... besprochen«. »So hatte er, schon vor 1845, mit der Uebersetzung des berühmten Lehrbuches des Jean Baptiste Say, ... dessen vier Bände in rascher Aufeinander-

---

Elend der Adam Smith-Rezeption in der bürgerlichen Ökonomie, in: Blätter für deutsche und internationale Politik. Heft 4, Köln 1976, p. 419–438.
Obwohl Stirner vom Verlag auch für die Bände 9 und 10 (Die Widersprüche der National-Ökonomie oder die Philosophie der Noth. Von P. J. Proudhon. Deutsch v. Wilhelm Jordan. Leipzig 1847) als Herausgeber angekündigt wurde (vgl. H. G. Helms, Die Ideologie der anonymen Gesellschaft. Köln 1966, p. 526), scheint er nicht mehr als solcher fungiert zu haben; die Übersetzung von Proudhons »Système des contradictions économiques ou Philosophie de la Misère« stammt von dem Schriftsteller und Politiker Wilhelm Jordan, einem der Berliner Freien (vgl. dazu J. H. Mackay, Max Stirner. Freiburg/Br. 1977[3] (1898), p. 185.
[3] J. H. Mackay, Max Stirner, a.a.O. Mackay verlässt sich wohl auf die Angaben von H. Schmidt in den Vorbemerkungen zu der von ihm herausgegebenen Ausgabe; Schmidt schreibt: »Unserer Ausgabe liegt die vortreffliche Übersetzung von *Max Stirner* (1846–47) zugrunde, die wir nach der englischen Ausgabe von Cannan (1904) durchgesehen haben.« (Vorbemerkungen zu A. Smith, Der Reichtum der Nationen. Leipzig 1910, p. IV). Auch H. G. Helms spricht von »Stirners vorzüglichen Übersetzungen« (Nachwort zu M. Stirner, Der Einzige und sein Eigentum und andere Schriften, hrsg. von H. G. Helms. München 1970 (1968), p. 281). Dagegen meint F. Bülow im Vorwort zu seiner Neuübersetzung 1933: »Die bisherigen deutschen Übersetzungen waren unzulänglich, wiesen Übersetzungsfehler und Ungenauigkeiten auf.« (Vorwort zu: Natur und Ursachen des Volkswohlstandes. Leipzig 1933, p. [V]).
[4] A. Smith, Eine Untersuchung über Natur und Wesen des Volkswohlstandes. Unter Zugrundelegung der Übersetzung Max Stirners, aus dem engl. Original ins Deutsche übertr. v. Ernst Grünfeld. Bd. I. Sammlung sozialwissenschaftlicher Meister. II. Band. Berlin 1908. A. Smith, Der Reichtum der Nationen. Nach der Übersetzung von Max Stirner und der engl. Ausgabe von Cannan hrsg. v. H. Schmidt. 2 Bde. Leipzig 1910 (eine zweite Auflage erschien 1924).
[5] A. Smith, Untersuchungen über das Wesen und die Ursachen des Nationalreichthums. Deutsch v. Max Stirner. Berlin 1919. Ich entnehme diese Angaben der Bibliographie von H. Helms (Die Ideologie der anonymen Gesellschaft. Köln 1966, p. 528 und 530).

folge in diesem und dem folgenden Jahre gedruckt wurden und zunächst in Lieferungen erschienen, begonnen.«[6]

An anderer Stelle haben wir bereits darauf hingewiesen,[7] dass die Vorarbeiten zu den Übersetzungen von Say und Smith mit großer Wahrscheinlichkeit mit der Endphase der Niederschrift des »Einzigen« zusammenfallen. Dafür spricht einerseits die vermutliche Übersetzung des Begriffes »owner« mit Eigner,[8] andererseits aber auch die im »Einzigen« nachweisbare Kenntnis von Smiths Hauptwerk. Ein Beispiel: Smith veranschaulicht die Arbeitsteilung, die in seinen Augen den Hauptfaktor für das Wachstum der Produktivität der gesellschaftlichen Arbeit ausmacht, an dem berühmt gewordenen Beispiel von der Stecknadelproduktion (»the trade of the pin-maker«):[9] Die Spezialisierung der Arbeiter und die Aufteilung der Arbeitsgänge erlaubt, die Produktion um ein Vielfaches zu steigern.[10] Stirner hat dieses Beispiel nicht einfach »abgeschrieben«, wie Helms behauptet,[11] sondern er zitiert es, um die Entfremdungstheorie des Kommunismus wiederzugeben:

Wer in einer Stecknadelfabrik nur die Köpfe aufsetzt, nur den Draht zieht usw., der arbeitet wie mechanisch, wie eine Maschine: er bleibt ein Stümper, wird kein Meister; seine Arbeit kann ihn nicht *befriedigen*, sondern nur *ermüden*. Seine Arbeit ist, für sich genommen, nichts, hat keinen Zweck *in sich*, ist nichts in sich Fertiges; er arbeitet nur einem andern in die Hand, und wird von diesem andern *benutzt* (exploitiert) (EE 127 f.).

---

[6] J. H. Mackay, a. a. O., p. 184.
[7] Vgl. dazu das Kapitel 4.1. Der Eigner.
[8] Vgl. die entsprechenden Hinweise und Belege in dem Kapitel 4.1. Der Eigner.
[9] Vgl. A. Smith, An Inquiry into the Nature and Causes of the Wealth of Nations. London 1828 (1776), p. 16 f.
[10] »... a workman not educated to this business, ... nor acquainted with the use of the machinery employed in it, ... could scarce, perhaps, ... make one pin in a day, and certainly could not make twenty. Bot in the way in which this business is now carried on, not only the whole work is a peculiar trade, but it is divided into a number of branches ... One man draws out the wire, another straights it, a third cuts it, a fourth points it ... ; and the important business of making a pin is, in this manner, divided into about eighteen distinct operations ...« (A. Smith, a. a. O., p. 16 f.).
[11] H. G. Helms, Die Ideologie der anonymen Gesellschaft. Köln 1966, p. 367. Helms meint, diese Übernahme des Beispiels von Smith, »diese wüste Mischung von kleinbürgerlichem Standesbewußtsein, bürgerlichen Bildungsidealen, Arbeitsethos und national-ökonomischem Halbwissen ist ein demagogisches Kabinettstückchen« (a. a. O.). Allerdings spricht hier nicht Stirner, sondern Stirner lässt den Kommunismus sprechen (»Nun repliziert der Kommunismus: ...« (EE 126)).

»Die National-Ökonomen der Franzosen und Engländer«

Ohne den Absichten weiter nachzugehen, die Stirner mit diesem Beispiel verfolgte, zeigt sich, dass Stirner Anfang 1844, als er diese Abschnitte seines »Einzigen« niederschrieb, Smith, jedenfalls Smith' Stecknadelbeispiel, kannte (EE 128).

Für die Eignerthematik bieten die »National-Ökonomen« keine neuen Gesichtspunkte, weil die von Stirner geplanten und vom Verleger Otto Wigand im Februar 1845 anlässlich der ersten Lieferung angekündigten Anmerkungen, die Aufschluss über Stirners Absichten hätten geben können, ausgeblieben sind. Wigand schreibt:

Der Zweck des hier angekündigten Unternehmens wird daher ein doppelter sein. Es müssen die geschichtlich bedeutenden Leistungen der socialen Wissenschaft zu allgemeiner Kenntniß vorgeführt werden; es muß aber zweitens auch an dieser Weltgeschichte das Weltgerichte erscheinen, und das verborgene Feuer hervorgelockt werden, durch welches die sociale Wissenschaft sich in einer Selbstentzündung verzehrt und bloß ihr – Andenken zurücklässt.

Das Erstere kann hier nur soweit geschehen, als es durch Uebersetzungen zu erreichen ist, da kein deutscher Autor in diesem Werke Platz findet; für das Zweite aber sollen Anmerkungen geschrieben werden, die sich über das ganze Gebiet dieser Wissenschaft verbreiten und deshalb schwerlich immer in den bescheidenen Grenzen von Anmerkungen werden bleiben können, sondern in der Regel einen eigenen Raum hinter dem jedesmaligen Werke in Anspruch nehmen.[12]

Warum dieses von Wigand angekündigte »Weltgerichte« nicht erschienen ist, begründet Stirner am Ende der Übersetzung von Says »Cours« folgendermaßen:

Als die Uebersetzung des Say begonnen wurde, war es meine Absicht, sie am Schlusse mit Anmerkungen zu versehen. Indessen stellte sich mehr und mehr heraus, dass Say und Smith zu untrennbar sind, als dass jener ein abgesondertes Geleit von Anmerkungen erhalten dürfte, ehe dem Leser Gelegenheit geworden, auch den letzteren kennen zu lernen. Auch will ich gerne gestehen, dass mir diese Betrachtung sehr gelegen kam, da es mir unlieb sein würde, wenn ich die bisher niedergeschriebenen Bemerkungen in ihrer dermaligen Gestalt schon veröffentlichen müßte. Es wird also vorerst die Uebersetzung des Adam Smith folgen.[13]

---

[12] O. Wigand, [Einleitende Vorbemerkungen zur ersten Lieferung des ersten Bandes; innere Umschlagseite]. Leipzig, im Februar 1845.
[13] Bemerkung Stirners in A. Smith, a.a.O., Bd. 4, p. 244.

»Die National-Ökonomen der Franzosen und Engländer«

Aber auch in der Übersetzung von Smith' »Inquiry« fehlen Stirners Anmerkungen. »Ihr Fehlen ist jedenfalls ein unersetzlicher Verlust und lebhaft zu bedauern, mag auch nur der kleinste Theil von ihnen zu Stande gekommen sein«, schreibt Mackay.[14]

»Die National-Ökonomen« indessen deuten das an, was die späteren Zeitungskorrespondenzen und »Die Geschichte der Reaction« bestätigen werden: Stirners verstärkte Zuwendung zu politischen und ökonomischen Fragen, die Konfrontation seiner im »Einzigen« thematisierten Problematik des Eigners mit realen politischen und ökonomischen Problemen, eine »Verlagerung des Interesses von der Philosophie zur Ökonomie« – ein zur gleichen Zeit auch bei Marx und Engels beobachtbarer Vorgang.[15] Wenn Hans G. Helms richtig bemerkt, dass »die von Stirner mit Zitaten dritter Autoren gefüllten Fußnoten zu beiden Übersetzungen seine genaue Kenntnis der zeitgenössischen ökonomischen und politischen Literatur ersehen« lassen,[16] dann dokumentieren diese Kenntnisse Stirners Interesse an der Thematik und stützen von einer anderen Seite die zu Beginn der Untersuchung aufgestellte und dann mit dem Eignerthema belegte These, dass nämlich Stirners Philosophie ausbrechen wollte aus einer verkrusteten geisteswissenschaftlichen Esoterik zugunsten einer konkreten Philosophie und philosophischen Konkretheit, zugunsten einer in die »gesellschaftliche« Wirklichkeit und die wirkliche »Gesellschaft« eingreifenden Philosophie.

---

[14] J. H. Mackay, Max Stirner. Freiburg/Br. 1977³ (1898), p. 185.
[15] W. Eßbach, Die Bedeutung Max Stirners für die Genese des historischen Materialismus. Göttingen 1978, p. 11.
[16] H. G. Helms, Nachwort zu M. Stirner, Der Einzige und sein Eigentum und andere Schriften, hrsg. von H. G. Helms. München 1970 (1968), p. [281].

3. »Die philosophischen Reaktionäre«

Im vierten Band von Otto Wigands »Epigonen« erschien 1847 der Aufsatz »Die philosophischen Reaktionäre. Die modernen Sophisten von Kuno Fischer«, unterzeichnet mit dem Namen G. Edward.[1] Der Aufsatz reagiert auf die von Kuno Fischer im Januar 1847 in der »Leipziger Revue« in Fortsetzungen veröffentlichte Polemik »Moderne Sophisten«;[2] einen Aufsatz, der, wie Kuno Fischer in einer Fußnote in den »Epigonen« mitteilt, »das Schicksal einer schiffbrüchigen Zeitschrift theilte« (die »Leipziger Revue« stellte ihr Erscheinen mit Nr. 24 ein), ließ Fischer »auf den Wunsch Herrn *Otto Wigand's*« in den »Epigonen« »unverändert abdrucken, um ihn so zu erhalten, wie man ihn angegriffen« hat.[3]

Schon Kuno Fischer fasste in seiner Reaktion auf diesen Aufsatz den Namen als ein Pseudonym Stirners auf,[4] und mit aller Wahrscheinlichkeit meint Arnold Ruge in einem Brief vom 14. März 1847 an Kuno Fischer diesen Aufsatz – Paul Nerrlich, der Herausgeber von Ruges Briefwechsel, hegt an der Verfasserschaft Stirners keinen Zweifel[5] –, wenn er schreibt:

... Rößler hat Ihnen *Stirners* Antwort gebracht. Der Mohr ist unzurechnungsfähig. Es ist gewiß gut, wenn Sie *Stirner* in einem Briefe antworten und ihn über seine Hauptdummheit noch einmal gründlich stolpern lassen.[6]

---

[1] G. Edward, Die philosophischen Reaktionäre, in: Die Epigonen, Bd. 4. Leipzig 1847, p. [141]–151.
[2] K. Fischer, Moderne Sophisten, in: Leipziger Revue. Zeitschrift für Literatur, Kunst und Leben. No. 2–4, 6–7. Leipzig 1847, p. 9–11, 13–14, 17–20, 30–32, 45–49, 50–52.
[3] K. Fischer, Moderne Sophisten, in: Die Epigonen, Bd. 5. Leipzig 1848, p. [277]; der Aufsatz steht p. [277]–316.
[4] K. Fischer, Ein Apologet der Sophistik und ein »philosophischer Reactionär«, in: a. a. O., p. 152–165
[5] Vgl. Arnold Ruge, Briefwechsel und Tagebuchblätter aus den Jahren 1825–1880, Bd. I. Berlin 1886, p. 429, Fußnote 4.
[6] A. Ruge, Brief vom 14. März 1847 an Kuno Fischer, in: Briefwechsel und Tagebuch-

»Die philosophischen Reaktionäre«

Auch das »Pseudonymen-Lexikon« von Michael Holzmann und Hanns Bohatta weist G. Edward, unter Berufung auf Josef Stammhammers »Bibliographie des Sozialismus und Communismus«,[7] als ein Pseudonym Stirners aus.[8] Mackay hat den Aufsatz mit der Bemerkung in »Max Stirner's Kleinere Schriften« aufgenommen, es könne zwar nicht »mit voller Sicherheit« festgestellt werden, ob er von Stirner herrühre, »jedoch ist es mehr als wahrscheinlich« (KS [398 f.]),[9] und nur Hermann Schultheiß meint, »für einen, der Stirners Art und Stil genauer kennt,« bestehe »kein Zweifel«, dass der Aufsatz nicht von Stirner sei.[10]

Zweifel indessen sind angebracht, Zweifel nämlich, dass der Aufsatz aus Stirners Feder stammt.[11]
Betrachten wir, um diese Zweifel begründen zu können, die Reaktion G. Edwards auf Fischers Vorwürfe etwas genauer, denn wäh-

---

blätter, a.a.O., p. 429. Zu Rößler weiß Paul Nerrlich in einer Fußnote zu berichten (A. Ruge, Briefwechsel und Tagebuchblätter. Bd. 10, p. 426): »Constantin Rößler, jetzt Geh. Regierungsrat und Direktor des litterarischen Büreaus des Kgl. Preuß. Staatsministerium ... Er lernte Ruge 1841 in Halle kennen, als er dort Student war. ... Im Herbst 1846 traf er, im Begriff nach Leipzig zum Zweck der Habilitation überzusiedeln, mit Ruge in Zürich zusammen; in Leipzig stand er mit ihm vom Herbst 1846 bis Mai 1848 ... in fast täglichem Verkehr.«
[7] J. Stammhammer (Hrsg.), Bibliographie des Sozialismus und Communismus, Bd. II. Jena 1900, p. 99 f.
[8] M. Holzmann und H. Bohatte, Deutsches Pseudonymen-Lexikon. Wien und Leipzig 1906, p. 71. E. Barnikol (Das entdeckte Christentum, 1927, p. 50) fragt sich, ob Stirner das Pseudonym in Edelmanns »Die Göttlichkeit der Vernunft« gefunden hat, wo Edelmann einen Professor Edwards kritisiert? Und verweist auf Deutsche Jahrbücher 1842, p. 1207, 1209 ff.
[9] Dieser Ansicht schließt sich G. Strugurescu (Max Stirner. München 1911, p. 50) an. Vgl. auch J. H. Mackay, Max Stirner. Freiburg/Br. 1977³ (1898), p. 172.
[10] H. Schultheiß, Stirner. Grundlagen zum Verständnis des Werkes »Der Einzige und sein Eigentum«. Ratibor 1906, p. 21. Auch andere sind der Meinung, G. Edward könne nicht Stirner sein, so etwa Peter Suren (Max Stirner über Nutzen und Schaden der Wahrheit, 1991, p. 502 f.), der es, ohne Gründe zu nennen, für möglich hält, dass Edward mit Edw. Green identisch ist, der 1852 in Wilhelm Weitlings »Republik der Arbeiter« Aufsätze veröffentlicht hat. So schießen wilde Spekulationen ins Kraut, wer sich alles hinter dem Pseudonym, wenn es denn eins ist, verbergen könnte.
[11] P. Gallissaire und A. Sauge, die Herausgeber und Übersetzer der »Oeuvres complètes« Stirners, meinen in der »note préliminaire«, »ni la signature (G. Edward) ni le style n'incitent à admettre comme certaine l'authenticité de l'article.« (Lausanne 1972, p. 8).

»Die philosophischen Reaktionäre«

rend einerseits die genannten Kriterien nicht *gegen* eine Verfasserschaft Stirners sprechen, können stilistische und inhaltliche Gründe nicht oder nur mit großen Vorbehalten für eine solche Verfasserschaft geltend gemacht werden. Dem Vorwurf Fischers, die Sophistik (unter der er »das Spiegelbild der Philosophie – ihre *verkehrte Wahrheit*« versteht[12]) emanzipiere »das Subjekt von der Macht des Gedankens«, weshalb »das sophistische Subjekt das *gedankenlose*, das *rohe, particulare Subject*« sei,[13] begegnet G. Edward mit der Frage; »Also weil *ich* Gedanken habe und die Gedanken *mich* nicht haben, weil ich frei denke, und nicht der Affe eines gedachten Gedankens bin, bin ich ›gedankenloses‹ ›particulares‹ ja sogar ›rohes‹ Subject?« Edward widerspricht mit der für unsere Fragestellung bemerkenswerten Begründung:

Doch nein! Die Sophisten sind nicht ganz »gedankenlos«, sie sind sogar »philosophisch« so etwa »das umgekehrte Spiegelbild der Philosophie«, aber in welcher Weise? ... Habt ihr Philosophen wirklich eine Ahnung davon, dass ihr mit Eueren eigenen Waffen geschlagen seid? ... Was könnt Ihr Gesundes dagegen erwiedern (!), wenn ich das dialektisch wieder auflöse, was Ihr bloß dialektisch gesetzt habt?[14]

Bemerkenswertes enthält diese Begründung in zweifacher Hinsicht: – Edward greift den Vorwurf der Gedankenlosigkeit nicht auf, sondern distanziert sich davon. Im »Einzigen« jedoch wollte Stirner, im Gegensatz zur »Kritik« etwa Bruno Bauers, nicht nur »durch das Denken die Gedanken auflösen«, sondern er forderte geradezu »die Gedankenlosigkeit« als Grundbefindlichkeit des »Undenkbare[n]«, des Eigners (EE 156). Sie, die Gedankenlosigkeit, ist die Voraussetzung zu jener prometheisch anmutenden Forderung des Eigners, Schöpfer und Geschöpf zugleich zu sein und alle Geschöpfe als Schöpfungen des Eigners zu erkennen (EE 159 und 340).[15] Die Ansicht Edwards, er denke frei, ist eine Ansicht, die im »Einzigen« deshalb verworfen wird, weil sie noch hierarchischen Vorstellungen gehorche: »die Denkenden ... sollten frei sein ... Die Freiheit der Denkenden aber ist die ›Freiheit der Kinder Gottes‹ und zugleich die unbarmherzigste – Hierarchie oder Herrschaft des Gedankens ...«. Stirner schreibt dann zwar – und hier argumentiert er wie G. Ed-

---
[12] K. Fischer, Moderne Sophisten. Leipzig 1848, p. 278; vgl. p. [277].
[13] a.a.O., p. 280.
[14] G. Edward, Die philosophischen Reaktionäre. Leipzig 1847, p. 144 ff.
[15] Vgl. dazu das Kapitel 4.2. Das Eigentum des Einzigen.

ward –: »Ich aber will den Gedanken haben, will voller Gedanken sein«, fährt dann aber scheinbar paralogisch fort: »aber zugleich will Ich gedankenlos sein, und bewahre Mir statt der Gedankenfreiheit die Gedankenlosigkeit.« (EE 349).

Hier geht es nicht, wie man einwenden könnte, um einen Streit um Worte; hier geht es um ein methodisches und erkenntnistheoretisches Prinzip: Der Mensch, in Stirners Argumentation, hat Gedanken, aber »als Ich bin Ich zugleich *gedankenlos*«, und erst in diesem konkreten Moment erfährt sich der Einzelne als Eigner; »nur durch diese Gedankenlosigkeit ... bist Du dein eigen«[16] (EE 350). Dieses Verständnis des Eigners, wie ja überhaupt der Begriff Eigner und seine semantischen und morphologischen Entsprechungen in diesem Aufsatz völlig fehlen, vermisst man nicht nur in dieser Reaktion Edwards auf Fischers Sophismus-Vorwurf, sondern in dem ganzen Aufsatz.

Edward fragt, und damit kommen wir zur zweiten auffallenden Bemerkung in dieser oben zitierten Stelle, was es Begründetes dagegen einzuwenden gäbe, wenn er das dialektisch auflöse, was andere dialektisch gesetzt haben. Es wäre dies die einzige Stelle, wo Stirner von sich behaupten würde, dialektisch vorzugehen. Mehr noch: dieser Anspruch auf Dialektik stünde in krassem Widerspruch zu Stirners anti-dialektischer Haltung im »Einzigen«, in dem er in Opposition zu Hegels dialektischem Fortschrittsdenken die Dialektik ablehnt, travestiert und schließlich destruiert.[17]

Weitere Stellen bestätigen diesen Befund: Während Stirner im »Einzigen« gegen Prinzipien polemisiert (EE 353), er nennt sie geradezu »›Sparren‹« (EE 230) – und das sind bei Stirner bekanntlich »fixe Ideen«, denen man sich unterworfen hat (vgl. EE 53–75) –, versucht Edward diesen »Sparren« mit dem Begriff »Interesse« zu versöhnen, ein Wort, mit dem Stirner gerade das Prinzipien-lose zu umschreiben versucht (vgl. vor allem EE 323 ff.): Edward sieht keinen Widerspruch »zwischen *Interesse* und Princip«, sondern meint: »Als ob man ein Princip haben könnte, an dem man kein Interesse hat, ein Interesse,

---

[16] Vgl. dazu das Kapitel 2.3. Die »Gedankenlosigkeit« des Eigners im Gegensatz zum sich selbst denkenden Denken.
Stirner geht es auch nicht um eine Negation von Descartes' »cogito ergo sum«, um ein »non cogito ergo sum«, denn »selbst im tiefsten Nachdenken« bist du als Eigner »gedanken- und sprachlos, ja dann gerade am meisten.« (EE 350).
[17] Vgl. dazu das Kapitel 2.1. Die Zäsur in der ontogenetischen und phylogenetischen Entwicklung durch den Eigner.

das nicht im Momente Princip würde.«[18] Das Anti-Prinzip schlechthin, die Negation des Hierarchischen (»die Hierarchie wird dauern, solange man an Prinzipien glaubt, denkt, oder auch sie kritisiert« EE 353), der Egoismus nämlich, wird bei Edward zum Prinzip: »Ich setze Dir das Princip des Egoismus entgegen.«[19]

Es gibt weitere Beispiele, die die angedeuteten Zweifel bestätigen, es gibt aber auch Stellen, die Zweifel an der Berechtigung dieser Zweifel aufkommen lassen, so wenn Edward den »Spielball Deiner fixen Idee« und »die ›objectiven Mächte der Welt‹, eine sublime Gesellschaft« thematisiert.[20] Sublim in Bezug auf Stirners »Einzigen« ist die Reaktion Edwards auf Fischers Vorwurf, der Egoist, wie ihn Stirner beschreibt, vertrete eine »Monomanie« und stelle den »Indifferenzpunkt« dar, »der die beiden Pole der sittlichen und natürlichen Welt fortwährend in sich negirt, er ist so selbst eine gespenstische Idealität, eine durchsichtige Monas geworden: Peter Schlemihl hat seinen Schatten verloren!«[21]

Peter Schlemihl hat auch im »Einzigen« seinen Schatten verloren, wahrscheinlich spielt Fischer auf diese Stelle an, er »ist das Portrait jenes zu Geist gewordenen Menschen: denn des Geistes Körper ist schattenlos.« (EE 31). Diese originelle und verfremdete Interpretation von Adalbert von Chamissos Schlemihl-Motiv greift Edward auf und kontert:

> Wie unglücklich, wenn Jemand ein Bild wählt, durch das er gerade am Evidentesten geschlagen wird. Der Schatten Peter Schlemihls ist gerade das Bild seiner Einzigkeit, seine individuelle Contur, bildlich gebraucht, die Erkenntniß und das Gefühl seines Selbstes. Eben wenn er dieß verloren, ist er die unglückliche Beute des Goldes, in das er sein Wesen verlegt hat, … der Spielball eines Dämons, der ihm nur so lange fürchterlich ist, als er ihn fürchtet, als er in Contractverhältniß mit ihm steht. Er hätte eben so gut die Beute der Philosophie werden können.[22]

Nun hat die Entdeckung Joán Ujházys, dass in der von Gustav Julius herausgegebenen »Berliner Zeitungs-Halle« am 17. Mai 1847 mit den »Reiseskizzen aus Algier« ein Beitrag von G. Edward erschien, weitere folgten dann am 11.08. und 07.09.1847, bewiesen, dass es

---

[18] G. Edward, Die philosophischen Reaktionäre. Leipzig 1847, p. 146.
[19] a.a.O., p. 149.
[20] a.a.O., p. 142.
[21] K. Fischer, Moderne Sophisten. Leipzig 1846, p. 282.
[22] G. Edward, Die philosophischen Reaktionäre. Leipzig 1847, p. 145 ff.

»Die philosophischen Reaktionäre«

tatsächlich einen G. Edward gab, der mit Stirner identisch sein konnte.[23] Die Zweifel überwiegen allerdings und wichtige Fragen bleiben offen: Woher hatten Rößler, Ruge und Fischer die Gewissheit, dass sich hinter dem Pseudonym G. Edward Stirner verbirgt? Warum wurden sie nicht stutzig bei dem angeblichen Pseudonym Edward? Warum sollte Stirner überhaupt ein und dieses Pseudonym gewählt haben? Und wie kommt Hlawacek dazu, nachdem er bis dahin nur Belletristisches bzw. Reiseberichte geschrieben hatte, einen solchen philosophischen Text zu schreiben?

Wie immer man die Frage nach der Verfasserschaft Stirners beantwortet, so viel scheint uns festzustehen: »Die philosophischen Reaktionäre« sind ein matter Abglanz dessen, was Stirner im »Einzigen« geschrieben hatte. Der Aufsatz bietet nichts, was nicht auch im »Einzigen« stünde, dort aber aggressiver, polemischer und konsistenter. Für die Eignerthematik, so dürfen wir zusammenfassend feststellen, gibt dieser Aufsatz nichts her, nichts jedenfalls, was bereits Ausgeführtes ergänzen und verdeutlichen könnte.[24]

---

[23] J. Ujházy, Max Stirner und G. Edward. Leipzig 2000. Weitere Nachforschungen von Ujházy ergaben, dass ein Eduard Hlawacek unter dem Pseudonym Edward Gedichte publizierte, so dass dieser Hlawacek alias Edward mit G. Edward identisch sein könnte (a.a.O. p. 46–47). Gedichte von G. Edward, die allerdings nicht von Stirner geschrieben sein können, finden sich auch in der »Eisenbahn«, in der auch Stirner publizierte. Siehe dazu auch [Kurt W. Fleming:] Sind Max Stirner und G. Edward ein und dieselbe Person? Eine vorläufige Bilanz, http://www.max-stirner-archiv-leipzig.de/max_stirner.html vom 03.03.2014. Auf dieser Site des Max-Stirner-Archivs findet sich auch der Hinweis auf ein Sprachgutachten (http://www.max-stirner-archiv-leipzig.de/dokumente/porsch.pdf), das die Autorschaft Stirners verneint.
[24] Auf eine Darstellung der Reaktion Fischers auf diesen Aufsatz von G. Edward (Ein Apologet der Sophistik und ein »philosophischer Reactionär«, in: Die Epigonen, Bd. 4. Leipzig 1847, p. 152–165) verzichte ich, weil keine neuen Argumente angeführt werden. Fischer reagiert »auf die unklaren und wüsten Tiraden des unglücklichen Apologeten« (a.a.O., p. 152) G. Edward mit geist- und humorlosen Unterstellungen und aggressiven Attacken, die stark persönlich werden und die Provokation suchen.

4. Zeitungskorrespondenzen

Stirner greift seine journalistische Tätigkeit nach Erscheinen des »Einzigen« wieder auf. Bisher sind, eher durch einen Zufall, nur wenige Artikel Stirners aufgespürt worden, die er 1848 in dem in Triest erschienenen »Journal des österreichischen Lloyd« veröffentlichte, einem zu jener Zeit »handelspolitischen Fachblatt«, das später nach Wien übersiedelte und dort »in ein politisches Tageblatt« umgestaltet wurde.[1]

Einer der beiden verantwortlichen Redakteure war der Schriftsteller und spätere Professor für slawische Philologie in München, Friedrich Bodenstedt. Um die Jahrhundertwende stieß Mackay in Bodenstedts »Erinnerungen aus meinem Leben« zufällig auf folgende Stelle:

... der mir persönlich ganz unbekannte Max Stirner überraschte mich durch vortrefflich geschriebene, auf gründlichen Studien beruhende Betrachtungen über die Aufgaben Oesterreichs im Osten und die Nothwendigkeit seines ehrlichen, nicht diplomatischen Zusammenhalts mit Deutschland als Grundbedingung seiner Selbsterhaltung. Ich war erstaunt zu sehen, dass dieser spitzfindige Dialektiker, der in seinem wunderlichen Buche »Der Einzige und sein Eigenthum« mit haarsträubender Sophistik die Kühnheit der verneinenden Geister auf die Spitze getrieben, in der wirklichen Welt auf historischem Boden sich so gut zurechtzufinden und gesunden Gedanken allgemein verständlichen klaren Ausdruck zu geben wußte. Seine sachlichen Erörterungen erschienen wie ein Protest gegen Bruno Bauers Geschichtsphantastereien, die den in der Auflösung begriffenen Germanenthume Rußland als eine urkräftige Nation gegenüberstellten in deren Händen die Zukunft Europas ruhe ...[2]

---

[1] L. Salomon, Geschichte des Deutschen Zeitungswesens, Bd. 3. Oldenburg und Leipzig 1906, p. 647.
[2] F. Bodenstedt, Erinnerungen aus meinem Leben, Bd. 2. Berlin 1890² (1888), p. 273 f.

Mackay reiste, seinen Bemerkungen zufolge, nach Triest in die Biblioteca civica, wo er im Jahrgang 1848 den von Bodenstedt erwähnten Artikel »Die Deutschen im Osten Deutschlands« und sieben weitere Artikel fand, »die unzweifelhaft aus der Feder Stirner's stammen, wenn auch keiner mit seinem Namen gezeichnet ist ...«.[3]

»Unzweifelhaft« indes ist lediglich, schenkt man Bodenstedts Angaben Glauben, der Aufsatz »Die Deutschen im Osten Deutschlands«. Bodenstedt arbeitete drei Monate in Triest, und zwar von Anfang Juni bis Anfang September 1848;[4] in diesem Zeitraum glaubte Mackay drei weitere Artikel gefunden zu haben, die von Stirner herrühren, die andern vier Artikel datieren vom September und können nicht mehr unter Bodenstedts Redaktion erschienen sein (was weder für noch gegen Stirners Verfasserschaft plädiert, sondern lediglich besagt, dass Bodenstedt in seinen »Erinnerungen« auf diese Artikel nicht angespielt haben konnte, wie Bodenstedt ja überhaupt nur von *einem* Artikel redet).

Bei dem Artikel »Die Deutschen im Osten Deutschlands« (KS 299–309) handelt es sich bis auf die einleitenden Bemerkungen ausschließlich um Exzerpte der 1848 in Halberstadt anonym erschienenen Broschüre von Konstantin Frantz »Polen, Preußen und Deutschland«,[5] »von dessen Entwürfen ich es der Mühe werth halte, einige Kenntniß zu geben« (KS 300).[6] Inwieweit sich Stirner mit dem Inhalt dieses Aufsatzes identifiziert, lässt sich nur unter Heranziehung seiner in anderen Schriften geäußerten Ansichten rekonstruieren.

Dabei erweisen sich die allgemeinen Aussagen zum Föderalis-

---

[3] J. H. Mackay, Max Stirner. Freiburg/Br. 1977 (1898), p. XIV. In den »Kleineren Schriften« meint Mackay, die Beiträge seien »so sorgfältig in Ausdruck und Stil von mir geprüft worden, dass ich die Verantwortung für ihre Autorschaft auf mich zu nehmen mich getraue.« (KS [298]).
[4] Vgl. F. Bodenstedt, Erinnerungen aus meinem Leben, a.a.O., p. 256 und p. 271f.
[5] Die Autorschaft Frantzens ist dadurch erwiesen, »dass Teile der kleinen Schrift wörtlich in das 30 Jahre später entstandene Werk von Frantz ›Der Föderalismus‹ (Mainz 1879) aufgenommen wurden.« (B. Lachmann, Polen, Preußen und Deutschland, in: Der individualistische Anarchist. 1. Jg., Heft 2. Berlin 1919, p. 88).
[6] Der politische Schriftsteller und spätere Kritiker des Bismarck-Reiches Konstantin Frantz, der unter anderem den Kultur- und Kunsthistoriker Jacob Burckhardt und den Anarchisten und Volksbeauftragten für Kulturaufklärung während der Münchner Räterepublik 1919, Gustav Landauer, beeinflusste (vgl. dazu U. Linse, Organisierter Anarchismus im Deutschen Kaiserreich von 1871. Berlin 1969, p. 358–360), nimmt mit dieser Broschüre in Ansätzen die in späteren Veröffentlichungen verfochtenen Ideen eines politischen Föderalismus und eines mitteleuropäischen Staatenbundes unter der Vorherrschaft des Hauses Habsburg vorweg.

mus in der Tat als eine modifizierte Form zu Stirners utilitaristischen Vorstellungen des Vereins: Dem freiwilligen, jederzeit kündbaren Zusammenschluss der Eigner zum Verein entspricht der Zusammenschluss dieser »Vereine« (föderativen Organisationsformen) zu einer zeitweiligen Zentralgewalt:

Der Föderalismus ist eine höhere Form des Völkerlebens als der Centralismus. Denn die Föderation kann sich, wo es noth thut, namentlich in den Beziehungen nach außen, zeitweilig concentriren, so dass sie dann einer Centralgewalt gleich kommt; die Centralisation aber kann nicht umgekehrt eine föderative Gestalt annehmen. Der Föderalismus ist die Verfassungsform der neuen Welt und der Zukunft (KS 300).

Der »Einzige« bestätigt, dass Stirners Verein als ein auf Desintegration und Dezentralisierung zielendes Modell zu verstehen ist: Der autonome Einzelne, der Eigner, verbindet sich mit anderen Eignern im Verein, »der letzten Separation«, die hier paradoxerweise umschlägt in ihr Gegenteil: in Vereinigung (EE 235).[7]

Das folgende längere Zitat, in dem Stirner gegen die »Nationalen« polemisiert, soll dieses Paradoxon in Bezug auf die föderalistischen Vorstellungen Stirners anhand eines Bildes veranschaulichen und die diesbezüglichen Parallelen zwischen dem »Einzigen« und diesem Aufsatz verdeutlichen: Dem »Deutschtum« ist eine Aufteilung in Einzelstaaten ebenso inhärent wie dem »Bienentum« eine Aufteilung in einzelne Schwärme. So, wie durch die konkrete einzelne Biene eine Vergesellschaftung der Einzeltiere ermöglicht wird, bietet erst die radikale Aufteilung, die »Separation des Menschen vom Menschen« (EE 235), d. h. die Schaffung des auf sich gestellten konkreten Einzelnen, die Möglichkeit zur Organisation.

Von den achtunddreißig Staaten Deutschlands verlangen, dass sie als *Eine Nation* handeln sollen, kann nur dem unsinnigen Begehren an die Seite gestellt werden, dass achtunddreißig Bienenschwärme, geführt von achtunddreißig Bienenköniginnen, sich zu Einem Schwarme vereinigen sollen. *Bienen* bleiben sie alle ...

Verweise man die Bienen auf ihr Bienentum, worin sie doch Alle einander gleich seien, so täte man dasselbe, was man jetzt so stürmisch tut, indem man die Deutschen auf ihr Deutschtum verweist. Das Deutschtum gleicht ja eben darin ganz dem Bienentum, dass es die Notwendigkeit der Spaltungen und Separationen in sich trägt, ohne gleichwohl bis zur letzten Separation vorzudringen, wo mit der vollständigen Durchführung des Se-

---

[7] Vgl. dazu das Kapitel 5.2. Die integrativen Tendenzen des Eigners im Verein.

parierens das Ende desselben erscheint: Ich meine, bis zur Separation des Menschen vom Menschen. Das Deutschtum trennt sich zwar in verschiedene Völker und Stämme, d. h. Bienenkörbe, aber der Einzelne, welcher die Eigenschaft hat, ein Deutscher zu sein, ist noch so machtlos, wie die vereinzelte Biene. Und doch können nur Einzelne miteinander in Verein treten, und alle Völker-Allianzen und Bünde sind und bleiben mechanische Zusammensetzungen, weil die Zusammentretenden, soweit wenigstens die »Völker« als die Zusammengetretenen angesehen werden, *willenlos* sind. Erst mit der letzten Separation endigt die Separation selbst und schlägt in Vereinigung um.

Nun bemühen sich die Nationalen, die abstrakte, leblose Einheit des Bienentums herzustellen; die Eigenen aber werden um die eigen gewollte Einheit, den Verein, kämpfen. Es ist dies das Wahrzeichen aller reaktionären Wünsche, dass sie etwas *Allgemeines*, Abstraktes, einen leeren, leblosen *Begriff* herstellen wollen, wogegen die Eigenen das stämmige, lebenvolle *Einzelne* vom Wust der Allgemeinheiten zu entlasten trachten (KS 253 f.).

Stirner möchte den abstrakten Staat ersetzt sehen durch Vereine von Eignern, d. h. autonome Verbände, die zusammen »einen ›Deutschen Verein‹ bilden« (EE 236). Seine Äußerungen über den Föderalismus lassen erkennen, dass er diesem Aufbauprinzip der Gesellschaft, denn als staatliche Organisationsform wollte er den Föderalismus nicht verstanden wissen, positiv gegenüberstand. Der Aufbau einer Gesellschaft aus vielen verschiedenen autonomen Verbänden zeigte Ähnlichkeiten mit dem im »Einzigen« ausführlich beschriebenen Vereinsmodell.[8]

Die Beziehungen zwischen dem »Einzigen« und den »Deutschen im Osten Deutschlands« sind, was *diese* Problematik betrifft, nicht zu verkennen. Dagegen lassen Frantzens weitere Ausführungen keine Übereinstimmungen mehr mit Stirners Ansichten erkennen, im Gegenteil, sie widersprechen ihnen großenteils sogar. So ist Frantzens Definition des Föderativstaates unvereinbar mit Stirners Polemik gegen den Bundesstaat bzw. den Staatenbund. Wenn Frantz in seinem Aufsatz den »Eigenwillen« und »Eigennutz« brandmarkt und »die Eitelkeit persönlicher Meinungen« als Ursachen der »allgemeinen Anarchie« – bei Frantz ausschließlich pejorativ verwendet – an-

---

[8] So irrt sich der Stirnerianer B. Lachmann, wenn er in der von ihm herausgegebenen Zeitschrift »Der individualistische Anarchist« meint, dass »der Föderalismus dem Einzigen [nicht] am Herzen lag« (Polen, Preußen und Deutschland, in: Der individualistische Anarchist, 1. Jg., Heft 2. Berlin 1919, p. 92); wenn nicht gerade »am Herzen«, so lag Stirner das föderalistische Prinzip doch im Bereich der potenziellen Organisations- und Integrationsformen des Eigners.

sieht,[9] erweist sich Helms' Behauptung, es stehe außer Zweifel, »dass die Exzerpte aus Frantzens Pamphlet Stirners Meinung repräsentieren«,[10] bzw. dass er sich die Gedanken Frantzens »zu eigen gemacht«[11] habe, als unhaltbare Spekulation.

Die weiteren Artikel beschäftigen sich mit tagespolitischen Fragen. Sie enthalten meines Erachtens nicht den geringsten Hinweis, weder in »Ausdruck und Stil«, wie Mackay glaubt (KS [298]), noch in sonstiger Hinsicht, der für eine Verfasserschaft Stirners sprechen würde; viel eher ließen sich Argumente *gegen* die Autorschaft Stirners geltend machen.

»Reich und Staat« (KS 322–327) ist der nach »Die Deutschen im Osten Deutschlands« bemerkenswerteste Beitrag unter den von Mackay aus dem »Journal« ausgewählten und von ihm Stirner zugeschriebenen Artikeln. Der Verfasser stellt seine Auffassungen von einem deutschen Staat und einem deutschen Reich einander gegenüber. Dabei versteht er unter Reich eine Einrichtung, die den »friedlichen landsmannschaftlichen Verkehr«, das heißt den Verkehr von friedliebenden »Landsleuten« (»Reichsbürgern«) garantiert (KS 323), »Gesinnungsverschiedenheit« toleriert (KS 324), das heißt Freiheit zugesteht, »Glaubensfreiheit« (KS 325) und »*Freiheit vom Gesinnungszwang*« (KS 327).

Dagegen ist »der Staat oder die Staatsgesellschaft ... eine *Gesinnungsgemeinschaft*«, wie die Kirche »eine Glaubensgemeinde ist« (KS 323), beide umschlungen von einem »geistigen Band« (KS 326);

---

[9] [K. Frantz], Polen, Preußen und Deutschland. Halberstadt 1848, p. 22; vgl. auch p. 23: »Es gab keinen Staat mehr«, bedauert Frantz, »es gab nur noch *persönliche Interessen*, welche die ganze Staatsgewalt aufzehrten.« Ähnlich p. 25: »Es ist der *Eigenwille*, die *Selbstsucht*, welche gebrochen werden müssen.«
[10] H. G. Helms, Die Ideologie der anonymen Gesellschaft. Köln 1966, p. 173. Helms' verengte Sichtweise wird dann vollends augenscheinlich, wenn er behauptet, Stirner habe mit diesem Aufsatz einen aktuellen Beitrag »am Vorabend des 1. Weltkrieges« geliefert: »ein politisches Rezept«, propagandistisch brauchbar für »außenpolitische Revanchegefühle und Annektionsgelüste.« (a.a.O.; vgl. a.a.O., p. 173–183).
[11] H. G. Helms, Nachwort zu: M. Stirner, Der Einzige und sein Eigentum und andere Schriften. München 1970³, p. 280. Vorsichtiger argumentiert B. Lachmann, der meint, Stirner müsse an dieser Broschüre ein besonderes Interesse gefunden haben, »wenn er gerade sie aus der unendlichen Flut der Flugschriften und Broschüren des Revolutionsjahres ausgewählt hat. Gewiß erschien ihm die Idee föderalistischer Vereinigung der Völker im Verhältnis zum bestehenden Absolutismus oder den Offenbarungen der Paulskirche als ein Fortschritt ...«. (Polen, Preußen und Deutschland, in: Der individualistische Anarchist. 1. Jg., Heft 2. Berlin 1919, p. 92).

der Staat kennt keine Toleranz, er kann keine »entgegengesetzten Gesinnungen dulden« (KS 324), ohne sich selbst aufzuheben. Die folgende Gegenüberstellung veranschaulicht die Alternativen »Staat« und »Reich« und hebt die Unterschiede hervor:

Reich	Staat
1. Reich fordert Landsmannschaft auf der Basis der Toleranz und des Friedens	1. Staat fordert Staatsbürger, die sich der jeweiligen Ideologie unterwerfen
2. Interesse des Reiches: friedlicher landsmannschaftlicher Verkehr	2. Interesse des Staates: Gleiche Gesinnung aller Staatsbürger (Staat ist Gesinnungsgemeinschaft, wie Kirche eine Glaubensgemeinschaft ist)
3. Gesinnungsverschiedenheit (Pluriformität): Reich toleriert royalistische, konstitutionelle, republikanische Gesinnung usw.	3. Gesinnungsgleichheit (Uniformität): Staat fordert entweder monarchistische oder republikanische Gesinnung usw.
4. Fürsten werden von denjenigen aufgesucht, die sie brauchen	4. Fürsten bestimmen über Staatsbürger (überwachen z. B. Glauben)
5. Reich garantiert Freiheit	5. Staat fordert Unterwerfung

Die Abwertung des Staates gegenüber dem Reich geschieht mit vergleichbaren Argumenten, mit denen Stirner im »Einzigen« den Staat bzw. die Partei (diesen »Staat im Staate (EE 240)) gegenüber dem Verein abzuwerten versuchte. Auch im »Einzigen« beklagt Stirner »*die Gebundenheit* des Einzelnen im Staate und an die Staatsgesetze« (EE 115) und meint, den Verein halte kein »geistiges Band« (EE 349) zusammen.

Die Thematik des Aufsatzes »Reich und Staat« könnte man am ehesten als eine an tagesaktuellen und realpolitischen Fragen orientierte Weiterentwicklung Stirnerscher Vorstellungen interpretieren. Aber auch bei diesem Aufsatz ist die Skepsis, wenn auch in vermindertem Maße, angebracht, die für die anderen Aufsätze (mit Ausnahme von »Die Deutschen im Osten Deutschlands«) gilt: nichts bzw. nur wenig spricht für eine Verfasserschaft Stirners.

Auch die Beiträge, die gewisse inhaltliche und stilistische Übereinstimmungen mit Stirners früheren Arbeiten erkennen lassen, stammen nicht »zweifelsfrei« aus Stirners Feder, sondern können, in Anbetracht der damaligen Aktualität der thematisierten Probleme, auch von anderen Autoren geschrieben sein. Hans G. Helms jedenfalls urteilt sicher voreilig, wenn er die Meinung vertritt, die acht Artikel im »Journal« zeigten an, »dass Stirner, wäre er nicht so früh gestorben, wohl ebenfalls jenen reaktionären Kurs eingeschlagen hätte, der das Schicksal fast aller ›Freien‹ wurde.«[12] Denn »reaktionär« sind die Artikel wohl kaum zu nennen, seien sie jetzt von Stirner oder von anderen.

---

[12] H. G. Helms, Nachwort zu: M. Stirner, Der Einzige und sein Eigentum und andere Schriften, hrsg. von H. G. Helms. München 1968, p. 280.

5. »Die Geschichte der Reaction«

Im Oktober 1842 bezeichnet Michail Bakunin in Ruges »Deutschen Jahrbüchern für Wissenschaft und Kunst« die Reaktion unter dem Pseudonym Jules Elysard als »wichtige Kategorie von Gegnern des Prinzips der Revolution«, unter der er in der Politik den »*Conservativismus*«, in der Rechtswissenschaft die »*historische Schule*« und in der spekulativen Wissenschaft die »positive Philosophie« versteht. Da sie von großer Bedeutung sei, müsse man sich mit ihr auseinandersetzen (Nr. 247, 17.10.1842, p. 985), um auf diese Weise die demokratische Negation der Reaktion (Strauß, Feuerbach, Bruno Bauer, Schelling) zu stärken.[1]

Als am 17. Januar 1852 das »Literarische Centralblatt für Deutschland« die letzte Veröffentlichung Stirners, die in der »Allgemeinen Deutschen Verlagsanstalt« erschienene zweibändige »Geschichte der Reaction« ankündigt,[2] ist von Bakunins leidenschaftlicher Begeisterung für revolutionäre Änderungen, die Stirner auf philosophischem Terrain geteilt hat (EE 23, vor allem EE 188) nichts mehr zu spüren, und schon die damalige kritische Öffentlichkeit wird über Stirners Motive gerätselt haben, sich mit diesem Thema so intensiv auseinanderzusetzen. Das Vorwort der »Ersten Abtheilung« lässt erkennen, dass nur ein Teil des ursprünglichen groß angelegten Planes verwirklicht werden konnte. Unter dem Titel »Eine Reactions-Bibliothek«[3] plante Stirner nämlich die Darstellung der Reaction, »wie sie sich seit der französischen Revolution gebildet und entwickelt hat«: Auf die Darstellung »der innern Reaction« (der französischen) sollte die Beschreibung der »auswärtigen Reaction« folgen.

---

[1] Elysard, Jules [d.i. Michail Bakunin]: Die Reaction in Deutschland, in: Deutsche Jahrbücher für Wissenschaft und Kunst, 5. Jg. Nr. 247–251, Dresden 17.–21.10.1842, p. [985]–2002.
[2] Fr. Zarncke (Hrsg.), Literarisches Centralblatt für Deutschland Nr. 3. Leipzig 1852, p. 3.
[3] M. Stirner, Geschichte der Reaction. Aalen 1967 (1852), zweite Abtheilung, p. [V].

»Die Geschichte der Reaction«

Stirner, der sich als Herausgeber bezeichnet, »folgt damit dem Gesetz der Gleichartigkeit und gibt der auswärtigen Reaction, indem er ihr die geschichtliche Schilderung der innern voranschickt, ihre angemessene Einleitung, während die auswärtige zugleich die natürliche Steigerung der innern Reaction bildet.«[4] Insgesamt sollten zwei Abteilungen von (wahrscheinlich) je zwei Bänden erscheinen:

- Erster (erschienener) Band (»Die Constituante und die Reaction«) der »ersten Abtheilung« (»Die Vorläufer der Reaction«), der, laut Stirner, »den meisten Raum ... einnehmen« wird, nämlich 309 Seiten,

  da es sich um die wichtigsten Fragen der neuern Politik, um die ständische Verfassung oder allgemeine Volksvertretung, um die allgemeine Gleichberechtigung oder um die Beschränkung der politischen Berechtigung, um das Ein- oder Zwei-Kammersystem, um die Theilung der Gewalten, die Organisation der Kirche und der Armee, um die Provinzialverfassungen u. s. w. handelt.[5]

- Zweiter (nicht erschienener) Band der »ersten Abtheilung«, der »die Darstellung der Reaction in der Legislative, im Convent und den folgenden Volksvertretungen bis zur Vollendung der Napoleonischen Reaction« bringen sollte.[6] Die erste Abteilung sollte

  den Charakter einer bloßen Sammlung haben, weil die Bemerkungen, die über die »Vorläufer der Reaction« zu machen wären, größtentheils in der Zweiten Abtheilung, wo sie erst wirklich an ihrer Stelle sind, sich wiederholen müßten. Denn in der modernen Reaction, die sich als eine geschichtliche Macht in den Kampf gestürzt hat, kehren alle früheren Fragen mit verstärkter Kraft zurück und werden erst hier respectabel.[7]

- Erster (erschienener) Band (»Das erste Reactionsjahr«) der »zweiten Abtheilung« (»Die moderne Reaction«), deren »nächster Zweck« es war, »die Reaction vor das Reactionstribunal[8] zu

---

[4] M. Stirner, a.a.O., erste Abtheilung, p. [V].
[5] M. Stirner, a.a.O., erste Abtheilung, p. [V]-VI. Vgl. zum Plan des ersten Bandes auch a.a.O., erste Abtheilung, p. 217.
[6] a.a.O., erste Abtheilung, p. VI.
[7] a.a.O., zweite Abtheilung, p. VII.
[8] »Reaktionstribunal« ist ein Parallelbegriff zu »Revolutionstribunal«, dem außerordentlichen Gerichtshof der Jakobiner in der Französischen Revolution.

321

»Die Geschichte der Reaction«

stellen und zu sehen, wie sie sich *vor sich selber rechtfertigen* kann, und ob sie in sich selber Stich hält.«[9] Stirner meint, auch dieser erste Band der zweiten Abtheilung habe »noch so gut wie gänzlich auf das reactionäre Gericht zu verzichten, da er nur das *Jahr des Chaos* oder der ersten chaotischen Erhebung gegen die feindliche Welt umfaßt, wo die Gestalten sich erst consolidirten, die später sich vor sich selber zu rechtfertigen haben werden.«[10]

- Zweiter (nicht erschienener) Band der »Zweiten Abtheilung«, der sich kritisch mit der Reaktion auseinandersetzen wollte.

Die Frage, warum das geplante Unternehmen mit den beiden erschienenen Bänden abgebrochen wurde, lässt nur Vermutungen zu: Es könnten wirtschaftliche Überlegungen sein, denn die sperrigen, wenig motivierenden Bände, zu denen nur negative, geradezu vernichtende Beurteilungen erschienen sind, werden nur schwer zu ihren Käufern gefunden haben. Noch weniger beantwortbar ist die Frage, welche Absichten der Verlag und Stirner mit der Herausgabe der »Geschichte der Reaction« verfolgten. Ein anonymer Rezensent meint, »Sinn und Zweck« des Unternehmens könne nur »ein *unglaublich freches Specimen von Buchmacherei*« gewesen sein.[11]

Bei den vorliegenden Bänden handelt es sich um Exzerpte aus Schriften englischer, französischer und deutscher Autoren. So zitiert Stirner größere Passagen aus den 1790 erschienenen »Reflections on the Revolution in France« des konservativen britischen Politikers und Publizisten Edmund Burke,[12] bringt Auszüge aus Auguste Comtes

---

[9] a.a.O., zweite Abtheilung, p. VI.
[10] »Das Chaotische dieser Erhebung« macht Stirner verantwortlich für das »Chaos« in der Darstellung: Inhalt und Überschriften der einzelnen Artikel stimmen oft nicht überein, »manches Beilaufende« musste »mitgenommen werden ..., was zum Charakterbilde der Zeit gehört und deshalb nicht füglich weggelassen werden konnte.« Stirner entschuldigt sich beim Leser auch für die Monotonie des Bandes; sie sei »nicht zu vermeiden«, weil sie »in der Sache selbst ihren Grund« habe: »es führt in diesem Jahr der *Instinkt* des reactionären Geistes das Wort.« (a.a.O., zweite Abtheilung, p. VII).
[11] [anon.]: Buchmacherei, in: Allgemeine Zeitung. Augsburg. Beilage zu Nr. 56. Berlin, 25. Februar 1852, p. 889.
[12] Der Publizist Friedrich Gentz veröffentlichte 1793 eine Übersetzung von Burkes Buch mit Zusätzen; die »Reflections« betonen die Ideale eines traditionsgebundenen Staatsdenkens und leiteten den Gegenschlag gegen die revolutionären Tendenzen ein.

»Die Geschichte der Reaction«

»Werk über die positive Philosophie[13] (gemeint ist der 1830–42 erschienene »Cours de philosophie positive« des französischen Philosophen und Gründers der Soziologie), kompiliert Stellen aus den 1793 in Hannover und Osnabrück veröffentlichten zweibändigen »Untersuchungen über die französische Revolution« des »Hannoverschen Geheimen Canzleisecretairs« August Wilhelm Rehberg[14] und gibt einen Überblick über die Selbstdarstellung und Beurteilung der Reaktion in deutschen Zeitschriften (so zitiert Stirner beispielsweise Arbeiten des Historikers Heinrich Leo, einem der führenden konservativen Denker der Zeit, der in der Neuzeit nur einen Zerfall der Werte des von ihm verklärten Mittelalters erkennen wollte).[15]

»Die knappen Zwischenbemerkungen, Überleitungen und Annotationen erlauben kaum Rückschlüsse auf Stirners Reflexionen«, bemerkt Hans G. Helms.[16] Diese »Reflexionen« hätte wahrscheinlich der letzte Band gebracht; die Zwischenbemerkungen lassen jedenfalls erkennen, dass Stirner Skepsis zeigt gegenüber der Euphorie in Bezug auf die Erfolge der Französischen Revolution,[17] dass er den Argumenten von Edmund Burke und Auguste Comte teilweise zustimmt,[18] dass er sich aber entschieden vom Konservativismus und der Reaktion distanziert. Stirner wirft der Reaktion, die er, ganz wie Bakunin in seinem Beitrag von 1842, als das »Gegentheil der Revolution« definiert und ihr damit ihren »historischen Platz« anweist, eine dogmatische[19] und subalterne Haltung[20] vor. »Reactionär ist allein der rea-

---

[13] a.a.O., erste Abtheilung, p. 159.
[14] a.a.O., erste Abtheilung, p. 141.
[15] Vgl. a.a.O., zweite Abtheilung, p. 55 ff.
[16] H. G. Helms, Nachwort zu: H. G. Helms (Hrsg.), Max Stirner. Der Einzige und sein Eigentum und andere Schriften. München 1968, p. 280. Ähnlich Klaus von Beyme: »Wer gehofft hatte Stirner werde sein Verhältnis zur 48er Revolution klären, wurde enttäuscht.« (Politische Theorien im Zeitalter der Ideologien. Wiesbaden 2002, p. 724).
[17] Vgl. M. Stirner, a.a.O., erste Abtheilung, p. 193 f.; Stirner meint, Comte habe die »Illusion« aufgelöst, dass mit der Revolution das »Reich der Wahrheit« gekommen sei, dass nun der Geist herrsche, dass die Philosophie »in ihre Rechte eingesetzt« sei und »die Verwaltung eines großen Reichs in ihre Hände genommen« habe.
[18] Vgl. a.a.O., erste Abtheilung, p. 287. Zu Comte vgl. auch a.a.O., p. 159; Stirners Zwischenbemerkung lässt unverhohlene Sympathien gegenüber Comte erkennen.
[19] a.a.O., erste Abtheilung, p. 135.
[20] a.a.O., zweite Abtheilung, p. 167.

»Die Geschichte der Reaction«

girende Christenmensch«, meint Stirner nicht ohne Ironie; »was nicht christlich, das ist – laut oder heimlich – revolutionär.«[21]

In diesen Zwischenbemerkungen finden sich, bei aller der Chronistenrolle Stirners geschuldeten Zurückhaltung, Parallelen zu dem, was Stirner im »Einzigen« über die Revolution im allgemeinen und über die Französische Revolution im besonderen gesagt hatte.

Bezogen auf den Eigner, bewirkte die Französische Revolution lediglich eine »Umwandlung der *beschränkten Monarchie* in die *absolute Monarchie*«: Was vorher Recht des Monarchen als Einzelperson (des Königs) war, ist jetzt Recht des »neuen Monarchen«, gemeint ist »die ›souveräne Nation‹« (EE 110; vgl. 110–114).

Stirner kritisiert die Revolution allgemein und die in sie gesetzten Erwartungen als einen »*Rausch*« und als »kriegerischen Freiheitsjubel(s)«; die Geschichte beweist nach Stirner, und hier zeigen sich die Parallelen zu dem oben dargestellten Thema besonders deutlich, was die Revolution im Grunde war, nämlich reaktionär: »Verlief sich die Revolution in eine Reaktion, so kam dadurch nur zu Tage, was die Revolution *eigentlich* war.« Gerade »die so genannte Reaktion in Deutschland« liefere den Beweis, dass die »›Unbesonnenheit‹« der Revolution in der Reaktion eine »*besonnene* Fortsetzung« gefunden habe. Im »Einzigen« distanziert sich Stirner entschieden von der Revolution allgemein, und die Ergebnisse der Revolution von 1848 bestätigen seine Skepsis:

Die Revolution war nicht gegen *das Bestehende* gerichtet, sondern gegen *dieses Bestehende*, gegen einen *bestimmten* Bestand. Sie schaffte *diesen* Herrscher ab, nicht den Herrscher ...
 Bis auf den heutigen Tag ist das Revolutionsprinzip dabei geblieben, nur gegen *dieses* und *jenes* Bestehende anzukämpfen, d. h. *reformatorisch* zu sein. So viel auch *verbessert*, so stark auch der »besonnene Fortschritt« eingehalten werden mag: immer wird nur ein *neuer Herr* an die Stelle des alten gesetzt, und der Umsturz ist ein – Aufbau. ... Nicht der *einzelne Mensch* – und dieser allein ist *der* Mensch – wurde frei, sondern der *Bürger,* der Citoyen, der *politische* Mensch (EE 119; vgl. dazu auch EE 126–129, 168, 194, 209, 317 f., 319 et passim).

Stirner wendet sich gegen die Revolution als Heilserwartung und eschatologisches Ereignis ebenso, wie er reformatorische Veränderungen als unzulänglich kritisiert. Er will keine Verbesserung des Systems und der Herrschaft, sondern ihre Auflösung und Zerstö-

---

[21] a. a. O., zweite Abtheilung, p. 30.

»Die Geschichte der Reaction«

rung. Weder vor der Reformation noch vor der Revolution hat der Eigner Respekt, beide sind ihm suspekt. Insofern hätte er Bakunins Fazit am Ende von dessen Reaktions-Fragment zugestimmt: »Die Lust der Zerstörung ist zugleich eine schaffende Lust.« (Nr. 251, 21.10.1842, p. 1002), entspricht es doch Stirners »das Ich zerstört alles« (EE 188).

Für unsere Fragestellung und die Eignerthematik, die oben aufgeführten Äußerungen Stirners in Bezug auf Revolution und Reaktion belegen dies, liefert »Die Geschichte der Reaction« keine neuen Einsichten. Pejorativ gebrauchte Begriffe wie »Eigennutz«[22] und »Eigendünkel«[23] oder Stirners zentraler philosophischer Begriff »Eigenthum«[24] in der Bedeutung von »heiligstes Eigenthum«[25] lassen den Chronisten Stirner unberührt; er enthält sich jeden Kommentars.[26]

Für die Behauptung des österreichischen Journalisten und späteren Parlamentariers Ernst Viktor Zenker in dessen Anarchismusbuch, die »Geschichte der Reaction« werde »als eine gute Geschichtsdarstellung geschätzt«, habe ich keine Belege gefunden.[27] Im Gegenteil: Die vorliegenden Rezensionen und Kommentare sind durch die Bank negativ: Das »Literarische Centralblatt für Deutschland« nennt das Buch ein »Machwerk«, in ihm sei »bekanntlich eine Leere und Armuth, die selbst den gewöhnlichen Zeitungsleser in Verwunderung versetzen muß.«[28] »Von irgendeinem innern oder äußern Zusammenhang« sei in dem »Sammelsurium« nirgendwo die Rede.«. Von einer eigenen Arbeit des Verfassers sieht man gar nichts als anfangs einige Seiten Erzählung ... ungefähr in dem Styl und Geist von Nieritz's Weltgeschichten für die erwachsene weibliche Jugend.«[29] In den

---

[22] a.a.O., erste Abtheilung, p. 91.
[23] a.a.O., erste Abtheilung, p. 214.
[24] a.a.O., erste Abtheilung, p. 92.
[25] a.a.O., erste Abtheilung, p. 93.
[26] Diese Zurückhaltung Stirners lässt sich wohl darauf zurückführen, dass, wie oben bei der Beschreibung des geplanten Gesamtunternehmens erwähnt, der nicht erschienene zweite Band der »Zweiten Abtheilung« Stirners Stellungnahmen hätte bringen sollen.
[27] E. V. Zenker, Der Anarchismus. Berlin 1979 (1895), p. 71.
[28] [anon.]: Stirner, Max, Geschichte der Reaction. Berlin, 1852. in: Literarisches Centralblatt für Deutschland. Nr. 3. Leipzig 1852, 17. Januar, Sp. 38–39.
[29] [anon.]: Buchmacherei, in: Beilage zu Nr. 56 der Allgemeinen Zeitung. Augsburg, 25. Februar 1852, p. 889.
Es ist bezeichnend, wie Friedrich Engels diese Rezension wiedergibt, wenn er am

»Die Geschichte der Reaction«

»Grenzboten« wird daran erinnert, dass der Autor »eine Weile als höchste Spitze der Hegelianischen Philosophie gefeiert und verketzert« wurde. In diesem neuen Werk präsentiere Stirner jedoch »blos Materialien, oder bestimmter gesagt, Collectaneen, und überläßt es dem Leser, was er daraus machen will. Von irgend welcher Verarbeitung ist nicht die Rede.«[30] Max Nettlau meinte, »Die Geschichte der Reaction«, »dieses ungenießbare Buch«, werde »selten genauer untersucht.«[31] Das Adverb »selten« ist eine Übertreibung. Unseres Wissens hat bisher niemand die beiden Bände »genauer untersucht«, wenige dürften sie gelesen haben. Moritz Kronenberg nennt das Buch »eine klägliche Kompilation, zusammengewürfelte wörtliche Auszüge aus verschiedenen Historikern mit einigen Sätzen verbindenden Textes«,[32] Rudolf Steiner meint, das Buch bereichere »unsere Anschauung über sein Leben nicht«[33]; nur Mackay widmet der »Geschichte der Reaction« mehrere Seiten, lobt die gründlichen Kenntnisse Stirners, verkennt aber dessen vorsichtige Parteinahme und kommt nicht umhin widerwillig mitzuteilen, die »in aller Breite wiedergegebenen Ansichten ermüden auf die Dauer.«[34] Im Winter 2012/13 erschien ein Beitrag von Law-

---

2. März 1852 Karl Marx in London schreibt: »Stirners »Geschichte der Reaktion« ist, nach der Augsburger ›A[llgemeinen] Z[eitung]‹, eine miserable Kompilation oder vielmehr Zusammenstellung von Lesefrüchten und gedruckten und ungedruckten Stirnerschen Zeitungsartikeln – ›veschmähte Blätter und Blüten‹, über alles in der Welt und noch einiges andere – 2 Bände, die mit der Drohung schließen, dass der dritte ›die Grundlage und das Lehrgebäude‹ enthalten werde. Weit entfernt, sich zum Heiligen zu versteigen, sind seine eignen Glossen vielmehr für höhere Töchterschulen bestimmt.« (Brief von F. Engels an K. Marx in London vom 02.03.1852, in: MEW 28. Berlin (DDR) 1963, p. 33).
[30] [anon.]: Wissenschaftliche Literatur, in: Die Grenzboten. Zeitschrift für Politik und Literatur, 11. Jg. II. Semester. IV. Band. Leipzig 1852, p. 158 f.
[31] M. Nettlau, Der Vorfrühling der Anarchie. Glashütten im Taunus 1972 (1925), p. 178, Anm. 219.
[32] M. Kronenberg, Max Stirner. München 1899, p. 189.
[33] R. Steiner, Max Stirner, in: Veröffentlichungen aus dem literarischen Frühwerk, Bd. V. Darnach (Schweiz) 1958 (1898), p. 210.
[34] J. H. Mackay, Max Stirner. Freiburg/Br. 1977 (1898), p. 200.
Für Mackay konnte »natürlich nicht zweifelhaft« sein, »auf wessen Seite Stirner steht«, nämlich aufseiten der Revolution, was sich, wie weiter oben dargestellt wurde, als Fehlspekulation erweist (Allerdings schreibt Mackay die von Gentz stammenden »Bemerkungen über die Tafel der Menschenrechte« nicht »fälschlicherweise« Stirner zu, wie G. Beck fälschlicherweise behauptet (Die Stellung des Menschen zu Staat und Recht bei Max Stirner. Köln 1965, p. 4); Mackay redet von den Zwischenbemerkungen Stirners).

rence S. Stepelevich über »Stirner's final work«, der im Wesentlichen das hier Referierte bestätigt, jedenfalls keine neuen Gesichtspunkte zur Sprache bringt.[35] Bei Stirners Buch handelt es sich, wie Roberto Calasso lakonisch bilanziert, um »eine Anthologie ohne eigenes Profil«.[36]

Welch ein jämmerliches Ende von Stirners schriftstellerischer Karriere! Sieben Jahre nach dem Höhepunkt mit dem Erscheinen seines viel und kontrovers diskutierten »Der Einzige und sein Eigentum« erfährt Stirner nur noch Häme und Spott. Mackay spricht im Kapitel »Das letzte Jahrzehnt« von einem »langsamen Abstieg«,[37] es war aber wohl eher ein schneller und tragischer: gescheiterter Plan der Milchwirtschaft 1845, Trennung von seinem »Liebchen« April 1846 und Betteln um ein Darlehen in der »Vossischen Zeitung« August 1846, wirtschaftliche Not, 1850 offensichtlicher Notverkauf seines Exemplars des »Einzigen«,[38] dann die gescheiterte »Geschichte der Reaction« 1852, Schuldarrest März 1853 und Februar 1854 ... Stirners vage Pläne für weitere Projekte konnten nicht mehr realisiert werden, und 1856 stirbt Stirner vereinsamt, noch keine 50 Jahre alt.

---

[35] L. S. Stepelevich, The History of Reaction. Max Stirner's final work, in: Modern Slavery. Nr. 2, hrsg. von J. McQuinn und P. Simons. Oakland 2012/2013, p. 189–193.
[36] R. Calasso, Die neunundneunzig Stufen. München/Wien 2005, p. 267.
[37] J. H. Mackay, Max Stirner. Freiburg/Br. 1977 (1898), p. 180.
[38] Am 21. Februar 1850 bietet Stirner dem Autographenhändler Stargardt in Berlin ein Exemplar des »Einzigen« für 1 Thaler 15 Silbergroschen und damit einen Taler unter Ladenpreis an. Siehe dazu K. W. Fleming/B. Kast, Max Stirner schreibt an Joseph Stargardt, in: »Der Einzige«. Bd. 6, hrsg. von B. Kast. Leipzig 2013, 106–109.

Nachwort

Die Darstellung der Philosophie Stirners unter dem Gesichtspunkt der Eignerthematik hat gezeigt, dass Stirner die anthropologische Fragestellung, die sich in seinen ersten Arbeiten bereits ankündigt, schrittweise radikalisiert, um sie in seinem philosophischen Hauptwerk, im »Einzigen«, mit eben diesem Einzigen und Eigner und dessen relationalem Verhältnis zur Welt zu beantworten. Die auf den »Einzigen« folgenden Veröffentlichungen sind Apologien, Verdeutlichungen und Konkretisierungen dieser Eignerthematik, die versuchen, die Konkretheit und den potenziellen Einzugsbereich dieser Thematik aufzuzeigen.

Der »Einzige und sein Eigentum«, das hat sich mit aller Deutlichkeit gezeigt, ist ein polemisches Buch und ein oppositionelles Buch: Es provozierte Polemik und Opposition und verhinderte dadurch allerdings auch weitgehend eine Würdigung seiner *positiven* philosophischen Leistung, um deren Herausarbeitung es dieser Untersuchung in erster Linie ging.

Stirners positive Leistung besteht darin, kurzen Prozess mit Hegels und der Hegelianer dialektischem Prozess gemacht, den radikalen Bruch mit Hegels und der Hegelianer Geistdenken vollzogen zu haben, um – nach der Destruktion dieser Dialektik und den Inhalten und Resultaten dieser Dialektik – dem kausalgesetzlichen Fortschreiten des Weltgeistes den Eigner entgegenzustellen. Der Eigner als der andere, als das Produkt dieser Destruktion der Philosophiegeschichte, verweigert die Mitarbeit an einer teleologischen Konstruktion und negiert Vertröstungen auf die Zukunft und ein Jenseits: »Du bist doch immer zu Ende, hast keinen Beruf weiter zu schreiben ...« (EE 352). Der Eigner ist sein Diesseits und Jenseits, seine Gegenwart und Zukunft, ist der Einzige, der das dem andern voraushat, was jeder dem andern voraushat; seine »Einzigkeit«. Die Kritik an der von Feuerbach eingeleiteten anthropologischen Wendung der Philosophie gipfelt in der Auflösung dieser Wendung und der Auflösung der Phi-

Nachwort

losophie mit dem exklusiven, existenziellen Eigner als Ergebnis. Der Eigner erfährt seine Existenz in einer permanenten Selbstsetzung und der gleichzeitigen permanenten Aufhebung dieser Setzung, so dass immer neues Setzen stattfindet und nie Gesetzt-Sein eintritt.

Stirner geht noch einen Schritt weiter: Wie der Eigner sich setzt und auflöst, mit anderen Worten, denen Richard Wissers, »kritisch-krisisch« ist,[1] setzt er auch seine Normen und löst sie auf. Der Eigner ist sein eigenes Kriterium und der Schöpfer seiner Kriterien. Er ist seine Welt und der Schöpfer seiner Welt. Der Eigner deckt damit die Entzweiung des Menschen in Subjekt und Objekt als Verdunkelung der Ursprünglichkeit und Authentizität auf und überwindet den Subjekt-Objekt-Gegensatz. Das Eigentum des Eigners ist das unter diesen Bedingungen potenziell Erreichbare und erreichte Potenzielle. Eigentum des Eigners ist die Totalität der Möglichkeiten des Eigners, ist die potenzielle Verfügungsgewalt: das selbstmächtige Aufbegehren gegen die Fremdheit des Gegenständlichen.

Stirners Überlegungen sind methodisch und erkenntnis-»theoretisch« zu interpretieren: als Versuch, durch die auf den Eigner reduzierte Position die jeweilige Existenz und die Singularität und Komplexität dieser Existenz darzutun. Des Eigners Verständnis der Welt in ihrer Totalität ist egoistisch (abhängig von ihm), situativ (abhängig von der jeweiligen konkreten Situation, in der er sich befindet) und momentan (gültig nur für den Augenblick, in dem sich der Eigner erfährt und äußert). All das, was der Eigner nicht ist, aber durch ihn determiniert wird, ist Welt; weil der Eigner diese Welt auf sich bezieht ist sie *seine* Welt, *sein* Eigentum: Der Eigner ist der Einzige, die Welt sein Eigentum.

Stirners Philosophie ist missverständlich und missverstanden worden. Die Ursachen liegen einerseits in Stirners paralogischer Ent-Wertung der Sprache und der Destruktion ihrer Inhalte und Begriffe: »Was Stirner *sagt*, ist ein Wort, ein Gedanke, ein Begriff; was er *meint*, ist kein Wort, kein Gedanke, kein Begriff. Was er sagt, ist nicht das Gemeinte, und was er meint, ist unsagbar.« (KS 345). Hinter dem Gesagten das vermutlich Gemeinte zu erkennen hat nur dann Aussicht auf Erfolg, wenn man bereit ist, Stirners Intentionen zu folgen und sich nicht festbeißt an plakativen Begriffen und Formulie-

---

[1] Vgl. dazu das Kapitel 4.4. Eigenheit als kritisch-krisische Grundbefindlichkeit des Eigners.

Nachwort

rungen; ein anschauliches Beispiel hierfür ist, wie ausführlich dargestellt wurde, Stirners Begriff des Egoismus. Andererseits sind aber auch die Ursachen in der Philosophie Stirners selbst zu suchen, die sich zwar methodisch und als Beitrag innerhalb der Auseinandersetzungen mit den Junghegelianern legitimiert, darüber hinaus jedoch ihre Grenzen findet, auf die hier nur andeutungsweise hingewiesen werden kann; zu denken wäre an das Problematische von Stirners radikalisiertem Selbstbestimmungspostulat und seinem uneingeschränkten Machtanspruch (»Ich bin zu allem *berechtigt*, dessen Ich mächtig bin« (EE 195)). Zu denken wäre an seine Vorstellungen vom Verein potenziell-paritätischer Eigner als Konkretisierung der Verkehrsformen dieser Eigner. Zu denken wäre schließlich, um einen letzten Punkt zu nennen, an das weitgehende Ausklammern sozio-ökonomischer Faktoren innerhalb einer Philosophie, die ubiquitäre Ansprüche erhebt – und die *diese* Faktoren aufgrund des *methodischen* Vorgehens negieren muss, um ein Erstes hervorzuheben: den Eigner.

Zum Schluss dieser Arbeit bleibt mir die nicht unangenehme Aufgabe, all denen zu danken, die auf meine oft lästigen Anfragen und Bitten meist freundlich und entgegenkommend reagiert haben und mit ihren Auskünften und Hinweisen in schriftlicher und/oder mündlicher Form behilflich waren, Fragen zu klären und das Thema zu bearbeiten, auch wenn ich in diesem Teil der Arbeit nur wenig von diesen Auskünften und Hinweisen habe verarbeiten können. Es haben sich andere Gelegenheiten gefunden. Bedanken möchte ich mich bei Gelske van Beekhoff, Antoon Berentsen, Hans G. Helms, Willy Hubertz, Rudolf de Jong, Augustin Souchy und Kurt Zube. Bei Ria möchte ich mich bedanken für ihre strapazierte Geduld und ihre geduldige Unterstützung. Danken möchte ich auch Professor Dr. Wilhelm Teichner für sein ausführliches und konstruktives Gutachten zu meiner Dissertation, und schließlich gilt mein Dank ganz besonders meinem langjährigen Lehrer Professor Richard Wisser, der hartnäckig (aber, wie ich hoffe, nicht völlig umsonst) kritisiert und dadurch »Krisisches« provoziert hat. Seinen kritischen Eingriffen und seiner eingreifenden Kritik, nicht nur in vielen Gesprächen und seinem ermutigenden Gutachten, verdanke ich mehr, als diese Arbeit zu zeigen in der Lage ist.

Danken möchte ich schließlich auch Werner Kieser für die freundliche finanzielle Unterstützung der Drucklegung der Buchausgabe im Verlag Karl Alber in Freiburg.

Literaturverzeichnis

Das Literaturverzeichnis ist in chronologischer Reihenfolge folgendermaßen gegliedert:
A. Primärliteratur: Arbeiten Max Stirners
B. Sekundärliteratur zu Max Stirner
C. Außerdem verwendete Literatur

Siglen

EE Max Stirner: Der Einzige und sein Eigentum. Ausführlich kommentierte Studienausgabe, hrsg. von Bernd Kast. Karl Alber, Freiburg/München 2009.

EE-Rezensenten, in: EE p. 405–446 »Rezensenten Stirners«

KS: Max Stirner's Kleinere Schriften und sein Entgegnungen auf die Kritik seines Werkes: »Der Einzige und sein Eigenthum« aus den Jahren 1842–1848, hrsg. von John Henry Mackay. Zweite, durchgesehene und vermehrte Auflage. Bernard Zack, Treptow bei Berlin 1914. Ein Faksimile-Neudruck dieser Ausgabe erschien 1976 im Verlag Frommann-Holzboog, Stuttgart-Bad Cannstadt. Eine Mikrofiche-Reproduktion gibt es in der »Bibliothek der deutschen Literatur« (Bd. 11954/11955) K. G. Saur, München 1995.

A. Primärliteratur: Arbeiten Max Stirners

Stirner, Max: Über Schulgesetze (1834). Heft 1 der Reihe: Neue Beiträge zur Stirnerforschung, hrsg. von Rolf Engert. Verlag des dritten Reiches, Dresden. im Jahre 76 nach Stirners Einzigem [1920]. Jüngste Ausgabe: Stirner, Max: Parerga. Kritiken und Repliken, hrsg. von Bernd A. Laska (LSR-Quellen Band 5). LSR-Verlag, Nürnberg 1986

Stirner, [Max]: Theodor Rohmer, Deutschlands Beruf in der Gegenwart und Zukunft. Zürich und Winterthur. Verlag des literarischen Comptoirs 1841, in: Die Eisenbahn. Ein Unterhaltungsblatt für die gebildete Welt. Neue Folge.

IV. Jg., Nr. 77. Redigiert unter Verantwortlichkeit des Verlegers: Robert Binder, Leipzig, Dienstag, den 28. December 1841. Nr. 77, p. 307–308 und Nr. 78, Donnerstag, den 30. December. p. 310–312. http://gutenberg.spiegel.de/buch/max-stirner-essays-4219/5 vom 09.02.2015.

[Max Stirner?]: Correspondenz. Berlin den 1sten Januar 1842, in: Die Eisenbahn. Ein Unterhaltungsblatt für die gebildete Welt, No. 3, V. Jg., hrsg. von R[obert] Binder, Leipzig, 8. Januar 1842, p. 11–12.

Stirner, [Max]: Über B. Bauer's Posaune des jüngsten Gerichts, in: KS. p. 11–25. (Zuerst erschienen in: Telegraph für Deutschland. Red. von Karl Gutzkow. No. 6, p. 22–24, Nr. 7, p. 25–28, und Nr. 8, p. 30–31. Julius Campe, Hamburg, Januar 1842.

[Max] St[irne]r: Correspondenz. Berlin, den 29. Jan. 1842, in: Die Eisenbahn. Ein Unterhaltungsblatt für die gebildete Welt No. 19, V. Jg., hrsg. von R[obert] Binder, Leipzig, 15. Februar 1842, p. 75.

[Stirner, Max?]: Christenthum und Antichristenthum, in: Deutsche Jahrbücher für Wissenschaft und Kunst. Hrsg. unter Verantwortlichkeit der Verlagshandlung Otto Wigand [von Ernst Theodor Echtermeyer und Arnold Ruge]). No. 8, Leipzig, 11. Januar 1842, p. 30–32 und No. 9. 12. Januar 1842, pp. 33–35 (nicht in KS aufgenommen).

[Stirner, Max]: Gegenwort eines Mitgliedes der Berliner Gemeinde wider die Schrift der sieben und fünfzig Berliner Geistlichen: Die christliche Sonntagsfeier, ein Wort der Liebe an unsere Gemeinen, in: KS p. 26–47. (Zuerst erschienen bei Robert Binder, Leipzig, Ende Januar 1842).

Stirner, [Max]: Das unwahre Princip unserer Erziehung oder der Humanismus und Realismus, in: KS, p. 237–257. Zuerst erschienen in: Rheinische Zeitung für Politik, Handel und Gewerbe. Beiblätter zu No. 100, 10. April, p. 2; 102, 12. April, p. 2; 104, 14. April, p. 1; 109, 19. April, p. 2. Köln, 1842. Jüngste Ausgabe: Stirner, Max: Das unwahre Prinzip unserer Erziehung oder Der Humanismus und Realismus. Mit einer Einleitung von Willy Storrer und einem Nachwort von Karen Swassjan. Rudolf Geering, [Dornach] 1997.

[Stirner, Max]: Kunst und Religion, in: KS, p. 258–268. Zuerst erschienen in: Rheinische Zeitung für Politik, Handel und Gewerbe. Beiblatt zu No. 165. Köln, 14. Juni 1842, pp. 1–2.

[Stirner, Max?]: Über die Verpflichtung der Staatsbürger zu irgend einem Religionsbekenntnis, hrsg. von Gustav Mayer, in: Zeitschrift für Politik. Band VI, Heft 1. Berlin 1913, p. 111–113. Anonymes Manuskript aus dem Jahre 1842; von G. Mayer (1913, p. 109) mit Vorbehalten Stirner zugeschrieben.

Stirner, [Max]: Einiges Vorläufige vom Liebesstaat, in: KS p. 269–277. (Zuerst erschienen in: Berliner Monatschrift. Hrsg. von L[udwig] Buhl. Erstes und einziges Heft. Selbst-Verlag L. Buhl, Mannheim 1844, p. 34–49.)

Schmidt, Max [d. i. Max Stirner]: Die Mysterien von Paris von Eugène Sue, in: KS p. 278–295. Zuerst erschienen in: Berliner Monatsschrift. Hrsg. von L[udwig] Buhl. Erstes und einziges Heft. Selbst-Verlag L. Buhl, Mannheim 1844, p. 302–332.

Stirner, Max: Der Einzige und sein Eigentum. Ausführlich kommentierte Studienausgabe, hrsg. von Bernd Kast. Karl Alber, Freiburg/München 2009.

Literaturverzeichnis

Zuerst erschienen im Verlag Otto Wigand, Leipzig im Oktober 1844, vordatiert auf das Jahr 1845.

St[irner], M[ax]: Recensenten Stirners, in: KS 343–396. Zuerst erschienen in: Wigand's Vierteljahrschrift. 3. Band. Otto Wigand, Leipzig 1845, p. [147]–194. Zuletzt mit einem Kommentar von mir erschienen in: Kurt W. Fleming (Hrsg.), Recensenten Stirners. Kritik und Anti-Kritik. Mit einer Einleitung von Bernd Kast. Max-Stirner-Archiv, Leipzig 2003, p. 71–106.

Stirner, Max (Hrsg.): Die National-Ökonomen der Franzosen und Engländer, hrsg. von Max Stirner. Ausführliches Lehrbuch der praktischen Politischen Ökonomie. Von J[ean] B[aptiste] Say. Deutsch mit Anmerkungen von Max Stirner. [Je zwei Bände in einem]. Otto Wigand, Leipzig 1845–46. I. 419 pp., 1845, II. 421 pp., 1845, III. 468 pp., 1845, IV. 248 pp., 1846. Eine Mikrofiche-Reproduktion dieser Ausgabe gibt es in der »Bibliothek der deutschen Literatur« K. G. Saur, München 1990 ff.

[Stirner, Max?]: Artikel »Bruno Bauer«, in: Wigand's Conversations-Lexikon. für alle Stände, hrsg. von Otto Wigand, Bd. 2, Teil 2. Otto Wigand, Leipzig 1846, p. 78–80. Von Ernst Barnikol (1972, p. 559) Stirner zugeschrieben.

Stirner, Max [Hrsg.]: Die National-Ökonomen der Franzosen und Engländer, 5.–8. Band: Untersuchungen über das Wesen und die Ursachen des Nationalreichthums. Von Adam Smith. Deutsch mit Anmerkungen von Max Stirner. Otto Wigand, Leipzig Bd. 1 und 2 [in einem] 1846, Bd. 3 und 4 [in einem] 1847. I. 374 pp., 1846, II. 215 pp., 1846, III. 367 pp., 1847, IV. 334 pp., 1847.

Edward, G. [d.i. Max Stirner?]: Die philosophischen Reaktionäre. »Die modernen Sophisten von Kuno Fischer«, in: Die Epigonen. Vierter Band. Otto Wigand, Leipzig 1847, p. 141–151.

[Stirner, Max]: Die Deutschen im Osten Deutschlands, in: KS, p. 299–309. Zuerst erschienen in: Journal des österreichischen Lloyd. 13. Jg., Nr. 143. Triest, 24. Juni 1848, pp. 447–448. Zuletzt erschienen in: Sklaven. Migranten, Briganten, Kombattanten, Nr. 40. BasisDruck, Berlin September 1997, p. 24–27.

[Stirner, Max?]: Der Kindersegen, in: KS, p. 299–309. (Zuerst erschienen in: Journal des österreichischen Lloyd. 13. Jg., Nr. 167. Triest, 22. Juli 1848, pp. 540–541).

[Stirner, Max?]: Die Marine, in: KS, p. 318–320. (Zuerst erschienen in: Journal des österreichischen Lloyd. 13. Jg., Nr. 177. Triest, 3. Aug. 1848, pp. 580–581).

[Stirner, Max?]: Das widerrufliche Mandat, in: KS 320–322. (Zuerst erschienen in: Journal des österreichischen Lloyd. 13. Jg., Nr. 187. Triest, 15. Aug. 1848, p. 621).

[Stirner, Max?]: Reich und Staat, in: KS, p. 322–327. (Zuerst erschienen in: Journal des österreichischen Lloyd. 13. Jg., Nr. 211. Triest, 12. Sept. 1848, p. 714).

[Stirner, Max?]: Mangelhaftigkeit des Industriesystems, in: KS, p. 327–330. (Zuerst erschienen in: Journal des österreichischen Lloyd. 13. Jg., Nr. 219. Triest, 21. Sept. 1848, pp. 746/747).

[Stirner, Max?]: Deutsche Kriegsflotte, in: KS, p. 330–333. (Zuerst erschienen in: Journal des österreichischen Lloyd. 13. Jg., Nr. 220. Triest, 22. Sept. 1848, p. 750).

Literaturverzeichnis

[Stirner, Max?]: Bazar, in: KS, p. 333-336. (Zuerst erschienen in: Journal des österreichischen Lloyd. 13. Jg., Nr. 222. Triest, 24. Sept. 1848, p. 758).
Stirner, Max [Kaspar Schmidt]: Geschichte der Reaktion. 2 Abteilungen in 1 Band. Erste Abteilung: Die Vorläufer der Reaction. Zweite Abteilung: Die moderne Reaction. Neudruck der Ausgabe Berlin 1852. Scientia, Aalen 1967. (Erstausgabe: Stirner, Max: Die Geschichte der Reaction. I. Abtheilung: Die Vorläufer der Reaction. 2. Abteilung: Die moderne Reaction. Allgemeine Deutsche Verlags-Anstalt, Berlin 1852).
Die kleineren Korrespondenzen, die Stirner für die »Rheinische Zeitung und »Leipziger Zeitung« schrieb, sind nicht einzeln aufgeführt. Sie sind alle nach den KS p. 51-232 zitiert.

B. Sekundärliteratur zu Max Stirner

Adams, Henry Packwood: Karl Marx and his earlier Writings. Frank Cass & Co., London 1965, 2. Aufl. (1940).
Adler, Georg: Stirners anarchistische Sozialtheorie. Separat-Abdruck aus den »Festgaben für Wilhelm Lexis« [zum 70. Geburtstag] Gustav Fischer, Jena 1907. 46 pp.
Adler, Max: Max Stirner, in: M. Adler: Wegweiser. Studien zur Geistesgeschichte des Sozialismus. Hess & Co., Wien und Leipzig 1931, 5. Aufl., p. 179-223.
Adler, Max: Artikel »Max Stirner«, in: Encyclopaedia of the Social Sciences, Bd. 14, hrsg. von Edwin R. A. Seligman und Alwin Johnson. The Macmillan Company, New York 1934, p. 393-394.
[anon.]: Artikel Rohmer: »Friedrich R. (1889)«, in: Allgemeine Deutsche Biographie, Bd. 29. Duncker und Humblot, Leipzig 1889, 57-58.
[anon.]: Ein Wort gegen Wort und Gegenwort in der Berliner Sonntagsfeier-Angelegenheit. Von einem praktischen Geistlichen. Carl Flemming, Glogau 1842.
[anon.]: [Zur Verbotsaufhebung von EE], in: Neue Würzburger Zeitung, Nr. 316, Mittwoch, 13. November 1844, [S. 2].
[anon.]: Stirner, Max, Geschichte der Reaction. Berlin, 1852. Allgem. Deutsche Verl.-Anstalt. Geh. 3 Thlr., in: Literarisches Centralblatt für Deutschland. Nr. 3. Hrsg. von Friedrich Zarncke. Avenarius & Mendelssohn, Leipzig 17. Januar 1852, Sp. 38-39.
[anon.]: Der Einzige und sein Eigenthum. Von Max Stirner. Leipzig, O. Wigand 1845. Gr. 8. 2 Ther. 15 Ngr., in: Blätter für literarische Unterhaltung, hrsg.: Heinrich Brockhaus. Jg. 1846, 1. Band, No. 36, 5. Februar, p. 142-144 und No. 37, 6. Februar, p. 147-148. F. A. Brockhaus, Leipzig 1846. Januar. No. 3. Avenarius & Mendelssohn, Leipzig 1852. X & 852 Sp.
[anon.]: Buchmacherei, in: Allgemeine Zeitung. Augsburg. Beilage zu Nr. 56. Mittwoch. Berlin, 25 Februar 1852, p. 889.
[anon.]: Wissenschaftliche Literatur, in: Die Grenzboten. Zeitschrift für Politik und Literatur, hrsg. von Gustav Freytag und Julian Schmidt. 11. Jg. II. Semester. IV. Band. Friedrich Ludwig Herbig, Leipzig 1852, p. 158 f.

Literaturverzeichnis

[anon.]: Artikel »Stirner [Max]«, in: Allgemeine deutsche Realencyklopädie für gebildete Stände. Conversations-Lexikon, 10. verbesserte und vermehrte Auflage, Bd. 14. Leipzig 1854, p. 193.

[anon.]: Artikel »Schmidt, Kaspar, bekannt als Max Stirner«, in: Herders Conversations-Lexikon. Kurze aber deutliche Erklärung von allem Wissenswertem, Bd. 5. Herder'sche Verlagsbuchhandlung, Freiburg i. Br. 1857^2, p. 104. http://www.zeno.org/Herder-1854/K/herder-1854-005-0104 vom 05.12.2008.

[anon.]: Artikel »Schmidt, Kaspar«, in: Pierer's Universal-Lexikon der Vergangenheit und Gegenwart oder Neuestes encyclopädisches Wörterbuch der Wissenschaften. H. A. Pierer, Altenburg 1962, 4. Auflage, p. 327. http://books.google.de/books?id=m8pPAAAAMAAJ&pg=PA570&dq=pierers+universallexikon+1862&lr=#PPA327,M1 vom 05.12.2008.

[anon.]: Schmidt, Kaspar, in: Meyers Konversations-Lexikon. Eine Encyklopädie des allgemeinen Wissens, Bd. 14. Dritte gänzlich umgearbeitete Auflage. Bibliographisches Institut, Leipzig 1878, p. 349.

[anon.]: Artikel »Stirner«, in: Brockhaus' Conversations-Lexikon. Allgemeine deutsche Real-Encyklopädie. Dreizehnte vollständig umgearbeitete Auflage. Band 15. F. A. Brockhaus, Leipzig 1886, p. 247.

[anon.]: Artikel »Stirner, Max«, in: Der große Herder. Nachschlagewerk für Wissen und Leben. 4., völlig neubearbeitete Aufl. von Herders Konversationslexikon. 11. Band. Herder, Freiburg i. Br. 1935, Sp. 591.

[anon.]: Artikel »Stirner, Max«, in: Der große Brockhaus, Bd. 11. F. A. Brockhaus, Wiesbaden 1957, 16. völlig neubearbeitete Auflage, p. 245.

[anon.]: Artikel »Max Stirner«, in: dtv-Lexikon. Ein Konversationslexikon in 20 Bänden, Bd. 17. Deutscher Taschenbuch Verlag, München 1968, p. 301.

[anon.]: Artikel »Stirner, Max«, in: The Encyclopeia Americana. International Edition, Bd. 25. American Corporation, New York 1971, p. 653–654.

Arnim, Bettina [korrekt: Friedmund von Arnim] von: Die Auflösung des Einzigen durch den Menschen, in: Die Epigonen. Vierter Band. Otto Wigand, Leipzig 1847. Reprografischer Nachdruck Georg Olms, Hildesheim und New York 1972.

Arvon, Henri: Ludwig Feuerbach ou La transformation du sacré. (Épiméthée, Essais philosophiques, hrsg. von Jean Hyppolite). Presses Universitaires de France, Paris 1957.

Arvon, Henri: [Einleitung in] Stirner, Max: Le faux principe de notre éducation ou l'humanisme et le réalisme. L'Anticritique. Das unwahre Prinzip unserer Erziehung oder der Humanismus und Realismus. Rezensenten Stirners. Edition bilingue. Traduction, introduction et notes par Henri Arvon. Aubier Montaigne (Collection Bibliothèque Sociale), Paris 1974.

Arvon, Henri: Max Stirner. An den Quellen des Existenzialismus. Hrsg. Armin Geus. Basilisken-Presse, Rangsdorf 2012.

Ballauff, Theodor und Klaus Schaller: Pädagogik. Eine Geschichte der Bildung und Erziehung. Bd. III: 19./20. Jahrhundert (Bd. I/13 der Reihe: Orbis Academicus. Problemgeschichten der Wissenschaft in Dokumenten und Darstellungen, hrsg. von Fritz Wagner und Richard Brodführer). Karl Alber, Freiburg und München 1973.

Literaturverzeichnis

Barnikol, Ernst: Das entdeckte Christentum im Vormärz. Bruno Bauers Kampf gegen Religion und Christentum und Erstausgabe seiner Kampfschrift. Eugen Diederichs, Jena 1927.

Barnikol, Ernst: Bruno Bauer. Studien und Materialien. Aus dem Nachlass ausgewählt und zusammengestellt von Peter Reimer und Hans-Martin Sass. Hrsg. vom Forschungsinstitut der Friedrich-Ebert-Stiftung, Bonn-Bad Godesberg und dem Internationaal Instituut voor Sociale Geschiedenis, Amsterdam. Van Gorcum, Assen 1972.

Barth, Karl: Ludwig Feuerbach. Fragment aus einer im Sommersemester 1926 zu Münster i. W. gehaltenen Vorlesung über »Geschichte der protestantischen Theologie seit Schleiermacher«. Mit einem polemischen Nachwort, in: Zwischen den Zeiten. Eine Zweimonatsschrift. 5. Jg., Heft 1. Chr. Kaiser, München 1927, p. [11]–40

Bartsch, Günter: Der vergessene Philosoph und Karl Marx. Zur Neuherausgabe der Schriften Stirners. Sendung des Senders Freies Berlin [17.04.1970], Redaktion Fred Boguth. Ungedrucktes Manuskript.

Bartsch, Günter: Anarchismus in Deutschland. Bd. 2/3: 1965–1973. Fackelträger, Hannover 1973.

Basch, Victor: L'Individualisme anarchiste. Max Stirner. (Bibliothèque générale des sciences sociales). Félix Alcan, Paris 1904.

Beck, Gerhard: Die Stellung des Menschen zu Recht und Staat bei Max Stirner. Dissertation. Köln 1965.

Behrens, Wolfgang W., Gerhard Bott, Hans-Wolf Jäger u. a. (Hrsg): Der Literarische Vormärz (Bd. 1462 der Reihe: List Taschenbuch der Wissenschaft. Literatur als Geschichte: Dokument und Forschung). Paul List, München 1973.

Berlin, Isaiah: Die Wurzeln der Romantik. Berlin, Berlin 2004.

Bernhard, Thomas: Anarchisten. Ein Bericht. Das kurze, aber dramatische Leben des Jules Bonnot und seiner Komplizen. Walter, Olten/Freiburg i. Br. 1970.

Bernstein, E[duard]: Die soziale Doktrin des Anarchismus. [1. Teil: Besprechung von J. H. Mackays »Die Anarchisten«], in: Die Neue Zeit. Revue des geistigen und öffentlichen Lebens, redigiert von Karl Kautsky. X. Jg., I. Band, Nr. 12. J. H. W. Dietz, Stuttgart 1891–92, p. 358–365. Die soziale Doktrin des Anarchismus. I. [Teil] Max Stirner und »Der Einzige«, in: a. a. O., Nr. 14, p. 421–428.

Beta H[einrich] [d. i. Heinrich Bettziech]: Ein deutscher Freihandelsapostel, in: Die Gartenlaube. Illustriertes Familienblatt, hrsg. von Ernst Keil. Nr. 17. Leipzig 1863, p. 266–270.

Beyme, Klaus von: Politische Theorien im Zeitalter der Ideologien. 1789–1945. Westdeutscher Verlag, Wiesbaden 2002.

Biermann, W[ilhelm] Ed[uard]: Anarchismus und Kommunismus. Sechs Volkshochschulvorträge. A. Deichert (Georg Böhme), Leipzig 1906.

Blankertz, Stefan: Erziehung, anarchistische, in: Enzyklopädie Erziehungswissenschaft, Band 3. Ziele und Inhalte der Erziehung und des Unterrichts. Hrsg. von Hans-Dieter Haller und Hilbert Meyer. Ernst Klett, Verlag für Wissen und Bildung, Stuttgart, Dresden 1995, p. 416–418.

Bloch, Ernst: Das Prinzip Hoffnung. In fünf Teilen. (Band 5 der Gesamtausgabe in 16 Bänden, werkausgabe edition suhrkamp). Suhrkamp, Frankfurt am Main 1977 (1954–1959).

Literaturverzeichnis

Bloch, Ernst: Zwischenwelten in der Philosophiegeschichte. Aus Leipziger Vorlesungen. (Band 12 der Gesamtausgabe in 16 Bänden, werkausgabe edition suhrkamp). Suhrkamp, Frankfurt am Main 1977 (1950–1959).

Blumenberg, Werner: Karl Marx mit Selbstzeugnissen und Bilddokumenten. rowohlts monographien 76, hrsg. von Kurt Kusenberg. Rowohlt, Reinbek bei Hamburg 1962.

Bodenstedt, Friedrich: Erinnerungen aus meinem Leben, 2 Bde. Allgemeiner Verein für Deutsche Litteratur, Berlin 1890^2 (1888).

Bolin, Wilhelm: Ludwig Feuerbach. Sein Wirken und seine Zeitgenossen. Mit Benutzung ungedruckten Materials. J. G. Cotta'sche Buchhandlung Nachfolger, Stuttgart 1891.

Bovensiepen, [Rudolf]: Wissenschaftlicher Sozialismus, Kommunismus, Anarchismus und Bolschewismus. Eine erste gemeinverständliche-wissenschaftliche Einführung. R. Hieronymus, Neumünster-Leipzig 1919.

Brazill, William J.: The Young Hegelians (Yale Historical Publications, Miscellany, 91). Yale University Press, New Haven und London 1970.

Buber, Martin: Die Frage an den Einzelnen. Schocken, Berlin 1936.

Büchmann, Georg: Geflügelte Worte. Der klassische Zitatenschatz. Von Winfried Hofmann bearbeitete Auflage. Ullstein, Berlin 1998.

Bückling, G[eorg]: Der Einzelne und der Staat bei Stirner und Marx. Eine quellenkritische Untersuchung zur Geschichte des Anarchismus und Sozialismus, in: Schmollers Jahrbuch für Gesetzgebung, Verwaltung und Volkswirtschaft im deutschen Reiche, 44. Jg., Heft 4, hrsg. von Hermann Schumacher und Arthur Spiethoff. Duncker und Humblot, Leipzig und München 1920, p. 123–167 (1071–115).

[Buhl, Ludwig]: Die Noth der Kirche und die christliche Sonntagsfeier. Ein Wort des Ernstes an die Frivolität der Zeit.
Wilhelm Hermes, Berlin 1842.

Bunzel, Wolfgang und Ulrike Landfester: Nachwort zu Wolfgang Bunzel und Ulrike Landfester (Hrsg.): In allem einverstanden mit Dir. (Band 3 von Bettine von Arnims Briefwechsel mit ihren Söhnen. Wallstein, Göttingen 2001, p. 477–539.

Calasso, Roberto: Die neunundneunzig Stufen. Essays. Hanser, München/Wien 2005.

Calasso, Roberto: Der Untergang von Kasch. (suhrkamp taschenbuch 3425). Suhrkamp, Frankfurt/Main 1997.

Camus, Albert: Der Mensch in der Revolte. Essays. Rowohlt (rororo 1216), Reinbek bei Hamburg 1977 (1951).

Cattepoel, Jan: Anarchismus. Rechts- und staatsphilosophische Prinzipien. Mit einem Geleitwort von Harro Otto. Wilhelm Goldmann (»Das wissenschaftliche Taschenbuch«, Abteilung Soziologie), München 1973.

Cuypers, Wilhelm: Max Stirner als Philosoph. phil. Diss. Köln 1937 (im gleichen Jahr im Verlag Konrad Triltsch zu Würzburg erschienen).

Degering, Hermann, Karl Christ und Julius Schuster: Aus vier Jahrhunderten. Autographen aus den Sammlungen der Preußischen Staatsbibliothek in Nachbildungen herausgegeben und beschrieben von Hermann Degering (D.), Karl Christ (C.) und Julius Schuster (S.), in: Aus der Handschriften-Abteilung der

Literaturverzeichnis

Preußischen Staatsbibliothek. Abhandlungen und Nachbildungen von Autographen. [Festschrift] Ludwig Darmstaedter zum 75. Geburtstag dargebracht von Hermann Degering, Karl Christ und Julius Schuster. Martin Breslauer, Berlin 1922, p. 173–177.

Deleuze, Gilles: Nietzsche und die Philosophie. Europäische Verlagsanstalt, (eva-Taschenbuch Bd. 70), Hamburg 1991.

Diehl, Karl: Artikel »Anarchismus«, in: Handwörterbuch der Staatswissenschaften, Bd. 1, hrsg. von Ludwig Elster, Adolf Weber, Friedrich Wieser. Gustav Fischer, Jena 1923, 4. gänzlich umgearbeitete Auflage, p. 276–292.

Diehl, Karl: Der Einzelne und die Gemeinschaft. Überblick über die wichtigsten Gesellschaftssysteme vom Altertum bis zur Gegenwart: Individualismus, Kollektivismus, Universalismus. Gustav Fischer, Jena 1940.

Dilthey, Wilhelm: Leben Schleiermachers. Bd. 1, 2. Halbband (1803–1807). Auf Grund des Textes der 1. Aufl. von 1870 und der Zusätze aus dem Nachlaß hrsg. von Martin Redeker (Bd. XIII, 2. Halbband, der Gesammelten Schriften). Vandenhoeck & Ruprecht, Göttingen 1970.

Dilthey, Wilhelm: Weltanschauungslehre. Abhandlung zur Philosophie der Philosophie. (Band VIII der Gesammelten Schriften. B. G. Teubner, Leipzig und Berlin 1931.

Drews, Arthur: Die deutsche Spekulation seit Kant mit besonderer Rücksicht auf das Wesen des Absoluten und die Persönlichkeit Gottes. Zweiter Band. Gustav Fock, Leipzig 1895, 2. Auflage (1892).

Eisler, Rudolf: Artikel »Egoismus«, in: Wörterbuch der philosophischen Begriffe. Historisch-quellenmäßig bearbeitet (hrsg. unter Mitwirkung der Kant-Gesellschaft). Bd. 1. E. S. Mittler und Sohn, Berlin 1927, 4. Auflage, p. 298–301.

Eltzbacher, Paul: Der Anarchismus. Libertad Gebrüder Schmück, Berlin [West] 1977. Reprint der Ausgabe Berlin 1900.

Emge, Carl August: Das Aktuelle, ein Dialog zur Hinführung zu seinen Problemen, in: Festschrift für Rudolf Hübner zum siebzigsten Geburtstag. Hrsg. von der Rechts- und Wirtschaftswissenschaftlichen Fakultät der Universität Jena. Frommannsche Buchhandlung Walter Biedermann, Jena 1935, p. 154–171.

Emge, Carl August: Max Stirner. Eine geistig nicht bewältigte Tendenz. Nr. 12 der Reihe: Abhandlungen der Geistes- und Sozialwissenschaftlichen Klasse, Jg. 1963. Akademie der Wissenschaften und der Literatur in Mainz in Kommission bei Franz Steiner, Wiesbaden 1964, p. [1231]–1279, ([1]–49).

Engels, Friedrich: Brief an Karl Marx in Paris, 19. November 1844, in: Karl Marx und Friedrich Engels, Werke, Bd. 27, hrsg. vom Institut für Marxismus-Leninismus beim ZK der SED. Dietz, Berlin [DDR] 1965, p. 9–13.

Engels, Friedrich: Die Lage der arbeitenden Klasse in England. Nach eigener Anschauung und authentischen Quellen, in: Karl Marx und Friedrich Engels, Werke, Bd. 2, hrsg. vom Institut für Marxismus-Leninismus beim ZK der SED. Dietz, Berlin [DDR] 1970, p. [225]–506.

Engels, Friedrich an Marx, Brief vom 2. März 1852 am Karl Marx, in: Karl Marx und Friedrich Engels, Werke, Bd. 28, hrsg. vom Institut für Marxismus-Leninismus beim ZK der SED. Dietz, Berlin [DDR] 1963, p. 33–36.

Engels, Friedrich: Ludwig Feuerbach und der Ausgang der klassischen deutschen Philosophie, in: Karl Marx und Friedrich Engels, Werke, Bd. 21, hrsg. vom

Institut für Marxismus-Leninismus beim ZK der SED. Dietz, Berlin [DDR] 1969, p. [259]–307.

Engert, Rolf: Die neue Zeitrechnung, in: Der Einzige. Hrsg.: Anselm Ruest [Ernst Samuel] und Mynona [Salomo Friedlaender]. [1. Jahr], Nr. 23/24. Mitteilungen der Gesellschaft für individualistische Kultur/Stirnerbund. Berlin-Wilmersdorf, 29. Juni 75 n[ach] St[irners] E[inzigem] (1919 a. Z.), p. 267–270.

Engert, Rolf: Einführung zu »Max Stirner, Über Schulgesetze« (1834). (Heft 1 der Reihe: Neue Beiträge zur Stirnerforschung, hrsg. von Rolf Engert). 1. Heft. Verlag des dritten Reiches, Dresden. Im Jahre 76 nach Stirners Einzigem [1920], p. 5–8.

Engert, Rolf: Henrik Ibsen als Verkünder des dritten Reiches. R. Voigtländer, Leipzig 1921.

Engert, Rolf (Hrsg.): Stirner-Dokumente (in Faksimilewiedergabe). (Heft 4 der Reihe: Neue Beiträge zur Stirnerforschung, hrsg. von Rolf Engert). Verlag des dritten Reiches, Dresden im Jahre 79 nach Stirners Einzigen [1923].

[Engert, Rolf]: Die neue Zeitrechnung, in: Grundbau. Bausteine zum dritten Reich, hrsg. von Rolf Engert. 1. Jg., 1. Heft. ATO, Berlin, Jan. 81 n. St. E./1925

Erdmann, Johann Eduard: Grundriß der Geschichte der Philosophie. Bd. 2: Philosophie der Neuzeit. Anhang: Die deutsche Philosophie seit Hegel's Tode. Wilhelm Hertz (Bessersche Buchhandlung), Berlin 1869/70.

Eßbach, Wolfgang: Das Prinzip der namenlosen Differenz. Gesellschafts- und Kulturkritik bei B. Traven, in: Johannes Beck/Klaus Bergmann/Heiner Boehncke (Hrsg.): Das B. Traven-Buch. Rowohlt (rororo Sachbuch 6986), Reinbek bei Hamburg 1976, p. 362–403.

Eßbach, Wolfgang: Die Bedeutung Max Stirners für die Genese des historischen Materialismus. Zur Rekonstruktion der Kontroverse zwischen Karl Marx, Friedrich Engels und Max Stirner. Phil. Diss. Göttingen 1978.

Eßbach, Wolfgang: Die Junghegelianer. Soziologie einer Intellektuellengruppe (Bd. 16 der Reihe: Übergänge. Texte und Studien zu Handlung, Sprache und Lebenswelt, hrsg. von R. Grathoff und B. Waldenfels). Wilhelm Fink, München 1988.

Estermann, Alfred: [Einleitung zu] »Die Berliner Monatsschrift« und ihr Herausgeber Ludwig Buhl, in: Berliner Monatsschrift. Herausgeber Ludwig Buhl. Reprint der Erstausgabe von 1844. Vaduz 1984, S. V–XXV.

Falkenfeld, Hellmuth: Einführung in die Philosophie. Deutsche Buch-Gemeinschaft, Berlin 1926.

Fanner Al Faisal, Faris: Max Stirner und die pluralistische Wirtschaftsgesellschaft. Rechts- und staatswiss. Diss. Graz Mai 1971.

Feuchte, Andreas: Hermann Franck (1802–1855). (Band 3 der Reihe: Forschungen zum Junghegelianismus. Quellenkunde, Umkreisforschung, Theorie, Wirkungsgeschichte, hrsg. von Konrad Feilchenfeldt und Lars Lambrecht. Peter Lang, Europäischer Verlag der Wissenschaften, Frankfurt am Main, Berlin, Bern, New York und Wien 1998.

Feuerbach, Ludwig: [Brief] an Friedrich Feuerbach vom [November 1844], in: Briefwechsel II (1840–1844), Bd. 18 der Gesammelten Werke, hrsg. von Werner Schuffenhauer. Akademie, Berlin [DDR] 1988, p. 416 f.

Literaturverzeichnis

Feuerbach, Ludwig: [Brief] an Friedrich Feuerbach vom 2. Dezember 1844, in: Briefwechsel II (1840–1844), Bd. 18 der Gesammelten Werke, hrsg. von Werner Schuffenhauer. Akademie, Berlin [DDR] 1988, p. 417 f.

Feuerbach, Ludwig: [Brief] an Friedrich Feuerbach vom 13. Dezember 1844, in: Briefwechsel II (1840–1844), Bd. 18 der Gesammelten Werke, hrsg. von Werner Schuffenhauer. Akademie, Berlin [DDR] 1988, p. 420 f.

[Feuerbach, Ludwig]: Ueber das »Wesen des Christenthums« in Beziehung auf den »Einzigen und sein Eigenthum«, in: Wigand's Vierteljahrschrift. Band 2. Otto Wigand, Leipzig 1845, p. [193]–205. (Von dieser Ausgabe gibt es einen Reprint bei Topos, Ruggell/Liechtenstein 1981; außerdem liegt eine kommentierte Ausgabe dieses Aufsatzes vor in: Kurt W. Fleming (Hrsg.), Recensenten Stirners. Kritik und Anti-Kritik. Mit einer Einleitung von Bernd Kast. Max-Stirner-Archiv, Leipzig 2003, p. 45–54).

Fischer, Kuno: Ein Apologet der Sophistik und ein »philosophischer Reaktionär«, in: Die Epigonen. Vierter Band. Otto Wigand, Leipzig 1847, p. 152–165. (Ein reprographischer Nachdruck dieser Ausgabe erschien 1972 bei Georg Olms, Hildesheim und New York, p. 152–165).

Fischer, Kuno: Moderne Sophisten, in: Die Epigonen. Fünfter Band, hrsg. von Otto Wigand. Otto Wigand, Leipzig 1848. (Ein reprographischer Nachdruck dieser Ausgabe erschien 1972 bei Georg Olms, Hildesheim und New York, p. [277]–316).

Fischer, Kuno: Hegel's Leben, Werke und Lehre. Zweiter Theil (Geschichte der neueren Philosophie. Jubiläumsausgabe, Bd. 8). Carl Winter's Universitätsbuchhandlung, Heidelberg 1901.

Fleischmann, Eugène: Le rôle de l'individu dans la société pré-révolutionnaire: Stirner, Marx, Hegel, in: Archives européennes de sociologie. Bd. 14, Nr. 1. Paris 1973, p. 95–105.

Fleming, Kurt W. und Bernd Kast: Max Stirner schreibt an Joseph Stargardt, in: »Der Einzige«. Jahrbuch der Stirner-Gesellschaft, Band 6, hrsg. von Bernd Kast. Max Stirner Archiv/edition unica, Leipzig 2013, 106–109.

Flottwell, Eduard: Brief aus Berlin an Johann Jacoby in Königsberg vom 12. März 1842, in: Gustav Mayer, Aus dem Briefwechsel Johann Jacobys (Schluß), in: Deutsche Revue. Eine Monatsschrift, hrsg. von Richard Fischer, Jg. 47, Bd. 4. Deutsche Verlagsanstalt, Stuttgart und Leipzig November 1922, p. 172–173.

Fontane, Theodor: Von Zwanzig bis Dreißig. Autobiographisches. Nebst anderen selbstbiographischen Zeugnissen, hrsg. von Kurt Schreinert und Jutta Neuendorff-Fürstenau. Deutscher Taschenbuch Verlag (dtv textbibliothek 6025), München 1973.

Fromm, Waldemar: An den Grenzen der Sprache. Über das Sagbare und das Unsagbare in Literatur und Ästhetik der Aufklärung, der Romantik und der Moderne. (Band 135 der Reihe: Rombach Wissenschaften. Reihe Litterae, hrsg. von Gerhard Neumann und Günter Schnitzler). Rombach, Freiburg i. Br. und Berlin 2006.

Giseke, Robert: Moderne Titanen, kleine Leute in großer Zeit. 3 Teile. F. A. Brockhaus Leipzig 1850.

Glossy, Karl (Hrsg.): Literarische Geheimberichte aus dem literarischen Vormärz. Mit einer Einleitung und Anmerkungen (Separatdruck aus dem Jahrbuch der Grillparzer-Gesellschaft, Jg. XXI–XXIII). H. A. Gerstenberg, Hildesheim 1975. Reprint der Ausgabe Carl Conegen, Wien 1912

[Gottschall, Rudolf von]: Die deutsche Philosophie seit Hegel's Tode, in: Die Gegenwart. Eine encyklopädische Darstellung der neuesten Zeitgeschichte für alle Stände. Band 6. F. A. Brockhaus, Leipzig 1851, p. 292–340.

G[rün], K[arl]: Ein Urtheil über die »Geheimnisse von Paris«, in: Karl Grün (Hrsg.): Neue Anekdota. Carl Wilhelm Leske, Darmstadt 1845, p. 144–148.

[Grün, Karl?]: Deutschland. *†* Vom Rhein, 17. Juni, in: Trier'sche Zeitung. Nr. 172. Trier, Sonnabend, 21. Juni 1845, p. 1–2.

Grün, Karl: Ueber Göthe vom menschlichen Standpunkte. Carl Wilhelm Leske, Darmstadt 1846.

Hartmann, Eduard von: Philosophie des Unbewussten. Carl Duncker, Berlin, 1871, 3. Auflage (1869).

Hartmann, Eduard von: Stirners Verherrlichung des Egoismus, in: Ethische Studien. Hermann Haacke, Leipzig 1898, p. [70]–90. (Zuerst erschienen in: Die Gegenwart. Jg. 26, Nr. 27/28. Berlin und Leipzig, 3./10. Juli 1897, p. 8–10, 24–289).

Hartmann, Eduard von: Nietzsches »neue Moral«, in: Ethische Studien. Hermann Haacke, Leipzig 1898, p. [34]–69.

Helms, Hans G.: Die Ideologie der anonymen Gesellschaft. Max Stirners »Einziger« und der Fortschritt des demokratischen Selbstbewußtseins vom Vormärz bis zur Bundesrepublik. DuMont Schauberg, Köln 1966. 619 pp.

Helms, Hans G[ünter]: Nachwort [zu] Max Stirner: Der Einzige und sein Eigentum und andere Schriften. Ausgewählt und mit einem Nachwort hrsg. von H. G. Helms. Carl Hanser (Reihe Hanser 6), München 1970, p. 263–[281], 3. Auflage.

Heman, F[riedrich]: Der Philosoph des Anarchismus und Nihilismus. Zum hundertjährigen Geburtstag Max Stirners, in: Der Türmer. Monatsschrift für Gemüt und Geist, 9. Jg., Bd. I, Heft 1, hrsg. von Jeannot Emil Freiherr von Grotthuß. Greiner & Pfeiffer, Stuttgart, Oktober 1906 (März 1907), p. [67]–74.

Hertz-Eichenrode, Dieter: Der Junghegelianer Bruno Bauer im Vormärz. phil. Diss. Berlin 1959.

Herzog, Anabel: Penser autrement la politique. Éléments pour une critique de la philosophie politique. Éditions Kimé, Paris 1997.

Heß, Moses: Brief an Karl Marx in Paris, Köln, 17. Januar 1845, in: Briefwechsel, hrsg. von Edmund Silberner unter Mitwirkung von Werner Blumenberg. Mouton, Den Haag 1959, p. 105 und in: MEGA, 3. Abteilung, Bd. 1, p. 450–452.

Heß, Moses: Die letzten Philosophen, in: M. Heß: Philosophische und sozialistische Schriften 1837–1850. Eine Auswahl, hrsg. und eingeleitet von Auguste Cornu und Wolfgang Mönke. Akademie-Verlag, Berlin 1961, p. [379]–[393]. (Kommentierte Ausgabe in: Kurt W. Fleming (Hrsg.), Recensenten Stirners. Kritik und Anti-Kritik. Mit einer Einleitung von Bernd Kast. Max-Stirner-Archiv, Leipzig 2003, p. 27–43).

Literaturverzeichnis

Hirsch, Rudolf: Karl Marx und Max Stirner. Ein Beitrag zur Geschichte der radikalen deutschen Philosophie des Vormärzes. Phil. Diss. [Masch.] München 1956.

Holz, Hans Heinz: Der französische Existentialismus. Theorie und Aktualität. (Band 2 der Reihe: Wissen der Zeit). Oswald Dobbeck, Speyer und München 1958.

Holzmann, Michael und Hanns Bohatta: Deutsches Pseudonymen-Lexikon. Aus den Quellen bearbeitet. Akademischer Verlag, Wien und Leipzig 1906.

Horkheimer, Max und Theodor W. Adorno: Dialektik der Aufklärung. Philosophische Fragmente. Fischer, Frankfurt am Main 1971 (1947).

Horowitz, Irving Louis: The Anarchists Edited, with an introduction by Irving Louis Horowitz. Dell Publishing (Laurel Edition), New York 1970^2 (1964).

Houben, H[einrich] H[ubert]: Verbotene Literatur von der klassischen Zeit bis zur Gegenwart. Ein kritisch-historisches Lexikon über verbotene Bücher, Zeitschriften und Theaterstücke, Schriftsteller und Verleger. 2., verb. Auflage. Karl Rauch, Dessau 1925.

Hundt, Martin (Hrsg.): Der Redaktionsbriefwechsel der Hallischen, Deutschen und Deutsch-Französischen Jahrbücher (1837–1844). Bd. 2. Akademie, Berlin 2010.

Hundt, Martin: Der Redaktionsbriefwechsel der Hallischen, Deutschen und Deutsch-Französischen Jahrbücher (1837–1844). Apparat. Akademie, Berlin 2010.

Huneker, James [Gibbons]: Max Stirner, in: J. Huneker: Egoists. A Book of Supermen. Stendhal, Baudelaire, Flaubert, Anatole France, Huysmans, Barrès, Nietzsche, Blake, Ibsen, Stirner, and Ernest Hello. T. Werner Laurie, London 1909, p. 350–372.

Jodl, Friedrich: Max Stirner und Ludwig Feuerbach, in: F. Jodl: Vom Lebenswege. Gesammelte Vorträge und Aufsätze. Hrsg. von Wilhelm Börner. Bd. I. Cotta, Stuttgart und Berlin 1916. (Zuerst erschienen in: Österreichische Rundschau. Band 26, Heft 6. Wien, 15. März 1911, p. 420–428).

Joël, Karl: Stirner, in: K. Joël: Philosophenwege. Ausblicke und Rückblicke. R. Gaertner, Hermann Heyfelder, Berlin 1901, p. 228–262.

Joël, Karl: Wandlungen der Weltanschauung. Eine Philosophiegeschichte als Geschichtsphilosophie. Zweiter Band. [J. C. B. Mohr (Paul Siebeck)] Tübingen 1934.

Jung, Alexander: Die Kritik in Charlottenburg oder Die Gebrüder Bauer, in: Alexander Jung: Charaktere, Charakteristiken und vermischte Schriften, Bd. 1. Adolph Santer, Königsberg 1848, 201–226. http://books.google.de/books?id=IxA-AAAAIAAJ&pg=PA207&dq=verlag+egbert+bauer+charlottenburg&hl=de&sa=X&ei=uBh0Uuq1L8bI4gTbmYDIDQ&ved=0CEUQ6AEwAjg8#v=onepage&q=verlag%20egbert%20bauer%20charlottenburg&f=false vom 23.03.2014. Zuerst in Königsberger Literaturblatt am 17., 20. und 24. Juli 1844 Sp. 449–468 erschienen.

Jung, Georg: Brief an Karl Marx in Paris. Köln, 31. Juli 1844, in: Karl Marx, Friedrich Engels. Gesamtausgabe (MEGA). Dritte Abteilung, Bd. 1, hrsg. von Institut für Marxismus-Leninismus beim ZK der KPdSU und vom Institut für Marxismus-Leninismus beim ZK der SED. Dietz, Berlin 1975, pp. 436–438.

Kamenka, Eugene: The Philosophy of Ludwig Feuerbach. Routledge & Kegan Paul, London 1970.

Kast, Bernd: Die Thematik des »Eigners« in der Philosophie Max Stirners. Sein Beitrag zur Radikalisierung der anthropologischen Fragestellung. (Band 137 der Reihe: Abhandlung zur Philosophie, Psychologie und Pädagogik). Bouvier Verlag Herbert Grundmann, Bonn 1979. 507 pp.

Kast, Bernd: »Habt nur den Muth, destructiv zu sein«. Die Destruktion des Anderen als Voraussetzung für die Entdeckung des Eigenen – Unbekanntes von Max Stirner, in: Syntesis Philosophica. Internationale Ausgabe der Zeitschrift Filosofska Istraživanja. Bd. 13, Heft 1. Zagreb 1998, p. 227–237.

Kast, Bernd: Nachwort des Herausgebers [zu] Max Stirner, Der Einzige und sein Eigentum. Karl Alber; Freiburg 2004, p. 370–394.

Kast, Bernd: Rechtfertigt Stirner Mord, Selbstmord, Inzest und Prostitution? Überlegungen zu provozierenden Aspekten von Stirners Ethik, in: (Band 6 der Reihe: Der Einzige. Jahrbuch der Max-Stirner-Gesellschaft). Max Stirner Archiv/edition unica, Leipzig 2014, p. 28–44.

Kempski, Jürgen von: »Voraussetzungslosigkeit«. Eine Studie zur Geschichte eines Wortes, in: Brechungen. Kritische Versuche zur Philosophie der Gegenwart. Rowohlt, Reinbek bei Hamburg 1964, p. 140–159.

Klages, Ludwig: Der Geist als Widersacher der Seele. 5. Aufl. Bouvier Verlag Herbert Grundmann, Bonn 1972 (1929).

Klutentreter, Wilhelm: Die Rheinische Zeitung von 1842/43 in der politischen und geistigen Bewegung des Vormärz. 10. Band. 1. Teil der Reihe: Dortmunder Beiträge zur Zeitungsforschung, hrsg. von Kurt Koszyk. Institut für Zeitungsforschung der Stadt Dortmund. Fr. Wilh. Ruhfus, Dortmund 1966.

König, Hermann: Die Rheinische Zeitung von 1842–43 in ihrer Einstellung zur Kulturpolitik des Preußischen Staates. (Heft 39 der Reihe: Münstersche Beiträge zur Geschichtsforschung. Neue Folge, hrsg von A. Meister). Franz Coppenrath, Münster i. W. 1927.

Kohut, Adolph: Ludwig Feuerbach. Sein Leben und seine Werke. Nach den besten, zuverlässigsten und zum Teil neuen Quellen geschildert. Mit ungedruckten Briefen von Ludwig Feuerbach und Anselm Ritter von Feuerbach. Fritz Eckardt, Leipzig 1909.

Kreibig, Josef Clemens: Geschichte und Kritik des ethischen Skeptizismus. Alfred Hölder, Wien 1896.

Kronenberg, M[oritz]: Max Stirner, in: M. Kronenberg: Moderne Philosophen. Porträts und Charakteristiken, p. [181]–213. C. H. Beck, München 1899.

Kühn, Arthur: Soziologie und Humanistische Psychologie. (Bd. 248 der Reihe Europäische Hochschulschriften, Reihe 22 Soziologie). Peter Lang, Frankfurt am Main, Berlin, Bern, New York, Paris, Wien 1993.

Kurtschinsky, M.: Der Apostel des Egoismus. Max Stirner und seine Philosophie der Anarchie. Übersetzt aus dem Russischen von Gregor von Glasenapp. R. L. Prager, Berlin 1923.

Lachmann, Benedict: Polen, Preußen und Deutschland. Eine unbekannte Broschüre von Constantin Frantz, in: Der individualistische Anarchist. Hrsg. von Benedict Lachmann. 1. Jg., Heft 2. Berlin, 16. April 1919, p. 88–93.

Literaturverzeichnis

Lachmann, Benedict: Protagoras. Nietzsche. Stirner. Platz dem Egoismus. 3. Auflage Mackay-Gesellschaft, Freiburg i. Br. 1978.

Lambrecht, Lars: Zentrum oder Peripherie als methodologisches Problem in der Marxforschung. Am Beispiel der Entwicklung der politischen Theorie bei den Junghegelianern, in: Marx-Engels-Forschung heute I. »Kapital«-Interpretation – Vormärz-Forschung – Formationstheorie. Materialien der 2. Sitzung der AG Marx-Engels-Forschung am 11./12. Juni 1988 in Frankfurt am Main. Hrsg.: Marx-Engels-Stiftung e. V., Wuppertal. Schriften der Marx-Engels-Stiftung; 13. (Edition Marxistische Blätter) Neuss 1989.

Laska, Bernd A.: Ein dauerhafter Dissident. 150 Jahre Stirners »Einziger«. Eine kurze Wirkungsgeschichte. (Band 2 der Reihe: Stirner-Studien). LSR, Nürnberg August 1996.

Laska, Bernd A.: »Katechon« und »Anarch«. Carl Schmitts und Ernst Jüngers Reaktionen auf Max Stirner. (Band 3 der Reihe: Stirner-Studien). LSR, Nürnberg 1997

Laska, Bernd A.: John Henry Mackays Stirner-Archiv in Moskau, in: Der Einzige. Vierteljahresschrift des Max-Stirner-Archivs Leipzig. Nr. 3 (7), 3. August 1999, p. 3–9.

Lauterbach, Paul: Kurze Einführung zum »Einzigen und sein Eigentum« (Leipzig, 1892), in: Max Stirner: Der Einzige und sein Eigentum. Reclam, Leipzig [1893], p. [3]–10.

Lehmann, Gerhard: Die deutsche Philosophie der Gegenwart. Alfred Kröner, Stuttgart 1943.

Lehner, Dieter: Individualanarchismus und Dadaismus. Stirnerrezeption und Dichterexistenz. (Band 7 der Reihe: Münchener Studien zur literarischen Kultur in Deutschland, hrsg. von Renate von Heydebrand, Georg Jäger und Jürgen Scharfschwerdt). Peter Lang, Frankfurt am Main, Bern, New York, Paris 1988. 353 pp. phil. Diss. Ludwig-Maximilians-Universität München.

Lewis, Arthur M.: Ten Blind Leaders of the Blind. Charles H. Kerr, Chicago 1909. http://www.archive.org/stream/tenblindleaders00lewirich vom 20.11.2008

Liebmann, O[tto]: Max Stirner, in: Allgemeine Deutsche Biographie. Band 36: Steinmetz – Stürenburg. Auf Veranlassung seiner Majestät des Königs von Bayern herausgegeben durch die historische Commission bei der Königl. Akademie der Wissenschaften, Bd. 36. Duncker & Humblot, Leipzig 1893, p. 258–259. Siehe auch: Elektronische Version, hrsg. von der Historischen Kommission bei der Bayerischen Akademie der Wissenschaften und der Bayerischen Staatsbibliothek. Januar 2003: http://mdz.bib-bvb.de/digbib/lexika/adb/images/adb036/@Generic_BookTextView/5

Lienhardt, Ralf: Stirners Freiheitsphilosophie als pädagogisches Konzept, in: Kast, Bernd und Geert-Lueke Lueken (Hrsg.): Zur Aktualität der Philosophie Max Stirners. Seine Impulse für eine interdisziplinäre Diskussion der kritisch-krisischen Grundbefindlichkeit des Menschen. (Band 1 der Reihe: Der Einzige. Jahrbuch der Max-Stirner-Gesellschaft), p. 165–189. Max Stirner Archiv/edition unica, Leipzig 2008, p. 165–189.

Linse, Ulrich: Organisierter Anarchismus im Deutschen Kaiserreich von 1871. (Band 3 der Reihe: Beiträge zu einer historischen Strukturanalyse Bayerns im Industriezeitalter, hrsg. von Karl Bosl). Duncker & Humblot, Berlin 1969.

Löwith, Karl: Von Hegel zu Nietzsche. Der revolutionäre Bruch im Denken des neunzehnten Jahrhunderts. Marx und Kierkegaard. W. Kohlhammer, Stuttgart 1958³ (1941).
Löwith, Karl: Nachwort in: Ludwig Feuerbach: Das Wesen des Christentums. Reclam (Universal-Bibliothek 4571–77), Stuttgart 1974, p. [527]–534.
Lucchesi, Matteo Johannes Paul: Die Individualitätsphilosophie Max Stirners. phil. Diss. August Hoffmann, Leipzig-Reudnitz 1897.
Lütkehaus, Ludger: Nichts. Abschied vom Sein, Ende der Angst. Gerd Haffmans bei Zweitausendeins, Frankfurt am Main 2003 (1999).
Mackay, John Henry: Brief an Max Nettlau in Wien. Berlin, 30.05.1892, in: Nachlaß Max Nettlau. Internationaal Instituut voor sociale Geschiedenis. Amsterdam.
Mackay, John Henry: Max Stirner. Sein Leben und sein Werk. Mit 4 Abbildungen, mehreren Facsimiles und einem Anhang. 2., durchgesehene und um eine Nachschrift »Die Stirner-Forschung der Jahre 1898–1909« vermehrte Auflage. Bernhard Zack, Treptow bei Berlin 1910.
Mackay, John Henry: Abrechnung. Randbemerkungen zu Leben und Arbeit. Mackay-Gesellschaft, Freiburg i. Br. 1976².
Mackay, John Henry: Max Stirner. Sein Leben und sein Werk. Reprint der 3., völlig durchgearbeitete und vermehrte, mit einem Namen- und Sach-Register versehene Aufl. Mackay-Gesellschaft, Freiburg i. Br. 1977.
Marcuse, Ludwig: Aus den Papieren eines bejahrten Philosophie-Studenten. Paul List, München 1964.
Marcuse, Ludwig: Philosophie des Glücks. Von Hiob bis Freud. Diogenes (Diogenes Taschenbuch 21/1), Zürich 1972.
Martin, A[nton] [d.i. Alfred Cleß]: Max Stirners Lehre. Mit einem Auszug aus »Der Einzige und sein Eigentum«. Otto Wigand, Leipzig [1906].
Martin, James J[oseph]: Introduction: Max Stirner, The False Principle of Our Education or, Humanism and Realism. Translated from the German by Robert H. Beebe. Ralph Myles, Colorado Springs 1967, p. 3–9.
Maruhn, Jürgen: Die Kritik an der Stirnerschen Ideologie im Werk von Karl Marx und Friedrich Engels. Max Stirners »Einziger« als Dokument des kleinbürgerlichen Radikalismus. Dissertation. R. G. Fischer, Frankfurt (Main) 1982.
Marx, Karl und Friedrich Engels: Die deutsche Ideologie. Kritik der neuesten deutschen Philosophie in ihren Repräsentanten Feuerbach, B. Bauer und Stirner, und des deutschen Sozialismus in seinen verschiedenen Propheten, in: Karl Marx, Friedrich Engels, Werke. Band 3. Hrsg. vom Institut für Marxismus-Leninismus beim ZK der SED. Dietz, Berlin 1969, p. [9]–530.
Masaryk, Th[omas] G[arrigue]: Die philosophischen und sociologischen Grundlagen des Marxismus. Studien zur socialen Frage. Carl Konegen, Wien 1899.
Mauthner, Fritz: Beiträge zu einer Kritik der Sprache. Bd. 1: Zur Sprache und zur Psychologie. J. G. Cotta, Stuttgart und Berlin 1906, 2. Auflage (1901).
Mauthner, Fritz: Der Atheismus und seine Geschichte im Abendlande. 4. Band, Buch 4: Die letzten hundert Jahre. Reaktion, Materialismus, Gottlose Mystik. Deutsche Verlags-Anstalt, Stuttgart und Berlin 1923.

Literaturverzeichnis

Mautz, Kurt [Adolf]: Max Stirner in der Ursprungsgeschichte der modernen Lebensphilosophie, in: Geistige Arbeit. Zeitung aus der wissenschaftlichen Welt, hrsg. von G. Lüdtke und H. Sikorski. 3. Jg., Nr. 16. Walter de Gruyter, Berlin und Leipzig, 20. August 1936, p. [1]–2.

Mautz, Kurt Adolf: Die Philosophie Max Stirners im Gegensatz zum Hegelschen Idealismus. (Band 17 der Sammlung: »Neue deutsche Forschung. Abt. Philosophie«). Junker & Dünnhaupt, Berlin 1936. phil. Diss.

Mayer, Gustav: Stirner als Publizist, in: Frankfurter Zeitung und Handelsblatt. Erstes Morgenblatt. 37. Jg., Nr. 275. Frankfurt, Freitag, 4. Oktober 1912, p. [1]–3.

Mayer, Gustav: Die Anfänge des politischen Radikalismus im vormärzlichen Preußen. Mit einem Anhang: Unbekanntes von Stirner, in: Zeitschrift für Politik. VI. Band, Heft 1, hrsg. von Richard Schmidt und Adolf Grabowsky. Carl Heymann, Berlin 1913, p. [1]–113.

Mayer, Gustav: Erinnerungen. Vom Journalisten zum Historiker der deutschen Arbeiterbewegung. Europa Verlag, Zürich und Wien 1949.

Mayer, Gustav: Friedrich Engels. Eine Biographie. Bd. 1: Friedrich Engels in seiner Frühzeit. Ullstein (Ullstein Buch 3114), Frankfurt, Berlin und Wien 1975.

McLellan, David: Die Junghegelianer und Karl Marx. Deutscher Taschenbuch Verlag (dtv Wissenschaftliche Reihe 4077), München 1974 (1969).

Mehring, Franz: Geschichte der deutschen Sozialdemokratie. Band I: Bis zur Märzrevolution. 2., veränderte Aufl. in 4 Bänden. J. H. W. Dietz, Berlin und Stuttgart 1922, 12. Auflage (1897).

Mehring, Franz: Karl Marx. Geschichte seines Lebens, in: F. Mehring: Gesammelte Schriften, Band 3, hrsg. von Thomas Höhle, Hans Koch und Josef Schleifstein. Dietz, Berlin 1964, 2. Auflage (1918).

Meitzel, [Carl]: Artikel »Stirner, Max«, in: Handwörterbuch der Staatswissenschaften, Band 7, hrsg. von Ludwig Elster, Adolf Weber, Friedrich Wieser. Vierte gänzlich umgearbeitete Auflage. Gustav Fischer, Jena 1926, p. 1142–1143.

Messer, Max: Max Stirner. Mit einem Titelbild. (Band 24 der Reihe: Die Literatur. Sammlung illustrierter Einzeldarstellungen, hrsg. von Georg Brandes). Bard, Marquardt, Berlin 1907.

[Meyen, Eduard]: ßneqß Berlin, 4. Nov., in: Trier'sche Zeitung. No. 316. Trier, 11. November 1844, p. [2].

Meyen, Eduard: ßneqß Berlin, 4. Nov., in: Trier'sche Zeitung. No. 317. Trier, 12. November 1844, p. [1].

Meyer, Ahlrich: Nachwort, in: Max Stirner: Der Einzige und sein Eigentum. Philipp Reclam (Universal-Bibliothek 3057–62), Stuttgart 1972, p. 423–461.

Meyer, Richard M.: Die deutsche Literatur des Neunzehnten Jahrhunderts. Georg Bondi, Berlin 1912 (Volksausgabe).

Moog, Willy: Das Leben der Philosophen (Band 8 der Reihe: Geschichte der Philosophie in Längsschnitten, hrsg. von Willy Moog). Junker und Dünnhaupt, Berlin 1932.

Mümken, Jürgen: Stirner – ein »Deutscher Egoist«?, in: Der Einzige. Vierteljahresschrift des Max-Stirner-Archivs. Nr. 2 (26), hrsg. von Kurt W. Fleming. Max-Stirner-Archiv, Leipzig, 3. Mai 2004 [160 n. St. E.], p. 11–13.

Literaturverzeichnis

Nettlau, Max: Der Vorfrühling der Anarchie. Ihre historische Entwicklung von den Anfängen bis zum Jahre 1864. Beiträge zur Geschichte des Sozialismus, Syndikalismus, Anarchismus. Band I. Der Syndikalist, Fritz Kater, Berlin 1925. Unveränderter Nachdruck Detlev Auvermann, Glashütten im Taunus 1972.

Nordau, Max: Entartung. Bd. 2. Carl Duncker, Berlin 1893.

Oesterreich, Traugott Konstantin: Die deutsche Philosophie des XIX. Jahrhunderts und der Gegenwart. Völlig neubearbeitete Auflage von Friedrich Ueberwegs Grundriß der Geschichte der Philosophie, Teil 4. E. S. Mittler & Sohn, Berlin 1923, 12. Auflage.

Oppenheimer, Ludwig: Die geistigen Grundlagen des Anarchismus, in: Walter Strich, Hrsg.: Die Dioskuren. Jahrbuch für Geisteswissenschaften, Band III: Grundideen des politischen Lebens der Gegenwart. Meyer & Jessen, München 1924, p. [254]–305.

Otto, Harro: Geleitwort, in: Jan Cattepoel: Anarchismus. Rechts- und staatsphilosophische Prinzipien. Wilhelm Goldmann (Das Wissenschaftliche Taschenbuch, Abteilung Soziologie); München 1973; p. [5]–6.

Penzo, Giorgio: Die existentielle Empörung. Max Stirner zwischen Philosophie und Anarchie. (Bd. 35 der Reihe: Würzburger Studien zur Fundamentaltheologie, hrsg. von Elmar Klinger). Peter Lang Europäischer Verlag der Wissenschaften, Frankfurt am Main, Berlin, Bern, Brüssel, New York, Oxford, Wien 2006.

Pleger, Wolfgang H.: Linkshegelianismus, Existenzphilosophie, in: Ferdinand Fellmann (Hrsg.): Geschichte der Philosophie im 19. Jahrhundert. Positivismus, Linkshegelianismus, Existenzphilosophie, Neukantianismus, Lebensphilosophie. Rowohlt, Reinbek bei Hamburg 1996.

Plievier, Theodor: Anarchie. Verlag der Zwölf [Selbstverlag], Stuttgart [Weimar?] [1919]. (Nachdruck in: Vom Wesen der Anarchie & Vom Verwesen verschiedener Wirklichkeiten. Karin Kramer, Berlin 1989

Plievier, Theodor: Weltwende. Verlag der Zwölf, Berlin [1924].

Popitz, Heinrich: Der entfremdete Marx. Zeitkritik und Geschichtsphilosophie des jungen Marx. (Band 2 der Reihe: Philosophische Forschungen. N.F. (der ganzen Serie Vol. 11), hrsg. von Karl Jaspers. Recht und Gesellschaft, Basel 1953.

Quack, Hendrik Peter Godfried: De socialisten. Personen en stelsels. Vierde deel: Het tijdvak tusschen de jaren 1830 en 1850, tweede helft: Engeland en Duitschland. P. N. van Kampen, Amsterdam 1922, 4. Auflage (1875–1897).

Rattner, Josef und Gerhard Danzer: Max Stirner und die Begründung des individualistischen Anarchismus, in: Die Junghegelianer. Porträt einer progressiven Intellektuellengruppe. Königshausen und Neumann, Würzburg 2005, p. 111–132.

Rau, Albrecht: Ludwig Feuerbach und Max Stirner, in: Das Magazin für die Litteratur des In- und Auslandes. Wochenschrift der Weltlitteratur. Hrsg. von Wolfgang Kirchbach, 57. Jg., Nr. 41. Leipzig 1888, p. 643–646.

Rawidowicz, S[imon]: Ludwig Feuerbachs Philosophie. Ursprung und Schicksal. 2. Aufl. [Photomechanischer Nachdruck]. Walter de Gruyter, Berlin 1964 (1931).

Literaturverzeichnis

Reding, Marcel: Der politische Atheismus. Styria, Graz-Wien-Köln 1957. 361 pp.

Richartz, W[alter] E.: Noface – nimm was du brauchst. Deutscher Taschenbuch Verlag, München 1976.

Richter, J.: (Hrsg.): Sammlung der Verordnungen, Ausschreiben und sonstigen Verfügungen, welche vom Jahre 1841 bis zum Erscheinen des officiellen Wochenblattes ... für das Herzogthum Lauenburg ergangen sind. Ratzeburg 1849.

Rombach, Heinrich: Artikel »Entscheidung«, in: Handbuch philosophischer Grundbegriffe. Hrsg. von Hermann Krings, Hans Michael Baumgartner und Christoph Wild. Bd. I. Kösel, München 1973, p. [361]–373.

Rosenkranz, Karl: Aus einem Tagebuch. Königsberg Herbst 1833 bis Frühjahr 1846. F. A. Brockhaus, Leipzig 1854.

Ruest, Anselm [d.i. Ernst Samuel]: Max Stirner. Leben – Weltanschauung – Vermächtnis. Hermann Seemann Nachfolger, Berlin und Leipzig [1906][2].

Ruest, Anselm [d.i. Ernst Samuel]: Einleitung, in: Stirner-Brevier. Die Stärke des Einsamen. Max Stirner's Individualismus und Egoismus mit seinen eigenen Worten wiedergegeben. Auswahl und Einleitung von Anselm Ruest. Hermann Seemann Nachfolger, Berlin [1906].

Ruest, Anselm [Ernst Samuel]: Einleitung, in: Stirner-Brevier. Die Stärke des Einsamen. Max Stirner's Individualismus und Egoismus mit seinen eigenen Worten wiedergegeben. Auswahl und Einleitung von Anselm Ruest. Hermann Seemann Nachfolger, Berlin [1906][2], pp. III–VII.

[Ruest, Anselm (Ernst Samuel)]: Die Humanen und Stirners festere Sittlichkeit, in: Der Einzige. Hrsg.: Anselm Ruest [Ernst Samuel] und Mynona [Salomo Friedlaender]. [1. Jahr], Nr. 23/24. Mitteilungen der Gesellschaft für individualistische Kultur (Stirnerbund). Berlin-Wilmersdorf, 29. Juni 75 n[ach] St [irners] E[inzigem] (1919 a. Z.), p. 270–273. (Wieder veröffentlicht in: Stirneriana. Sonderreihe der Zeitschrift »Der Einzige«. Nr. 3, August 1998 [154 n. St. E.] Hrsg.: Kurt W. Fleming. Max-Stirner-Archiv, Leipzig 1998. 71 pp.)

Ruest, Anselm [d.i. Ernst Samuel]: Zur Einführung, in: Max Stirner (Joh. Kaspar Schmidt), Der Einzige und sein Eigentum. Neue Ausgabe. Deutsche Buch-Gemeinschaft), Berlin [1924], p. 5–20.

Ruge, Arnold: Briefwechsel und Tagebuchblätter aus den Jahren 1825–1880, hrsg. von Paul Nerrlich. 2 Bände. Band I: 1825–1847. Weidmannsche Buchhandlung, Berlin 1886. XXXIX.

Sass, Friedrich [d.i. Alexander Soltwedel]: Berlin in seiner neuesten Zeit und Entwicklung. Julius Koffka, Leipzig 1846.

Saß, Hans-Martin: Untersuchungen zur Religionsphilosophie in der Hegelschule 1830–1850. phil. Diss. Münster 1963.

Scheler, Max: Liebe und Erkenntnis. (DALB-Tachenbücher Band 316). A. Francke, Bern 1955.

Schellwien, Robert: Der Wille. I. Der Wille und Max Stirner, in: Pädagogische Studien. Neue Folge, hrsg. von M. Schilling. XX. Jg., 2. und 3. Heft. Dresden 1899, p. 89–99 und [109]–113.

Schilling, Kurt: Geschichte der sozialen Ideen. Individuum, Gemeinschaft, Gesellschaft. Alfred Kröner, Stuttgart 1966 (1957).

Literaturverzeichnis

Schlawe, Fritz: Die junghegelianische Publizistik, in: Die Welt als Geschichte. Eine Zeitschrift für Universalgeschichte, Jg. 20, Heft 1, hrsg. von Hans Erich Stier und Fritz Ernst. W. Kohlhammer, Stuttgart 1960, p. [30]–50.

Schmidt, Alfred: Emanzipatorische Sinnlichkeit. Ludwig Feuerbachs anthropologischer Materialismus. Carl Hanser (Reihe Hanser 109), München Wien 1973.

Schmidt, Heinrich: Vorbemerkungen zu A. Smith, Der Reichtum der Nationen. Nach der Übersetzung von Max Stirner und der englischen Ausgabe von Cannan (1904) hrsg. von H. Schmidt. Bd. 1. Alfred Kröner (Kröners Volksausgabe), Leipzig 1910, p. III–IV.

Schmitt, Carl: Weisheit der Zelle (April 1947), in: Ex Captivitate Salus. Erfahrungen der Zeit 1945/47. Greven, Köln 1950, p. 79–91.

Schultheiß, Hermann: Stirner. Grundlagen zum Verständnis des Werkes »Der Einzige und sein Eigentum«. phil. Diss. Greifswald 1905, Ratibor 1906. (Neu aufgelegt in: Stirneriana. Sonderreihe der Zeitschrift »Der Einzige«. Nr. 11, Oktober 1998. [154 n. St. E.] Hrsg.: Kurt W. Fleming. Max-Stirner-Archiv, Leipzig 1998).

Schultze, Ernst: Stirner'sche Ideen in einem paranoischen Wahnsystem, in: Archiv für Psychiatrie und Nervenkrankheiten, hrsg. von C. Fürstner, F. Jolly, E. Hitzig und E. Siemerling. Band 36, Heft 3. August Hirschwald, Berlin Januar 1903, p. [793]–818.

Silberner, Edmund: Moses Hess. Geschichte seines Lebens. (Internationaal Instituut voor Sociale Geschiedenis). E. J. Brill, Leiden 1966.

Sloterdijk, Peter: Kritik der zynischen Vernunft. 1. Band. Suhrkamp, Frankfurt am Main 1983

Sloterdijk, Peter: Die schrecklichen Kinder der Neuzeit. Über das anti-genealogische Experiment der Moderne. Suhrkamp, Berlin 2014.

Spiessens, Jeff: The Radicalism of Departure. A Reassessment of the Hegelianism of Max Stirner's Der Einzige und sein Eigentum. Phil Diss. Faculteit Letteren en Wijsbegeerte, Antwerpen 2012.

Spring, Joel: Erziehung als Befreiung. Winddruck, Anzhausen 1982. Titel der Originalausgabe: A Primer of Libertarian Education. Montreal 1975.

Springer, Robert: Berlin's Strassen, Kneipen und Clubs im Jahre 1848. Friedrich Gerhard, Berlin 1850. (Reprint der Originalausgabe 1850: Zentralantiquariat der DDR, Leipzig 1985.)

Stammhammer, Josef (Hrsg.): Bibliographie des Sozialismus und Communismus. Band II. Nachträge und Ergänzungen bis Ende des Jahres 1898. Gustav Fischer, Jena 1900.

Stammler, Rudolf: Die Theorie des Anarchismus. O. Häring, Berlin 1894.

Steiner, Rudolf: Artikel »Litteratur«, in: Hans Kraemer, Das XIX. Jahrhundert in Wort und Bild. Politische und Kultur-Geschichte, Bd. II, 1840–1871. Deutsches Verlagshaus Bong, Berlin, Leipzig, Stuttgart, Wien [1899], p. 337–360.

Steiner, Rudolf: Max Stirner, in: R. Steiner: Veröffentlichungen aus dem literarischen Frühwerk. Band V, Heft XXIV. Verlag für freies Geistesleben, Dornach/Schweiz 1958 [1898], p. 207–211.

Literaturverzeichnis

Steiner, Rudolf: Ein unbekannter Aufsatz von Max Stirner, in: R. Steiner: Veröffentlichungen aus dem literarischen Frühwerk. Band V, Heft XXIV. Dornach/Schweiz 1958.
Stepelevich, Lawrence S.: The History of Reaction. Max Stirner's final work, in: Modern Slavery. The Libertarian Critique of Civilization Nr. 2, hrsg. von Jason McQuinn und Paul Simons. C. A. L. Press, Oakland Winter 2012/2013, p. 189–193.
Storrer, Willy: In memoriam Max Stirner [Einführung], in: Stirner, Max: Das unwahre Prinzip unserer Erziehung oder Der Humanismus und Realismus (1842 in der Rheinischen Zeitung erschienen). Neu hrsg. mit einer Einführung von Willy Storrer. Freies Geistesleben, Basel 1926, p. 5–18. (Neuauflage im Verlag Rudolf Geering, [Dornach] 1997, p. 7–18).
Strugurescu, George: Max Stirner. Der Einzige und sein Eigentum. phil. Diss. Ludwigs-Maximilians-Universität, München 1911. (Neu herausgebracht in: Stirneriana. Sonderreihe der Zeitschrift »Der Einzige«. Nr. 8, September 1998. [154 n. St. E.]. Hrsg.: Kurt W. Fleming. Max-Stirner-Archiv, Leipzig 1998).
Stuke, Horst: Philosophie der Tat. Studien zur »Verwirklichung der Philosophie« bei den Junghegelianern und den Wahren Sozialisten (Bd. 3 der Reihe: Industrielle Welt. Schriftenreihe des Arbeitskreises für moderne Sozialgeschichte hrsg. von Werner Conze). Ernst Klett, Stuttgart 1963.
Stulpe, Alexander: Gesichter des Einzigen. Max Stirner und die Anatomie moderner Individualität (Band 158 der Reihe: Beiträge zur Politischen Wissenschaft. Duncker & Humblot, Berlin 2010). Zugleich Dissertation 2007 im Fachbereich Sozial-und Politikwissenschaften der Freien Universität Berlin.
Suren, Peter: Max Stirner über Nutzen und Schaden der Wahrheit. Eine philosophische Untersuchung nebst einer Einleitung und einem Anhang mit ergänzenden Betrachtungen (Band 345 der Reihe: Europäische Hochschulschriften. Reihe XX Philosophie). Peter Lang, Frankfurt am Main, Bern, New York und Paris 1991.
Sveistrup, Hans: Die Weltanschauung Max Stirners in Grundgebärde und Lehrgefüge. phil. Diss. *(Neu herausgebracht in:* Stirneriana. Sonderreihe der Zeitschrift »Der Einzige«. Nr. 17, Januar 1999 [155 n. St. E.]. Hrsg.: Kurt W. Fleming. Max-Stirner-Archiv, Leipzig 1999).
Sveistrup, Hans: Stirner als Soziologe, in: Von Büchern und Bibliotheken. Hrsg. von Gustav Abb. Struppe & Winkler, Berlin 1928, p. [103]–123. (Neu herausgebracht in: Stirneriana. Sonderreihe der Zeitschrift »Der Einzige«. Nr. 18, Januar 1999. [155 n. St. E.]. Hrsg.: Kurt W. Fleming. Max-Stirner-Archiv, Leipzig 1999.)
Sveistrup, Hans: Die Weltanschauung Max Stirners in Grundgebärde und Lehrgefüge (1920).
Sveistrup, Hans: Stirner drei Egoismen. Wider Karl Marx, Othmar Spann und die Fysiokraten. Rudolf Zitzmann, Lauf bei Nürnberg – Bern – Leipzig 1932.
Szeliga [d. i. Franz Szeliga Zychlin von Zychlinski]: Der Einzige und sein Eigenthum. Von Max Stirner. Kritik, in: Norddeutsche Blätter. Eine Monatsschrift für Kritik, Literatur und Unterhaltung. Band II, IX. Heft. Adolf Rieß, Berlin, März 1845, p. [1]–34. Der Aufsatz erschien unverändert in: Beiträge zum

Feldzuge der Kritik. Norddeutsche Blätter für 1844 und 1845. Mit Beiträgen von Br. und Edg. Bauer, A. Fränkel, L. Köppen, Szeliga u. a. 2. Band. Adolf Rieß, Berlin 1846, 1–34. Eine kommentierte Ausgabe des Beitrags erschien in: Kurt W. Fleming (Hrsg.), Recensenten Stirners. Kritik und Anti-Kritik. Mit einer Einleitung von Bernd Kast. Max-Stirner-Archiv, Leipzig 2003, p. 3–25.

Trendelenburg, Friedrich Adolph: [Beurteilung von Stirners deutscher Probearbeit] Über Schulgesetze, in: Rolf Engert, Stirner-Dokumente (in Faksimilewiedergabe). Verlag des Dritten Reiches, Dresden 1923 (Im Jahr 79 nach Stirners Einzigem), p. 5.

Ueberweg, Friedrich: Grundriss der Geschichte der Philosophie. Dritter Theil. Die Neuzeit (Von dem Aufblühen der Alterthumsstudien bis auf die Gegenwart). Fünfte, mit einem Philosophen- und Litteratoren-Register versehene Auflage bearbeitet und herausgegeben von Max Heinze. Ernst Siegfried Mittler und Sohn, Berlin 5. Auflage 1880.

Ueberweg, Friedrich: Grundriss der Geschichte der Philosophie. Dritter Theil. Die Neuzeit. Siebente, mit einem Philosophen- und Litteratoren-Register versehene Auflage bearbeitet und herausgegeben von Dr. Max Heinze. Ernst Siegfried Mittler und Sohn, Berlin 1888.

Ueberweg, Friedrich: Grundriss der Geschichte der Philosophie. Theil 3, 2. Band: Nachkantische Systeme und Philosophie der Gegenwart. 8., neu bearbeitete, mit einem Philosophen- und Litteratoren-Register versehenen Aufl., hrsg. von Max Heinze. E. S. Mittler & Sohn, Berlin 1897.

Ujházy, Joán: Max Stirner und G. Edward: Eine kleine Sensation?, in: Der Einzige. Vierteljahresschrift des Max-Stirner-Archivs Leipzig, Nr. 4 (26), hrsg. von Kurt W. Fleming. Leipzig, November 2000, p. 44–47.

[Valeske, Heinz-Jürgen: Verlagsprogramm] Büchse der Pandora. Westbevern 3. Quartal 1976, p. 2–3.

V[ogel], L[othar], Zum Geleit: Stirner am Ende des Jahrhunderts; [einleitende Bemerkungen zu] Max Stirner, Das unwahre Prinzip unserer Erziehung oder der Humanismus und Realismus, hrsg. vom Bund für Dreigliederung durch L. Vogel [Bad Kreuznach] 1956, p. [3]–[5]; und Nachwort zur Ausgabe 1956, a. a. O., p. 31.

Vorländer, Karl: Von Machiavelli bis Lenin. Neuzeitliche Staats- und Gesellschaftstheorien. Quelle & Meyer Leipzig 1926.

Wilde, Harry [Schulze-Wilde, Harry]: Theodor Plievier: Nullpunkt der Freiheit. Biographie. Kurt Desch, München/Wien/Basel 1965.

Willms, Bernard: Die politischen Ideen von Hobbes bis Ho Tschi Minh. W. Kohlhammer, Stuttgart, Berlin, Köln und Mainz 1971.

Windelband, Wilhelm: Lehrbuch der Geschichte der Philosophie. Mit einem Schlußkapitel: Die Philosophie im 20. Jahrhundert und einer Übersicht über den Stand der philosophischen Forschung. Hrsg. von Heinz Heimsoeth. 15., durchgesehene und ergänzte Aufl. J. C. B. Mohr (Paul Siebeck), Tübingen 1957 (1892).

Windelband, Wilhelm: Die deutsche Philosophie im deutschen Geistesleben des 19. Jahrhunderts. 5 Vorlesungen. J. C. B. Mohr (Paul Siebeck), Tübingen 1909. http://www.philosophiebuch.de/windel19.htm vom 26.05.2009.

Wisser, Richard: Die Selbstentdeckung des Menschen und Arnold Gehlens Kultur-Anthropologie, in: Spectrum. Essays presented to Sutan Takdir Alisjahbana on his seventieth birthday hrsg. von S. Udin. Dian Rakyat, Jakarta [1978], p. 429–451.

Wisser, Richard: [Rezension von] Kast, Bernd, The Theme of the »Appropriater« in the Philosophy of Max Stirner. His Contribution to the Radicalization of the Anthropological Question ..., in: Philosophy and History. A Review of German-Language Research Contributions on Philosophy, History and Cultural Developments, Section I, Bd. XX, Nr. 2. Editorial Office German Studies, Tübingen 1987, p. 131–137.

Wisser, Richard: Max Stirners »Eigener«: nicht Rollenverhalten, sondern Selbstsein, in: Zeitschrift für Religions- und Geistesgeschichte, 39. Jg., Heft 4, hrsg. von F.-W. Kantzenbach u. a. E. J. Brill, Köln 1987, p. 341–349.

Wisser, Richard, Philosophische Wegweisung. Versionen und Perspektiven. Königshausen & Neumann, Würzburg 1996.

Xhaufflaire, Marcel: Feuerbach und die Theologie der Säkularisation. (Band 10 der Reihe: Gesellschaft und Theologie. Abteilung: Systematische Beiträge, hrsg. von Horst Baier, Klaus von Beyme, Ernst Feil u. a.). Chr. Kaiser, München und Matthias-Grünewald, Mainz 1972.

Zarncke, Fr. (Hrsg.): Literarisches Centralblatt für Deutschland. Anzeigenblatt. Georg Wigand, Leipzig 17. Januar 1852, p. 3.

Zenker, E[rnst] V[ictor]: Der Anarchismus. Kritische Geschichte der anarchistischen Theorie. Libertad, Berlin 1979.

Ziegenfuß, Werner, und Gertrud Jung: Artikel »Stirner Max«, in: Philosophen-Lexikon. Handwörterbuch der Philosophie nach Personen. Verfaßt und hrsg. von Werner Ziegenfuß und Gertrud Jung. 2. Band. Walter de Gruyter, Berlin 1950, p. 641–642.

Zoccoli, Ettore: Introduzione M. Stirner, L'Unico. Versione del tedesco. Fratelli Bocca, Turin, Rom, Mailand 1921, 3. Auflage (1902), p. [IX]–XXXII.

C. Außerdem verwendete Literatur

[anon.]: Correspondenz. Berlin Anfang Januar, in: Die Eisenbahn. Ein Unterhaltungsblatt für die gebildete Welt. V. Jg. Nr. 6. R[obert] Binder, Leipzig, 15. Januar 1842, p. 23–24.

[anon.]: Hört! Hört!, in: Die Eisenbahn. Ein Unterhaltungsblatt für die gebildete Welt. V. Jg. Nr. 10. R[obert] Binder, Leipzig, 25. Januar 1842, p. 40.

[anon.]: Allerlei, in: Die Eisenbahn. Ein Unterhaltungsblatt für die gebildete Welt. V. Jg. Nr. 79, redigiert von R[obert] Binder. R[obert] Binder, Leipzig, 25. Januar 1842, p. 40.

[anon.]: Allerlei, in: Die Eisenbahn. Ein Unterhaltungsblatt für die gebildete Welt. V. Jg. Nr. 84, redigiert von R[obert] Binder. R[obert] Binder, Leipzig, 16. Juli 1842, p. 336.

[anon.]: Studien zur Geschichte der französischen Romantik, in: Die Grenzboten. Zeitschrift für Politik und Literatur, redigiert von Gustav Freytag und

Literaturverzeichnis

Julian Schmidt. 9. Jg., I. Semester, II. Band, Nr. 16. Friedrich Ludwig Herbig, Leipzig 1850, p. 81–90.

[anon.]: Die strenge Sonntagsfeier in Preußen, in: Die Grenzboten. Zeitschrift für Politik und Literatur, redigiert von Gustav Freytag und Julian Schmidt. 9. Jg., II. Semester, II. Band, Nr. 52. Friedrich Ludwig Herbig, Leipzig 1850, p. 1032–1037.

[anon.]: Artikel »Les mystères de Paris« (Redaktion Kindlers Literatur-Lexikon), in: Kindlers Literatur Lexikon im dtv in 25 Bänden, Bd. 15. Deutscher Taschenbuch Verlag, München 1974, p. 6549.

Arnim, Bettine von: Dies Buch gehört dem König, hrsg. von Wolfgang Bunzel. dtv, München 2008 (1843).

Aubrey, John: »Brief Lives«, Chiefly of Contemporaries: A-H, hrsg. von Andrew Clark. Clarendon Press, Oxford 1898.

Auer, Johannes: Die menschliche Willensfreiheit im Lehrsystem des Thomas von Aquin und Johannes Duns Scotus. Max Hueber, München 1938 [= phil. Diss. München 1935].

Bauer, Bruno: Brief an Karl Marx in Berlin. Bonn, 5. April 1840, in: Karl Marx, Friedrich Engels, Briefwechsel bis April 1846 (Text) (Dritte Abteilung, Band 1, Karl Marx, Friedrich Engels, Gesamtausgabe (MEGA), hrsg. vom Institut für Marxismus-Leninismus beim Zentralkomitee der Kommunistischen Partei der Sowjetunion und vom Institut für Marxismus-Leninismus beim Zentralkomitee der Sozialistischen Einheitspartei Deutschlands. Dietz, Berlin (Ost) 1975, p. 345–346.

Bauer, Bruno: Die Posaune des jüngsten Gerichts über Hegel den Atheisten und Antichristen (1841), in: Löwith, Karl (Hrsg.): Die Hegelsche Linke. Texte aus Werken von Heinrich Heine, Arnold Ruge, Moses Hess, Max Stirner, Bruno Bauer, Ludwig Feuerbach, Karl Marx und Sören Kierkegaard ausgewählt und eingeleitet von Karl Löwith. Friedrich Frommann (Günther Holzboog), Stuttgart-Bad Cannstatt 1962, p. 123–225 (1841).

[Bauer, Bruno]: Hegel's Lehre von der Religion und Kunst von dem Standpuncte des Glaubens aus beurtheilt. Sciencia, Aalen 1967 (Neudruck der Ausgabe Otto Wigand, Leipzig 1842).

Bauer, Bruno: Die gute Sache der Freiheit und meine eigene Angelegenheit. Verlag des literarischen Comptoirs, Zürich und Winterthur 1842.

Bauer, Bruno: Die Judenfrage. Friedrich Otto, Braunschweig 1843.

Bauer, Bruno: Vollständige Geschichte der Parteikämpfe in Deutschland während der Jahre 1842–1846, Bd. 2, Zweites Buch. Charlottenburg 1847.

Bergk, J[ohann] A[dam]: Die Kunst, Bücher zu lesen. Nebst Bemerkungen über Schriften und Schriftsteller. Hemelsche Buchhandlung, Jena 1799 (Fotomechanischer Reprint Zentralantiquariat der DDR [Leipzig] o. J.).

Bien, S.: Der erweiterte Suizid, in: Volker Faust und Manfred Wolfersdorf (Hrsg.), Suizidgefahr. Häufigkeit, Ursachen, Motive, Prävention, Therapie. Hippokrates, Stuttgart 1984, p. 31–39.

Bloch, Ernst: Subjekt – Objekt. Erläuterungen zu Hegel. Erweiterte Ausgabe (Band 9 der Gesamtausgabe in 16 Bänden, werkausgabe edition suhrkamp). Suhrkamp, Frankfurt am Main 1977 (1951).

Literaturverzeichnis

Bobbio, Norberto: Hegel und die Naturrechtslehre, in: Manfred Riedel (Hrsg.), Materialien zu Hegels Rechtsphilosophie, Bd. 2. Suhrkamp (suhrkamp taschenbuch wissenschaft 89), Frankfurt am Main 1975, p. 79 ff.

Bollnow, Otto Friedrich: Existenzphilosophie und Pädagogik. Versuch über unstetige Formen der Erziehung. W. Kohlhammer, Stuttgart 1959.

Börne, Ludwig: Gesammelte Schriften. Vollständige Ausgabe in drei Bänden. Bd. 3. Reclam, Leipzig o. J.

Brie, S[iegfried]: Der Volksgeist bei Hegel und in der historischen Rechtsschule. Walther Rothschild, Berlin und Leipzig 1909.

Buhl, Ludwig: Der Beruf der preußischen Presse. Klemann, Berlin 1842.

[Buhr, Manfred]: Artikel »Althegelianer«, in: Georg Klaus und Manfred Buhr (Hrsg.): Philosophisches Wörterbuch, Bd. 1. VEB Bibliographisches Institut, Leipzig 1971, 8. Aufl. (1964), p. 59–60.

Bülow, Friedrich: Vorwort zu A. Smith, Natur und Ursachen des Volkswohlstandes. Deutsch mit Kommentar von F. Bülow. Alfred Kröner (Kröners Taschenausgabe 103), Leipzig 1933, p. [V]–VI.

Burckhardt, Jacob: Die Cultur der Renaissance in Italien. Ein Versuch. Schweighauser'sche Verlagsbuchhandlung, Basel 1860.

Dempf, Alois: Sacrum Imperium. Geschichts- und Staatsphilosophie des Mittelalters und der politischen Renaissance. R. Oldenbourg, München und Berlin 1929.

Derbolav, Josef: Hegels Theorie der Handlung, in: Manfred Riedel (Hrsg.): Materialien zu Hegels Rechtsphilosophie. Bd. 2. Suhrkamp (suhrkamp taschenbuch wissenschaft 89). Frankfurt 1975, p. 201–[216].

Eckermann, Johann Peter: Gespräche mit Goethe in den letzten Jahres seines Lebens. Bertelsmann, [Gütersloh] 1960.

Eibl, Karl: Kommentar, in: Johann Wolfgang Goethe: Sämtliche Werke. Abt. I, Band 2: Gedichte 1800–1832. Deutscher Klassiker Verlag Frankfurt am Main 1988, p. 946.

Elysard, Jules [d. i. Michail Bakunin]: Die Reaction in Deutschland, in: Deutsche Jahrbücher für Wissenschaft und Kunst, 5. Jg. Nr. 247–251, Dresden 17. 21.10.1842, p. [985]–2002.(Ein Fragment, von einem Franzosen).

Emge, C[arl] A[ugust]: Ideen zu einer Philosophie des Führertums, in: Archiv für Rechts- und Sozialphilosophie. Bd. 29, Heft 2. Berlin 1935/36, p. [175]–194.

Feuerbach, Ludwig: Satyrisch theologische Distichen. 1830, in: Gedanken über Tod und Unsterblichkeit (Ludwig Feuerbach's sämmtliche Werke, Bd. 3). Otto Wigand, Leipzig 1847, p. [109]–148.

Feuerbach, Ludwig: Gedanken über Tod und Unsterblichkeit (Bd. 1 der Sämmtlichen Werke, hrsg. von Wilhelm Bolin und Friedrich Jodl). Fr. Frommann (E. Hauff), Stuttgart 1903.

Feuerbach, Ludwig: Fragmente zur Charakteristik meines philosophischen Entwicklungsgangs, in: Sämmtliche Werke, neu hrsg. von Wilhelm Bolin und Friedrich Jodl, Bd. 2: Philosophische Kritiken und Gegensätze. Fr. Frommann (E. Hauff), Stuttgart 1904, p. [358]–391.

Feuerbach, Ludwig: Das Wesen des Christenthums in Beziehung auf den »Einzigen und sein Eigenthum«, in: Sämmtliche Werke, hrsg. von Wilhelm Bolin

und Friedrich Jodl. Band 7: Erläuterungen und Ergänzungen zum Wesen des Christenthums. Friedrich Frommann (E. Hauff), Stuttgart 1903.
Feuerbach, Ludwig: Vorläufige Thesen zur Reform der Philosophie, in: Sämmtliche Werke, hrsg. von Wilhelm Bolin und Friedrich Jodl. Band 2: Philosophische Kritiken und Grundsätze. Friedrich Frommann (E. Hauff), Stuttgart 1904 (1843), p. 222–244.
Frank, Manfred: Das Sagbare und das Unsagbare. Studien zur deutsch-französischen Hermeneutik und Theorie (Band 317 der Reihe: suhrkamp taschenbuch wissenschaft). Suhrkamp, Frankfurt am Main 1993.
Habermas, Jürgen: Der philosophische Diskurs der Moderne. Zwölf Vorlesungen. Suhrkamp, Frankfurt am Main 1985.
Hegel, Georg Wilhelm Friedrich: Phänomenologie des Geistes. Bd. 3 der Theorie-Werkausgabe. Suhrkamp, Frankfurt am Main 1970 (1807).
Hegel, Georg Wilhelm Friedrich: Konzept der Rede beim Antritt des philosophischen Lehramtes an der Universität Berlin (Einleitung zur Enzyklopädie-Vorlesung) 22. Okt. 1818, in: G. W. F. Hegel: Enzyklopädie der philosophischen Wissenschaften im Rundrisse (1830). Dritter Teil: Die Philosophie des Geistes – Mit den mündlichen Zusätzen. Bd. 10 der Theorie-Werkausgabe. Suhrkamp, Frankfurt am Main 1970 (1818), p. 399–[417].
Hegel, Georg Wilhelm Friedrich: Grundlinien der Philosophie des Rechts oder Naturrechts und Staatswissenschaft im Grundriss. Mit Hegels eigenhändigen Notizen und mündlichen Zusätzen. Bd. 7 der Theorie-Werkausgabe. Suhrkamp, Frankfurt am Main 1970 (1821).
Hegel, Georg Wilhelm Friedrich: Enzyklopädie der philosophischen Wissenschaften im Grundrisse (1830). Erster Teil: Die Wissenschaft der Logik. Mit den mündlichen Zusätzen. Bd. 8 der Theorie-Werkausgabe. Suhrkamp, Frankfurt am Main 1970 (1830).
Hegel, Georg Wilhelm Friedrich: Vorlesungen über die Philosophie der Geschichte. Bd. 12 der Theorie-Werkausgabe. Suhrkamp, Frankfurt 1970 (1837).
Hegel, Georg Wilhelm Friedrich: Vorlesungen über die Ästhetik. Bd. 12/13 I und II der Theorie-Werkausgabe. Suhrkamp, Frankfurt 1970 (1842).
Heidegger, Martin: Sein und Zeit. Max Niemeyer, Tübingen 1963.
Horn, Klaus Peter und Heidemarie Kemnitz (Hrsg.): Pädagogik Unter den Linden. Von der Gründung der Berliner Universität im Jahre 1810 bis zum Ende des 20. Jahrhunderts. (Pallas Athene – Beiträge zur Universitäts- und Wirtschaftsgeschichte, Bd. 6.) Steiner, Stuttgart 2002.
Julius, G[ustav]: Der Streit der sichtbaren und unsichtbaren Menschenkirche oder Kritik der Kritik der kritischen Kritik, in: Wigand's Vierteljahrschrift, Bd. 2. Otto Wigand, Leipzig 1845, p. 326–333.
Feuerbach, Ludwig: Grundsätze der Philosophie, Notwendigkeit einer Veränderung [Auszüge], in: Löwith, Karl (Hrsg.): Die Hegelsche Linke. Texte aus Werken von Heinrich Heine, Arnold Ruge, Moses Hess, Max Stirner, Bruno Bauer, Ludwig Feuerbach, Karl Marx und Sören Kierkegaard ausgewählt und eingeleitet von Karl Löwith. Friedrich Frommann (Günther Holzbog), Stuttgart-Bad Cannstatt 1962, p. 226–230.
Feuerbach, Ludwig: Das Wesen des Christentums. (Universal-Bibliothek 4571–77). Philipp Reclam, Stuttgart 1974.

Literaturverzeichnis

Grubitzsch, Helga: Materialien zur Kritik des Feuilleton-Romans »Die Geheimnisse von Paris« von Eugène Sue (Band 3 der Reihe: Athenaion Literaturwissenschaft). Akademische Verlagsgesellschaft Athenaion, Wiesbaden 1977.
Herwegh, Georg (Hrsg.): Einundzwanzig Bogen aus der Schweiz Erster Teil. Literarisches Comptoir, Zürich 1843.
Herwegh, Georg (Hrsg.): Einundzwanzig Bogen aus der Schweiz Erster Teil, hrsg. von Ingrid Pepperle. Philipp Reclam (Reclams Universal-Bibliothek Bd. 1282), Leipzig 1989. Die Ausgabe folgt der ersten Ausgabe von 1843.
Kettering, Emil: Nähe. Das Denken Martin Heideggers. Günther Neske, Pfullingen 1987.
Kierkegaard, Sören: Der Begriff der Angst. (Philosophische Bibliothek Band 340). Felix Meiner, Hamburg 1984.
Köppen, Karl Friedrich: Ausgewählte Schriften in zwei Bänden. Herausgegeben und mit einer biographischen und werkanalytischen Einleitung versehen von Heinz Pepperle (Band 1 und 2 der Reihe: Hegel-Forschungen, hrsg. von Andreas Arndt/Karol Bal/Henning Ottmann). Akademie, Berlin 2003.
Köster, Udo: Literarischer Radikalismus. Zeitbewußtsein und Geschichtsphilosophie in der Entwicklung vom Jungen Deutschland zur Hegelschen Linken. Wissenschaftliche Paperbacks. Literaturwissenschaften hrsg. von Willi Erzberger, Erich Köhler, Reinhold Grimm, Walter Hinck, Klaus von See. 10. Athenäum, Frankfurt am Main 1972.
Kühne, F[erdinand] G[ustav]: Eine Quarantäne im Irrenhaus. Novelle aus den Papieren eines Mondsteiners. F. A. Brockhaus, Leipzig 1835.
Liebrucks, Bruno: Recht, Moralität und Sittlichkeit bei Hegel, in: Manfred Riedel (Hrsg.), Materialien zu Hegels Rechtsphilosophie, Bd. 2 Suhrkamp (suhrkamp taschenbuch wissenschaft 89), Frankfurt a. M. 1975, p. 13–51.
Lübbe, Hermann: Die politische Theorie der hegelschen Rechten, in: Archiv für Philosophie, Bd. 10, Heft 3–4, hrsg. von Jürgen von Kemski. W. Kohlhammer, Stuttgart 1960, p. 175–227.
Maturana, Humberto R. und Bernhard Pörksen: Vom Sein zum Tun. Die Ursprünge der Biologie des Erkennens. Carl-Auer, Heidelberg 2014³.
Rohmer, Theodor: Deutschlands Beruf in der Gegenwart und Zukunft. Verlag des Literarischen Comptoir's, Zürich und Winterthur 1841.
Sartre, Jean-Paul: Ist der Existentialismus ein Humanismus? In: J.-P. Sartre, Drei Essays. Ullstein, Frankfurt, Berlin, Wien 1983.
Savigny, Friedrich Carl von: System des heutigen Römischen Rechts. 8 Bde. Veit, Berlin 1840–49 (Nachdruck 1971).
Singer, Peter: Praktische Ethik. Philipp Reclam, Stuttgart 1994².
Szeliga [d. i. Franz Szeliga Zychlin von Zychlinski]: Die Kritik, in: Allgemeine Literaturzeitung. Monatsschrift, Heft 11/12, hrsg. von Bruno Bauer. Charlottenburg 1846.
Szeliga [d. i. Franz Szeliga Zychlin von Zychlinski]: Die Organisation der Arbeit der Menschheit und die Kunst der Geschichtsschreibung Schlossers, Gervinus', Dahlmanns und Bruno Bauers. Charlottenburg 1846.
Vischer, Friedrich Theodor: Aesthetik oder Wissenschaft des Schönen. Die lyrische Dichtung. Zum Gebrauche für Vorlesungen. Dritter Theil. Zweiter Abschnitt: Die Künste. Fünftes Heft: Die Dichtkunst. Verlagsbuchhandlung von

Carl Mäcken, Stuttgart 1857, S. 1322–1374. Siehe auch: Zum Gebrauche für Vorlesungen. Dritter Theil. Zweiter Abschnitt: Die Künste. Fünftes Heft: Die Dichtkunst. Stuttgart: Verlagsbuchhandlung von Carl Mäcken 1857, S. 1322–1374.

Wisser, Richard: Von der Wahrheit und vom Wahrsein, in: Areopag. Mainzer Hefte für Internationale Kultur, 9. Jg., Heft 1, hrsg. von Gottfried Edel. Hanns Krach, Mainz 1974, p. 1–19.

Wisser, Richard: Grund-Richtungen des 19. Jahrhunderts in Abkehrung von Hegel. Eine unzeitgemäß zeitgemäße Betrachtung im Blick auf den derzeitigen Gegensatz von »links« und »rechts«, in: Alte Fragen und neue Wege des Denkens. Festschrift für Josef Stallmach, hrsg. von Norbert Fischer, Johannes Nosbüsch, Karl A. Sprengard, Wilhelm Teichner. Bouvier Verlag Herbert Grundmann, Bonn 1977, p. 216–239.

Wisser, Richard: Philosophische Wegweisung. Versionen und Perspektiven. Königshausen & Neumann, Würzburg. 1996.

Wittgenstein, Ludwig: Tractatus logico-philosophicus, §7, in: Schriften Bd. 1. Suhrkamp, Frankfurt am Main 1969.

Wolf, Jean-Claude: Egoismus von unten gegen Bevormundung von oben. Max Stirner neu gelesen. (Band 30 der Reihe: Stirneriana, hrsg. von Kurt W. Fleming. Max Stirner Archiv, Leipzig 2008²).